アルファベータブックス

叢書・20世紀の芸術と文学

三船敏郎の映画史

監修・三船プロダクション

小林淳

三船敏郎はひとりしかいない、ひとりでいい

宝田 明

一九三四（昭和九）年に生まれた私は、一九五三（昭和二十八）年に第六期ニューフェイスとして東宝に入社した。一九二〇（大正九）年生まれの三船敏郎さんが第一期ニューフェイスで東宝に入社されたのが一九四六（昭和二十一）年であるから、私とは歳の差十四歳ということになる。

私は映画館のスクリーンで初めて三船敏郎という役者と出会った。黒澤明監督の『酔いどれ天使』（一九四三／東宝）である。凄まじかった。三船さんは結核持ちのチンピラヤクザ役だったが、アロハみたいなシャツを着て、痩せて、頬はこけ、それでいて目はギョロギョロと異様な光を発していた。そうした姿が悲愴きわまりなく、同時に、強烈この上ない個性だった。

東宝に入社した私が撮影所の演技研究所で岡田眞澄、藤木悠、河内桃子、佐原健二たちと一緒にレッスンを受けている頃、三船さんはすでに大スターの地位に就いていた。もしここで三船敏郎と会ったらおそらく息が止まって気絶するのではないか、などと常に意識しながら撮影所内を歩くほどの雲上人だった。また、お前たちの先輩の第一期生には三船敏郎がいる、だから会社の名前を汚すようなことは絶対にしないように、というようなことを演技研究所の先生や所長、職員の人たちからいつも言われていた。

私は誠にラッキーなことに、わりと早く現場に出るようになった。一本、二本と映画に出演し、本多猪四郎監督の『ゴジラ』の主演に抜擢された時分でも三船さんと言葉を交わすようなことはなかった。三船さんもこの時期は

黒澤明監督の『七人の侍』に一年ぐらいかかりっきりだったのではないかと思う。一九五四（昭和二十九）年の頃である。

私が初めて三船さんと映画をご一緒させていただいたのが、その翌年の一九五五（昭和三十）年に製作された杉江敏男監督の『天下泰平』前後篇だった。まさに息の詰まるような想いを抱いた。その頃には三船さんが写真屋の息子さんでご出身が中国・青島《チンタオ》であり、出征して復員を果たしたのちに東宝を受験した、という話は聞いていた。私も出身がハルビンであるから、同じ中国出身ということでどことなく親しみも感じていた。一世代上の森繁久彌さんも満洲にいらしたことがあり、のちに私と、ファンの方々がよくおっしゃる〈名コンビ〉を組むことになる監督の福田純さんも出身が中国ということで、三船さん、森繁さん、福田さんにはなんとなく大陸の空気を吸って生きてきた先輩、同志という、懐かしみも含んだ特別な親近感を覚えていた。三船さんと満洲の話をしたらどんなことだろうな、と私は三船さんとお話をするきっかけが来る日を待ち望んでいた。そうしたとき、幸いなことに『天下泰平』でご一緒することができた。そこで初めて三船さんと、少しではあったが、言葉を交わす機会に恵まれた。

次に共演がかなったのが、その四年後の一九五九（昭和三十四）年に公開された岡本喜八監督の『暗黒街の顔役』である。私は三船さんの演技、仕種を拝見しながら、動き方など一挙手一投足をすべて己の目に焼きつけようと思った。革のシガレットケースから舶来ものの煙草を出して喫う、その動きをじっくりと観察させていただいた。シガレットケースから洋モクを出して喫う姿が実にさまになっていた。惚れ惚れするほど格好よかった。

当時の私はもちろん洋モクを喫えるような身分ではない。三船さんはしっかりした革のシガレットケースをお持ちで、ライターもジッポーなどではなくていかにも高級そうなアルコール系のライターを使っておられた。それで私はおそるおそる、「三船さん、煙草を一本、いただけませんか？」とお願いをした。そうしたら三船さんは、うん？と面倒くさそうな顔をされつつ、「おう、喫え！」と私にその高価そうなシガレットケースとライターを手渡してくれた。ああ、これは失礼なことを言ってしまった、と思った。しかし、その煙草を見たらそう言わずにはいられなかった。自分の感情を止めることができなかった。まるで兵士が恩賜の煙草をいただくような感覚だった。ありがたかった。私は世界の三船敏郎に煙草をせびったのである。

なんであんなことを口にしたのか、という想いが今では去来する。だが、三船さんが煙草を喫っている姿を見て、思わずそうお願いしてしまったのだ。それがきっかけとなって、「お前、ハルビンか」「そうです。三船さんは青島ですか」「俺は写真屋の息子だよ」などとセットの中で三船さんとさまざまなお話をさせていただいた。

私はあの時分は二十五歳。三船さんは私より十四歳歳上になるから三十八、九歳だった。今の時代のその年代の人々とは比較にならないほどの風格があった。文字通りの大人だった。威風堂々としていた。私たち若造が足元にもおよばないというムードを三船さんは全身から漂わせていた。

『暗黒街の顔役』と同じ年、稲垣浩さんが監督をされた『或る剣豪の生涯』(一九五九)という時代劇映画大作でも三船さんと共演させていただいた。エドモン・ロスタンの戯曲『シラノ・ド・ベルジュラック』を翻案化した時代劇映画で、三船さんがシラノ、私がクリスチャン、司葉子さんがロクサーヌという配役だった。三船さんは己の容貌に苦しむシラノの役なので獅子鼻のような、天狗鼻ではなく横に拡がった形の付け鼻を床山さんにほどこしてもらい、演技に向かわれた。この作品はセットばかりでなくロケーション撮影もあったが、名場面といわれるあのシーン、愛の言葉をささやく才のないクリスチャンを押さえつけたシラノが「お前は黙っていろ。俺が代わりに言ってやるから」とすべてクリスチャンの代わりにシラノが語る、ロクサーヌに愛を告げる場面、そこで私は三船さんとがっぷり四つに組む芝居をした。戦いに出て、傷ついた私をシラノが抱き起こして助けてくれる場面でも、こうしたほうがいい、ああしたほうがいい、と三船さんは私にアドバイスしてくださり、大変に気を遣っていただいた。映画デビューを飾ってから六年、岡本喜八という鬼才、稲垣浩さんという映画界の生き字引のごとき監督のもと、私は早くも三船敏郎という大スターと共演することができた。今でも誇らしく思う。

その後も三船さんは黒澤作品を中心に多数の作品で主演をつとめられ、森繁久彌さんは「社長」シリーズや「駅前」シリーズで活躍され、私は黒澤組には出られなくてラブストーリーもの、文藝もの、学生ものを軸とした仕事を続けていった。おそらくはそこに東宝の戦略もあったのだろう。そのため、私が三船さんとひとつの映画内でご一緒させていただくのは、いわゆる東宝オールスター映画に限られるようになった。稲垣浩監督の『日本誕生』(一九五九)と松林宗恵監督の『ハワイミッドウェイ大海空戦 太平洋の嵐』(一九六〇)、まずはこの二本である。後者では私は通信参謀を演じ、艦橋で河津清三郎さんが扮する南雲長官とやりとりをするシーンがあったと記憶しているが、三船さんとの絡みはなかった。

杉江敏男監督の『サラリーマン忠臣蔵』前後篇(一九六〇、六一)という喜劇大作もあった。さらに稲垣浩監督が撮られて三船さんが俵星玄蕃を演じられた『忠臣蔵 花の巻・雪の巻』(一九六二)では、私は赤穂浪士四十七士のひとり、高田郡兵衛に扮した。この男は江戸に出て吉良邸の様子を探るのだが、その過程で池内淳子さんが演じる水茶屋の女と恋に落ち、四十七士から脱落してしまう。四十七士外伝ともいえる、この映画のひとつの重要なストーリーを作っていた。私は高田郡兵衛という侍の生きざま、苦しみを精一杯に表現した。

私が三船さんと共演させていただく、あるいは同じ映画に出させていただく機会はその後訪れなかった。東宝の方針があったのかどうかは知らない。一方、一九六〇年代後期に東宝から独立した三船さんが成城の地に設立した三船プロダクションで製作されたテレビ時代劇の『五人の野武士』(一九六八、六九/日本テレビ、三船プロダクション)に私は出演し、何本かで共演させていただいた。三船さんは『五人の野武士』では野武士たちのヘッドだったが、私は三船さんが出演されない回におけるその代わりのような役柄だった。

その撮影で私は三船プロダクションのスタジオ(トリッセン・エンタープライズ・スタジオ)に幾度もおもむいた。三船さんはお酒を飲むと豪快だが、普段はとても濃やかな方で、スタッフやキャストに常に気を遣っておられた。寒くないか、体調はどうだ、その草鞋は大丈夫か、等々。我々野武士たちが汚れた格好で三船プロダクション本社の大理石のエントランスを渡っていくと、あとでそっと我々がつけた汚れをモップで拭き取ったり、事務所の窓枠を雑巾で黙々と拭いたりされていた。世界各国からオファーが来るような大スターなのだからこんなことやらなくてもいいのにな、と私が思うほどの濃やかさだった。「宝田君、ご苦労さん、ご苦労さん」といつも声をかけてくださった。なにかとお気遣いをいただいた。

三船さんは趣味で乗馬をされていた。見るからに高級そうな鞍と鞭をお持ちだった。いつの日か、いただきたい。私は『五人の野武士』の仕事をしているうちに三船さんにおねだりをし、あの鞍と鞭をせしめようなどと画策をしたのだが、とうとうそれも言わずじまいで終わってしまった。

それにしても三船さんのお酒は豪放だった。素面《しらふ》のときは可愛いぐらいにおとなしいのだが、お酒が入るとガラリと変わる。鬱積しているものをすべて吐き出すかのごとく。まるでMGM（メトロ・ゴールドウィン・メイヤー）のオープニングロゴのライオンのようだった。そうした酒席で私はよく言われた。「羨ましいな。お前、毎年十本以上の映画に出ているじゃないか。俺なんか黒澤さんの作品一本しか出てねえんだ」と。それで私は、「でも、三船さんはそれで何本分もの出演料をもらっておられるのではないですか」と応じた。懐かしい思い出の一コマである。

三船さんといえば、私は三船さんのご子息の三船史郎さんを存じ上げているのだが、あるとき、外見ばかりでなく、喋り方から声の質まで三船さんそっくりなので、史郎さんにこう申し上げた。「君を見ていると、俺、もう笑っちゃうよ。あんまり親父さんに似ているから」と。史郎さんはやや困惑された表情で、「ああ、そうですか」と返答されていた。

三船さんと共演の機会を持つことで、実際に三船さんの演技をつぶさに拝見することで俳優として学んできた部分が少なくないと自分では思っている。三船敏郎という素材があったからこそ黒澤明監督は世界の檜舞台に出ることができたのだと思えるし、黒澤明監督だからこそ三船さんの持ち味を存分に引き出すことができ、三船さんは役者として大成されたのだとも映る。ご本人が育んで、培ってきた個性と、黒澤監督とおふたりで練りに練り上げて作り上げたキャラクター性が三船さんには備わっていた。黒澤監督は三船さんの資質に惹かれてそれを最大限に活かした。三船さんもそれを真っ向から受けて立った。黒澤・三船コンビの凄さがそこにある。三船さんは役者の家庭に生まれたわけではない。俳優になる環境があったわけでもない。おひとりの力であの頂に到達された。感服する。三船敏郎はひとりしかいない。三船敏郎はひとりでいい。

三船さんと黒澤監督のコンビは『赤ひげ』(一九六五/黒澤プロダクション、東宝)が最後となった。〈別れゆくふたつの魂〉と私の目には映った。その後、三船さんはご自身の会社の経営などもあって大変にご苦労されたとお聞きしている。三船さんと黒澤監督、はたしておふたりのその後は幸せだったのかどうか。これは映画愛好家、映画研究家などの受け手、そして日本映画史が判断することになるであろう。

三船さんは世界を相手にしてきた俳優だった。私も中国で広く親しまれたパオデンミンという名前で香港、台湾を舞台としたラブストーリー映画に出演して外貨を稼ぐなど、三船さんとは異なった形で東宝の一本の柱となることができた。他社、つまりは松竹、東映、大映、日活の俳優と仕事をすると、「宝田さんは東宝というバラエティ豊かな、大変モダンな会社にいらっしゃって幸せだな」とよく言われた。自分たちも東宝のあのような作品群にキャスティングされたい、とも。私はありがたいことに一九六〇年代初期の時代から十五年ほどにわたって東宝の映画分野、演劇分野などの表舞台の第一線で力を存分に発揮することができた。フィルムとステージ、ふたつのジャンルで主役を張り、大きな作品を残すことができた。こういう俳優は数少ないのではないか。誠に幸せなことである。

三船さんは映画やテレビ映画分野、私は映画と舞台、ともに、いわば東宝の〈両輪〉として活躍できたことは、今振り返っても望外の喜びを覚える。かつて長谷川一夫さんが美男の代表格にあげられた。一方、〈豪〉といえば三船敏郎に尽きよう。三船さんはこれからも日本映画界の頂点に君臨していくに違いない。

『三船敏郎の映画史』 目次

第四章　三船敏郎と東宝映画成熟期
――一九五〇年代中期――

第五章　三船敏郎と東宝映画隆盛期
――一九五〇年代後期――

第六章　三船敏郎と東宝娯楽映画群の玉座
――一九六〇年代初期――

第七章　三船敏郎と東宝黄金時代の終幕
――一九六〇年代中期――

第八章　三船敏郎と日本映画大作時代
―一九六〇年代後期―

序章
俳優・三船敏郎登場前夜

中部九八部隊所属時。凛とした表情のなかに初々しさもあふれる。

三船敏郎（一九二〇─一九九七）は戦後日本映画を代表する、不世出の大スターだった──。

このように述べて違和感を生じさせる映画愛好家はいないだろう。戦後最大の映画俳優は三船敏郎。一九四〇年代後期からの日本映画を観続けてきた者にとっては常識の範疇である。現に、戦後の映画俳優ベストテンを選出する企画では常に男優第一位の座を獲得し、ブルーリボン賞では六度も受賞を果たした。もちろん日本だけにとどまらず、ヴェネツィア国際映画祭主演男優賞に二度、一九六一年度（第二十二回）は黒澤明監督作『用心棒』（一九六一／黒澤プロダクション、東宝）、一九六五年度（第二十六回）は同じく黒澤明の『赤ひげ』（一九六五／同）で輝くなど、海外でも三船の名はとどろいた。複数の外国映画にも主演級でスクリーンに登場し、世界的大スターの地位に上りつめた。まさしく稀代の俳優だった。

戦後日本映画界における最大のスターとなった三船敏郎が谷口千吉監督作『銀嶺の果て』（一九四七／東宝）で俳優としての第一歩を刻んでからすでに七十年の歳月が過ぎ去った。逝去後、早くも二十年が経過し、二〇二〇年は生誕百年の大きな節目にあたる。俳優・三船敏郎の歩み、遺した映画作品、日本映画界にもたらした遺産、遺物などをあらためて、今再びふりかえる機会が訪れたのは昨今の情勢が示している通りだ。二〇一八（平成三十）年五月には、スティーヴン・オカザキ演出による長篇ドキュメンタリー映画『MIFUNE THE LAST SAMURAI』（二〇一六／セディック・インターナショナル、電通、ＴＯＫＹＯ ＭＸ、中央映画貿易）もロードショー公開され、大きな話題を撒いた。

そこで本書もその一環に加わりたい。三船敏郎の映画界デビューから映画俳優としての足跡、つまりは一九四〇年代後期から一九九〇年代中期までに出演した映画作品を追っていき、三船敏郎の来歴、三船敏郎の映画史を表したい。同時に、三船主演映画の流れを時間軸に従ってとらえていくことにより、三船敏郎を拠点としたひとつの日本映画史を浮かび上がらせたい。俳優・三船敏郎の戦後日本映画史のひとつの明示としたい。

本筋に入る前に、東宝の誕生から『銀嶺の果て』が世に送り出される一九四七年当時にたどり着くまで、東宝の道程、戦前・戦中における東宝の位置づけ、日本映画界に果たしてきた役割を簡略に押さえておく。

一九二九(昭和四)年、トーキー研究所、株式会社写真化学研究所(Photo Chemical Laboratory。通称P・C・L)が東京府北多摩群砧村(現・世田谷区成城)で産声をあげた。同社はその後の一九三二(昭和七)年、録音と現像を子会社に分離する。ここで誕生した株式会社P・C・L映画製作所(ピー・シー・エル映画製作所とカタカナ表記を年代に従って使い分ける場合も多いが、少々まぎらわしくなるため、P・C・L映画製作所という表記を用いる)が東宝株式会社の前身にあたる。

P・C・L映画製作所は、設立当初より、周囲からの注目を集める映画製作を精力的に行っていた。観応えのある、大衆がいかにも好みそうな作品を連発する。それほどの作品を世に放つことのできる人材にも同社は恵まれていた。木村荘十二、山本嘉次郎を筆頭格に据え、成瀬巳喜男、矢倉茂雄、岡田敬、滝沢英輔、渡辺邦男、豊田四郎、山本薩夫、山中貞雄、伏水修、等々のそうそうたる監督たちがP・C・L映画製作所を舞台にし、己の才能を開花させていった。

MIFUNE THE LAST SAMURAI
OED-10544

端からは順風満帆と映るP・C・L映画製作所だったが、大きな弱点も持っていた。それが興行面だ。自社独自の配給網、映画館を保有していなかった。映画を一般大衆に見せる環境が脆弱だった。蛇口がなければ水は出てこないのと同じで、いくら良品を作っても受け手に供給できなければ結局は宝の持ち腐れになる。そうした現状を打破するためにP・C・L映画製作所は、阪神急行電鉄(現・阪急電鉄)の経営者である小林一三と手を結ぶことにした。

小林一三はP・C・L映画製作所からの持ちかけを受け容れた。鉄道沿線の活性化を企図して兵庫県宝塚市に設けた宝塚少女歌劇団(宝塚歌唱隊、宝塚少女歌劇養成会、宝塚音楽歌劇学校を経て宝塚少女歌劇団となった）の東京進出の拠点として有楽町界隈は最適の場所だ、と小林サイドは判断した。こうして一九三二年八月、株式会社東京宝塚劇場が誕生した。同社は日比谷・有楽町地区を演劇・映画興行の本拠地と定めた。東京宝塚劇場、日比谷映画劇場（一九三四年完成）、有楽座（一九三五年完成）を旗艦劇場とし、Ｐ・Ｃ・Ｌ映画製作所作品はもとより、日活映画の興行も打っていった。

一九三三（昭和八）年、大沢商会の創業者であり、トーキー・システムを輸入した人物としても知られる大沢善夫がＪ・Ｏ（ゼー・オー）スタヂオを設立した。大沢はここをホームに据えて映画製作に乗り出した。一九三四（昭和九）年、Ｊ・Ｏスタヂオは大沢商会の直営から離れ、株式会社Ｊ・Ｏスタヂオに生まれ変わる。一九三六（昭和十一）年一月には株式会社東京宝塚劇場、株式会社Ｐ・Ｃ・Ｌ映画製作所、株式会社Ｊ・Ｏスタヂオ、三社の共同出資のもと、阪急資本を基盤とする東宝映画配給株式会社が誕生する。この時代、映画製作、映画興行の形態はめまぐるしく変化を遂げていた。

そうしたなか、Ｊ・Ｏスタヂオは東宝映画京都撮影所に、Ｐ・Ｃ・Ｌ映画製作所は東宝東京撮影所に転身した。当初は時代劇が京都撮影所、現代劇が東京撮影所という振り分けが採られた。しかし、時間をさほど置かずに東京撮影所が時代劇を扱うようになった。そのため、京都はその補助役をつとめる態勢に移った。以上のような経緯をたどり、一九三七（昭和十二）年九月に写真化学研究所、Ｐ・Ｃ・Ｌ映画製作所、Ｊ・Ｏスタヂオ、東宝映画配給の四社が合併を果たして東宝映画株式会社が設立された。

東宝映画は他社では導入されていない、画期的かつ尖端的な映画製作態勢を採用した。プロデューサー・システム、撮影所システムを積極的に導入したのだ。合理的で効率のよいシステムのもと、東宝映画はＰ・Ｃ・Ｌ映画製作所、Ｊ・Ｏスタヂオでエネルギッシュに作品を発表していた監督たちを柱とし、新たに加わってきた今井正、島津保次郎、斎藤寅次郎、阿部豊、青柳信雄、千葉泰樹、佐藤武たちがそれぞれの持ち味と個性を放っていった。喜劇映画、時代劇映画、戦意昂揚を目的とした時局映画、これらを東宝映画は数多く製作していく。

一九三〇年代、日本映画界にもトーキー技術が導入される。活動弁士と生演奏がつく無声映画から、役者の口から実際に生《なま》の声が流れ、画面から効果音、音楽も聞こえてくるトーキー映画への転換を大衆は諸手をあげて歓迎した。

一九四三（昭和十八）年十二月、東宝映画は東京宝塚劇場と合併する。現在に至る東宝株式会社がここに誕生する。一九四五（昭和二十）年八月、日本に戦後が訪れる。軍部の介入に縛られていた日本映画界も新たなスタートを切ることになる。

戦争が終わってまもなく、連合国軍最高司令官総司令部（GHQ）が日本にやってきた。日本帝国主義から自由主義、平和主義などへの思想転換を図るためである。世相はあっという間にそれらを迎合する空気に覆われた。映画界も例外ではなかった。製作方針の一新を迫られた。日本映画の主流のひとつである時代劇映画には苦難の時代が訪れた。軍国主義から自由主義、平和主義への思想転換を狙う一環として、GHQが時代劇映画を禁じたのだ。

時代劇ものは仇討ち、復讐がドラマツルギーの重要部分を占める。観客は主人公が仇に対して復讐を遂げることにカタルシスを覚え、常日頃の憂さを晴らす。また、日本刀を振りまわして相手を殺傷する行為がこの種の映画にはつきものだ。時代劇映画、剣戟映画の最大の見せ場でもある。剣戟映画の俗語であるチャンバラは、刀と刀がぶつかり合う擬音〈ちゃんちゃんばらばら〉から生まれた。アメリカ人にとって時代劇映画は仇討ち映画であり、鬱憤晴らし映画であり、人殺し映画であり、戦勝国への憎悪、復讐心を駆り立てるものだった。容認などできるわけもなかった。

こうした時代に応じて東宝株式会社の映画製作、興行の形も変化をしていく。撮影所所長をつとめていた森岩雄が発案した〈三つのN〉が大きな柱となった。New Face［ニューフェイス（新たな人材）］、New Flot［ニュープロット（新たな企画）］、New Tretment［ニュートリートメント（新たな製作処理）］、この三つである。森が唱える

〈三つのN〉が戦後の東宝カラーを構築していく。戦争から解放された安堵感と民需物資のとぼしい環境下ならではの生活苦が押し寄せるなか、一般大衆は日常の労苦をいっとき忘れられる、喜劇や音楽劇などに代表される軽妙な娯楽映画を歓待した。

東宝は一九四五年十一月二十二日封切りの『歌へ！太陽』（監督：阿部豊）を戦後第一作とし、同年十二月二十七日には古川緑波（ロッパ）、横山エンタツ（エンタツ）、花菱アチャコ（アチャコ）による歌謡喜劇映画『東京五人男』（監督：斎藤寅次郎）を公開するなどして新時代へのスタートを切っていた。とはいえ、国民の誰もが衣食住の確保を最優先する時世だった。映画人も己の生活環境をととのえるのに必死だった。死にものぐるいだった。そのために人心も荒廃していた。そうした事情からも、森は〈三つのN〉を推進する方針を立てた。映画界も新時代に果敢に立ち向かっていかなければならない。〈三つのN〉には並々ならぬ森の気概と決意が込められていた。

森岩雄は、プロデューサー・システムの強化と確立をNew Tretmentに位置づけたが、New Plotは思惑通りの機能を発揮できなかった。戦時中に頻発した軍部介入はたしかになくなった。ところが、それに代わるように、ＧＨＱの指揮下に据えられる民間情報教育部（ＣＩＥ）の検閲指導が始まる。映画は一般大衆に見せるものだ。人気スターが特定の人物に扮し、ひとつのドラマを提示する。ゆえに映画からの民主主義啓発をもくろむ当局の規制は厳格だった。映画界からも民主化政策が進められる時勢となった。

一九四五年十二月、東宝従業員組合が結成された。分会が本社や支社に設置された。これが一九四六（昭和二十一）年から一九四八（昭和二十三）年にかけて三次にわたって繰り広げられる「東宝争議」の土壌となる。

その間、東宝はNew Face、第一回東宝ニューフェイス募集面接試験を行った。三船敏郎、伊豆肇、岡豊、若山セツ子、久我美子、木匠久美子（マユリ）たちがそうして東宝の門をくぐってきた。プロデューサー、スタッフたちの新陣容も固められた。新体制による映画製作が開始される。

東宝労働組合が最低賃金制確立の目的のもとに断行したストライキに端を発した「東宝争議」は、五千六百余名の組合員と会社間の激しい闘争に進展していった。「第二次東宝争議」中に撮影所の従業員組合が分裂を起こし、十人のスター（大河内傳次郎、長谷川一夫、入江たか子、山田五十鈴、藤田進、黒川弥太郎、原節子、高峰秀子、山根寿子、花井蘭子）と四百五十人前後の従業員が第三組合を作った。俳優陣は「十人の旗の会」を結成した。これがひとつの契機となり、第二次ストライキは一九四六年十月に終結する。

「東宝争議」が継続していた一九四七（昭和二十二）年三月、「十人の旗の会」のメンバーを中心として新東宝映画製作所が設立される。同年四月、「来なかったのは軍艦だけ」というフレーズで昭和史に刻み込まれた「第三次東宝争議」の火蓋が切られる。一民間企業に勤める労働者運動に警察やアメリカ軍が介入したことにより、「第三次東宝争議」は多方面に波紋を拡げた。ではあったが、こうした状況下でも日本映画界、東宝にも新たな波は確実に到達してくる。黒澤明の時代である。

一九四三年、東宝作品『姿三四郎』で監督に昇進した黒澤明は終戦後、監督第五作目にあたる『わが青春に悔なし』（一九四六／東宝）を発表する。東宝が争議の渦中にあったために日活系の劇場で封切られた。黒澤は戦時中に『一番美しく』（一九四四／同）という、軍需工場で働く女子挺身隊のドラマを撮った。ほかの監督たちが戦意昂揚映画の製作に従事するなか、黒澤もそうした映画製作活動を余儀なくされたわけだが、戦争が終わり、新たな時代が始まると、反戦思想を色濃くたたえる人間ドラマ映画を敢然と放った。反戦運動に身を捧げる男と女の人生劇を黒澤は心を込めて民衆に差し出した。

占領軍の支配権、発言力が当時は強かった。だから民主主義に迎合する映画が幾本も作られた。それは、数年前までは企画すら立てられなかったものを正々堂々と問える世の中が到来したことを意味していた。戦時中は目につく活動はさして行わなかった左翼主義思想に染まる映画人も、戦後新時代の開幕に応じて一気に表舞台に出てきた。

『わが青春に悔なし』の脚本を書いた久板栄二郎もそのひとりである。あまたの観客は諸手をあげてこの映画を迎え入れた。原節子が演じる幸枝の自我の確立を迫真的につづっていく内容が評判を呼び、黒澤明の名は広く世間に浸透した。『わが青春に悔なし』というタイトルに人々は自由や新時代の香りを濃厚に嗅ぎ取った。戦後日本人は幸枝の生き方にこれからの日本人が向かうべきひとつの道標を見た。戦後はこうした時代になるだろう。また、そのようにしなくてはいけない。そう思わせた。戦後日本映画界の最大の巨人・黒澤明の時代が始まった。

「東宝争議」の嵐が吹き荒れ、新東宝が設立された情勢下においても、ベテラン監督たちは戦後映画解放時代に呼応し、水を得た魚のごとく仕事を展開していった。一九四八（昭和二十三）年三月、山本嘉次郎が音頭を取る形で独立映画プロダクションの映画芸術協会が設立された。黒澤明、谷口千吉、本木荘二郎たちが参加し、その後は成瀬巳喜男、新鋭の市川崑なども加わる。

「東宝争議」が継続するなか、少なからずの監督たちが組合とは付かず離れずの関係のもとに東宝に残っていた。しかしながら、争議が泥沼化していたために撮影所では思い通りの映画製作が困難な状態となっていた。そうした背景にかんがみ、東宝に在籍したままの身分で他社との契約も可能となる映画製作プロダクションを山本嘉次郎たちは立ち上げた。

映画芸術協会は東宝の製作体制が軌道に乗るのを見届けたうえで、一九五一（昭和二十六）年に解散した。東宝の経営陣、製作体制が固められて同社で自主製作が開始されると、同協会に参加していた監督たちも東宝に復帰した。そのひとりである亀井文夫はコミュニスト記録映画作家の性格を露わにした『戦う兵隊』（一九四〇／東宝映画文化映画部）を発表したことで警察に摘発され、商業映画分野からの撤退を強いられる。今井正もレッドパージに遭って東宝を退社する。今井、同じく東宝を去った山本薩夫はのちに独立映画プロダクションを興す。左翼的テーマを打ち出す、権力側を糾弾する映画製作に己の活動の場を見出していく。

一九四七（昭和二十二）年、東宝は複数の佳作を送り出した。ニューフェイスで選出された新人スターが活躍し始めた。黒澤明の『素晴らしき日曜日』もそのうちの一本にあげられる。終戦直後の風景・風俗・空気感を映画全篇に充満させながら黒澤はみずみずしい感性をあふれさせ、リアリズム・タッチも織り込みつつ、貧困にあえぐ生活に疲れた若い男女を包み込むように愛でた。

観客の多数がこのふたりに己の姿を重ね合わせた。現実はあまりに厳しい。金がないと何もできないのか。だけれども捨て鉢にならず、未来に希望を抱き、前を向いて人生に対処していこうとすれば、フランツ・ペーター・シューベルトの『未完成交響曲』(『交響曲「未完成」』)の荘重な調べが自分たちの耳にも届いてくるのではないか。あの映画の男女のように。そう思ったはずだ。うらぶれた恋人たちの姿を応援するかのように描く黒澤の作家姿勢は初々しく、さわやかだった。黒澤は本作で一九四七年度第二回毎日映画コンクール監督賞を獲得した。

一九四八年、黒澤は『酔いどれ天使』(東宝)を放つ。東宝の長期ストライキは継続していた。製作費はさほど計上されないために彼の師である山本嘉次郎が前年(一九四七年)に撮った東宝作品『新馬鹿時代』前后篇で使用した闇市の巨大オープンセットを再利用した。『酔いどれ天使』はギラギラとした骨太の人間ドラマがエネルギッシュに進められる。黒澤は〈生〉への欲望をみなぎらせる貧民街の人間たちを描きながら、壮烈な人間愛をスクリーンに叩きつけた。同作は一九四八年度「キネマ旬報」日本映画ベストテン第一位に輝き、第三回毎日映画コンクール作品賞を受賞した。

ニューフェイスのなかでも図抜けた存在感を発する三船敏郎が『酔いどれ天使』で一躍スターダムに駆け上がったことも日本映画史上のトピックにあげられる。この作品は黒澤のステージをさらに一段押し上げた。『酔いどれ天使』の成功があったからこそ、黒澤・三船の黄金コンビ作品が一九四〇年代後期から連綿と作られていく。そうした側面も含め、同作はいまだに少しも色褪せない存在感を発し続けている。

黒澤は脚本家としても非凡な才能を発揮した。谷口千吉の劇映画監督昇進第一作、三船敏郎の俳優デビュー作品『銀嶺の果て』は、谷口とほぼ同期で先に監督昇進を飾った黒澤が彼の門出を祝福すべく、脚本を書き上げたものだ。黒澤映画の根幹に静かに流れる人間賛歌の思念が同作でも劇構成の土台を築いていた。黒澤と谷口の友情の証とも受け取れる作品であり、黒澤映画のひとつのシンボルとなる三船敏郎・志村喬コンビの初顔合わせ作でもあった。『銀嶺の果て』は、戦後日本映画に新しい才能が出現してきたことを実感させた。こうして三船敏郎の時代が始まっていく。

第一章
三船敏郎と映画俳優行路

グラスを片手に大スターの貫禄に満ちる。蝶ネクタイ姿も目を惹く。
© 三船プロダクション

一　出生から敗戦時まで

三船敏郎は一九二〇（大正九）年四月一日、秋田県由利郡川内村小川（源・由利本荘市鳥海町小川）出身の父親・徳蔵、新潟県の旗本出身の母親・センの長男として中国・山東省の青島《チンタオ》、その地の日本人居留地で出生した。徳蔵とセンのあいだにはその後、三船とは一歳違いの二男・芳郎、四歳違いの長女・君子が誕生した。十九世紀後半、ドイツ人入植者の手で開拓された青島は鉱山採掘によって発展してきた街だ。三船が出生した当時は五十万人ほどが住んでいたという。

日清戦争（一八九四年七月二十五日〜一八九五年三月）、義和団事件（一九〇〇年）、済南事変（一九二八年）などが勃発した十九世紀末から二十世紀初頭にかけての時代に徳蔵はすでに中国の青島にわたり、当時はドイツが統治していた同地で写真館を営んでいた。漢方医の息子である徳蔵は当初は医師をめざしていたが、やがてカメラ、スチール写真の撮影に夢中になり、写真師となった。自分は二男の身であるし、父親（三船の祖父）とは不仲だから家業は継げない、という背景があったようだ。センは徳蔵の後妻だった。

三船は「潮」一九六五年二月号（潮出版社）に収載された「〝サムライ根性〟と人は言う」で徳蔵の思い出を語っている。

　わたしが生まれたのは大正九年の四月一日。ところは中国の大連である。父徳蔵は秋田県の漢方医の息子だったが、なかなかハイカラで、若いとき東京へ出て医者になるつもりでいたらしい。ところが、これまた当時流行しはじめた写真機にとりつかれ、とうとうこのほうが本職になってしまった。／写真の技術を身につけると、父は大陸雄飛を夢見た。そして、大正のなかばに青島・大連に写真館を開いた。

当地に住む日本人の肖像写真撮影を主な生業《なりわい》とする「スター写真館」をのちに開業（一九二九年）する徳蔵は、

日露戦争に従軍カメラマンのような立場で自主的に参加した。撮影した写真をまとめ、『南満洲の風景』『山東名所写真帳』という写真集を自費出版したこともあった。しかし、第一次世界大戦時は好調だった写真業もまもなく不況に陥る。三人の子供を学校に行かせ、食べさせることで精一杯だった。そのため、青島を本店として大連、奉天、点心、山海関に支店を据える貿易業にも同時にかかわっていた。

一九二五（大正十四）年、三船も五歳のときに家族とともに遼寧省・大連に転居した。住まいは大連駅の近所だった。港町の大連は当時、日本の植民地だから多数の日本人が住んでいた。日本語が通用し、中国人も日本語を話した。伏見小学校、聖徳小学校、朝日小学校と、転居にともなって転校が続く。冬はスケート、夏は星ガ浦にある海水浴場で水泳を楽しむ生活をしていた。一九三四（昭和九）年、三船は旧制大連中学に入学する。相当に大人びた中学生だったらしい。同校は一九三八（昭和十三）年に卒業した。

三船が「平凡」一九四八年十月号（平凡出版）に寄せた「人気スタア半生記 僕の半自叙伝」のなかで弟・芳郎についてふれている。きわめて珍しいものと思われる。

兄弟は私が長男で、ほかに弟と妹が一人づつある。妹はいま鎌倉に住んでいる。／弟の芳郎は弟のくせに体もこっちよりひとまわり大きく、兄貴よりも強いと来てるのだから始末がわるい。明大を出て現在工業会社の少壮部長である。柔道五段という大変なシロモノだ。小さいときはずいぶん兄弟喧嘩をやったものだが、こっちはこれで案外内向的に出来ているから、大抵負けることに相場がきまっていた。／もっとも取ッ組み合いの喧嘩は中学のときに一度やっただけだ。／「この野郎！」／とばかり、投げとばしてやるつもりでかゝって行ったら、逆に、「アッ」という間にストンと投げとばされて腕を折っちゃった。／このときは逆に弟に言われたのである。／「だからよせと言ったんだ。兄貴のくせに弟相手にして本気になるな」／親父には目の玉のとび出るほど叱られるし腕は痛むし、なんとも情ない次第であった。

徳蔵が病気がちのため、学業と並行し、三船は家業の写真館を手伝うようになった。写真館は順風満帆ではなく、徐々に業績が悪化しており、経営は苦しかった。三船も子供の頃から写真には興味を抱いていたが、はじめはそれほど乗り気ではなかったという。しかし、その成果で弟の芳郎は大学に進学でき、妹の君子も女学校を卒業することができた。三船自身も、徳蔵が長年入院生活を送っていたので縛りのない生活を送れたようだ。『［講座］日本映画5―戦後映画の展開』（一九八七／岩波書店）収録「戦後映画を駆け抜ける―三船敏郎 佐藤忠男」で三船は次のように回顧している。

親父はずっと三年も五年も入院していましたから、やりたいほうだいやっていましたけどね。大連はいまの香港みたいにフリーポートでしたから外国のものなんか安かった。ノータックスですから、キャメラだって、ライカ、コンタックスが二五〇円位。日本で輸入しちゃいかんというような映画でも、どんどん入ってきていました。外国の商社もずいぶんありましたからね。だから映画見てあるいたり、そんなことばっかりしていたわけです。

やりたいほうだい、とはおよそ次のようなことらしい。十五、六歳の時分から酒をたしなみ、ニッカボッカ（ニッカポッカ）にリーゼント・スタイルで盛り場を闊歩し、ダンスホールに出入りしたり、父親の目を盗んで朝帰りを繰り返したり。早熟だった、ませていた、ただし、見かけによらず内気だったので女性は苦手だった、と当時を三船本人がふりかえっている。

三船は相当の映画好きだった。この時代に鑑賞した映画として、ドイツ映画『会議は踊る』（一九三一／監督：エリック・シャレル）、フランス映画『乙女の湖』（一九三三／監督：マルク・アレグレ）『我等の仲間』（一九三六／監督：ジュリアン・デュヴィヴィエ）『望郷』（一九三七／同）『ミモザ館』（一九四〇／監督：ジャック・フェデー）などのタイトルをあげている。

一九三八年に中学を卒業し、一九四〇（昭和十五）年に徴兵、甲種合格（第一級合格）となり、兵役に就くことになった。昭和十五年兵といわれる。一度も本土の空気を吸うことなく死ぬかもしれない。父の勧めもあって、徴兵の前に日本を訪れ、神戸の土を踏んだという。そうして十九歳から二十五歳におよぶ、終戦に至るまでの六年間の軍隊生活が始まった。

大連から「あるぜんちな丸」に乗って宇品港に向かった。宇品からさらに貨物船に乗船したが、結局、目的地は大連だった。貨車に乗せられた三船は自分の家を横目にしつつ、奉天に近い地域にある満洲の公主嶺に連れていかれた。

公主嶺には〈鬼も泣く関東軍〉といわれる陸軍第七航空教育隊があり、ここで三船は半年間、飛行機を操るために必要な技術を教え込まれた。最初はごく基礎的なこと、次に徒手訓練、さらにより実戦的訓練と進んでいき、いわゆる特業、発電、電気、通信、無線、気象などの特殊分野に分かれていった。

ここでの三船に対しての上官のしごきは生半可なものではなかった。顔の形が変わるほど殴られた。声がでかいという理由だけで殴打されたこともあった。不敵な面構えを持ち、正義感が人一倍強い彼は上官から特に目をつけられるタイプだったのだろう。この陸軍第七航空教育隊で三船は写真部に配属された。航空写真を扱う司令部偵察機の偵察員となった。前掲『［講座］日本映画5―戦後映画の展開』内「戦後映画を駆け抜ける―三船敏郎 佐藤忠男」での発言。

フェアチャイルドという、アメリカの自動航空写真機というやつを使っていた。こんな幅の広いフィルムでね。作戦本部で飛行計画を作る。曇っていても雲の上から赤外線フィルムで撮れる。それが七分三分の重なりで一枚ずつ時間、高度とかがちゃんと付いているんです。着陸するとそれを現像して印画紙に焼き付けて、その写真を貼り合わせてこの部屋ぐらいの地図をつくる。／あとは、いろいろなメガネがあって、橋があったら、その橋は何メートルであるかと、高度等を計算して、大きさは何分の一であるかということをはかるわけですね。工場地帯があったら、その煙突の高さは何フィートであるか。そういう地図をつくって、サイドカーで司令部へもっていくわけです。そういう航空写真のほうをやっていたわけです。

三船は赤外線カメラで撮影した航空写真を組み合わせ、敵側の要地の地図を作成していた。少年兵の指導にもあたっていた。その後、第七航空教育隊から牡丹江にある中部九八部隊・第八航空教育隊へ転属となった。しかし、すでに引き揚げ準備が進行しており、三船は満洲の外れにある地域から御用船に乗せられ、宇品に帰った。一九四一(昭和十六)年、滋賀県八日市にある中部九八部隊・第八航空教育隊に写真工手として配属された。写真を扱った経歴が買われたのだ。三船には写真技術がある。だから教育隊に残れ。そうした理由があったから戦地に行かずに済んだ。父の徳蔵に命じられ、最初は写真を嫌々やっていた。だが、それが役に立った。芸は身を助く。三船はそう思った。

一九四三(昭和十八)年に同部隊に鷺巣富雄という男が入ってきた。一九三九年に東宝技術部特殊技術課線画係に入ったという鷺巣と三船は意気投合した。やがてふたりは生涯の友となる。この鷺巣(一九二一年生)こそ別名うしおそうじ(牛尾走児と表記することもあった)、のちの映像製作会社のピー・プロダクションの創立者で漫画家、アニメーター、プロデューサー、演出家として日本のアニメ・特撮界を育てていく男である。三船と鷺巣が戦友だったというのは意外な感を抱く。鷺巣は一年先輩にあたる三船の写真技術を高く評価していた。三船は初年兵に対する上等兵の横暴を正面からいさめるような男だった、と鷺巣は折にふれて語っていたという。

一九四四年時にもなると戦局はじり貧の途を坂道を転げ落ちるように進んでいた。徴兵も、鉄砲も担げないような第二乙、丙種合格者まで駆り出される状況だった。三船も彼らの悲惨きわまりない姿をいくつも見た。骨と皮ばかりで骸骨のようなのに、腹ばかりが異様に膨らんでいる者が朝起きてこないので見てみると、絶命していた。そうした者たちがバタバタと兵舎のなかで死んでいった。日本の敗戦、太平洋戦争の終結が近いことを三船は実感した。

一九四五（昭和二十）年の盛夏。熊本県上益城郡城南町隈庄の小さな特攻隊基地（隈庄飛行場・飛行第百十戦隊）で三船は終戦を迎える。階級は上等兵だった。沖縄の特攻隊基地が手薄になったため、同地に派遣されようとする、まさにそのときだった。

城南町隈庄の特攻隊基地では特攻に出撃する機の整備をした。特攻に使われる機は主に各基地から集められた中古品なので整備が必要だった。特攻機を操縦する十代半ばの少年兵の写真も撮った。特攻に出ることは死を意味する。遺影を撮ったのだ。そのときの思い出を三船は同じく前掲書で語っている。

学生上がりの一年ぐらいちょっと教育受けた、大学出たやつがキャプテンで行くわけですよ。あと前部、後部、上部、下部なんかの機関銃手は全部一六、七歳の少年航空兵なんです。ただ機関銃の撃ち方だけ教えて、それを乗せてやるんですけど、まだ声変わりもしてないやつが、みんな飛行機に乗って出ていくと、もう帰ってこないんですよ。／こちらは経理の事務のほうやってたから、なけなしの食糧からすきやきなんか前の晩食わしてやったり、酒をちょっと飲ましてやったり、ヒロポンを打って、興奮状態にして、鉢巻をして、朝、「行ってまいります」といって出て行くが、帰ってこない、行ったきりなんだ。

三船は少年兵にはこう語ったともいう。最期のときは「天皇陛下万歳！」などというな、恥ずかしがらずに「お母ちゃん！」と叫べ、と。このときの三船の想いはいかばかりだったか。戦争がいかに残酷なものか。肌身で知ったに相違ない。彼の心の慟哭は想像を絶するにあまりある。

一九四五年八月十五日。太平洋戦争が終結した。三船の身分は陸軍航空上等兵だった。日本は敗れた。三船の両親は一九四三年に亡くなっていた。一九四〇年に徴兵で家を出たのが今生の別れとなった。弟の芳郎も一九四四（昭和十九）年に召集され、行方がわからなかった。妹の君子の安否も不明だった。親戚も見当たらない。大連にある写真館も爆撃で焼け落ちていた。

翌十六日、三船は軍隊で毛布を二枚受け取って福岡に出た。その毛布を自らジャケットに仕立てたともいう。ちょうどそのとき、アメリカ軍が有明湾から上陸してくるというデマが飛び、本土に避難しようとする人たちが汽車の屋根にまであふれていた。元の原隊の滋賀県まで行こうと、三船も機関車部分に乗車し、滋賀県にたどり着いた。隊はすさんでいた。若い将校たちは敗戦に納得がいかず、若い兵に竹槍を作らせ、戦いの継続を叫んでいた。食糧庫から米を運搬してトラックいっぱいに積んで逃げ出したはいいが、途中で憲兵に捕まって営倉に逆戻りしてくる者もいた。

はじめは琵琶湖あたりで時間をつぶしていた三船だったが、東京出身の初年兵からこのような誘いを受けた。田園調布に兄がいるが、今は樺太に行っているので空き家になっている、だから一緒に行きませんか、と。三船は東京におもむいた。最初は田園調布に居着き、その後は除隊した兵隊仲間と肉体労働に従事しながら横浜の磯子で過ごした。再会を果たした芳郎、君子とともにしばらくのあいだ磯子に居候した。横浜での思い出を前掲書内で披露している。一面的に見れば、なかなか豪快で三船らしい話だ。

近所に池田組という、横浜の輸送のほうを引き受けていたおやじさんがいたわけです。磯子の奥のほうに発動機、エンジンつくっていた石川島というのがあったんですよ。爆撃でめちゃくちゃになっていましたけど、まだ旋盤だとかなんとか二〇〇台位入っていた比較的完全な工場があったんです。そこへ米軍が入ってきて、アメリカの兵隊たちにコカ・コーラを飲ますから、ここへ機械を据えるということで、それを全部表に搬出する仕事を引き受けたんだ。三船君手伝ってくれということでそれを手伝っていたんですよ。／みんな肋骨の出たおっさんたちが、テコみたいのでゴロゴロ転がしたって、一日に一台か二台しか運び出せないんですよ。そこに米軍の中佐がいたんです。フォークリフトがあったので、それを貸してくれと。おまえ運転できるかというから、できるといって、それを借りてきて、ポンと持ち上げてはウワーッと運んで。二週間で二〇〇台くらい全部運んだ。人足みたいなことやっていたんですよ。

この発言を「そのうち、こんなバカなことやっていたってしようがないと思って」と三船は締めくくり、新たなステップに踏み出す。それが彼の人生の分岐点となる映画界へのノックだった。

二　映画界に身を投じる

三船は虚脱と混乱のなか、どうやって生きていこうか、と真剣に考えた。自分には写真技術しかない。だが、終戦直後、荒れ果てた東京に写真館などはそうそうなく、求人もしていない。写真機がいじられるようになっても、頼みの感光材料が入手できない。三船は隊所属時代、一九四〇年頃だったというが、先輩兵で東宝撮影所撮影部に所属する大山年治という人物からこう持ちかけられていた。自分は今年で満期除隊となる、来年はお前だろう、除隊になったら砧の東宝撮影所を訪ねろ、撮影助手に雇おう、と。写真業の手伝いをしていた経験を活かして航空写真を扱っていた腕が見込まれたのである。しかし、戦況の変化もあって三船の代から満期除隊は中止となった。それで大山との一件は口約束のまま止まってしまった。

一九四六(昭和二十一)年五月、三船は復員服のまま磯子から砧の東宝撮影所まで徒歩で移動し、大山を訪ねた。そして東宝砧撮影所での撮影助手を願い出た。三脚でもなんでも担ぐので東宝の撮影部で何か仕事はないか、と三船は大山に頼み込んだ。大谷は応じた。では、履歴書を出せ。そういわれた三船は大山に履歴書を託した。

ではあるが、当時の東宝砧撮影所は「第一次東宝争議」の直後だった。そのために撮影所も混乱状態に陥っていた。このような状況下だからカメラマンの募集もしていない。履歴書を預かる際に大山は三船にそれをはっきりと説明したともいう。現在、撮影部は定員がいっぱいで空きがない、しかし、ちょうどいい案配にニューフェイスを募集している、なんでもいいではないか、職にありつけるだけでも幸せに思うべきだ、履歴書をそちらにまわしておくから試験を受けてくれ、もしも補欠でも引っかかったら、あとで撮影部に空きが出たときに呼んでやる、というものだ。

三船は受け容れた。このまま遊んでいるわけにはいかない。父親が遺した家財、財産はすべて中国に取り上げられてしまう。もはや無一文、裸一貫だった。約一ヶ月後、東宝から呼び出しがあった。六月三日に面接試験をやるという。三船は当時二十六歳。一張羅の背広にネクタイ、軍靴を合わせた格好で東宝撮影所へ駆けつけた。このときの三船に、東宝に復帰していた鷺巣富雄が出会った。彼が三船を試験会場に連れていったのだという。スチュアート・ガルブレイス四世著『黒澤明と三船敏郎』(二〇一五／亜紀書房)内の証言。

ある日、成城のスタジオに向かうために小田急線に乗っていましたら、三船君そっくりな兵隊さんがいるわけですよ。近づいてみたら、本当に三船君でした。ここで何してるんだと聞いたら、試験を受けにスタジオに行くんだと言うんです。そこで私が、東宝の第三スタジオに連れて行きました。彼を送っていって仕事に戻ったんですけど、どうも気になって昼休み、撮影所に行って、訊いて回りました。審査員は、山本嘉次郎、高峰秀子、藤田進、それから組合の人たちも何人かいました。

鷺巣の証言に従えば、彼に案内されて面接試験が行われる第三スタジオに向かった三船だったが、本人の思惑とはまったく異なり、それは撮影部ではなく、東宝第一期ニューフェイス募集の面接試験だった。撮影部ではなく、ニューフェイス募集のほうに履歴書がまわっていたのである。三船は困惑した。落胆した。約束が違う。俳優になろうとは少しも考えていなかった。でも、復員したばかりだから仕事がない。とにかく働きたい。生活の糧を得なければ。だから不承不承、面接にのぞんだ。つまりは、とりあえずはニューフェイスの試験を受けてくれ、あとで撮影部のほうで引き取ろう、という大山の話は三船の耳に届いていなかったとも一面では理解できる。

東宝第一期ニューフェイス募集面接試験の司会・進行は本木荘二郎がつとめた。その助手をしたという、当時、東宝撮影所宣伝課に所属していた斎藤忠夫の『東宝行進曲 私の撮影所宣伝部50年』(一九八七/平凡社)内「第一回ニューフェイス募集」にこう書いてある。

正門は出入りの者が多いので、受付は全部裏門にした。審査場は試写室わきのダビングルーム。男の多くは、まだ国民服や軍靴が多かった。十人ずつ一列に場内に入れる。審査委員長は田中栄三。主査、山本嘉次郎。副主査、小杉義男。審査員はプロデューサー、監督全員。各パート(撮影、照明、録音など)からは代表一名ずつ、そして、俳優課からは英百合子はじめ長谷川一夫、高峰秀子、ゲストとして堀越節子、田村秋子や森雅之といった新劇畑の人たちもいたような気がする。/「身体ごと横をむいて、また前へむいて。名前、年齢をおっしゃってください」/永年、軍隊生活で鍛えてきた男性たちは「まわれ右!」「もとい」とばかり、コチコチになって靴のカカトとカカトをぶつけ合って、直立不動の軍隊調で姓名申告。女性はまだモンペ姿もあったが、お母さんにもらったらしい浴衣地をワンピースにつくりかえたようなものを着ている人もあった。戦時中とはちがい、下手ながらもお化粧はみなしている。人でも食った鬼のように、真っ赤な口紅がはみ出ている女性もいた。/審査開始前に審査員全員にむかって、山本主査が述べた審査基準。/「いまを盛りに咲いているバラを選んではいけません。スターに仕上げるのには、半年、一年は養成しなくてはなりません。このツボミはそのころになったらどんな美しい花になるか、という視点で審査してください」。

東宝第一期ニューフェイス募集面接試験での出来事は、黒澤明が『蝦蟇の油―自伝のようなもの』(一九八四/岩波書店)で詳述している。おおよそは黒澤さんが書かれた通り、といった旨を三船も示していた。およそ次のようなことだった。

一九四六年六月、東宝は第一期ニューフェイス募集を大々的に行った。戦後の展開、新たな時代にふさわしいスターを作るためだ。その面接と実技試験に三船は呼び出された。審査委員会は、監督、キャメラマン、プロデューサー、俳優、つまりは映画製作側の人間と労働組合代表たちで構成されていた。同数の割合である。黒澤明は審査委員に名を連ねていなかった。原節子、藤田進主演の『わが青春に悔なし』(一九四六／東宝)のセット撮影の真最中のため、試験には立ち会えなかった(原節子が審査員にいたという説もあるのだが、映画の撮影中なら審査員をつとめるのは不可能と思われる)。ところが、黒澤が昼休みにセットから出てくると、審査員に加わっていた高峰秀子に呼び止められた。高峰は山本嘉次郎から、自分の恋人としてコンビを組む男を自分で選んでみてごらん、といった趣旨で審査員に招かれていた。

高峰は黒澤にこう告げた。すごいのがひとりいる、でも、その男は態度が少し乱暴のため、当落すれすれってところだ、ちょっと見にきてほしい、と。興味を駆り立てられた黒澤は昼食もそこそこに試験場に向かい、ドアを開けた。度肝を抜かれた。若い男が荒れ狂っていた。黒澤いわく、「それは、生け捕られた猛獣が暴れているような凄まじい姿で、暫く私は、立ち竦んだまま動けなかった」。

もちろんその男は怒っているわけではなく、怒りの表現を演技課題として与えられ、我流で実演していたにすぎなかった。その男は演技を終えると、ふてくされたような、はにかみを隠すかのような態度で椅子に腰を掛け、審査員たちの顔をにらみまわした。さあ、勝手にしろ、と挑むかのように。黒澤はそうした彼の態度が照れ隠しだと簡単に見抜いたが、ほとんどの審査員は反感を覚えたようだった。なんて生意気な、というわけである。黒澤はこの男になんともいいがたい魅力を感じた。彼の合否が気になった黒澤は、『わが青春に悔なし』のセット撮影を早々に切り上げ、審査委員会の会議室を訪ねた。

案の定、山本嘉次郎が強く推したにもかかわらず、投票の結果、その若い男は不合格となった。黒澤は思わず大きな声を出した。ちょっと待ってくれ、と。この時代は労働組合の勢力が強かった。何事にも組合の代表が顔を出してくる。決議はすべて投票の結果に従う、と決まっていた。これが民主主義だ、とでもいうかのように。ではあるが、俳優の審査や選考はそうはいかない。その俳優の天分、素質、将来性を見抜くのは専門家にしかできない。選ぶほうにも才能と経験が求められる。そうしたプロの一票と門外漢の一票が同等であるはずがない。要するに、「宝石の鑑定は、宝石商にやらせても、八百屋にやらせても同じだ、と考えるに等しい」ということである。それはやりすぎだ。行きすぎもいい加減にしてもらいたい。腹に据えかねた黒澤は抗議した。少なくとも俳優の選考に関しては、その道の専門家の一票はその道には素人の一票に比べ、三票あるいは五票に値するととらえ、この投票の計算をやり直してもらいたい。黒澤はそう強く主張した。

黒澤の突然の異議に審査委員会は騒然となった。反民主主義、監督専制主義だ、と叫ぶ労働組合代表側の者もいた。映画製作代表側の委員は黒澤の提案に賛同の意思を表した。労働組合側にも首肯する者がいた。結局、主査の山本嘉次郎が、議題となっている若い男の俳優としての資質と将来性については監督として自分が責任を持つ、と発言し、彼は危ういところで合格となった。斎藤忠夫著『東宝行進曲 私の撮影所宣伝部50年』には、山本の意見を推したのが黒澤をはじめ小杉義男、谷口千吉だった、と記されている。

この若い男が三船だった。山本も黒澤も、これは只者ではない、この男から発散されるこの独特のオーラ、ムードはいったいなんだ、と思ったのだ。「笑ってみて」と審査委員に命じられ、「そんなに簡単に笑えるものではありません」と答えた、その面構えから、喧嘩が強いだろう、と訊かれた三船は、「四、五人までならなんてことはないです」と答えた、などのエピソードも伝わっている。怒ってみろ、と命じられたときに披露した怒りは演技ではなく、自然に出たものらしい。なんでこんなことを命じられなくてはいけないのだ、という憤りだったようだ。

山本の強い希望により、三船は補欠で採用されることになった。採用者は応募四千人のうち男が十六人、女は三十二人だった。堀雄二、伊豆肇、堺左千夫、久我美子、若山セツ子、岸旗江、吉峰幸子(のちの三船夫人)たちがいた。

これらは黒澤の『蝦蟇の油―自伝のようなもの』をテクストに置いたものだ。ところが、文献、証言者によって内容が少なからず変わってくる。山本嘉次郎著『カツドウヤ紳士録』(一九五一／大日本雄弁会講談社)によれば、審査員と三船のあいだで次のような応酬があったという。「キミの商売は?」「クリームです」「化粧品?」「いいや」「お菓子屋?」「いいや、シュークリームです」「じゃ、お菓子屋じゃないか?」「いや、靴クリームです」。三船はこのような無愛想きわまりない態度だったらしい。

さらには、当時、撮影部長をつとめていたキャメラマンの山田一夫の力が働いていたという説も根強くある。大山から三船を紹介された山田が彼を一目見て、この頑丈そうな体格なら撮影部で使える、と思い、ニューフェイスの審査員をしているキャメラマンの三浦光雄に話し、ふたりで審査委員長の山本嘉次郎に三船敏郎という男の採用を頼みにいった、というものだ。撮影部は重量のある撮影機材を担いでロケーション各地をまわる。体力が何よりものをいう仕事だ。撮影部に欠員が出たときは責任を持って三船を引き取るのでとりあえず採用してほしい。山田と三浦は山本にそう申し出たという。

山田自身は「浪漫工房」第八号「国際スター三船敏郎　その偉大なる愛」(一九九五／創作工房)内で、ディテールは異なるが、次のように語っている。

戦後、いわゆる東宝争議があり、会社側は組合と完全に話がつくまでは、と引き上げてしまったのです。結局、撮影所は組合管理のような形で運営されていました。／その頃、戦争帰りの三船さんが東宝撮影部にいる友人をたずねて来られたのです。当時私は撮影部の係長のような位置にありましたので、彼に会いました。ところが、あいにく撮影部はスタッフが満席の状態。ちょうど俳優部でニューフェイスの募集をしておりましたので、彼のことを委員長の山本嘉次郎監督に頼んで試験を受けさせて貰ったのですが、落ちてしまったのです。三船さんは、雰囲気・風貌ともにそれまでの俳優さんとは全く違うタイプでしたのでね。／私は師匠の三浦光雄カメラマンと、もう一度山本先生にお願いしました。ニューフェイスの末席でも彼を研究所に置いて欲しい、撮影の助手が必要になれば撮影部で引き受けるから、ということで話がつき入れて貰うことが出来ました。／ところが、山本先生が三船さんをいたく気に入りましてね。撮影部より俳優として使いたい、と正式に俳優部に入ったのです、彼は、山本監督、谷口千吉監督、黒澤明監督に思い込まれて『新馬鹿時代』『銀嶺の果て』『酔いどれ天使』と出演し、次第に彼の魅力が評判になって行ったのは周知の通りです。

つまりは、三船のニューフェイス採用はある程度の確率で決まっていたとも取れる。三船自身が『［講座］日本映画5―戦後映画の展開』内「戦後映画を駆け抜ける―三船敏郎 佐藤忠男」で、山本嘉次郎についてこう述べている。佐藤忠男の「山本さんにはかわいがられたんですか。」との問いに「いや、山嘉次先生は僕を落としたほうですよ（笑）。態度悪いと言って……（笑）」、さらに「伝説によれば、山嘉次さんが拾ったんだというとになっているんだけど、そうじゃないですか。」には「伝説とずいぶん違います。」と。同様の主旨はほかの機会でも述べていた。

このように、三船の映画界入りには戦後最大の映画俳優にふさわしい挿話がまとわりつく。山田一夫はのちに多くの作品で主演者とキャメラマンという関係のもと、三船と仕事をともにした。

三船のニューフェイス合格には自分の力があった、自分が若干ながらもかかわった、といった主張をしたいという思惑が垣間見られる証言者もおり、真相はやはりつかみづらい部分が多い。三船自身は「近代映画」一九六一年十月号（近代映画社）に掲載された「わたしのチャンス物語」で次のように語っている。

終戦の昭和二十一年だった――。／東宝が新しくニューフェイス募集というタイトルで俳優を募集したとき、僕ははからずも、ニューフェイス合格者補欠として通知を受けたのだった。／もともと俳優志願など思いもよらぬことだった。／青島で写真業をいとなみ、天津、山海関、大連などで出店を持っていた父のかわりに働くようになったとき、戦争が勃発、僕は第七航空教育隊に入隊、終戦のときは、滋賀県の八日市の部隊でタコツボ掘をしていた。／戦争が終ってから、遊んでおれないし、カメラの仕事でもやれたら、と軍隊で一緒だった当時東宝の撮影部に、撮影助手をしていた大山年治君を訪ねたのだった。／ところが当時募集中のニューフェイス応募者のなかにどういうものかまぎれこみ、試験の当日呼び出された。／山本嘉次郎監督をはじめ、高峰秀子さん、清川玉枝さん等の審査員の前に呼びだされた。／いろいろ台詞を言わされたり、笑いたくないのに笑え！といわれ、可笑しくもないのに笑えるかと笑わなかったのであいつ図太い奴だ、何かに使えるかも知れないと補欠に入れられた。まったく想いもよらないことだった。／男18人、女30人のなかで、今残っているのは堀雄二君、伊豆肇君、久我美子君と僕の四人だけ…。あれからもう十七年になるが、なつかしい想い出である。

どういうものかまぎれこみ……。真相がはっきりとするよりも、こうした言いまわしのほうがむしろ伝説の大スター誕生にふさわしいと思える。いかにも三船らしい挿話ではないか。

また、このようなことも述べている。「若人」一九六二年一月号（学燈社）に収載された「ただ突っ走るだけ」より。

俳優になりたくてなったわけではない。大連から引きあげて、日本に上陸し、廃墟のなかにマットウな仕事のあるわけもなし、たまたま目に入った「東宝第一期ニューフェイス募集」に、何心なく応じただけであった。何百人という志願者の群れ、さすがにスター志望の人々だけあって、私みたいな野蛮人めいた者はいなかった。なんとなく、私とは異質の人間のようにみえる人たちばかりだった。怖気《おじけ》づいた私は、途中から帰ろうかと何べんも思ったが、だんだん「クソ、運試しだ。この美男美女どもをナグる役がいなけりゃあ、映画はできないはずだ」と考えなおしたのが、いまにして思えば、運命の岐《わか》れ道だったのだ。

俳優になったのはいいが、小さいころから学芸会にも出たことのない私。演技のエの字もわかりっこない。それに生まれつきの無器っちょときている。人の前で怒った表情をしたり、笑ってみたり、まったくテレくさくて、泣きたくなったものである。

三　『銀嶺の果て』でデビューを飾る

三船は半年間、監督経験者の田中栄三が校長をつとめる俳優養成所に通うことになった。いわゆるプロの俳優になるための研修機関である。講師には山本嘉次郎、森岩雄、黒川弥太郎、小杉義男などがいた。各講師陣による講義、映画論、芸術論、音楽論、日本舞踊、ステージ講習、メイク講習などが行われた。三船も俳優養成学校へ通った。男のくせに面《つら》で飯を食うのは嫌だ、と思いつつ。実家の家業である写真の技術には自負があった。軍隊では高度な航空写真術を修得していた。それらを活かして撮影部に行くつもりだった。

そうした研修を終えた新人俳優たちは東宝映画に端役で出る機会を得た。そこで主張を発し、将来性を訴えることができれば未来の看板俳優候補として力を注いでいく。この時期、東宝は「東宝争議」によって多くの主演級スターに去られていた。そのために新人に頼らざるをえなかった。だからそのような流れが組まれていた。ニューフェイス合格者のなかから岸旗江、若山セツ子、久我美子、伊豆肇らに白羽の矢が立ち、三船にも声がかけられた。伊豆、岸たちは山本薩夫・亀井文夫監督作『戦争と平和』(一九四七)に出演し、三船、若山セツ子は黒澤明が脚本を書き、谷口千吉が初めて劇映画の演出を行う『銀嶺の果て』に出ることになった。

三船は、『銀嶺の果て』での三人の銀行強盗団のうちの若い男のキャスティングに悩んでいた谷口に小田急線のなかで見初められた。突然の出演依頼にとまどい、固辞したのだったが、口説き落とされる形で同作への出演が決定した。『銀嶺の果て』の銀行強盗団の三悪人の片われに抜擢されたのである。志村喬、小杉義男につく若者の役で映画初出演を飾ることになった。三船は映画のなかで圧倒的といえる存在感を発揮し、映画ファン、映画マスコミから一躍注目を浴びる。

ここでふれておかなければならない。『［講座］日本映画5―戦後映画の展開』内「戦後映画を駆け抜ける――三船敏郎 佐藤忠男」での三船の証言によれば、山本嘉次郎監督作『新馬鹿時代』前后篇（一九四七／東宝）の出演が『銀嶺の果て』よりも早い。谷口の説得に応じて『銀嶺の果て』に出ることを決めたのち、『新馬鹿時代』の前篇、后篇の撮影が『銀嶺の果て』よりも先に行われたという。前掲の三船のエッセイ「〃サムライ根性〃と人は言う」ではこのように記述されている。

わたしが入社したころの東宝は、あの有名な労働大争議の最中だった。組合の指導者たちは連日赤旗を振り、事態がこじれてくると警察が装甲車を持ち出してくるといったすごい争議、わたしたちのような新入社員はどうすればよいのか、皆目わからなかった。／争議が片づくと、原節子、山田五十鈴、山根寿子、高峰秀子、大河内伝次郎、長谷川一夫、黒川弥太郎といったそうそうたる大スターたちがやめて行った。／そんな情勢のなかで、黒沢明監督の愛弟子谷口千吉さんが監督昇進第一作をつくることになった。弟子思いの黒沢さんは谷口さんのためにわざわざオリジナル・シナリオを書いた。それより以前にわたしは「新馬鹿時代」という映画にちょい役として出たことがある。大スターたちのいなくなった撮影所は火が消えたような感じだった。

この証言にあるように、山本嘉次郎がメガホンを握った『新馬鹿時代』前后篇でヤクザの首領に扮して少しばかり画面に登場してから『銀嶺の果て』で役者の道を本格的に歩み始めた、と理解できる。ところが、種々の資料、文献に従えばやはり、『銀嶺の果て』の撮影のほうが『新馬鹿時代』前后篇の撮影よりも早かった、または掛け持ちで撮影にのぞんでいた可能性もあるが、とみられ、これは三船が撮影時期を混同していたものとも考えられる。しかしながら『銀嶺の果て』の公開は一九四七年八月。『新馬鹿時代』前后篇は同年十月。

ゆえに前者が三船のデビュー作であるとの受け取りに支障はない。
この時代の三船に面白いエピソードがある。彼ならではこその豪快な話だ。

スポーツと言えば去年東西対抗の映画人野球大会が西の宮球場であった。応援のつもりで行ったら「出てくれ給え、君が出て一本ガーンとやってくれなくちゃわが軍は負けるのだ」／なんておだてられて、／「はッはッ、かしこまりました。では一本ガーンといきましょう」／とか何とかい、気持でピンチヒッターなるものにまかり出たことがある。何しろバットなんて初めて持つんだから全然見当がつかない。とにかく振らなくちゃいけないと思って高くてもワンバウンドでもみんな振ったら、ガーンとやる前に「ストライクアウト！」やられてしまった。／「ハッはッ、どうもすみません」／と、バットかついで引き上げたら、スタンドからワーッと歓声が上った。三振ぶりが見事でアルというのである。そのためにあとで三振賞なるものをもらって恐縮した。三振してゴホービを頂戴したのは私ぐらいなものだそうだ。（「平凡」一九四八年十月号内「人気スタア半生記 僕の半自叙伝」）

そして黒澤明監督作『酔いどれ天使』（一九四八／東宝）にめぐり合う。デビューから三本目の作品にあたり、闇市を根城とする若いヤクザの松永が三船の役どころだ。胸を病む彼は徐々に自暴自棄に陥っていき、あげくに刑務所帰りの兄貴分と対立して命を落とす。結核持ちの闇市のヤクザに同化した三船の強烈な個性は黒澤を魅了してやまなかった。
戦後まもなくの時代、多くの若者の胸には言葉に尽くせぬ鬱憤、焦燥、慟哭、憤怒、諦念などが渦巻いていた。三船はそれを全身で表した。己の来し方、持って生まれた彼の人間的魅力に裏打ちされた、荒ぶる若者、怒れる若者、野獣のような若者の姿がそこにはあった。それでも相手を惹きつける純真さも持ち合わせている。リアルきわまりない若者像だった。この時代、アプレゲール（従来の道徳や物の考え方にとらわれない生き方をする若者。復員崩れの若者をそう呼ぶ事例もあった）と称される人々が話題に上ってきていた。過酷な現実に直面し、閉塞感や虚無感に埋没する若者たちには己の本能を剥き出しにして生きる三船・松永の姿は粋で格好よく映った。

『酔いどれ天使』以降、俳優、監督という関係のもと、三船と黒澤は日本映画の水準を底から押し上げていく。三船は黒澤明監督作のシンボルとなった。三船と黒澤映画はイコールで結ばれた。志村喬が主演した『生きる』（一九五二／東宝）を除き、黒澤の全盛時代に大きな節目をつけた『赤ひげ』（一九六五／黒澤プロダクション、東宝）までの全作品に、ほぼ主演者として出演した。

三船のデビュー作で共演した志村喬は、その後、黒澤映画をはじめとして数々の作品で三船と顔を合わせ、戦後日本映画のひとつの形を作り上げる。俳優・志村喬の生涯を描きつつ、戦中・戦後の日本映画史、日本演劇史の流れを追った、澤地久枝著『男ありて　志村喬の世界』（一九九四／文藝春秋）にはこうしたくだりがある。

『銀嶺の果て』（脚本黒澤明、監督谷口千吉、昭和二十二年製作）で志村、三船は初共演した。それまでにスクリーンに登場したことのない、無手勝流の魅力、照れて悪ぶっても感性こまやかな人物として、三船敏郎は黒澤作品にずっと登場することになる。三船の場合にも、役割が固定しないように脚本が書かれている。／『酔いどれ天使』では、ヤクザの出入りで掌に銃弾をうちこまれた三船と、アル中の正義派医師志村のテンポの早いやりとりがあるが、いきなり医者ののどをしめつけるシーンでは、三船は本気でのどをしめ、赤く痕がのこったという。演技などという計算を度外視した演技。志村さんが「彼は何十年に一人というスタアですよ」と語ったのを思い出す。

四　黒澤明監督作における三船敏郎

ここで三船と同じく、〈世界の〉という形容のもとに名前をカタカナ表記にされる例も数知れない黒澤明の略歴を簡単に記しておく。〈世界のミフネ〉〈世界のクロサワ〉。今現在に至っても世界に通用する日本映画のアイコンといえば、やはり三船と黒澤である。

黒澤明は一九一〇(明治三十四)年、東京市荏原区大井町に生まれた。幼少の頃から父親に連れられ、映画に親しんだ。幼い黒澤はアメリカの西部劇映画、連続活劇映画に心を奪われた。大森の森村学園尋常小学校、小石川区の黒田尋常小学校、神田の京華学園中学を経て、一九二七(昭和二)年、神田の京華中学を卒業した。当時から画家をめざしており、翌一九二八(昭和三)年に日本プロレタリア美術家同盟に参加し、プロレタリア美術展などに油絵、水彩画、ポスター類を出品した。二科展に入選したこともある。

一九三六(昭和十一)年、画家ではなかなか自立できないと考えた黒澤は画業に見切りをつけ、以前から惹かれていた映画にこれからの道を見出すべく、新聞広告に載ったP・C・L映画製作所の助監督募集に応募し、同年四月に入社を果たす。倍率はおよそ百倍の難関だったという。この年、P・C・L映画製作所は東京宝塚劇場、J・Oスタヂオと共同出資して東宝映画配給株式会社を設立し、翌一九三七(昭和十二)年にはさらに東宝映画株式会社に発展する。新時代へ向けてのこうした激動の時期に黒澤が入社してきた。まさに象徴的な出来事だったと思える。

まずは山本嘉次郎につき、助監督として修行を積んでいく。『藤十郎の恋』(一九三八/東宝映画)『綴方教室』(同)『馬』(一九四一/同)などで頭角を表す。なかでも『馬』は、山本がほかの作品も並行して撮っていたため、チーフ助監督をつとめていた黒澤がB班監督としてロケーション撮影などを任され、その熱い仕事ぶりに称賛が浴びせられた。

この時期、黒澤はシナリオ執筆にも精力的に取り組んでいた。『達磨寺のドイツ人』『青春の気流』『翼の凱歌』『静かなり』『雪』――。このなか、『青春の気流』は伏水修が、『翼の凱歌』は山本薩夫が一九四二年(昭和十七)年に東宝映画で映画化した。

一九四三（昭和十八）年、東宝作品『姿三四郎』で監督デビューを飾る。富田常雄の長篇同名小説を自ら脚色し、発表した。この作品で山中貞雄賞を受賞する。その後、他者のための脚本を手がけつつ、『一番美しく』（一九四四／東宝）『続 姿三四郎』（一九四五／同）、検閲によって封印され、一九五二（昭和二十七）年四月にようやく陽の目を見た『虎の尾を踏む男達』（一九四五／東宝）を監督し、終戦後、『わが青春に悔なし』（一九四六／同）『素晴らしき日曜日』（一九四七／同）を放つ。その間、山本嘉次郎、関川秀雄とともにオムニバス映画『明日を創る人々』（一九四六／東宝）の演出を担当し、豊田四郎、成瀬巳喜男、山本嘉次郎、衣笠貞之助が監督した、同じくオムニバス映画の『四つの恋の物語』（一九四七／同）の脚本を小国英雄、山崎謙太、八住利雄と共同執筆したりした。

黒澤はこうした道を経て『銀嶺の果て』の脚本、『酔いどれ天使』の演出に至り、三船敏郎という新人俳優と、まさしく運命的としかいいようのない邂逅を果たしたのである。

黒澤作品における三船の道程をざっと顧みよう。『酔いどれ天使』ののち、『静かなる決闘』（一九四九／大映東京）でも主演を張った。この映画での三船は前作と打って変わり、突然己に降りかかった不幸に苦しみながらも医の道を踏み外すことなく、進んでいく若き医師・藤崎を演じた。普段なにかと誠実にふるまう藤崎に反感を持つ、千石規子が扮する見習い看護婦の峰岸るいに対して己の感情をすべてさらけ出すシークエンスでの三船の芝居は鬼気迫るものがあり、演出の黒澤をも圧倒した。

『野良犬』（一九四九／新東宝、映画芸術協会）において、三船は自分の拳銃を盗んだ犯人を追う若き刑事を熱演した。刑事を主役とする映画は当時では珍しいものだった。本作が高い評価を獲得したことで、以降、この種のジャンルの映画が続出する。

『醜聞（スキャンダル）』（一九五〇／松竹大船）では一転して男前で正義漢のインテリ風新進画家を演じた。肺病病みのヤクザや梅毒に冒される己の運命を呪う青年医師など、黒澤作品では一筋縄ではいかない青年を演じてきた三船だったが、ここでようやく若者の青春像を直線的に表現できる役どころを得た。三船にとっての新境地だった。

そうしたとき、『羅生門』（一九五〇／大映京都）の多襄丸役に出会う。三船は王朝時代の盗賊・多襄丸に扮し、本能的、動物的、野獣的といえる男の欲望を丸出しにした。黒澤は三船に多襄丸を演じさせる際、彼に動物映画を見せた。なかでも豹の仕種、動きを役作りの参考にするように指示したという。三船は水を得た魚のように多襄丸を生き生きと、はつらつと演じた。動物映画で接した豹のイメージも効果を上げたのだろう、『羅生門』の三船はさらに精悍になり、獰猛になり、機敏になった。三船は従来のスター俳優にはない、リアルでなまなましいオーラを発散させ、その名を内外にとどろかせた。『羅生門』は、第十二回ヴェネツィア国際映画祭において日本映画界初の金獅子賞に輝く。その後、第二十四回アカデミー賞外国語映画賞（名誉賞）を受賞し、一九五一年度のナショナル・ボード・オブ・レビュー賞、一九五二年英国アカデミー賞で総合作品賞を獲得し、三船の名も国際的なものとなっていく。

この時代、三船は抑圧された若者の衝動、持って行き場のない憤激を、堰を切ったように爆発させるようなタイプの役作り、演技スタイルを自分の持ち味としていた。『静かなる決闘』『醜聞（スキャンダル）』、山本嘉次郎監督作『悲歌（エレジー）』（一九五一／東宝、映画芸術協会）などではインテリ青年の役を与えられたが、どこか板についていない印象もかもし出していた。三船のそうしたウィークポイントも黒澤映画に出演し、黒澤の演技指導を受けることで確実に解消されていく。人間的に奥行きのある、難しい役どころも徐々にこなせるようになっていった。

ロシアの文豪、フョードル・ミハイロヴィチ・ドストエフスキーの同名小説を原作に採る『白痴』（一九五一／松竹大船）では複雑怪奇かつ深遠なる人間像を持つロゴージン、映画での赤間伝吉に扮した。三船はこの人物をあらゆる欲望をほとばしり出さずにはいられないかのごとき人間として表現した。

『白痴』の赤間伝吉はその後の『七人の侍』（一九五四／東宝）の菊千代につながっていく。侍に憧れる、無知で粗野な百姓の孤児・菊千代を三船は自然体で演じた。野性的ダイナミズムに絶妙なコミカル味を加えたキャラクターを確立した。それまでは熱演一辺倒の趣《おもむき》もあった演技傾向におどけた成分が加わった。柔・剛をひとつの役柄でこなせる演技力が三船に備わった。

大国の原水爆実験に常軌を逸脱するほどの恐怖を覚える、町工場を経営する老人に挑んだのが『生きものの記録』(一九五五／東宝)である。三十代半ばでの老人役だった。この男は動物的でプリミティブな生命力を宿している。己の生命が脅かされるとの直感的な防衛本能が働き、稚気的ともいえる恐怖心を抱く。彼は愛人も含む一族を引き連れ、ブラジルに移住しようとする。やがて彼は狂気に至っていく。地球が滅んでもこの老人は最後まで生き残るのではないか。それだけの得体の知れないたくましさをこの老人は持っている。三船に老人役をやらせた黒澤の狙いがそこにあった。

黒澤は次に、ウィリアム・シェイクスピアの戯曲『マクベス』を翻案化した『蜘蛛巣城』(一九五七／東宝)で三船にマクベスにあたる武将を演じさせた。黒澤は能様式を演技に採り入れた。ゆえに三船には『生きものの記録』の老人のような精力があふれ出る人物とは一線を画す、能役者のような高尚な演技を求めた。三船も黒澤の要求に真正面から応じた。

『隠し砦の三悪人』(一九五八／東宝)では再び三船の従来の持ち味が強調され、御家再興のために軍資金と姫君を守って敵中突破を仕掛ける戦国の武将・真壁六郎太を豪快に表現した。本作の三船は、黒澤時代劇映画に限らず、同ジャンルにおける彼のなかでも屈指の人気を誇っている。

多襄丸、菊千代の時代から三船も年齢を重ねた。人間としての風格が表にあふれてきた。『悪い奴ほどよく眠る』(一九六〇／黒澤プロダクション、東宝)では公団汚職の責任を背負わされて自ら命を絶たされた父親の復讐を遂げるために巨悪に単身挑んでいく孤独な男を演じた。ダンディーで、ニヒルで、クールで、それでいて人間的弱さが悲劇を招いてしまう男を力演した。三船にしか演じられないような役柄だった。

一九六〇年代のはじめ、三船はすでに戦後日本映画を代表する俳優の座に就いていた。その名声、俳優としてのイメージ、男のなかの男・三船敏郎の箔をより決定づける黒澤作品が現れる。それが『用心棒』(一九六一

／黒澤プロダクション、東宝）である。三船は浪人・桑畑三十郎に扮した。

それまでの時代劇映画ではとんでもない剣豪、超人的な力を誇示する侍がときに描かれてきた。そうした人物がヒーロー視されてきた。三船の桑畑三十郎も時代劇映画の伝統に基本的にのっとってはいるが、その圧倒的な存在感、スケールの大きさ、アナーキーぶりはかつてないものだった。桑畑三十郎の登場で時代劇映画の伝統はある種、一刀両断にされたという見解が映画マスコミで踊った。『用心棒』での三船、映画の評価にも数知れない称賛が寄せられ、続篇の性格づけがなされた『椿三十郎』（一九六二／黒澤プロダクション、東宝）も製作された。俳優として脂の乗りきった時代の真只中ならではの三船の俊敏な対応力と持続力、運動神経、類《たぐ》い稀な演技センスに黒澤はあらためて感嘆したという。俳優・三船敏郎の頂点の時代を実感させた。

エド・マクベインの小説『キングの身代金』を翻案化した『天国と地獄』（一九六三／黒澤プロダクション、東宝）が次に来る。三船が扮する大手製靴会社の重役の運転手をしている男の息子が、雇い主である重役の息子と間違えられて誘拐された。それでも犯人は巨額の身代金を彼に要求する。身代金を支払うべきか。人違いなのだから、と突っぱねるべきか。どうすべきなのか。人間として。やがて彼は破産の危機に瀕するなか、苦渋の決断を下す。三船の堂々たる貫禄がこの男の計り知れないスケールをより拡げていった。

黒澤との最後の顔合わせとなった『赤ひげ』（一九六五／黒澤プロダクション、東宝）は、黒澤映画芸術の集大成となった。三船は貧民施療院・小石川養生所の所長で、〈赤ひげ〉と呼ばれる新出去定を演じた。貧困層へ献身的な愛情を注ぐ豪快このうえない赤ひげという医師を三船はすべて己のキャラクターに昇華し、赤ひげになりきった。

秋月家の大将・真壁六郎太が八双の構えで馬上から敵を次々と斬り倒した『隠し砦の三悪人』、父親に死を強要した巨大機構による汚職を糾弾しようとする『悪い奴ほどよく眠る』、ムビオラで見るとコマに刀が映っていなかったと黒澤を驚嘆させ、侍・三船敏郎のイメージを確固たるものとした『用心棒』、三船と仲代達矢の〈とても筆では書けない〉対決、観る者の度肝を抜く居合いで日本映画史に一頁を刻んだ『椿三十郎』、運転手の子供を誘拐されて苦悩する会社重役役で年齢を重ねた彼自身の人間的大きさを投影した『天国と地獄』、日本映画界窮地の時勢にあえて映画人の情熱と真心を大上段に掲げ、俳優、スタッフとともに映画の可能性を今一度真摯に追求した『赤ひげ』――。一九五八(昭和三十三)年を頂点とし、一九六〇年代中期まで続いた日本映画隆盛期は、黒澤・三船映画のゴールデンエイジでもあった。なかでも『赤ひげ』の主人公・新出去定は、黒澤と三船、その蜜月の最終形をまさに具現する人物だった。

五　東宝の巨匠・名匠たちとの仕事

もちろん三船は黒澤映画以外でもまばゆい光を発し続けた。黒澤映画はあくまでもその一部となる。東宝の戦後を背負った巨匠、名匠たちとの作品を次に見ていく。

日本映画界、屈指の映画監督である稲垣浩との仕事にまずは目を向ける。三船と稲垣浩が初めてコンビを組んだ作品が『海賊船』(一九五一/東宝)だった。ふたりの最終作となった『待ち伏せ』(一九七〇/三船プロダクション)に至るまで、十九年間に二十作を送り出した。

三船と稲垣は『海賊船』ののち、『完結 佐々木小次郎 巌流島決闘』(一九五一/東宝)、稲垣と黒澤明が脚本を共同執筆した『戦国無頼』(一九五二/同)を経て、『宮本武蔵』(一九五四/同)へと歩みを進めていく。〈宮本武蔵〉は、東映京都の内田吐夢監督版五部作(一九六一～六五)の中村錦之助がきわめつけとされている。しかし、それ以前に三船も武蔵を熱演していた。佐々木小次郎は鶴田浩二が演じた。三船と鶴田の共演作は一九五〇年代後期から六〇年代初期までに数多く作られた。

一九五四(昭和二十九)年は黒澤明監督作『七人の侍』の菊千代役で三船にとって大きな節目となった年だが、それればかりではない。同年から一九五六(昭和三十一)年にかけ、稲垣浩監督作による東宝「宮本武蔵」三部作、第一部『宮本武蔵』、第二部『続 宮本武蔵 一乗寺の決斗』(一九五五/東宝)、第三部『宮本武蔵 完結篇 決闘巌流島』（一九五六／同）、この三作に主演したこともその後の彼の俳優人生のスケールの幅を間違いなく拡げた。『宮本武蔵』は、第二十八回アカデミー賞外国語映画賞（名誉賞）を受賞し、三船も時代劇俳優、剣豪スターとしての地位を揺るぎないものとした。

三船と稲垣の相性はきわめてよかった。「宮本武蔵」シリーズが稲垣・三船コンビを完成させたと考えられるが、『柳生武芸帳』（一九五七／東宝）『柳生武芸帳 双龍秘劒』（一九五八／同）で構成される「柳生武芸帳」二部作がそれをさらに盤石なものとした。徳川幕府を揺るがし、朝廷の安泰を脅かすと伝えられる柳生武芸帳をめぐる争奪戦は、講談調時代劇映画の面白さを観客にたっぷりと味わわせた。

『無法松の一生』（一九五八／東宝）が両者の顔合わせ作の頂点となった。一九四三年に稲垣が発表した阪東妻三郎版（大映京都）が戦中の検閲で、戦後は連合国最高司令官総司令部（GHQ）により、十数分削除されたことに不満を抱いた稲垣が十五年後、三船を無法松に起用して再映画化した。豪快な男臭さのなかにも一途に未亡人（高峰秀子）を慕い、本心を表すことなく尽くす古き日本男児の心意気を三船は繊細に表現した。『銀嶺の果て』の銀行強盗犯役でデビューを飾ってから十一年。このとき、三船は三十六歳。稲垣は五十二歳。俳優として、映画監督として、ふたりはまさに働きざかりの只中だった。同作は第十九回ヴェネツィア国際映画祭金獅子賞を獲得した。

『或る剣豪の生涯』（一九五九／東宝）も忘れがたい。エドモン・ロスタン（フランスの韻文劇作家）の戯曲『シラノ・ド・ベルジュラック』を翻訳した時代劇映画大作で、巨大な付け鼻をした三船（駒木兵八郎）の風貌からはキワモノ風心象も若干は寄せてくるが、稲垣の演出タッチは重厚そのものだ。司葉子が扮する千代姫（ロクサーヌ）への純愛に殉じる三船の語りが続く終幕は観る者に重く迫ってくる。

稲垣と三船は娯楽色の濃い大作映画で主に仕事をしてきた。鳴り物入りで公開された東宝製作一千本記念超大作映画『日本誕生』（一九五九／東宝）、時代劇映画大作『大坂城物語』（一九六一／同）、三船の男らしさがあふれる『どぶろくの辰』（一九六二／同）、東宝創立三十周年記念作品『忠臣蔵 花の巻・雪の巻』（同）、三船が自分の代表作にあげることも珍しくなかった『風林火山』（一九六九／三船プロダクション）、三船、石原裕次郎、勝新太郎、中村錦之助、浅丘ルリ子、大スター五人が一堂に会した『待ち伏せ』――。

このなかでは『どぶろくの辰』がひときわ光った。稲垣のキレのよい演出が全篇に行きわたっており、稲垣と三船の息の合った掛け合いが本作のエンタテインメント色をより上げていた。晩年は稲垣の衰え、三船の老化を感じずにはいられない大味な作品もあったふたりの顔合わせ作だが、いずれも話題作だった。一般大衆を劇場に吸い寄せる力が確実にあった。稲垣・三船作品は本数では黒澤作品を上回る。

谷口千吉も三船にとって黒澤と同等に重要な監督だった。谷口が三船のデビュー作品『銀嶺の果て』を監督したのだから当然でもある。同作は谷口の劇映画監督第一回作品でもあった。

『酔いどれ天使』から黒澤と三船のコンビが始まっていったことも若干は関係があったのか、谷口作品に再び三船が出演したのは二年後、谷口の代表作の一本にあげられる『ジャコ萬と鉄』（一九四九／東宝、49年プロダクション）だった。北海道の鰊漁場における気性の荒い男たちの赤裸々なぶつかり合いを描く骨太の人間ドラマ映画だ。三船と月形龍之介の対立が力強く描かれる。『銀嶺の果て』と『ジャコ萬と鉄』、この二作は黒澤が脚本に参加している。黒澤作品の三船と真っ向から重なり合う。黒澤映画と谷口映画が初期の三船の基本イメージを確立した。

その後、『愛と憎しみの彼方へ』（一九五一／東宝）『霧笛』（一九五二／同）『激流』（同）と作品を積んでいく。三船が出演した谷口映画は活劇プログラム・ピクチャーが主流だった。そうした映画カラーが三船の魅力をより直線的に大衆に伝えた。娯楽に徹する谷口作品での三船は生き生きとしていた。『嵐の中の男』（一九五七／同）、加山雄三のデビュー作となった『男対男』（一九六〇／同）、新時代の〈姿三四郎〉といってもいい『黒帯三国志』（一九五六／同）の三船も観応えがあった。

ところが、谷口・三船コンビは思いのほか発展しなかった。一九六〇年代に入ると谷口作品は目に見えて減っていく。三船が呂宋助左衛門に扮した『大盗賊』（一九六三／東宝）、その第二弾的性格が込められた『奇巌城の冒険』（一九六六／三船プロダクション、東宝）、この二本の東宝特撮を盛り込んだ冒険活劇ファンタジー映画が両者の顔合わせの最後となった。

三船は時代劇映画、現代劇映画、どちらの分野でも鮮烈な印象を受け手に与えた。諸人が理屈抜きに楽しめる大衆娯楽映画に主演俳優としてあまた出演した。幾本もの作品がある。そのなか、黒澤明、稲垣浩とともに三船の映画俳優人生に大きくかかわった映画監督が岡本喜八である。

俳優、監督の間柄となる以前から三船と岡本は友情を育んでいた。谷口千吉の『銀嶺の果て』の助監督をつとめたことで三船と親密になった岡本は、撮影所近くで住まいを探していた彼を自分が住む下宿に招き入れた。しばらくの期間、ふたりはひとつ屋根の下で暮らす。岡本の初監督作品『結婚のすべて』（一九五八／東宝）は三船が〈特別出演〉の形で出た。バレエ教師役でワンシーンだけの出演だった。岡本にエールを送った。

岡本作品に登場する三船は、いつもとは一味も二味も異なる役どころが多かった。『暗黒街の顔役』（一九五九／東宝）では地味な自動車修理工場長、『独立愚連隊』（同）では精神的に破綻を生じさせている部隊長に扮した。当時の三船のイメージからは少なからず外れるものだ。両者のあいだに固い信頼関係があるがゆえの配役、役柄だったのだろう。

三船は役者だからさまざまな役を演じてみたかったのかもしれない。三船にとり、そうした満足感を与えてくれるのが岡本作品だったのではないか。『暗黒街の対決』（一九六〇／東宝）でも『侍』（一九六五／三船プロダクション、東宝）でも『大菩薩峠』（一九六六／東宝）でも、三船の役者としての胸の弾みが画面から達してくるかのようだった。なかでも少年軍楽隊との交流がドラマの軸を担う『血と砂』（一九六五／三船プロダクション、東宝）の小杉曹長役は鮮烈だった。俳優はどこまでも監督に料理される素材だ。自分からは決して格づけをしないタイプである三船の懐《ふところ》の深さ、役者の仕事に真摯に取り組む姿勢が浮き出ていた。

東宝のドル箱となった「8・15」シリーズ第一弾（結果的に現在ではそう位置づけられている）『日本のいちばん長い日』（一九六七／東宝）の三船も忘れられない。東宝オールスター・キャストのなか、三船はポツダム宣言を受け容れた責任を取って終戦を待たずして自刃する阿南惟幾陸軍大臣を演じた。終始奥歯を噛み締めてこめかみをピクつかせ、苦渋を浮かべる顔に脂汗をにじませる。常に背筋を伸ばし、決起をうながす部下たちを一喝する姿は、これぞ日本人、日本軍人の風格そのものだった。井田中佐（高橋悦史）との息詰まる対峙、リアルな苦痛が画面から伝わってくる割腹場面、死に顔に玉音放送の君が代が乗るカットなどは同作の名シーンとなった。終戦秘話がドキュメンタルに進行する緊迫感を引き連れる映画世界は、威厳にあふれる三船の姿が多くを作り上げた。

『暗黒街の対決』は岡本喜八らしい、アメリカ映画への憧憬、献辞が前面に現れた活劇映画であり、アメリカのハードボイルド映画へのオマージュとパロディが絶妙に混在していた。観客の支持は厚く、その後、「暗黒街」シリーズに発展していった。三船が導き出したイメージが同シリーズの誕生に貢献した。

三船は東宝の屋台骨を背負って立った。現在では顧みられなくなった作品も含め、幾人もの映画監督と組み、多彩なジャンルの膨大な数の映画に出演した。黒澤明、谷口千吉の師匠筋である山本嘉次郎との作品も何本かあった。溝口健二との唯一の顔合わせ作『西鶴一代女』（一九五二／児井プロダクション、新東宝）は、三船のフィルモグラフィーのなかでは異色のものといえるだろう。三船は白塗りの二枚目を演じた。出番はわずかだったが、三船がひよわそうな優男を演じたのでかなりのインパクトがあった。三船をそうした役に配した溝口の慧眼だった。

東宝の看板監督のひとりである成瀬巳喜男とも良好な関係を築いた。『石中先生行状記』（一九五〇／新東宝、藤本プロダクション）の「第三話 千草ぐるまの巻」における寡黙で誠実な男、『妻の心』（一九五六／東宝）の主人公（高峰秀子）の親友役をつとめた杉葉子の兄にあたる銀行員、どちらも助演級だったが、ダンディーな風貌の三船が画面に登場すると観る者を理屈抜きに画面に惹きつけた。スター俳優が助演クラスで出てくるため、華やかなムードが生まれる。場面を引き締め、観客の視線を独り占めにする。戦後日本映画俳優のトップ級にふさわしいたたずまいだった。画面に出てくるだけで映画の空気感を変えるほどのカリスマ性を三船は持っていた。

ホームドラマ映画、メロドラマ映画でも三船は存在感を発揮した。佳作が複数ある。千葉泰樹監督作『東京の恋人』（一九五二／東宝）『ひまわり娘』（一九五三／同）『下町―ダウンタウン―』（一九五七／同）、これらは味わい深かった。丸山誠治の監督作で志村喬の代表作の一本となった『男ありて』（一九五五／同）のプロ野球チーム、東京スパローズの主将役もさまになっていた。

三船の喜劇映画はほとんど見当たらない。時代劇映画『戦国群盗伝』（一九五九／東宝）で組んだ杉江敏男の『サラリーマン忠臣蔵』（一九六〇／同）『続 サラリーマン忠臣蔵』（一九六一／同）は、そうしたなかで貴重なものとなる。森繁久彌、小林桂樹、加東大介をはじめとした人気俳優陣がこぞって出演した東宝の喜劇映画大作だ。三船は黒澤明監督作『悪い奴ほどよく眠る』の西幸一をどこか思い起こさせる恰幅のいい男に扮し、映画を脇から締めた。

しかし、喜劇映画や軽妙なサラリーマン映画と三船はやはり直接的には重ならない。一般大衆の多くが三船に時代劇映画の侍役と戦争映画の軍人役を重ね合わせる。三船には〈サムライ〉の冠が常につきまとう。東宝の戦争映画にも欠かせなかった。軍服が実によく似合った。日本の運命を握る男。それが東宝戦争映画における三船だった。

本多猪四郎監督作『太平洋の鷲』（一九五三／東宝）がまずは頭に浮かぶ。三船は山本五十六（大河内傳次郎）と並んでもひけを取らない、髭をたくわえた眼光鋭い風貌を持つ真珠湾空襲攻撃隊長・友永大尉を演じた。三船の個性をよく知る本多の演出が冴えを見せた。松林宗恵監督作『ハワイ・ミッドウェイ大海空戦 太平洋の嵐』（一九六〇／同）においては第二航空隊司令官・山口多聞中将に扮した。同じく松林作品の『太平洋の翼』（一九六三／同）では紫電改を操る千田航空参謀を演じた。日本軍人の生きる姿を三船は体現した。『ハワイ・ミッドウェイ大海空戦 太平洋の嵐』は高い評価を獲得した。

三船が主演し、円谷英二が率いる東宝特撮陣による特撮映像を盛り込む戦争娯楽映画大作は東宝のお家芸だった。戦争映画であるのに爽快感を覚えさせる『太平洋奇跡の作戦 キスカ』（一九六五／監督・丸山誠治）、「８・

15」シリーズに現在は含まれる『日本のいちばん長い日』を経て、『連合艦隊司令長官 山本五十六』(一九六八／監督：丸山誠治)となる。戦争に翻弄された人間・山本五十六に焦点を絞った丸山誠治の演出に戦闘場面を手際よく映像化した円谷英二の特撮が融け込んだ。山本機が撃墜されるラスト、銃弾に撃ち抜かれた山本五十六は唇を真一文字に結んで一点を凝視し、微動だにしない。無念のなかにも軍人としての誇りをにじませて死んでいく。そうした山本五十六の姿に佐藤勝の音楽がかぶさり、画面は大空に転換して映画は完結する。三船主演映画中、屈指のエンディングだった。

山本五十六は「8・15」シリーズの一本である『激動の昭和史 軍閥』(一九七〇／監督：堀川弘通)、ジャック・スマイトのハリウッド戦争映画大作『ミッドウェイ』(一九七六／アメリカ)でも演じ、三船の当たり役となった。東宝の『日本海大海戦』(一九六九／監督：丸山誠治)と東映東京の『日本海大海戦 海ゆかば』(一九八三／監督：舛田利雄)では日露戦争時の連合艦隊司令長官・東郷平八郎に取り組んだ。東映東京作品『二百三高地』(一九八〇／同)では明治天皇を重量感豊かに演じ、戦争映画の一端を作ってきた三船敏郎の健在ぶりを多くの日本映画ファンに示した。

六　プロデューサー・三船敏郎と国際映画人・三船敏郎

三船の活動の場は俳優業だけではなかった。映画製作にも自ら乗り出した。東宝からそのような話を持ちかけられたのが契機となった。三船に意見を求められた、彼の師のひとりにあたる谷口千吉は反対の意思を表したというが、百万円の株式組織で一九六二(昭和三十七)年七月に株式会社三船プロダクションを設立し、代表取締役に収まった。取締役には東宝の元専務取締役・森岩雄、東宝専務の藤本眞澄、映画製作者で映画輸入業者である川喜多長政が就いた。三船が日本映画界の一時代を作ることになるスター・プロダクションの先陣を切ったのだ。三船が監督をつとめた宝塚映画提携作品『五十万人の遺産』(一九六三)が第一回作品となった。山下奉文大将が率いる日本軍が残したという莫大な埋蔵金を求めてフィリピンの奥地に足を踏み入れた元陸軍主計一行を描く、活劇調ではあるものの重苦しい映画だった。

　同作の三船の演出は必ずしも高い評価を得たわけではなかったが、興行は成功し、スター・プロダクションに一躍脚光があてられた。三船プロダクションに触発されたように、一九六三(昭和三十八)年一月には石原裕次郎の石原プロモーションが誕生する。「映画の灯を消すな」を合言葉に、ふたつのスター・プロダクションは万人が楽しめる娯楽映画を送り出していく。

　三船プロダクションの製作作品で東宝は相当に潤ったという。岡本喜八の『侍』『血と砂』『赤毛』(一九六九／三船プロダクション、東宝)、谷口千吉の『奇巌城の冒険』、福田純の『怒涛一万浬』(一九六六／三船プロダクション)、小林正樹の『上意討ち—拝領妻始末—』(一九六七／三船プロダクション、東宝)など。三船プロダクションは順風満帆に業績を上げていき、一九六六(昭和四十一)年、世田谷区成城の東宝にほど近い土地に三種の撮影スタジオ、時代劇撮影にも使えるオープンセットを有する撮影所、トリッセン・エンタープライズ・スタジオを作った。事業は劇場映画製作にとどまらず、一九六七(昭和四十二)年には日本テレビ系列の『桃太郎侍』でテレビ映画畑にも進出した。

　小林正樹に演出を託した『上意討ち—拝領妻始末—』が「キネマ旬報」の一九六七年度日本映画ベストワンに輝く。石原プロモーションとの提携作品、三船敏郎と石原裕次郎という〈夢の共演〉を実現させた空前の超大作映画『黒部の太陽』(一九六八／三船プロダクション、石原プロモーション)は、とりわけ話題を振り撒いた。当時の映画界には〈五社協定〉があり、所属会社の異なるスターの共演は不可能だった。そうしたことでは日本映画は滅びる、と危機感を抱いた三船と石原裕次郎は正面からそのタブーに挑み、五社協定を打破した。熊井啓が演出した同作は内容的・興行的にも大いに評判を集め、大ヒットとなった。映画は大衆に夢を与えるもの。誰もが観たい映画を作りたい。彼らの気概を観客たちは諸手をあげて歓迎した。

　同年、中村錦之助の中村プロダクションが製作にかかわった日本映画復興協会作品『祇園祭』(一九六九／監督：山内鉄也）に出演した三船は、一九六九（昭和四十四）年には石原裕次郎、中村錦之助、佐久間良子、大空眞弓らを招き、稲垣浩の演出で時代劇映画超大作『風林火山』を三船プロダクションで製作する。川中島の決戦を最大の見せ場に据える構成、稲垣の熟達した演出、何よりも大スターの顔合わせが大衆を喜ばせ、上映館には連日長蛇の列ができた。『風林火山』の大成功で三船プロダクションは累積していた借金を返済し、スタジオも増設して一大芸能プロダクションへの道を驀進していく。三船プロダクションの隆盛期は、映画人・三船敏郎の絶頂の時代でもあった。この時期には東映京都を背負ったひとりである沢島忠がメガホンを執った『新選組』（一九六九／三船プロダクション）もあった。

そして一九六〇年代が終わり、一九七〇年代が到来する。三船はその後も映画出演をしていくが、ひとつの大きな時代は六〇年代の終焉とともに幕を閉じたと受け取れる。新たな時代を三船もまた迎えたのだ。

三船は海外で最も有名な日本人俳優だった。ヴェネツィア国際映画祭金獅子賞受賞作『羅生門』『無法松の一生』、アカデミー賞外国語映画賞（名誉賞）受賞作『宮本武蔵』など、黒澤映画、稲垣映画を筆頭とする受賞作品の主演者として注目を集めた。海外からも出演依頼が寄せられた。メキシコ映画『価値ある男』（一九六二／監督：イスマエル・ロドリゲス）にまずは出演する。同作が彼の海外進出第一作となった。酒、金、女にだらしないメキシコ人農夫に扮した三船は、スペイン語の台詞をすべて頭に叩き込んで周囲を驚かせたという。ただし、最終的な完成作では声優が吹き替えた。この映画は一九六一年度の第三十四回アカデミー賞で外国語映画賞にノミネートされた。三船は第二十二回ヴェネツィア国際映画祭で最優秀主演男優賞を受賞した。『用心棒』の演技が高く評価されたのだ。これらの功績により、一九六一年度のブルーリボン賞特別賞も授与された。

一九六五（昭和四十）年、『赤ひげ』で二度目のヴェネツィア国際映画祭最優秀主演男優賞に輝いたのちは、外国映画に本格的に出演し始める。ジェームズ・ガーナー、イヴ・モンタンたちと共演したハリウッド映画大作『グラン・プリ』（一九六六／監督：ジョン・フランケンハイマー）では日本人オーナー、リー・マーヴィンと対決する『太平洋の地獄』（同／監督：ジョン・ブアマン）では日本軍人役を熱演した。外国のスターを向こうにまわしても動ずることなく、逆に相手を圧倒してしまう三船の活躍に日本の観客は喝采を送った。

一九七一(昭和四十六)年、チャールズ・ブロンソン、アラン・ドロンと堂々とわたり合う西部劇映画大作、フランス、イタリア、スペイン合作の『レッド・サン』(監督：テレンス・ヤング)が登場する。西部を訪れた日本国大使の侍・三船は、ふたりの男と宝刀をめぐる壮絶な闘争を繰り広げる。侍対ガンマン、日本刀対拳銃が映画を大いに盛り上げた。ブロンソン、ドロン、三船。世界の三大スターの顔合わせとあって製作時から映画マスコミを大いににぎわせ、大話題作として公開された。日本の俳優が世界を股にかける。三船だからこそだった。三船にしかできない芸当だった。

映画産業が本格的な衰退期に突入した時代、テレビ分野で主にテレビ時代劇を制作した三船プロダクションは、複数あったスター・プロダクションのなかでも特筆に値する活動を展開した。そして一九七〇年代の終焉に呼応するようにひとつの時代を閉じていった。ではあったが、三船プロダクションの誕生と存続は、邦画各社で生きる映画人にとって心の拠りどころとなった。各映画会社の事業縮小で露頭に迷った人々の受け皿となったからである。

俳優・三船敏郎は、その後も海外での仕事を増やしていった。オファーがいくつも寄せられてきた。イギリス映画でデヴィッド・ニーヴン、ハーディ・クリューガーと共演した『太陽にかける橋 ペーパー・タイガー』(一九七六／監督：ケン・アナキン)、チャールトン・ヘストン、ヘンリー・フォンダ、グレン・フォードらと名を連ねた『ミッドウェイ』、スティーヴン・スピルバーグ監督作でダン・エイクロイド、ネッド・ビーティ、ジョン・ベルーシらと作品をともにしたハリウッド映画の『１９４１』(一九七九)、毛色の変わったところでは、テレンス・ヤングがメガホンを握った、韓国とアメリカの合作映画『インチョン！』(一九八一)、アメリカのNBC制作・放送のテレビドラマで、のちに劇場用映画にも編集された『将軍 SHOGUN』(一九八〇／監督：ジェリー・ロンドン)、アメリカ、イギリス、日本が合作した『兜 KABUTO』(一九九一／監督：ゴードン・ヘスラー)など、晩年も外国作品に積極的に出演し、国際俳優トシロー・ミフネの名を世界にとどろかせた。

三船のゴールデンエイジは一九六〇年代の終焉とともにひとつのエンディングを迎えたわけだが、一九八〇年代、九〇年代の日本映画界でも節目節目において存在感を発した。一例をあげれば、山田洋次監督の「男はつらいよ」シリーズの一本、『男はつらいよ 知床慕情』(一九八七／松竹映像)では初老の男の恋模様をペーソス豊かに表現し、熊井啓監督作『千利休 本覺坊遺文』(一九八九／西友)では千利休を重々しく演じた。出番はそう多くなかったが、従来の三船のイメージとは一見沿わない繊細な人間像を滋味深く披露した。『千利休 本覺坊遺文』は、最晩年の三船の代表作となった。

熊井啓監督作『深い河』(一九九五／「深い河」製作委員会、仕事)が最後の映画出演作となった。三船は戦争の苦悩を一身に背負った老人を演じた。かつての『生きものの記録』の老人をときに髣髴させる、背中に一本強靭な芯の通った孤高な人物を演じきった。三船の晩年の俳優業を支えたひとりである熊井の手で、こうした役柄の老人役を経て映画界からフェードアウトしていったのは、三船の映画人生、俳優歴をふりかえれば、ある意味、ふさわしかった。

一九九七(平成九)年十二月二十四日、三船は多臓器不全によって逝去した。享年七十七。

主な受賞歴を簡略に記せば次の通りである。キネマ旬報賞主演男優賞二度、ブルーリボン賞主演男優賞三度、毎日映画コンクール主演男優賞一度、同コンクール助演男優賞一度。一九六七年には『上意討ち―拝領妻始末―』『グラン・プリ』などの内外の活躍が評価され、芸術選奨文部大臣賞を受賞。一九八六(昭和六十一)年、紫綬褒章。一九九三(平成五)年、勲三等瑞宝章。一九八八(昭和六十三)年、第六回川喜多賞を受賞。

海外での受賞歴も豊富だ。『七人の侍』で英国アカデミー賞外国語映画部門の主演男優賞、『用心棒』と『赤ひげ』でヴェネツィア国際映画祭主演男優賞、『赤ひげ』ではヴェネツィア市長賞主演男優賞も獲得した。アメリカ・カリフォルニア大学ＬＡ校からは名誉学位のＵＣＬＡメダル、フランス政府からは芸術文化勲章、モントリオール世界映画祭では特別グランプリなどが贈られた。二〇一六(平成二十八)年にはハリウッド殿堂入りを果たし、ハリウッド・ウォーク・オブ・フェームにその名を刻んだ。

第二章
三船敏郎と映画デビュー作『銀嶺の果て』

中部九八部隊所属時。つかのまの休憩時間につい笑顔がこぼれる。
© 三船プロダクション

一　『山小屋の三悪人』(『銀嶺の果て』)

終戦から二年後の一九四七(昭和二十二)年八月五日、東宝系邦画上映館に『銀嶺の果て』(白黒、スタンダード、八九分。ただし、これは[新版]による)がかけられた。ポスターにはこう打たれていた。「白銀の雪山に追いつめられた凶悪強盗の末路！　銃声が大雪崩を呼ぶ凄絶の争闘！」。

メインスタッフは、製作・田中友幸、監督・谷口千吉、脚本・黒澤明、撮影・瀬川順一、美術・川島泰三、音楽・伊福部昭、録音・亀山正二、照明・平田光治。新人の三船敏郎以下、志村喬、小杉義男、若山セツ子、河野秋武、高堂國典、石島房太郎、登山晴子たちの名がキャストに連なる。

この東宝作品で俳優の三船敏郎、監督の谷口千吉、音楽の伊福部昭の三人は映画界に躍り出た。『銀嶺の果て』は戦後日本映画界、最大のスターのひとりである三船敏郎のデビュー作品として映画ファンに浸透しているが、映画監督・谷口千吉の劇映画監督昇進第一作であり、のちに日本楽壇を代表する作曲家の地位に上りつめる伊福部昭の仕事の重要分野となった、映画音楽の第一作である。本作は三船、谷口、伊福部、共通のデビュー作だった。三船は二十七歳、谷口は三十五歳、伊福部は三十三歳。それぞれの映画人生がここから始まった。

実際のところ、谷口は前年の一九四六(昭和二十一)年に新東宝映画製作所の中篇劇映画『東宝ショーボート』の演出を手がけており、三船もまた山本嘉次郎監督作『新馬鹿時代』前后篇(一九四七／東宝)で端役出演を果たしていたという説も根強く残っている。それはそれとして、ふたりともに『銀嶺の果て』が実質的なデビュー作であることは揺るぎない事実だ。『銀嶺の果て』は、日本映画の新たな時代の到来を高らかに告げた。

伊福部はなにも映画音楽作曲家を目標に据えてプロの作曲家になったわけではない。だから映画界デビューという表現は、本来はふさわしくない。しかし、作曲家として生きるため、生活するため、家族を養うため、つまりは収入を第一目的に定めて着手した仕事が映画音楽だった。これは間違いない。ゆえに三船や谷口と同等に扱うのは筋違いとなるのだが、日本映画史の視点のもとに俯瞰すれば、こうした見方が通用する。

三船、谷口、伊福部の三者は、『銀嶺の果て』という一本の映画作品を共通の起点とし、戦後日本映画史におのおのの役割、立場で偉大な足跡を刻んでいった。三人が顔を揃えた作品もあれば、三船と谷口が、三船と伊福部が、谷口と伊福部が組んだ作品も当然ある。その大多数が東宝作品、または東宝系傍流作品。東宝がからみ、冒頭に東宝マークが打たれるものだった。それらのほとんどが日本映画史の小さくない部分を築いている。

『銀嶺の果て』の脚本は黒澤明が執筆した。当時の東宝はスターがひとりもいなかった。大河内傳次郎、長谷川一夫、黒川弥太郎、藤田進、入江たか子、花井蘭子、山田五十鈴、原節子、山根寿子、高峰秀子たち「十人の旗の会」が東宝の組合を脱退したことを大きな機運とし、一九四七年三月に新東宝映画製作所が誕生する。

そうした状況下を映画マスコミは、東宝は監督中心主義、新東宝はスター中心主義と表現した。そのようなとき、新東宝に対抗すべく、東宝の製作者、監督、脚本家が伊豆の温泉宿に集まり、企画会議の場を持った。これからの戦略、つまりは作品展開をどうするか。誰が何を書き、何を撮るか――。そこで決まったのが、豊田四郎・成瀬巳喜男・山本嘉次郎・衣笠貞之助演出によるオムニバス映画『四つの恋の物語』、五所平之助が監督する『今ひとたびの』、山本薩夫・亀井文夫共同監督による『戦争と平和』、黒澤明演出による『素晴らしき日曜日』、谷口千吉の劇映画監督昇進第一作の『山小屋の三悪人』だった。このうち、『四つの恋の物語』の一篇、『山小屋の三悪人』、自分が監督する『素晴らしき日曜日』の脚本を黒澤が書くことになった。この『山小屋の三悪人』がのちに『銀嶺の果て』に改題される。

銀嶺の果て【東宝 DVD 名作セレクション】
TDV-28229D

『山小屋の三悪人』、すなわち『銀嶺の果て』は、谷口千吉の同期であり、先に監督の座に就いて注目を集める活動をすでに始めていた黒澤の、親友・谷口の劇映画監督昇進の門出を祝福したい、との想いのもとに脚本が書かれたものだ。『蝦蟇の油―自伝のようなもの』で黒澤は次のようにしたためている。

第一、谷口千ちゃんの『銀嶺の果て』は、ただ、何か男性的なアクション物、そして、千ちゃんは山男だから、山を舞台にした物、というだけの腹案しかなかったのである。／三日ほど、千ちゃんと机をはさんで睨めっこをしていたが、なかなか名案が出て来ない。／私は、えい、やっつけろ、と思って、原稿用紙に、新聞記事、銀行強盗三人組、長野県山岳地方へ逃亡、捜査本部日本アルプス山麓へ移る、というような事を書いた。／それから、銀行強盗の三人組を雪の日本アルプスへ逃げ込ませ、警察官にそれを追わせて、千ちゃんの山登りの経験と知識を適当に盛り込みながら、毎日コツコツ書いていったら、なかなか面白いストーリイが出来上り、二十日ほどで『銀嶺の果て』の脚本が完成した。

『世界の映画作家3 黒沢明』(一九七〇／キネマ旬報社)内「自作を語る」では次のように。

『山小屋の三悪人』(銀嶺の果て)。これはシナリオと映画とだいぶちがうんだね。僕の考えたのは、あの山小屋の主人が一番の大悪党なんだ。その大悪党に他の二人の悪党が食われちゃうわけなんだね。しかし、映画はちがってたけど。本としてはよく出来てたんじゃないかと思う。スラスラッと書けたんだよ。千吉が、山の写真をやりたいと言ったら、すぐ、／(F・I)〝銀行ギャング、アルプスへ逃げ込む〟という記事。／というトップが浮んでね。あとはサァッと書けちゃった。

一方の谷口は、黒澤との関係を『全集　黒澤　明』第一巻(一九八七／岩波書店)の月報1収載「素描・黒沢明」

『山小屋の三悪人』シナリオ写真（提供：三船プロダクション）

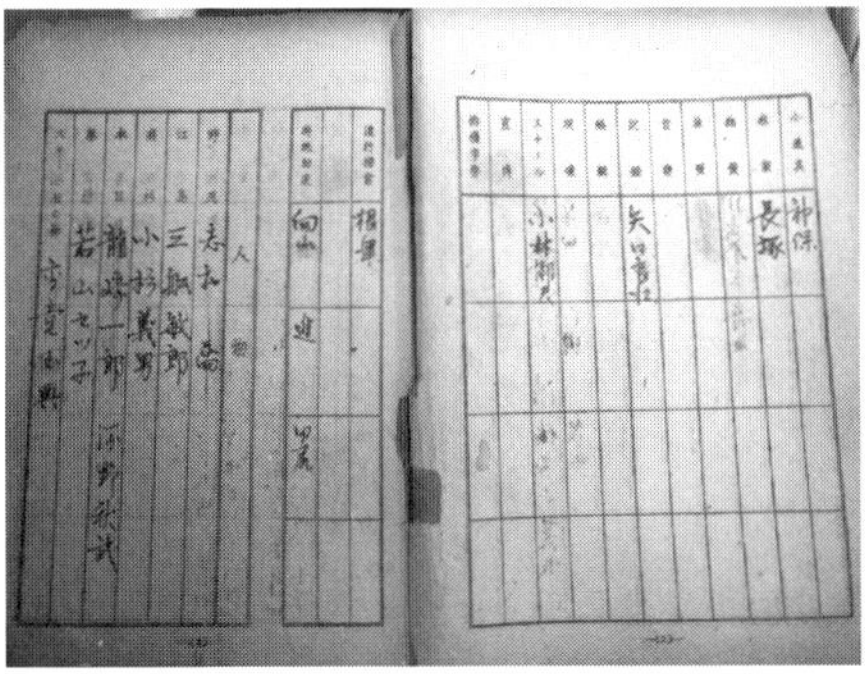

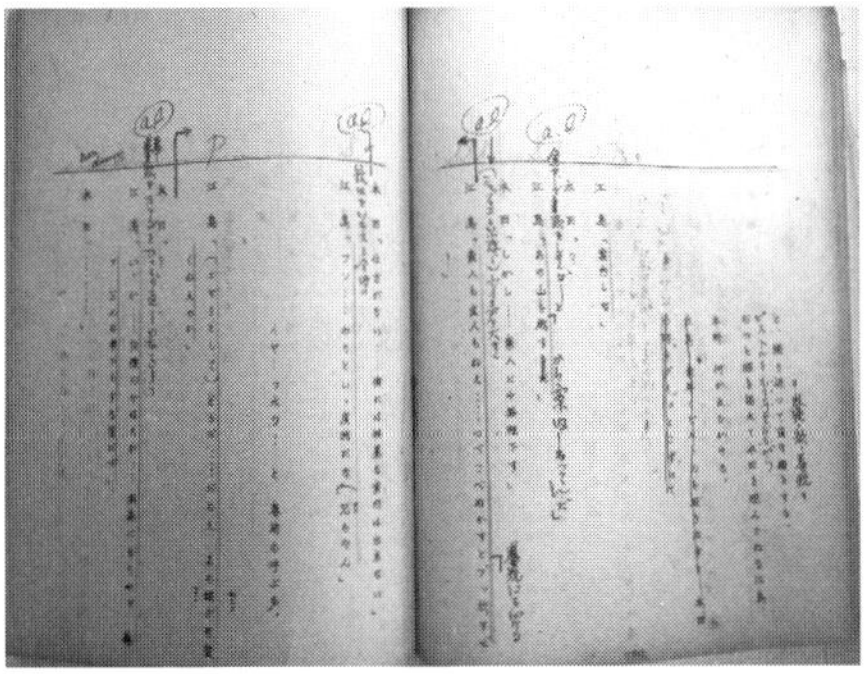

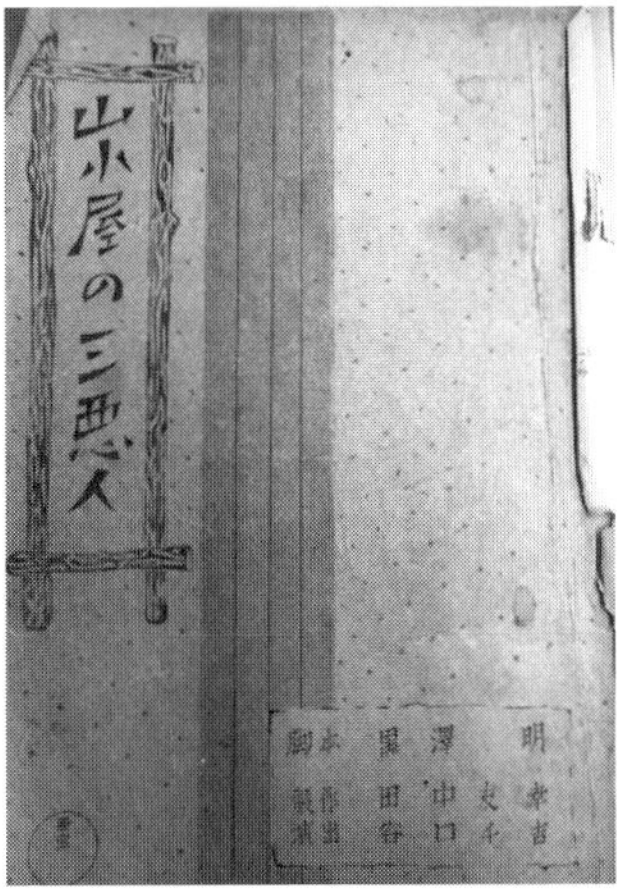

でこう著している。

黒沢明とは助監督時代の数年を、文字通り一つ釜のめしを食った仲であったが、性格はずい分違っていた。努力家の彼が、監督になった日に備えて勉強していたのに対して、僕は好きな山ばかり登っていた。

谷口はこの随筆のなかで、早稲田に籍を置いて新劇運動に夢中になっていた頃は黒沢隆吉というペンネームを使っていたのに、東宝撮影所に黒沢明という新人が助監督部に入ってきたので不愉快に思った、名前を変えろといいたかったが、本名だと聞いてあきらめた、さらにこの男の姉が自分の小学校時代の受け持ちだった黒沢貞代先生だと知った、それゆえなのか、ふたりはウマが合って仲がよかった、とも記している。

このようにも伝えられる。黒澤と谷口は脚本執筆にあたって旅館にこもった。作業に行き詰まる黒澤の目に銀行強盗を報ずる新聞記事が入ってきた。黒澤が谷口に話しかけた。銀行強盗団が北アルプスに入ったら――。谷口が応じる。清らかな世界に強盗団なんて――。山を神聖視する谷口は不快感を示した。ところが、やはり黒澤の発想は並ではなかった。汚れた心を持った男が清浄な大自然、山々に抱かれてきれいになる物語はどうだろうか――。

『銀嶺の果て』の基本プロットがこれで決まった。銀行強盗を働いた三人組が捜査網を逃れて雪深い北アルプスに入り込み、ひとりを雪崩で失いつつも、首領格の男と若い男は彷徨の果てになんとか山小屋をみつける。そこに住む老人と可憐な娘、常連客の男と親しくなる過程で首領格の男の心に変化が起きる。しかし、若いほうの男はそうではなかった、という物語の骨格が固まった。『銀嶺の果て』(旧題『山小屋の三悪人』)は、黒澤と谷口、両者の友情が形として表れ出た作品である。盟友であり、先に映画監督に昇進していた黒澤明が脚本を書いた『銀嶺の果て』で谷口は劇映画監督デビューを飾ったのだ。映画は次のように進む。

三人組の銀行強盗犯・野尻(志村喬)、高杉(小杉義男)、江島(三船敏郎)が警察の捜査網を振りきり、雪深い北アルプスに逃走する。三人はある温泉宿に潜入して身体を休めるが、ここにも捜査陣の手がおよんでくる。三人は山中に逃げ込む。途中、高杉は大雪崩に呑み込まれて命を落とした。運よく助かった首領格の野尻と若者の江島は雪山を彷徨し、ある山小屋に行き着く。そこの老人(高堂國典)と可憐な孫娘・春坊(若山セツ子)、山小屋に滞在中の登山客・本田(河野秋武)はふたりを歓待する。野尻は彼らと次第に打ち解けていく。春坊の無垢な優しさに心の温もりを覚えるようになる。この天候ではあと一週間は山小屋から動けないことを野尻と江島は知る。こうしているあいだにも追っ手が近づいてくる。いらだつ江島は徐々に傍若無人なふるまいに出てくる。やがて山小屋周辺にも捜査の手が伸びてくる。焦燥した江島は本田に自分の正体をさらし、銃で脅して山の案内を強要する。江島は本田を案内役に仕立て、仕方なく同行する野尻とともに険しい雪渓を登っていく。途中、江島が足を滑らしたために野尻も滑落してしまう。本田は渾身の力でザイルを握り、江島と野尻を支える。ふたりは本田に命を救われた。それなのに、ザイルを腕に巻きつけていたために腕を折って動けなくなった本田を江島は捨てていこうとする。激昂した野尻は江島に挑みかかる。格闘の最中に雪庇が崩れ、江島は崖下に転落していった。野尻は本田を背負い、必死の形相で雪山を降りていく。

山に生きる人々の人情をまぶしつつ、野尻と江島が徐々に仲間割れを起こしていく過程が濃密に描かれる。ジョン・フォードの『三悪人』(一九二六/アメリカ)を連想させる旧題からも察しがつこうが、アメリカ西部劇映画で馴染みの〈グッド・バッド・マン〉ものが骨子となっている。〈三悪人〉〈グッド・バッド・マン〉は一九一〇年代、二〇年代のアメリカ西部劇映画の大きな潮流だった。銀行強盗、馬泥棒、博打打ちなど、ならず者が堅気の人たちや純情無垢な女、子供と出会い、交流することで次第に本来持っていた善良な心を取り戻すという物語パターンである。本作はそれを採り入れた。ジョン・フォード、キング・ヴィダー、ウィリアム・ウェルマン、フランク・キャプラなど、西部劇映画を通じて作家性を表していた監督たちに憧憬を抱いていた黒澤らしいストーリー展開となっている。

北アルプスの雪山に映画の舞台を絞った構成により、人間というごく小さな存在が大自然との対比のなかで浮き上がり、映画を奥深いものに仕立てた。欲望に取り憑かれた初老の男が大自然の尊厳に抱かれ、山小屋の人々の温かい情に接し、荒れすさんだ心が徐々に癒されていき、やがて本来の純朴な己の姿を取り戻す。

エンディング、警察に連行されていく野尻に本田が声をかける。「また山で会いましょう」。逮捕され、護送される汽車のなかで野尻が警官に話しかける。「もういっぺん山が見てえんで……」。汽車の車窓から野尻は山々を万感の想いとともに見つめる。『銀嶺の果て』はこうして締めくくられる。黒澤が脚本を書いているので当然なのだが、彼の初期作品群に正面から結びつく強烈なヒューマニズム、リリシズムがドラマの中核を担っている。

一方で、気になる点がひとつある。先に引用した黒澤の言葉にあった、「あの山小屋の主人が一番の大悪党なんだ。その大悪党に他の二人の悪党が食われちゃうわけなんだね」である。補足が必要となる。中盤、こういう描写が『山小屋の三悪人』の脚本にある。

「My Old Kentucky Home」のほのぼのとした調べに江島がいらだち、皆がいる炉ばた部屋に現れ、「やめろッ……やめねぇかッ……俺ア、そんな唄ア大嫌《でえ》いだッ」と叫んだあと、夜、寝苦しさに寝返りを打った江島が鳩の啼き声に気づき、横で眠っている野尻を起こして懐中電灯を手に炉ばたのある室に行く。この山小屋には伝書鳩がいたが、麓と連絡を取られるのを恐れた江島がひそかに殺してしまった。だから鳩がいるわけがないのだが。室には鳩が一羽入った巣箱があった。そのとき、暗がりにいる江島と野尻の顔がランプの光でパッと照らし出される。「動くでねえ!」。驚くふたりの目に、左手にランプを下げ、右手に猟銃を構えた山小屋の老人の姿が入る。老人はいう。その鳩は片道鳩だから殺す必要はない、お前たちがどんなことをしてきたかは知らない、娑婆のことはどうでもいい、だから俺はここにいる、と。江島と野尻を山小屋の外に連れ出した老人は、あの周り角の道標を見ていろ、と告げると、猟銃でその道標を吹っ飛ばす。老人はふたりにいう。見たか、見たのならじたばた騒がねえことだ、と。江島と野尻は立ちすくむのみ。老人は静かに「俺ア、どもしねえ……お山が裁いてくれるだよ」。そのとき、何かあったのか、と戸口から春坊と本田が覗く。老人は何事もなかったように「熊が来ただよ」と返す。

老人はその後も猟銃を手に野尻、江島を威嚇する。江島に脅され、野尻と江島を連れての山越えを決意した本田に対しては自分も同行するというが、不穏な空気を察した本田は老人に気づかれないように野尻、江島とともに山小屋を出ていってしまう。そのため、老人の出番はそこで終わる。

完成作ではここは削除、変更されたわけだが、もしこれらが脚本通りに描かれていたら本作の印象はまるで変わった。この老人はなにゆえ山小屋に住んでいるのか。娑婆から姿を隠しているのか。春坊はどのような関係なのか。老人の正体を知っているのか。知らないとはいうが、野尻、江島が逃走中の銀行強盗犯だとわかっていたのではないか。ならば、いつ知ったのか――。

老人を黒澤明監督作『七人の侍』(一九五四/東宝)の長老・儀作、本多猪四郎監督作『ゴジラ』(同)の大戸島の老漁夫、同じく本多監督作『獣人雪男』(一九五五/同)の爺様役が即座に思い浮かぶ高堂國典が演じている。高堂はどこか謎めいた老人をひとつの持ち味としていた。黒澤がいう〈大悪党〉をごく自然に演じきったに違いない。だから『銀嶺の果て』も完成作とは異なった、ミステリアスでスリラー色が漂う作品となったことは間違いない。

ただし、これらがカット、変更されたのは妥当だった。山に抱かれ、本来の人間性を取り戻す。山小屋の人々に接することですさんだ人の心が癒される。こうした方向性に水を差してしまう。犯罪映画の色が濃くなりすぎる。とはいえ、黒澤が当初はこのような人物設定をほどこしていた事実は注目に値する。

同時に、谷口の監督としてのセンスにも目が向く。ロケーション映像を最大限に活かした作劇、活劇描写での豪快なタッチ、黒澤脚本の妙味を確実に押さえた心濃やかな心理表現を存分に盛り込んだ谷口の演出は、新人離れどころか、早くも完成の域に達しているのではないか、と思わせるほどだった。映画監督としては早熟なタイプとみられる谷口の個性をこの時点ですでに示していた。谷口が『銀嶺の果て』に出会うまでをここで追っておこう。

二　谷口千吉が『銀嶺の果て』に至るまで

谷口千吉は一九一二(明治四十五・大正元)年二月十九日に東京府寺島村(現・東京都江東区)で生まれた。イギリスのグラスゴー大学に留学して建築学を学んだ経歴を持つ工学博士で、赤坂離宮建築や東京市の水道建設、鐘紡(のちにカネボウ)の設立にかかわったという父親のもと、十一人兄弟の末子として誕生した。

府立第四中学を経て早稲田大学文学部英文科に進学し、在学中に千田是也、嵯峨善兵、細川ちか子、東野英治郎、小沢栄太郎（小沢栄）、松本克平たちが活動を行っていた左翼劇場と出会う。彼らの演劇に共感した谷口は同劇場での新劇の演出家を夢見るが、一九三〇（昭和五）年、学生運動弾圧に遭って早稲田大学を中退した。そのときの仲間に山本薩夫がいる。もともと映画好きだった谷口は大学在学中からP・C・L映画製作所に出入りし、映画製作の手伝いを無給でしていた。そうした経緯もあり、一九三三（昭和八）年、P・C・L映画製作所に正式に入社する。

P・C・L映画製作所在籍中、森岩雄（当時、取締役）が主宰する木曜会のメンバーに名を連ねた。映画監督として必要な知識と技能を森や佐々木能理男たちからの指導のもとに身につけ、助監督に昇進する。といっても、本人としては、いつのまにか助監督になっていた、という感覚だったようだ。この時代の親友として黒澤明、亀井文夫、本多猪四郎の名があがる。山本嘉次郎、島津保次郎の助監督について映画演出技術を研鑽する。なかでも山本嘉次郎には特に気に入れられ、多くの山本作品で助監督をつとめた。

ではあったが、谷口の監督昇進は遅れた。P・C・L映画製作所から東宝に生まれ変わり、時代が太平洋戦争の渦中となり、戦後はすぐに「東宝争議」があり、と時代にもてあそばれたのだ。それでも終戦から二年後、ようやく谷口に劇映画監督デビューのときがやってきた。それが黒澤明のオリジナル脚本を映画化する東宝作品『銀嶺の果て』だった。

谷口はその前年（一九四六年）、『東宝ショーボート』という白黒、スタンダード、新東宝映画製作所製作、東宝配給による中篇劇映画の監督・構成を手がけていた。製作は岩下宏一が担い、脚本は谷口が書いた。撮影は三村明、美術は北猛夫、音楽は鈴木静一、録音は村山絢二といったスタッフが組まれた。上映時間は五三分。封切りは一九四六年十月一日である。

この年、東宝の映画製作現場は混乱をきわめていた。労使問題による組合員のストライキが矢継ぎ早に起こっていた。製作本数は十八本。当時の日本映画界における本数としては極端に少ない。そうした状況にかんがみ、新作を製作するのではなく、過去の作品の場面、シーンを組み合わせて一本の作品を仕立てる企画が生まれた。『東宝ショーボート』はそうした趣旨の作品だった。

この映画は、東宝の前身にあたるP・C・L映画製作所が主に製作した音楽映画からの歌唱シーン、ダンス・シーンなどで構成される。『すみれ娘』(一九三五/監督:山本嘉次郎)でのリキー宮川の「ダイナ」、『唄の世の中』(一九三六/監督:伏水修)での渡辺はま子の「とんがらがっちゃ駄目よ」、『東京ラプソディー』(同)での藤山一郎の「東京ラプソディー」、『ハリキリ・ボーイ』(一九三七/監督:大谷俊夫)での古川緑波(ロッパ)の「酔へば大将 花売娘」、『秀子の応援団長』(一九四〇/監督:千葉泰樹)での灰田勝彦の「煌めく星座」、『孫悟空』前後篇(同/監督:山本嘉次郎)でのTDA(東宝舞踊団。日劇ダンシングチームを一時的に改名した)のダンス・シーン、等々、これらが次々と画面に映し出される。

過去のフィルムからの再構成映画だから出演陣も豪華絢爛だ。高峰秀子、入江たか子、岸井明、藤山一郎、椿澄枝、千葉早智子、榎本健一(エノケン)、轟夕起子、山根寿子、リキー宮川、山口淑子、渡辺はま子、灰田勝彦、横山エンタツ、花菱アチャコ、古川緑波(ロッパ)、渡辺篤、藤原鶏太、江戸川蘭子……。高峰秀子、入江たか子、灰田勝彦らが出てくるプロローグとエピローグは撮り下ろしとなる。P・C・L映画製作所の映画をよく知る谷口らしい、ツボを得た見せ場が次々と現れる。

各作品のよいところ、名場面をつないだ映画だから物語など二の次、ストーリーラインなどないに等しいのでは、と誰もが想像する。ところが、かなりしっかりした物語展開がある。谷口の監督としての矜持、作家性の萌芽をこうした部分から読み取ることもできる。

華やかな音楽とともに「東宝ショーボート」が開幕する。劇場の楽屋口にいる靴磨きの少年(高峰秀子)がその響きに心を踊らせる。だが、劇場に入りたくても木戸賃がない。楽屋口からしのび込もうとして守衛(岸井明)に追い出されるが、通りがかったトップ女優(入江たか子)が自分のマントの下に少年を隠して劇場へ入れてやる。少年は目を輝かしてステージを見つめる——。

それからは名場面のオンパレードとなる。画面がめまぐるしく移り変わり、東宝オールスターが躍動する。

再び守衛に追いかけられた少年は衣裳部屋に身を隠す。ステージではニューモアナ楽団と灰田勝彦が唄い始める。ハワイ地方の民族衣裳を身にまとったダンサーたちも並んでいる。そのなかにあの少年もいた。彼は実は少女だったのだ。彼女は灰田と歌を歌唱する。ダンサーたちがフラダンスを踊る。月光のもと、「東宝ショーボート」は閉幕する。

『東宝ショーボート』は、「東宝争議」によって映画が製作できないことに強い危機感を抱いて組合を脱退した十人の俳優たち、スタッフたちによる音楽劇映画だ。谷口は監督・構成・脚本を担当した。本作を彼の監督昇進第一作と扱う事例もときに目にするが、純粋な劇映画ではないので映画監督昇進に向かってのウォーミングアップ、デモンストレーションと受け取るべきだろう。東宝も谷口が映画監督としてひとり立ちする実力を十分に備えていることをあらためて知ったに違いない。

谷口は『銀嶺の果て』で劇映画監督デビューを果たした。繰り返すが、同作は谷口の監督昇進第一作であるのみならず、主演の三船敏郎、音楽の伊福部昭のデビュー作であり、三船と志村喬の初共演作である。戦後日本映画史のうえで重要な位置を示す一本であることは疑いない。日本映画界屈指の名コンビとなる三船と志村の記念すべき初共演作であるということも強調していい。劇中にアメリカ民謡二曲（「My Old Kentucky Home」「Oh! Sussana」）を配置しつつ、ドラマの要所を的確に助勢した伊福部の音楽も含め、どの部分を取り上げても本作ほど戦後日本映画の新しい才能のほとばしりを受け手に実感させる映画はない。

三　三船敏郎の出現

デビュー作は谷口千吉監督の「銀嶺の果て」(47)でした。谷口さんのデビュー作でもありましたが、山本嘉次郎さんたちの応援もあって、志村喬さんと並ぶ主役の三悪人の一人に抜擢されたのです。撮影というよりは、まるで登山といった感じで、朝の四時頃、まだ辺りが真っ暗なうちに〝起床!〟の号令が出て、ワンダーフォーゲルの人たちと一緒に、重い荷物を持って毎日雪山に登る。そんな事を覚えています。このときの脚本と編集が黒澤明さん。そんな縁から、「酔いどれ天使」(48)に出演する事になるわけです。(「キネマ旬報」一九九二年七月上旬号[キネマ旬報社]内「私と東宝映画」)

三船はいかにして『銀嶺の果て』の主演者のひとりに抜擢されたのか。銀行強盗団の三人のうち、志村喬と小杉義男は先に決まっていた。若い犯人役がまだ定まっていない。そうしたときに谷口が小田急線の車内で偶然、三船を見初めたのだ。戦後最大の映画スター誕生にはやはり〈伝説〉がつきまとう。後年、谷口はそのときのことを「浪漫工房」第八号「国際スター三船敏郎 その偉大なる愛」で次のように証言した。

自宅へ帰る小田急線の中で藤本眞澄重役と隣同士に座って話をしていた時のことです。当時私は、黒澤君と共同で『銀嶺の果て』の脚本を書き終えて撮影の準備をしていました。電車の中でふと左の方を見ると、いかつい男が立っています。胸の厚い、ガラの悪そうな、怖いからそばへ近寄らない方がいいというタイプの男です。彼は吊革に摑まってグッと真正面を見ています。横から見ていた私は、あまりにも胸の厚みがすごいのにびっくりしました。そして、実に怖そうで、いわゆる〝オス〟(雄)という感じでした。／私は、逞しい男、とりわけ胸の厚いヤツを捜していました。思わず藤本さんに言いました。「俺はああいうのが欲しいんだよ」。彼はフッと見て「あれはうちの子だよ」「え?　どういうわけだい」「あいつは、今井正ちゃんが講義をしているニューフェイスの教室に通って来ている生徒だよ」「見たことがないなぁ」「いや、あれはうちの子だよ」「それでは、明日交渉しよう」「しかし、千ちゃん、あいつはやめておいた方がいいなぁ」「どうして」「ヤクザだよ、見るからに」／確かに、見るからにヤクザという感じなんですよ。しかし、とにかく会ってみたいと言って、翌日講義のある教室へ行き、立ち話をしました。「君、僕の映画に出ない？」「何ですか」「『銀嶺の果て』という作品なんだよ」「すみませんが、僕は俳優にはなりません」「無料《ただ》というわけではないよ。出ることになれば、出演料なりお礼はちゃんと考えているよ」「男のくせに、ツラで飯を食うというのはあまり好きじゃないんです」／昔は、俳優という仕事は軟弱な仕事だから、男のすることではない、という考え方が強かったのです。今考えると吹き出すほど古い考え方ですが。「それでは、何のためにここへ来て映画の講義を聞いているんだ」と訊ねると、「友達の世話でカメラマンの試験を受けたがなれなかった」と言うのです。

それでも谷口はあきらめずに三船を口説いた。試しにやってみよう、だめだったら撮影部に行けばいい、もし出てくれるのなら背広を一着作ってプレゼントする、と。当時、三船は着る物をほとんど持っていなかった。身の回りのものは航空隊の飛行服と長靴、ヘルメット程度だった。それでようやく三船は首を縦に振った。このときの三船の身分は契約者。社員扱いではなかった。給料は二、三千円だったという。

三船はこの映画で志村喬、小杉義男、河野秋武たちと共演することになった。小杉義男は東宝第一期ニューフェイス募集の選考会で三船を推す山本嘉次郎側についた、まさにその人だ。監督の谷口も含め、三船を後押しする人々に彼は囲まれていた。恵まれた環境だった。

ディテールの確度では検証の必要もあろうと一方では考えるのだが、リアルな内容だ。もしも谷口が三船を口説き落とさなかったら、俳優・三船敏郎はこの世に誕生しなかった、という想像もたげてくる。見方を変えれば、三船の人生を一変させるほどの谷口との出会いだった。谷口は同作撮影時の三船を前掲書でふりかえっている。

仕事が始まってみると、皆が心配したこととガラッと違いましてね、礼儀正しくて別人のようなんですよ。／『銀嶺の果て』は山岳映画ですので実際に雪山へ登ってから撮影にかかるわけです。彼は一番重い4貫目4個（60キロ）の荷物を背負って、吹雪の中を先頭に立って登りました。私達がやっと辿り着くと、彼は待ちくたびれて寒さで震えながら待っていましたよ。／山小屋ではベッドはただの乾燥したわらなので、からだについたわらくずが小屋中に散乱します。起きると、それを彼が朝一番に掃除しているのです。私は彼を見ていて、人は見かけと違うものだなぁとつくづく思いました。／彼はまた、人の持っている荷物も次々と横取りして、背負ってやるのです。私は傍で見ていて、彼に心底惚れました。私が想像した以上の逞しさを持っており、本当にすばらしかった。

谷口が回顧したように、三船は献身的にスタッフを支えた。三船が撮影機材を担いで山を登り、撮影助手の仕事まで手伝ったというエピソードは、右の谷口証言以外にも、黒澤組のスクリプターとして著名な野上照代も披露していた。そして、三船自身も「潮」一九六五年二月号収載「〝サムライ根性〟と人は言う」で回顧している。前半部分は三船の認識違いと思われるのではあるが。

谷口さんは師匠格の黒沢さんに「どんな役者を使ったらいいでしょうか」と相談した。黒沢さんは自分の師匠である山本嘉次郎先生に相談したらしい。山本先生は「こうなったらだれでもいいだろうけど、大部屋にいるニュー・フェイスのなかに不器用だが、ウォーッと叫ぶイキのいいのがいる。あれを使ってみたらどうだろう」と答えられたそうだ。その、ウォーッと叫ぶ男がわたしだったのである。／こうしてわたしは、谷口千吉さんの監督昇進第一作「銀嶺の果て」に志村喬さんらと銀行ギャング役として起用されることになった。舞台は信州。なにもかも不足の時代である。わたしたちのロケ隊は人員、器材とも最小限の編成で現地へ乗り込んだ。／上高地を中心としてロケが行なわれた。雪のなかの撮影は苦労の連続だった。わたしは足かけ七年も軍隊にいたので、からだはすこぶる健康だった。雪の山を登るとき、わたしはロケ隊の器材のなかで比較的重い三脚を持って登った。するとスタッフの一人が「あんたは変わった役者だね。われわれは長い間映画を作ってきたが、役者が器材を持って歩くのを初めてみたよ」といった。わたしは「スタッフの数は少ないし、だいたい、映画というものはみんなで作るんでしょ」と答えた。日本人全部が苦労している時代である。わたしは、わたしひとりが楽をしてはいけないと思ったまでのことである。／この話はいつのまにか撮影所内でウワサになってひろまった。わたしは恥ずかしかった。自分ではあたりまえのことをしたにすぎないと思っているのに、他人からほめことばを贈られると変な気がするものである。

三船が俳優の道に進む大きな契機となったのが、谷口千吉の熱心な誘いだった。山本嘉次郎、黒澤明ばかりではない。谷口もまた俳優・三船敏郎にとっての恩人のひとりである。

三船と谷口、このふたりのめぐり合いが日本映画を、日本映画史を変えていく。一九四七年一月中旬に同作はクランクインした。北アルプスの白馬がロケ地だ。谷口も言及しているが、なにせ相手が大自然だから撮影は過酷このうえないものだった。山岳ロケゆえに撮影スタッフは少なかった。黒菱山に登るときなど、朝の三時、四時に宿泊所から出立する。歩荷《ぼっか》（荷物を背負って山越えをすること。または、山小屋に荷揚げすること）の格好をして山小屋をめざす。小屋に到着すると吹き溜まった雪を掻き出すこともした。そこから第一、第二、第三ケルン（ルートや山頂を示すための道標）へと向かう。出演者も当然随行する。若い三船は撮影器材を担って率先して山を進んだという。『［講座］日本映画5――戦後映画の展開』収録「戦後映画を駆け抜ける――三船敏郎 佐藤忠男」でこう証言している。

志村のおじちゃんなんかまだ四十代だったけれども、もうおれはダメだなんていって、山登りの人が三人ぐらいきていたがその人達がロープつけて引っ張ったり、おれが後押ししたり、三脚とか、バッテリーなんか担いでいるんだが、それで尻押し。だから、現場についたって、こっちはくたくた。「おう、三船、おまえ出番だよ」「いや、いいですよ、いいですよ、おれは」(笑)なんてね。「バカだな、おまえ役者だよ」「役者じゃないよ、おれは」なんて、ブツブツ言って。

志村が複数の先導者にロープで引っ張られたり、トライポート(三脚)やバッテリーなど撮影機材を背負った三船が後ろから尻を押したり、谷口に出番を命じられた三船が、今忙しいのであとにしてほしい、と返事をして周りの人たちから笑われた話など、想像するだけでもその光景が浮かんでくる。現場に到着するだけで疲労困憊になった三船が撮影に乗り気にならなかったり、撮影部に未練があるような態度を示したりなど、興味は尽きない発言だ。

四　黒澤明、岡本喜八、伊福部昭

一般的な観点から谷口千吉を語ろうとすれば、どうしても黒澤明の名が出てくる。『銀嶺の果て』『ジャコ萬と鉄』(一九四九/東宝、49年プロダクション)『暁の脱走』(一九五〇/新東宝)、およそこの三本が谷口の代表作に差し出される例が垣間見られ、以降の作品は蛇足的に扱われてしまうケースさえ見受けられる。初期三作が重要作であることはたしかだが、黒澤の存在に意識の多くが向かっており、純粋に映画監督・谷口千吉に視線が集まっているという感覚は薄い。これらはすべてが黒澤の共同脚本作だ。一九四〇年代、五〇年代の黒澤映画に正面から通じる、熱気あふれる人間ドラマが作品の正中線を貫いている。しかし、映画は脚本を実際に映像化し、ドラマ化する演出者の技法、力量、思念、采配力があいまってこそである。だから通常、映画は監督のものとされる。監督はすべての責任を負わされる。

谷口の映画監督としての特質は、男臭いドラマに繊細なヒューマニズムが注ぎ込まれる点にある。『銀嶺の果て』は、谷口が無性に心惹かれるという冬山で展開する山岳アクションが大きな売りとなったが、大自然のロケーション映像を最大限活かしたなかでの人間ドラマにこそ見どころがある。銀行強盗団の首領格・野尻と、欲望を身体中から発散させるような若い男・江島。両者は荘厳な雪山の世界にそっと咲くかのごとき可憐な少女、人間味豊かで誠実このうえない山男をフィルターにして人間の真価が問われていく。朴訥として人なつこい山小屋の人々に接して長年忘れていた〈血の通う〉感情を覚醒させられる野尻、そうしたものにはいっさい揺り動かされずに己の欲望をたぎらせる江島との対比は、神聖な場である雪山での仲間割れという形で提示される。野尻は雪山にゆだねられることで生まれ変わり、最後まで自我を打ち破れなかった江島は深い谷底へ呑まれていく。

二人組に脅迫されて先導をつとめる、河野秋武が演じる本田（当初は龍崎一郎の名があがっていた）が重傷を負い、幻を見るかのように仰ぐローゼン・モルゲン（薔薇色の朝）の映像は、大自然への畏怖と敬愛の念があふれる。神々しい気分にひたらせる名場面であり、男性的な力強さで押し進める雪山シークエンスのなかで強烈なコントラストを刻みつけた。天界と人間界の対比を表出させた。谷口の演出、黒澤の脚本、両者の理想的な融合だった。ふたりの協働関係を三船が前掲書内で回顧している。

シナリオは黒沢さん。編集も、撮影済みのフィルムは東京へ送って、黒沢さんがどんどん編集していました。カット足らんぞといって、電話かかってくるわけですよ。それ撮り直したりね。半年くらいかかったんじゃないかな。映画の撮影隊が山の中にこもっているらしいというので、食糧がヤミだろうと警察が調べに来たりね。白馬と唐松、黒菱なんていう山を上がりましたね。白馬では明大の小屋と成城学園の小屋を借りてずっといたんです。

そんなこといっちゃ悪いけど、谷口さんはワン・カット撮ると、「次どうすりゃいいんだよ」なんていうことばかりいっていた。初めのうちは冗談みたいにみんなエヘラエヘラ笑ってたけど。／そうそう、ロング過ぎたり、ラッシュを見ても、アップが少ない。そうすると黒沢さんのところからどんどん指令がくるわけです。人間なんか見えやしねえじゃないか、もっと寄って撮らなきゃダメだとか……。こういうカットが足らん。これは撮り直せといって、その通り撮っていたわけです。／そんなようなことから、それであいつギャングいけるんじゃないかということで、初めて黒沢さんの作品に出たのが『酔いどれ天使』（一九四八）。それから黒沢さんとのご縁ができて、大変ラッキーだったということです。

野上照代も『もう一度　天気待ち―監督・黒澤明とともに』（二〇一四／草思社）で次のように書いた。

「千《せん》ちゃんときたら、あんな山に行って、アップ（大写し）ばっかり撮ってるから、キャメラをもっと引いて遠景で撮ってくれ、と言ったら、今度は山だけみたいなのを送って寄こすんだ。だから電話をして、人物がいない、と言うと、お前あれが見えねえのか、真ん中の遠くにいるだろう、お前がもっとキャメラを引けって言うから引いたんだ、って言うんだけどね、見えやしないよ、小さな黒い点だもの」と笑う。／こうして黒澤明は、アルプスから送ってくる撮影済みのフィルムを、ムヴィオラという編集機でくり返し見ては編集してゆく。このムヴィオラというのは、一人だけでレンズに顔を押しつけてのぞくもので、監督と、画面は一対一。誰にも邪魔されることなく没入できる。／黒澤監督はムヴィオラを通してこの猛獣のような三船敏郎という男をくり返し見るうちに、その虜となってしまったのだ。

『七人の侍』のレーザーディスク版（一九九三／東宝株式会社映像事業部）のライナーノーツに収録された三船のロング・インタビュー記事（「七人目の侍」）ではこのように。

黒菱なんていう山へ荷物をかついで登るんだもの。相当キツいロケでしたよ。そこへ東宝で編集している黒澤さんから、撮り直しや撮り足しの注文が電話で次々と送られてくるんです。／でもそれが黒澤さんの目に止ったおかげで今度は『酔いどれ天使』(48)で初めて黒澤さんの作品に出してもらうことになったのです。それからというものは黒澤さんとのご縁がずっと続くわけで、僕には全くラッキーな出発でした。

『銀嶺の果て』の助監督をつとめたのが、のちに三船と名コンビを組む岡本喜八（当時は岡本喜八郎）である。一九四六年に復員し、東宝に復職（一九四三年に東宝に入社して助監督となったが、召集されて松戸の陸軍工兵学校、その後、愛知県豊橋市の第一陸軍予備士官学校で終戦を迎えた）した岡本はこの時期、監督・豊田四郎、成瀬巳喜男、山本嘉次郎、衣笠貞之助、脚本・黒澤明、小国英雄、山崎謙太、八住利雄によるオムニバス映画『四つの恋の物語』（一九四七／東宝）で豊田組の助監督をしていた。しかし、谷口からの急な助監督要請に応じ、岡本は即座に『銀嶺の果て』の第四助監督の仕事に就いた。雪山に強いから、山スキーが得意だから、が主な理由だった。岡本はこの映画に助監督の立場で参加し、出演者の三船と昵懇になった。彼が裏方のスタッフとしても懸命に働いたからだ。

雪山で、雪に覆われた山小屋で長期間（二、三ヶ月だったという）、三船は岡本と過ごした。岡本と交流を深めていった三船は、ちょうど下宿を探していたこともあり、岡本の勧めで彼と同じアパートに住居を定めた。

岡本によれば、こうしたことがあった。三船の部屋から異様な音がしたので岡本が部屋に行って覗くと、三船が二枚の毛布を重ねた上に自分のズボンを置き、カチンコにカットナンバーを書くチョークで線を引いていた。つまり、ズボンを型紙代わりにして毛布製ズボンを自分で仕立てていた。三船に訊くと、上野のアメヤ横丁で米軍放出物資を買ってきたのだという。三船は除隊になった際に軍から支給された二枚の毛布でジャケットをしつらえたことがある。兵隊の服の長袖を半袖にしたり、長ズボンを半ズボンにしたり、と裁縫が得意だった。三船は並外れて器用な男だった。

その頃の三船との交流を岡本は『毎日ムック　三船敏郎 さいごのサムライ』（一九九八／毎日新聞社）への寄稿「普段着の三船ちゃん」でふりかえっている。

ロケは、栂池《とがいけ》の早大ヒュッテから始まって黒菱小屋、細野村、大町温泉と転々、そして最後に八方尾根を登り詰めて唐松小屋で一泊。翌日クライマックスのアンザイレン（ザイル使用の山越え）の場面を小屋近くの唐松岳で撮って、「お疲れ…！」と山を降りる筈だったが、それは夏場の白馬三山縦走か何かでの話、夏冬の唐松小屋は、吹き込んで溜まった氷に近い雪で「全室満杯」だったのである。／やっと一部屋だけ掻き出して、三分の一に絞ったスタッフと三人の俳優さんがギュウギュウ詰めで雑魚寝をしたのだが、周りは全て氷だったのだから、今ならさしずめクール宅急便、荷を解いたらすぐ「要冷蔵」である。／翌朝、何故か冷たくなった鼻柱をブルンと振るって、起きて、驚いた。皆の、寝袋《シュラフ》からはみ出た顔が、てんでに粉を吹いたように真っ白だったからである。隙間風と一緒に粉雪が一晩中吹き込んでいたのであろうか？サラッと一撫でするだけで「洗顔」になった。／隣に寝ていた三船ちゃんがサラッと洗顔して、目クソをピッ、ピッと飛ばしながら言ったものだ。／「喜八ちゃん（ピッ）どっかテキトーな下宿知らね？（ピッ）」／「…え？　テキトーな？」／「いや、撮影所の近くでさ…知らね？」／山から降りて、撮影所へ帰って間もなく、私がお世話になっていた所謂《いわゆる》「素人下宿」のTさんちに、三船ちゃんは越して来たのだが、引っ越し荷物は確か私と同じ程度の柳行李一個前後だったであろうか？　全く確かだったのは、二人ともかなりの貧乏だった事である。

こうして三船は東京での住まいも岡本の伝手を得ることで定まり、次のステップ、俳優・三船敏郎の道を歩み始めていく。

今現在、ＤＶＤなどで鑑賞できる『銀嶺の果て』には常に〈新版〉との表記がつきまとう。現在はこの〈新版〉が具体的にどういうものなのかは、〈旧版〉、つまりは一九四七年八月封切りのオリジナル版が確認できないために突き止められない。〈旧版〉の上映時間が八八分と記録されているから〈新版〉のほうが一分長い、東宝マークが一九五二年以降のものに差し替えられている、新人の三船のタイトルがすでにベテラン俳優の志村喬、小杉義男より前に出るのはおかしい、新人であるから名前の下に〈新人〉という断り書きがつくはず、などと以前から指摘はされているが、〈旧版〉が鑑賞できない以上、真相がつかめない。現に、『山小屋の三悪人』の脚本のキャスト表では三船よりも志村が先に出ている。序列は志村、三船、小杉の順である。

三船が主演した映画の少なからずが伊福部昭の音楽担当作品だった。同様に、谷口の監督作品の多数が伊福部の映画音楽担当作品だった。三船と伊福部は谷口が初めて劇映画を監督した『銀嶺の果て』でともに日本映画界に足を踏み入れた同士であることもあり、浅からぬ縁に結ばれていた。

三船が躍動する映像からは伊福部サウンドがよく聞こえてきた。大仰かつ的外れ的な見解かもしれないが、三船はゴジラに通じていくような巨大なキャラクター性を有していたのではないか。三船は男臭い熱血漢を多く演じてきたが、彼の役者としてのそうした個性の一部は伊福部音楽の響きによっても育まれてきた。『銀嶺の果て』が三船の俳優デビュー作であることは伊福部の印象にも強く残っていた。同作に関しての話題に話がおよぶと、「この映画で三船さんがデビューしたんですね」「三船さんと私は映画デビューが同じなんですよ」と伊福部はときおり発言していた。

三船は黒澤明を筆頭として東宝の巨匠、名匠、鬼才、手練、俊英、幾人もの監督と交流していくことで、一九四〇年代後期以降の日本映画を背負う映画スターの座に邁進する。伊福部も数多くの日本映画に楽曲を提供していく。当然、三船が主演する映画も何本も担当し、伊福部は音楽ラッシュや録音現場におけるフィルムを通して三船が演技者としての才能を開花させていく過程を見つめ、日本映画界の〈顔〉的な地位に上りつめていく様子を見守ってきた。

伊福部と三船、両者には特に交流と呼べるようなものはなかった。それでも撮影所などでたまにばったり顔を合わせると、三船のほうから「伊福部さん、元気ですか！」「今、誰と仕事をしているんですか」「あの音楽、よかったですよ」「伊福部さんに音楽をつけてもらうと、なんだか強くなった気がしますよ」などと気さくに伊福部に声をかけてきたという。三船も伊福部とデビュー作が同じであることを意識していたのだろう。雑談に発展したときなどは、「今度、こういう映画をやろうとしているんです」と、おそらくは三船プロダクションが設立されたのち、具体的には『奇巌城の冒険』(一九六六／三船プロダクション、東宝)の際の出来事と思われるのだが、企画にかかわる話題を三船が向けてきたこともあったという。

伊福部は東宝SF特撮怪獣映画の作曲家として世界にその名をとどろかせた。彼は〈ゴジラ〉の生みの親のひとりでもあった。『ゴジラ』(一九五四／監督：本多猪四郎)において前代未聞の大怪獣ゴジラにメインテーマと自ら考案に加わった咆哮音と足音でもって生命を吹き込み、「平成ゴジラ」の時代に移り変わった四十余年後、ゴジラの死が初めて描かれる、東宝映画作品『ゴジラVSデストロイア』(一九九五／監督：大河原孝夫、特技監督：川北紘一)ではゴジラに荘厳なる葬送曲を付した。伊福部の名を一般大衆レベルまで浸透させたSF特撮怪獣映画は東宝のドル箱シリーズをつとめた。

千利休の娘・吟と敬虔なキリシタンの戦国武将・高山右近のドラマ、吟の実らぬ恋模様を描く熊井啓監督作『お吟さま』(一九七八／宝塚映画製作所)が三船と志村喬の最後の共演作となった。伊福部も同作で映画音楽の仕事にひとまずの決着をつけた。三船と志村の共演の最初と最後を自分の音楽が飾り、その最初の作品で自分も映画音楽の仕事を始め、最後の作品で自分も映画音楽分野からいったんは身を退いていった事実には伊福部本人も感慨を抱いていた。伊福部と三船、両者の映画人生は肝の箇所で交錯することが運命づけられていたように映る。

伊福部の映画音楽第一回作品は『銀嶺の果て』であり、彼が映画音楽の仕事にひとつの大きな句読点を打ったのが『お吟さま』だった。戦後日本映画の歴史を担ってきた三船敏郎と志村喬の初共演作が『銀嶺に果て』であり、ふたりの最後の顔合わせ作が『お吟さま』だった。『銀嶺の果て』に端を発した三船敏郎、志村喬、伊福部昭のきずなというものが『お吟さま』に至るまでのおよそ三十年間、静かに根を張り続けていたのである。

第三章
三船敏郎と戦後東宝映画成長期
——一九四〇年代～一九五〇年代初期——

キャンバスに向かって筆を。『醜聞（スキャンダル）』を想起させる。

本章からは三船敏郎が出演した膨大な数の映画のなかから主要作品、重要視すべき作品を時系列に従って顧みていく。終戦から二年が経過した一九四七（昭和二十二）年、戦後日本映画の息吹をはっきりと覚えさせる東宝作品『銀嶺の果て』で俳優デビューを飾り、その持って生まれた強烈な個性と端麗な容姿、役者として必要不可欠な天分を存分に活かしてまたたく間に日本映画を象徴する大スターの座に邁進していった三船敏郎を語るうえで外せないであろうタイトルを中心に、東宝、東宝系列でいかなる作品を残していったかをつづっていく。

一　『酔いどれ天使』（一九四八：黒澤明）『静かなる決闘』（一九四九：同）

三船敏郎は『銀嶺の果て』の公開から二ヶ月後の一九四七年十月十二日に前篇が、二十六日に后篇が東宝系邦画上映館にかかった、山本嘉次郎が同年に監督した東宝、エノケン劇団、ロッパ一座作品『新馬鹿時代』（白黒、スタンダード、前篇七七分、后篇八八分）に端役で出演した。ポスターには〈ロッパ・エノケンの〉という冠が打たれている喜劇タッチの本木荘二郎製作、三船が東宝入社時に深くかかわった山本嘉次郎が演出を担ったこの作品が三船の映画出演第一作、第二作（前后篇）となった、という説が通用している。その次に『銀嶺の果て』に出演した、と。その根拠のひとつが、三船が『［講座］日本映画5―戦後映画の展開』収録「戦後映画を駆け抜ける―三船敏郎 佐藤忠男」のなかでの「あれは見たけれども、覚えていない（笑）。」という佐藤の言葉を受けた三船の発言、「ワン・カットぐらいしか出てないから。それが一番最初なんです。その次が『銀嶺の果て』なんです。」にあると思われる。

しかし、その後、様々な資料、文献が参観可能となった現在、三船の発言はどうやら記憶違い、勘違いであり、あるいは掛け持ちで出演した可能性も捨てきれないとみられるが、順序としては『銀嶺の果て』の次

新馬鹿時代
【日本映画傑作全集】キネマ倶楽部（VHS、廃盤）

が『新馬鹿時代』前后篇という理解に落ち着いているようだ。とはいえ、封切りは『銀嶺の果て』のほうが早かった。だから同作が三船のデビュー作であるという事実になんら変わりはない。

『新馬鹿時代』前后篇は、終戦まもなくの混沌とした闇市を舞台にした人間ドラマだ。小国英雄の脚本を山本嘉次郎が演出した。エノケン（榎本健一）劇団、ロッパ一座の提携作品であり、古川緑波（ロッパ）、榎本健一（エノケン）など、軽妙喜劇役者たちが主演級に置かれた。脇を三益愛子、花井蘭子、高田稔、進藤英太郎、志村喬たちが固める。これでわかるように、山本が得意とする喜劇タッチが全篇に注がれる。敗戦後の世相が生き生きと照らし出される。感動を与えるような映画ではないが、味があった。三船は闇市を取り仕切るボスに扮した。出番は少ないものの、髪をきれいに撫でつけ、端整な顔に髭をたくわえたダンディーな風貌で観る者の脳裏にこびりつく演技を披露した。三船本人の印象は今ひとつのようだ。前掲書で次のように述べている。

古川ロッパさんとエノケンさんのやつ。その親分だなんていって、やせた変な親分だけど、夏の暑いのに着物着せられて、ざぶとん二枚か、三枚重ねた上にデーンと座っているだけの役で（笑）。

翌一九四八（昭和二十三）年、三船にとってまさしく運命的な作品と出会う。黒澤明の『酔いどれ天使』である。三船と黒澤はこの作品で初めて主演俳優、監督という間柄となった。三船は黒澤と出会ったときのことを別冊キネマ旬報『赤ひげ〈二人の日本人 黒沢明と三船敏郎〉』（一九六四／キネマ旬報社）内で回顧している。

私が黒澤さんにはじめて会ったのは、『銀嶺の果て』(昭和22年)の撮影がおわって、試写を見ているときでした。あの作品は監督が谷口千吉さん、脚本と編集が黒澤さんでしたが、ロケーションの最中、フィルムの編集をしている黒澤さんから注文が続々ときて、なんべんも撮り直しをしたり、撮り足しをしたりしてずいぶん注文の多い人だなアー、と思ったのをおぼえています。まあその程度で、初の出会いと、その頃のことはさだかではありません。／いよいよ『酔いどれ天使』で初の仕事をしたのが昭和二十三年。

黒澤も『蝦蟇の油―自伝のようなもの』で三船の魅力について熱く記している。東宝第一期ニューフェイス募集面接試験における三船のエピソードを詳述したのちだ。

その後、谷口千ちゃんの『銀嶺の果て』で、銀行強盗三人組の中の一番暴れ者の役をやって、吃驚するほどの迫力を出した。／また、次に、山さんの『新馬鹿時代』で、やくざの首領の役をやり、『銀嶺の果て』とは打って変った、スマートさの中に凄みをきかせた演技を見せた。／私は、この三船に惚れて、『酔いどれ天使』の主役に抜擢したのである。／だから、三船という俳優を、私が発見し育てたように云うのは間違っている。／三船という素材を発見したのは山さんだ。／その三船という素材から、三船という俳優を掘り出したのは、千ちゃんと山さんだ。／私は、それを見て、『酔いどれ天使』で、三船の俳優としての才能を、思う存分発揮させただけである。／三船は、それまでの日本映画界では、類のない才能であった。／特に、表現力のスピードは抜群であった。／解りやすく云うと、普通の俳優が表現に十呎《フィート》かかるものを三呎《フィート》で表現した。／動きの素速さは、普通の俳優が三挙動かかるところを、一挙動のように動いた。／なんでも、ずけずけずばずば表現する。そのスピード感は、従来の日本の俳優に無いものであった。／しかも、驚くほど、繊細な神経と感覚を持っていた。／まるで、べたぼめだが、本当なのだから仕方がない。強いて欠点を捜せば、発声に少し難点があって、マイクロフォンで録音すると、聴きとりにくくなる点であろうか。／とにかく、めったに俳優に惚れない私も、三船には参った。

黒澤は本作で初めて演出する三船について、次のように考えていた。『全集　黒澤　明』第二巻（一九八七／岩波書店）に収録された「『酔いどれ天使』の演出ノート」から（初出：「映画春秋」一九四八年四月号〔映画春秋社〕）。

四　三船君／動作や表情の歯切れのいいことは、日本人には珍らしい。それを思い切って生かす事。／しかし、セリフには、まだ全然力がない。／この作品では、まだ無理かも知れないが、その点も出来るだけ研究させる事。／先ず、自分の持ち味を出し切らせる様にする事。理窟や工風で役を観念的に組み上げさせないで、身体ごと役におぼれきって貰った方がいい。

戦後まもなくの闇市を支配する肺病病みの若いヤクザ、その男を診療しようとする貧乏な酔いどれ医者の交流を通し、終戦直後の風俗を鮮やかに描き出した。「神も愛も見放した〝情無用〟の男の世界！」「三船、黒沢の名コンビここに誕生！」などとうたわれ、一九四八（昭和二十三）年四月二十六日に封切られた。

白黒、スタンダード、上映時間九八分になるこの東宝作品のプロデューサーは本木荘二郎がつとめた。脚本は植草圭之助と黒澤明が共同で書き、撮影は伊藤武夫、美術は松山崇、音楽は早坂文雄、録音は小沼渡、照明は吉沢欣三が担当した。三船敏郎、志村喬、山本礼三郎、木暮実千代、中北千枝子、千石規子、飯田蝶子、進藤英太郎などが主な出演者である。

焼け跡の一画にゴミ捨て場となって悪臭を放つ小さな沼がある。その沼の近くで開業する医師の真田（志村喬）は近所でも評判の飲んだくれで口も悪いが、心の優しい人物だ。闇市の親分格である松永（三船敏

酔いどれ天使【東宝 DVD 名作セレクション】TDV-25077D

郎）が傷の手当てを受けに来た際、真田は肺病の疑いを知らせる。松永は口うるさい真田の首を絞め上げるが、彼の兄貴分の岡田（山本礼三郎）に虐待され、真田に救われて今は看護婦代わりの美代（中北千枝子）に目をやると一瞥して去る。松永を心配した真田はダンスホールに行き、忠告する。泥酔した松永がレントゲン写真を手に真田を訪れる。彼の病は深刻だった。ギターの響きと「人殺しの唄」が溜池に流れる。岡田が出所してきたのだ。周囲の者たちは彼の機嫌をうかがい、松永の女の奈々江（木暮実千代）も岡田になびく。岡田は医院に乗り込んで美代を連れ戻そうとしていた。松永は岡田に、今日は引き取ってくれ、と頼んだ。ヤクザなど虚しいもの。落ち込む松永を飲み屋「ひさご」の女・ぎん（千石規子）が慰める。闇市の者たちは松永を無視するようになる。松永が奈々江の部屋に行くと岡田がいた。松永はアパートの廊下でペンキにまみれながら岡田と格闘し、ナイフで刺される。松永は死んだ。雪融けの日、故郷へ帰るぎんの手に松中の遺骨があった。沼を見つめる真田のもとに肺病を克服したセーラー服の少女（久我美子）が走ってきて、礼を述べる。ふたりは微笑みながら肩を並べて歩き出す。

山本嘉次郎の『新馬鹿時代』前后篇の際、巨大な闇市がある巨大な市街オープンセットが作られた。このオープンセットをたった一作で壊してしまうのはあまりにもったいない、何かもう一本作れないか、という話が出た。そこで本作が製作されることになった。

ヤクザの否定を主題とし、存在そのものにメスを入れ、さらに彼らの生き方がいかに人間として愚劣であるかという点に力を注ぎたい——。黒澤はこう考えた。となれば、闇市に君臨するヤクザはもちろんだが、それと好対照を築く開業医の人物設定が成功の鍵を握る。黒澤と脚本協同執筆者の植草圭之助は悩みに悩んだ。試行錯誤の末、ある個性的な無免許医が脳裏によみがえった。その人物をヒントにし、傍若無人な飲んだくれで口は悪いが、その反面、見かけとは違って純粋で優しい心根を持つ医者を創造した。この医者が、粗暴なやり口ではあるが、まっとうな生き方を見失った人々に正しい道を指し示す。若いヤクザとこの開業医の対比は、戦後の混沌とした闇市に象徴される、敗戦がもたらした荒廃する世相を描くドラマを貫く正中線となった。

本作は、当時はまだ無名だった三船敏郎の魅力にふれずして通ることはできない。破滅型のヤクザに扮した三船の存在感はまさに圧倒的だった。獣のようなエネルギーをあふれんばかりに放出したかと思えば、一方で、小動物が精一杯の虚勢を張るがごときの哀れさをにじみ出す。堰を切ったかのように押し寄せる三船のこのオーラは黒澤の演出力をもってしても抑えることができなかった。映画の方向性が三船によって少なからず変わってしまった。彼らの生き方がいかに人間として愚劣であるかという点、これがぼやけてしまった。『黒澤明全作品集―「姿三四郎」から「影武者」まで―』（一九八〇／東宝株式会社出版事業室）で黒澤はこのように語っている。

三船敏郎という男が出現したんで最初の考えが引っくり返ったという写真だね。あの志村さんの医者は巧かったのだが、三船の扮した松永って奴がグングンのして来るのを僕はどうしても押さえ切れなかった。／勿論、最初は題名通り、医者が主人公だったんだがね。押えがきかなかったなんていうが実はこのよさを殺しちゃ惜しいという気持ちもあった。彼は表現がたいへんスピーディなんですよ、こいつを生かして行こうと思ったね。

こうして本作は悲劇的ヤクザ映画、破滅型青春映画としてのみずみずしい光も放つようになった。早坂文雄の音楽、松山崇の美術も多大なる貢献を果たした。早坂の音楽は流行歌を巧みに用いて当時のリアルな空気感と活気を表し出した。なかでも黒澤の体験をもとにし、松永が暗澹たる気持ちを抱えて街を歩く描写に街頭スピーカーが流す「かっこうワルツ」の騒々しい響きをかぶせ、松永の絶望感をより強調した対位法による音楽演出はいまだに語り種だ。闇市の裏の汚れた沼は松山を長とする美術スタッフが苦心して作り上げたものだが、さらに美術スタッフがゴムホースを口で吹いて泡立て、メタンガスを表現した。黒澤は本作について一言でこう語る。「ここでやっと、これがオレだ！　というものが出た」（前掲書）。『酔いどれ天使』の三船については次のように。

三船君の特徴を列記すると、先ず、とてもスピーディに演技する事、大変ハイカラな演技をするがそれが全く板についている点、日本人には珍らしく芝居気が旺盛な事、顔面の表情も身体の表情も日本人離れして豊かな事、等だと思う。／それから、私生活においては、至って内気なてれやであるが、そう言う性質からも想像出来るようになかなかデリケートな心を持っている。だから、荒っぽい役どころをやっても、徒らに粗暴に流れない。／これは、なかなか得難い才能だと思う。単なるギャング役者で終る人ではない。僕達は、この人を立派な二枚目、男も惚れるような二枚目に育てたいと思っている。／身体も、筋骨隆々たるものだから、いくらたたいても、その点は安心だ。難を言えば、まだセリフに全然力がない。音質そのものはなかなかいいバスであるが、発音に悪い癖がある。その点を直せば鬼に金棒であろう。／少々、ほめ過ぎたようでもあるが、正直言って、近来の才能だと思う。日本映画のために、大いに自重を望んでやまない。（「映画ファン」一九四八年四月号［映画世界社］「三船君について」）

ところで、三船が歓楽街を歩いていると本物のチンピラたちが挨拶をしてきた、というエピソードは広く知られている。本作を語る際には必ず出てくる挿話だ。しかし、当時の三船は「平凡」一九四八年十月号に掲載された「人気スタア半生記 僕の半自叙伝」のなかでそれを否定している。『酔いどれ天使』の封切りからおよそ半年後に発行された雑誌だ。

東宝に入って最初の出演は「銀嶺の果て」それから、「新馬鹿時代」にちょっと出て、あとは「酔いどれ天使」である。／「酔いどれ天使」は街の与太者でひどく強そうな役だったが、実際の私は一寸ちがう。喧嘩なんか嫌いで、したことがない。／「酔いどれ天使」以来、街を歩いていると、とき〴〵街の若い人たちから「よう、兄貴」って声をかけられることがある、という意味のゴシップがいつか雑誌に出たことがあるが、あれは全然ウソである。／しかし、この間、宣伝課のI氏と銀座を歩いていたら、とある喫茶室の二階から、いきなり声がかかった。／「ミフネッ！」／これにはびっくりした。どうにも、てれくさくってかなわなかった。

喧嘩なんか嫌いでしたことがない、など、にわかには信じがたい内容ではあるが、三船らしい味わいがあるとも思え、貴重な発言であることはたしかだ。ちなみに、この〈半自叙伝〉は次のように締めている。俳優としてまだまだ半人前だからやることなすことすべて勉強、読み物やダンス、芝居観賞、映画鑑賞、スポーツもあくまで役者修行の一環、焼き鳥屋でカストリ（粗悪な密造酒）を飲んでいても勉強、ゆえに「だからたま〳〵新宿あたりで、屋台店ののれんをかき分けてい丶気持になって出て来る私をごらんになっても、あ丶なるほど三船のやつ相当ベンキョウしてるワイ、と思って大目に見ていたゞきたいのである。」

『酔いどれ天使』は映画マスコミから高い評価を得た。三船敏郎という大型新人俳優の出現を高らかにうたい上げた。三船が次に取り組んだのが、同じ黒澤明による『静かなる決闘』（一九四九／大映東京）である。ここで『銀嶺の果て』の谷口千吉、伊福部昭と再びかかわった。

白黒、スタンダード、上映時間九五分、一九四九（昭和二十四）年三月十三日封切りの本作は、菊田一夫の戯曲『堕胎医』が原作にあたる。谷口は脚本担当者として参加した。菊田の原作を黒澤と谷口が脚色をほどこした。企画は本木荘二郎と市川久夫、監督は黒澤明、撮影は相坂操一、美術は今井高一、音楽は伊福部昭、録音は長谷川光雄、照明は柴田恒吉。黒澤映画では珍しいスタッフの名が並ぶ。三船敏郎、三條美紀、志村喬、千石規子、植村謙二郎、中北千枝子、宮崎準之助、山口勇などが出演した。

本作は東宝作品ではなく、大映東京作品だ。当時の東宝は一九四八年に勃発した「第三次東宝争議」の真只中であり、映画製作どころの状況ではなかった。そのため、黒澤も師匠にあたる山本嘉次郎、友人である谷口、成瀬巳喜男、本木荘二郎、田中友幸、松山崇たちと映画芸術協会を設立して東宝を脱退していた。そのために東宝で映画を撮ることはできず、他社で活動するしか道はなかった。
「キネマ旬報」一九八四年八月下旬号内「我等の生涯の最良の映画⑩」「パラオ島で決意した『風林火山』」で三船は他社出演に関してこのように述べている。

他社出演の契機は、東宝争議である。新橋に在った大倉別館の地下一階に、東宝のクリエイティブ・スタッフが立て籠もり、「映画芸術協会」という創作集団が出来た。みんな「映芸協」と呼んでいたが、一階は〝コロムビア・レコード社〟で「映芸協」の両隣りには、滝村和男氏と、星野和平プロダクションが店を開いていた。「映芸協」の総師は山本嘉次郎氏、あとは山本門下の黒澤明、丸山誠治、本多猪四郎の各氏、それに本木荘二郎、田中友幸両プロデューサー、俳優は久我美子さん、浜田百合子さんと私。さながら「水滸伝」の梁山泊であり、伝え聞いた京都の鳴滝組もかくありなん、といった様相であった。何故なら映画を作るために、映画会社を飛び出して、他社に企画ぐるみ、監督と俳優を売り込んで、映画を一本仕上げてやろうという意気込みに溢れている集団である。東宝は日本一の映画会社だ。そこに居ながらお家の事情とは言え、外に飛び出して仕事をしようというのだから、他の業界では一寸考えられないことだろう。もの造りとは何かを、直接勉強させて貰ったと思っている。まだド素人だった私ですらホームグランドが使えないのは、淋しいことであった。でも、私はお陰で、他所のスタジオとスタッフに巡り逢え、いい仕事をさせていただいた。

前線の野戦病院に中田上等兵（植村謙二郎）が運び込まれた。手術は難航する。軍医中尉の藤崎恭二（三船敏郎）は思わずゴム手袋を外してメスを執り、指先を傷つける。彼は梅毒中毒者だった。自分も感染した、と藤崎は悟る。復員した彼は父・孝之輔(志村喬)が経営する病院に勤める。藤崎には六年も彼の帰りを待った婚約者の美沙緒(三條美紀)がいる。梅毒感染を感じ取る藤崎は婚約解消を申し出る。男に捨てられ、自殺を図って藤崎に救われた元ダンサーの見習い看護婦・峰岸るい(千石規子)は、藤崎がひそかにサルバルサン(梅毒治療薬)で治療する現場を目撃する。るいは藤崎の偽善をなじる。その会話を耳にした孝之輔が藤崎に真相を問いただす。るいは藤崎の苦悩を知る。藤崎は暴漢に襲われた警官を往診する。加害者は中田だ。新興会社社長の中田は藤崎の忠告を守らずに結婚し、妻の多樹子(中北千枝子)は妊娠していた。藤崎に来院を強くうながされた中田が妻を連れてくる。中田の梅毒は重症化し、やはり妻も感染していた。多樹子のため、と藤崎は堕胎の手術を始める。胎児は病魔に冒され、死んでいた。藤崎を非難する中田にるいの怒りが爆発する。無責任な親からどんな子供が出来たか見るがいい、と中田に胎児の無惨な死体を見せる。すさまじい悲鳴をあげた中田は精神が破綻する。藤崎への想いに苦悩した美沙緒は再出発に気持ちが向かう。藤崎は自分も病と闘いながら不幸な人々のなかへ飛び込んでいく。

監督デビュー作の『姿三四郎』(一九四三／東宝)から最終作の『まあだだよ』(一九九三／大映、電通、黒澤プロダクション)に至った全三十作の黒澤映画のなかではかなり評価の低い一本だ。菊田一夫の戯曲(原作)に起因するゆえの舞台劇風の造りがドラマティックな要素の薄さと盛り上がりの弱さに結びついた。黒澤映画特有のダイナミズムもさして見出せない。そのため、どちらかというと認知度の低い黒澤映画となった。とはいえ、彼の映画らしい真摯なヒューマニズムは十分に達してくる。深刻な人間ドラマ映画を展開させたのちに観客の魂の解放を仕掛ける作劇は、以降の黒澤映画と正面から結びつく。

本作の三船はそれほど鮮烈、強烈な印象は与えない。『銀嶺の果て』『酔いどれ天使』と、ギラギラとした男臭さとニヒルで野性味をたたえた風貌、オーラを漂わせるたたずまいを披露してきた三船だが、こ

静かなる決闘【デジタル・リマスター版】
DABA-0692

こではインテリジェンスで穏やかで、優しさと分別を持った男、文句のつけようのない好漢に描かれる。役者としての幅が明らかに拡がっている。黒澤が三船の引き出しをもうひとつ開けた。これは間違いない。そうした意味合いで三船にとっても重要な作品となった。

三船の大きな見せ場は、看護婦・峯岸るい役の千石規子を相手に己の苦悩をほとばしらせる場面だ。ほとんど動きのないシーンだから俳優の演技力、力量が端的に現れる。黒澤は『蝦蟇の油―自伝のようなもの』で撮影時の三船のエピソードを紹介している。

それは、主人公がじっと心の底へ押し隠していた苦悩を、堪えかねてぶちまける場面だが、当時としては異例に長い、五分以上かかるカットであった。／その本番の前夜、三船もその相手役の千石君(規子)も、興奮して眠れなかったらしい。／何か、真剣勝負をする前夜という感じで、私もなかなか眠れなかった。／翌日、いよいよ本番という段になると、セットの中には、異様に張りつめた空気が漲った。／私は、二台のライトの間に、両足を踏んばって、その本番を見守った。／三船と千石君の芝居は、まさに真剣勝負の趣きがあった。／二人の演技は、秒をきざむごとに、白熱して火花を散らし、思わず手に汗を握る思いだったが、やがて三船の眼から吹き出るように涙がこぼれ落ち出した時、私の傍の二台のライトがガタガタ鳴り出した。／私の身体が慄えて、踏んばった足の下の二重を通して、ライトを震わせているのだ。／しまった、椅子に掛《こら》けていればよかった、と思ったがもう遅い。／私は、両腕で身体を締めつけるようにして、慄えるのを堪え、ちらっとキャメラの方を見て、思わず息をのんだ。／キャメラマンも、ファインダーを覗いてキャメラを操作しているのに、ポロポロ泣いているのだ。／そして、その涙でファインダーが見えなくなるらしく、時々、あわてて片手で眼を拭いている。／私は、胸がどきどきして来た。／キャメラマンが泣き出す位だから、三船と千石君の演技は、感動的である事は間違いないが、そのためキャメラマンの眼が見えなくなって、キャメラ・ワークが失敗したら元も子もない。／私は、俳優の演技とキャメラマンの様子を交互に、というよりキャメラマンの方を殆んど見ていた。／後にも先きにも、ワン・カットがこんなに長いと思った事はない。

黒澤にこう述べさせるほどの演技を三船は早くも『静かなる決闘』の時点で披露していた。まさに天性がなす業《わざ》といえる。これはもっと注目していいことだろう。黒澤は同書でこのようにもつづっている。

三船は、デビュー以来、ほとんどやくざばっかりやっていたが、この辺でその芸域を広げさせてたかったので、がらりと役を変えて、倫理感の強いインテリの役を用意した。／この配役には、大映も驚いて、心配する者も多かったが、三船は見事にやってのけた。／これまでとはまるで違った身体の線を出して、この悲劇的な主人公の苦悩をにじみ出してみせたのには、私も正直云って驚いた。

二　『ジャコ萬と鉄』（一九四九：谷口千吉）『野良犬』（同：黒澤明）

一九四〇年代後期から一九五〇年代にかけ、東宝ではプロデューサーが会社とユニット契約を結ぶ製作態勢が推進された。争議のあおりを受け、東宝撮影所内で自主製作ができなくなったこともあり、プロデューサーがプロダクションを設けて映画製作を進めた。プロデューサーが種々の方法で映画製作費を捻出し、完成作を東宝が配給し、興行収益から資金を返却するというシステムである。東宝、藤本プロダクション作品『青い山脈』『続 青い山脈』（一九四九／監督：今井正）、東宝作品『女の一生』（同／監督：亀井文夫）、黒澤が脚本に加わった松崎プロダクション、田中プロダクション作品『地獄の貴婦人』（同／監督：小田基義）、森田信義プロダクション、東宝作品『斬られの仙太』（同／監督：滝沢英輔）などがあがる。

黒澤明と谷口千吉も活劇色を打ち出す人間劇映画の秀作を手がけた。両者の協力関係は強固だった。線の太い人間ドラマ映画、人情をまぶし込む活劇映画をパワフルに作った。谷口は黒澤の協力のもと、梶野悳三の『鰊漁場』を原作とする東宝、49年プロダクション作品『ジャコ萬と鉄』(白黒、スタンダード、九一分)を一九四九年七月十一日封切りで発表する。『酔いどれ天使』以降、黒澤は三船を連続的に起用するようになったが、谷口も三船のスター性を大いに買う監督だった。『銀嶺の果て』から二年後、谷口は再び三船主演作品のメガホンを握ったのだ。

製作は田中友幸。脚本は谷口と黒澤による。その他のメインスタッフは、撮影は瀬川順一、美術は北辰雄、音楽は伊福部昭、録音は藤好昌生、照明は若月荒夫が担当した。役者陣は、三船敏郎が主人公・鉄に扮し、月形龍之介が好敵手となるジャコ萬を演じる。浜田百合子、進藤英太郎、久我美子、英百合子、松本光男、藤原釜足たちが脇を締めた。

一九四六年。網元の九兵衛(進藤英太郎)が仕切る北海道の鰊場に出稼ぎ漁夫が集まる。裸一貫の身から網元となった樺太出身の九兵衛の大博打が鰊網にかけられる。隻眼の男・ジャコ萬(月形龍之介)もいる。九兵衛は引き揚げの際、ジャコ萬の舟を無断で持ち出していた。九兵衛は金で解決しようとするが、ジャコ萬は、血の涙を流す泣き面を見たいから、と拒否する。死んだと思われた息子の鉄(三船敏郎)が帰ってきた。九兵衛もタカ(英百合子)も喜ぶ。封建的な九兵衛とは違い、漁夫を大切にする鉄は彼らから慕われる。南風の日、船は網を張りつつ出ていく。人使いが荒く、給料も満足に払わない九兵衛に不満を抱く漁夫たちが叛乱を起こす。鰊の大群が来た。九兵衛が懇願しても彼らは動かない。病気持ちの大学(松本光男)が日本の食糧事情のために、と立ち上がる。彼の行動にうながされた漁夫たちも仕事に向かう。九兵衛に血の涙を流させようと、元網を斧で切断しようとするジャコ萬。阻止しようとする鉄。浜では斧の争奪戦が始まる。過酷な作業のなか、大学が死ぬ。親爺も泣くが、漁夫の衆のお袋、女房、子供も泣く、それでも元網を切るならまず俺を殺せ。鉄の叫びにジャコ萬は斧を捨てる。網を起こす漁夫に混じって鉄もジャコ萬も懸命に働く。漁期が過ぎた。漁夫たちは散った。ジャコ萬も姿を消す。鉄も教会でオルガンを弾く少女（久我美子）に己の想いを告げることなく、去っていく。

北海道の鰊漁場が舞台となる。気性の荒い男たち、三船と月形龍之介のぶつかり合い、対立が谷口・黒澤コンビのもとで豪快に描かれる。「北海の果て、にしん漁場に嵐呼ぶ男対男の決斗」という宣伝コピーに嘘偽りはない。留萌《るもい》は鰊がよく獲れるところだ。活劇色を色濃くたたえた人間ドラマ映画であり、見どころは義侠と人情をたがいに重んじるジャコ萬と鉄の対峙となる。当時、三船に真っ向から勝負を挑める風格を持つ俳優はなかなかいなかった。月形龍之介は持ってこいの役者だった。

『［講座］日本映画5―戦後映画の展開』内「戦後映画を駆け抜ける―三船敏郎 佐藤忠男」で三船はこう語っている。

　あれはほとんど北海道でしたね。留萌というところへ行ってたんですよ。小樽から船に乗って岸壁にくっついたような漁村ですが、まだそのころニシンがとれていましたね。それから何年かたって、ニシンがバタッとこなくなっちゃって……。

ジャコ萬と鉄
DUTD-02189

兵隊帰りの漁師を演じる三船の主演、スタッフの重複などから、『銀嶺の果て』の陰に隠れているかのようなイメージもかもし出されるのではあるが、むせ返るような男の匂いが立ち込める活劇という面では同作とは性格を異にする。共通項は見出せない。といっても、谷口色と黒澤色が巧妙に混ざり合う点では重なり、谷口の活劇嗜好、黒澤のダイナミズムもうまく共存している。戦後、東宝は活劇映画のジャンルで娯楽性の高い佳作・秀作を連発していくが、本作はそのひとつの見本となったと受け取れる。三船も生き生きとした演技を見せた。黒澤に劣らず、谷口も三船の個性、持ち味に惚れ込んでいた。だが、思うように起用できなかった、と谷口は「浪漫工房」第八号「国際スター三船敏郎 その偉大なる愛」のなかでこぼしている。

『銀嶺の果て』は幸いにもヒットしました。皆散々に悪口言っていたのに、コロッと変わって今度は褒めちぎるのです。黒澤君など「千ちゃんいいなぁ、貸せよなぁ」と持ってっちゃったんですよ。それ以来『ジャコ万と鉄』（昭和24年）まで私はしばらく三船で撮れませんでした（笑）。三船を大事にしてやって行くつもりでおり、これからと思っていると、黒澤君が持ってってしまうんですよ。

右の、皆散々に悪口言っていたのに、には説明が必要となろう。谷口いわく、黒澤にこういわれたのだという。「千ちゃん、お前バカだなぁ。君の最初の大事な作品を撮ろうとしているときに、あんな得体の知れないヤクザみたいな男を使うなんて。途中で消えていなくなったらどうするんだ」。また、周囲の者も三船のことを、怖い、といっていたらしい。黒澤が実際にそう述べたのか、という疑問が湧き、また、そうたやすく受け容れられる話でもない。谷口の思い出話とどこまでも理解したほうがいいとも思えるのだが、三船が当時の東宝スタッフ、映画人の一部からそのように見られていたこともたしかなようだ。

『ジャコ萬と鉄』も作風、方向性は『銀嶺の果て』に結びつく。舞台は北海道、男たちの体臭が充満するような鰊漁場だ。片眼の無法者と地元の息子の対決がドラマの核に置かれるために力業の映画構成が求められる。黒澤と谷口の共同執筆による脚本の背景、世界観にふたりが愛してやまないというジョン・フォード監督の西部劇映画があったことはよく知られている。灰色の冬の海と厳寒の北海道、義侠心に厚い荒くれ男たちの闘いと友情、心優しい女がつむぐセンチメンタルな映画空間――。本作は彼らが日本風土のなかに据え置いた、ジョン・フォードの『荒野の決闘』（一九四六／アメリカ）なのだろう。

『銀嶺の果て』と『ジャコ萬と鉄』は、黒澤が脚本に参加していることもあってか、黒澤作品の三船と比較しての明確な相違点はこれといってない。初期の三船の基本イメージをこの二作、さらに『酔いどれ天使』、新東宝、映画芸術協会作品『野良犬』(一九四九)が確立した。谷口と黒澤の協力関係、協働関係は実に濃かった。一方が脚本を書き、一方が演出する。ふたりで脚本を書き、そのうちのひとりが演出する。谷口と黒澤は力を合わせて重量感に満ちた人間ドラマ映画、人情を前面にまぶし込む活劇映画を作っていた。本作はそうした代表的な一本といえる。

『ジャコ萬と鉄』の成功により、同傾向の活劇映画が各社で幾本も作られた。黒澤と谷口が戦後活劇映画、東宝活劇映画のひとつのスタイルを確立したとみてもいい。ふたりは『暁の脱走』(一九五〇/新東宝)という、谷口にとっての畢生の、といった形容も可能と思われる一作を生み出しもした。谷口は黒澤の力も得て瞠目すべき映画監督活動を行っていた。

この時代、東宝がプロデューサーと提携契約を結ぶユニット作品が多くなっていた。撮影所内になるべく直属の従業員を置かないという方針に従ったからである。「東宝争議」のあおりを受け、東宝撮影所内で自主製作ができなくなったことも理由のひとつにあげられる。

映画はエンタテイメント、楽しいものや面白いもの、笑えるもの、不特定多数の観客に娯楽を提供するのが映画だ、という思想を持つ監督たちの多くは、戦後まもなくの東宝撮影所システムにのっとった映画作りに精を出した。そのような時勢下、戦後日本映画の時代にたどり着く以前から日本映画史をつづってきたベテラン監督たちも注目すべき活動を行っていく。映画新世紀の到来に高鳴る胸の鼓動を抑えつけられないかのごとく。まだまだ映画青年、いまだ意欲失せず、と訴えかけてくる若々しい映画群を放っていく。

黒澤明と谷口千吉、『銀嶺の果て』のコンビに導かれるように三船は銀幕スターの道を一歩一歩確実に進んでいく。『ジャコ萬と鉄』の三ヶ月後の一九四九年十月十七日に初日を迎えた、黒澤明監督作『野良犬』も三船にとって忘れられない一本となった。

白黒、スタンダード、上映時間一二二分という、当時としてはそれなりの長尺作品とも受け取られたであろうこの犯罪サスペンス映画は、日本映画界で刑事もの、捜査ものというジャンルを明確に築き上げた作品といわれる。刑事が犯罪者を追う過程を黒澤は息もつかせぬ語り口で克明にとらえ、その捜査過程の果てに、刑事と犯人という両極に分かれた、ともに復員兵の境遇にある若者ふたりが敗戦直後の生活環境、社会風俗のなかで対峙する構図を据える。もしかしたら自分が犯人になったかもしれない。あるいは、自分が犯罪者を追う立場になったかもしれない。ふたりが正面から向かい合うクライマックスへ映画は少しも停滞することなく進んでいく。「拳銃を追え！　アロハの街を恐怖にたたき込んだ七つの兇弾」というキャッチコピーはやや視点がずれているが。

製作は本木荘二郎、監督の黒澤明が菊島隆三と共同で脚本を執筆し、撮影は中井朝一が担当した。美術は松山崇、音楽は早坂文雄、録音は矢野口文雄、照明は石井長四郎。キャストは、三船敏郎、志村喬、淡路恵子、木村功、河村黎吉、三好栄子、山本礼三郎、岸輝子などである。

警視庁の新任刑事・村上（三船敏郎）はバスの車中で七発の弾丸を装填したコルトをすられる。スリ係の老刑事・市川（河村黎吉）の協力で女スリのお銀（岸輝子）を追い、拳銃の斡旋屋を知る。村上は盛り場を歩き、斡旋屋の女（千石規子）を連行する。拳銃を用いた傷害事件が起こり、村上のコルトと判明する。名刑事の佐藤（志村喬）と村上は野球好きの拳銃屋・本多（山本礼三郎）を後楽園球場で張り込み、逮捕する。彼の供述から村上のコルトは遊佐（木村功）という男の手にあることがわかる。佐藤と村上は遊佐の貧しい家へ行く。復員兵の彼は数日前から行方が知れない。遊佐が幼馴染みの踊り子・ハルミ（淡路恵子）を訪ねたと知ったふたりは彼女の楽屋に行き、遊佐の金回りが最近いいことを知る。新妻射殺事件が発生した。村上は佐藤とハルミのアパートを訪ね、遊佐は殺人犯で、凶器は自分のコルトであり、自分も復員兵であることをハルミに語る。佐藤は彼女の部屋にあったマッチを頼りに神田の簡易ホテルへ行き、遊佐を突きとめて村上と警察に電話連絡をするが、遊佐は佐藤に発砲し、逃亡する。病院で佐藤の容態を見守る村上の前にハルミが現れ、大原の駅で遊佐が朝六時に待っているとの連絡があった、と告げる。村上は駅の待合室で遊佐らしき男をみつける。村上は腕に弾丸一発を受け、二発は彼の身体をかすめる。弾は尽きた。草叢のなかで泥まみれになりながら村上は遊佐に手錠をかけた。

若い巡査がピストルを盗まれた実話があると聞かされた黒澤は、これだ、と膝を打ったという。黒澤はまずは物語を小説形式で書き上げた。菊島隆三と脚本化していく作業でこの小説体が大いに役立った。犬が舌を出してあえぐファースト・シーンは、観る者に真夏の蒸し暑さを実感させるばかりでなく、戦後まもない時代の息苦しさ、閉塞感、混沌化した風俗、生活に困窮してすさむ人心を表現した。その一方、燃え上がるかのごとき活気を盛夏の空気感で伝える。

本作の構成の妙にはうならされる。新米刑事が拳銃を盗まれる。これが映画の核だ。凡庸な進め方であれば、刑事が拳銃を盗まれるドラマから映画を始める。そうして捜査が進展していく過程を追う。しかし、黒澤は開巻と同時に観客にいきなり状況を宣言する。「なに？　ピストルを盗まれた！」。この台詞が緊張感を一気に高め上げる。観客をドラマの核心にいきなり引きずり込む。

映像と早坂文雄の音楽演出の掛け合いも実に小気味がいい。木村功が演じる犯人の遊佐が、志村喬が扮する佐藤刑事に発砲する安ホテルの場面を執筆しているとき、黒澤はラジオで十九世紀のスペイン音楽家、ハバネラの作曲家として知られるセバスティアン・イラディエル作曲によるキューバ民族舞曲「ラ・パロマ」を聴いていた。だからこのシークエンスはこの曲しかない、と「ラ・パロマ」のレコードを求めて古レコード屋を捜し歩いた。早坂の采配もあってこのラテン音楽の気だるいメロディと夕立の激しい雨音がひとつに融け合い、アンニュイでムーディーな映画空間が浮き出た。映画全篇中でも特に印象強いシークエンスとなった。

野良犬【東宝DVD名作セレクション】
TDV-25078D

三船の村上刑事と遊佐が野原で決闘する緊迫感が漂うくだりでは、近くの邸宅からのどかなピアノ曲が流れてくる。遊佐と草むらで格闘した村上は彼に手錠をかける。遊佐はうめくように、悶えるように慟哭する。近くを通りかかる子供たちが唄う「蝶々」が聞こえてくる。日常のなかの非日常を鮮やかに切り取り、聴覚からも観客に大胆に訴えかけた。

正義感に燃える猪突猛進型の村上刑事を三船は体当たりで演じた。ともに復員兵上がり、村上と三船は一心同体となった。犯人の遊佐もまた元復員兵であり、さらにはこの男を演じた木村功も同じく復員兵だった。『野良犬』は三船、村上、木村、遊佐、四人の復員上がり、戦争帰りの若者の戦後史でもあった。

村上が盗まれた拳銃を捜し求めて東京の盛り場を彷徨する長大なシークエンスは、B班の監督として、P・C・L映画製作所時代からの友人で、のちに東宝作品『ゴジラ』(一九五四)を監督して黒澤とともに海外で最も有名な日本人監督となる本多猪四郎が担当した。九分間、約七十カットからなる描写は、戦後の荒廃した風俗の実景をこのうえなくリアルにとらえた。黒澤も『蝦蟇の油―自伝のようなもの』内で「この作品で戦後風俗がよく描かれている、とよく言われるが、それは本多に負うところが大きい」と本多の功績を認めている。

ハルミ役で映画女優デビューを飾った淡路恵子が『毎日ムック　黒澤明の世界』(一九九八／毎日新聞社)内「笑えと言われれば泣いた十六歳の時」で面白いエピソードを披露している。彼女は本作に抜擢されたときは松竹歌劇団(SKD)の研究生で十六歳だった。

毎晩、監督の部屋ではディスカッションが続いていました。もっともディスカッションといっても飲み会のようなもので、焼酎の一升瓶がズラリと並んでいました。私はいつも三船さんの隣に座って、サイダーをもらい、アーモンド・ロッカーという進駐軍放出のお菓子をポリポリと食べていました。ピンクの缶に入ったこのお菓子はたしか三船さんが買ってくださったんだと思います。食事も朝昼晩と撮影所で食べていました。／撮影の時にもほんとうに気をつかってくださって、私の目からはキャメラが見えないようにしてくださいました。最初のシーンは、三船敏郎、志村喬さん二人の刑事に楽屋の下で犯人のことを訊《き》かれるシーンでした。監督の「おりていらっしゃい」という声で私はブスッとしたふくれっ面で階段を下りていくという場面でした。撮影が終わった日には、全員が撮影所の前で見送ってくださり、特別に木炭車を出してくださったんです。／それからしばらくたって銀座を歩いていると、三船さんと志村さんの間に女が座っている大きな看板を見つけました。なんだろうと近づいて行って見ると、それはまもなく公開される『野良犬』の看板で、二人の間に座っている女は私でした。昭和二十四年十月のことでした。映画ってすごいんだとその時思いました。

右の〈楽屋の下〉には一言説明が必要となろう。佐藤と村上はブルーバード座で踊る女たちの楽屋にいる、淡路が演じるハルミを訪ねる。同座の楽屋は舞台の二階にある。バラック状のタコ部屋のような粗末な空間だ。そこからハルミはふてくされたような態度で階段を降りてきて、ブルーバード座受付にいる佐藤と村上と面会するのだ。また、〈木炭車〉とは木炭をエネルギーとした自動車で、この時代、よく使われていた。つまりは、帰りにクルマを用意してくれた、という意味である。

三　『醜聞（スキャンダル）』（一九五〇：黒澤明）『婚約指輪（エンゲージ・リング）』（同：木下恵介）『羅生門』（同：黒澤明）

戦後まもなくの日本映画産業は、連合国軍最高司令官総司令部（ＧＨＱ）の指揮下に置かれていた。そうしたなか、三船は藤本真澄製作による成瀬巳喜男監督作『石中先生行状記』（新東宝、藤本プロダクション）で一九五〇年

石中先生行状記
【日本映画傑作全集】キネマ倶楽部（VHS、廃盤）

代のスタートを切る。一九五〇（昭和二十五）年一月二十二日に封切られた、白黒、スタンダード、上映時間九六分になる同作は、三話構成のオムニバス艶笑映画という珍しい形態を持つ。石坂洋次郎の原作小説を八木隆一郎が脚色して成瀬が演出をした。「津軽に咲いた三つの恋！愛と笑いでハッスルする石坂文学の青春篇」は時代感をよく表している。

三船は「第三話 千草ぐるまの巻」に主演し、若山セツ子と共演した。ほかのエピソード、「第一話 隠退蔵物資の巻」の主演者は堀雄二と木匠久美子（のちに木匠マユリ）、「第二話 仲たがいの巻」は池部良と杉葉子だった。三船は大ヒット映画『青い山脈』の主題歌を、若山セツ子を荷車に乗せながら唄うという、一種楽屋落ち的趣向をこなした。それまでの三船からは想像できない一面であり、少なからずの観客が驚いたのではないか。成瀬映画にたたずむ三船、成瀬と三船の顔合わせ作という側面でも貴重な一本となろう。

次に、三船にとって恩人にあたる山本嘉次郎演出による『脱獄』（太泉映画、映画芸術協会）に主演する。本木荘二郎製作によるこの映画は、高峰三枝子をめぐっていさかいを起こす兄（小沢栄）と弟（三船）のかなりシリアス色の濃いドラマだったという。白黒、スタンダード仕様で上映時間は一〇三分。三月五日の封切りだった。ポスターには「強烈な劇的迫力で描く空前の傑作！」などとうたわれたが、この時代、佳作、秀作を送り出していた山本嘉次郎の映画としてはあまり話題にならない一本だったとみられる。

一九五〇年四月三十日に初日を迎えた、次の主演作『醜聞（スキャンダル）』（松竹大船）は黒澤明の手によるものだ。当時、ジャーナリズムが安易な目的のもとに有名人の醜聞を執拗に追う傾向が徐々に目立ち始めていた。それに警告を発したいという黒澤の想いから企画が立てられた作品である。この世に男と女がいる限りそのテーマはいつの世でも通用するものなのではあるが、戦後五年という時世に映画で採り上げ、危機感を露わにした黒澤の着目の鋭さはやはり感嘆に値する。

企画・本木荘二郎、製作・小出孝、脚本・黒澤明、菊島隆三、撮影・生方敏夫、美術・浜田辰雄、音楽・早坂文雄、録音・大村三吉、照明・加藤正夫。メインキャストは三船敏郎、山口淑子、志村喬、桂木洋子、千石規子、小沢栄、日守新一、三井弘次など。白黒、スタンダード仕様で上映時間は一〇四分となる。

新進画家・青江一郎（三船敏郎）は、オートバイで伊豆の山へ写生に出かける。偶然出会った、人気歌手・西条美也子（山口淑子）をオートバイに乗せて旅館に送った。ふたりが手摺にもたれて話す様子を雑誌「アムール」のカメラマン（三井弘次）が盗撮する。編集長の堀（小沢栄）はこれを特ダネとし、ふたりのラブ・ロマンスを捏造する。雑誌は売れ、巷《ちまた》は騒然となる。憤慨した青江は告訴に踏みきるが、世間体を恐れる美也子は同意しない。初老の男（志村喬）が青江の弁護を申し出る。弁護士の蛭田だ。胡散臭いが根は善人と見た青江は、彼の家を訪ねる。胸を病んで長期間臥しているひとり娘の正子（桂木洋子）の清い心に打たれた青江は、蛭田に弁護を依頼する。その蛭田を堀はギャンブルと酒に誘い、小切手十万円で味方に引き込む。クリスマスの夜、青江は正子のためにツリーを運び、彼女の部屋を飾り立てる。美也子が歌を唄う。正子の幸福そうな笑顔に蛭田は己を恥じる。第一回公判。堀側についた法曹界の実力者・片岡博士（青山杉作）の論述は理路整然としている。蛭田はしどろもどろだ。青江は不利な状況に陥る。第二回公判が始まろうとするとき、正子の容態が急変し、青江の勝利を信じながら還らぬ人となった。数日後、最後の公判で蛭田は証人台に立つ。十万円の小切手を証拠として提出し、青江たちの逆転勝訴となる。空っ風の吹く街を去る蛭田の目には一点の曇もなかった。

「黒沢・三船が大都会の仮面を暴く鮮烈巨弾！」とあるが、プロットはシンプルだ。新進画家が山で偶然、人気女性歌手と知り合い、それを週

醜聞（スキャンダル）
DA-5719

刊誌が醜聞としてでっち上げる。画家は週刊誌を告訴する。弁護させてくれ、と売り込んできた弁護士の男は被告から買収されるが、娘の死が契機となって心を入れ替え、自分が買収されていた、と法廷で告白して勝訴する──。

本作の実質的な主人公は弁護士、すなわち志村喬が演ずる弁護士・蛭田乙吉となる。黒澤は電車のなかでスキャンダラスな雑誌の広告に接し、これは言論の自由ではなくて言論の暴力だ、今のうちになんとかしなくては、と思ったことが本作を作るきっかけとなり、作品にリアルな生命力を吹き込んだのが、蛭田という初老の風采の上がらない弁護士の存在感だった。

脚本を書いているうちに思わぬ人物が生き生きと活動を始め、その人物に引きまわされることがある、と黒澤はいう。蛭田がまさにその好例となった。黒澤は実際に酒場で遭遇して脳裏に強く刻み込まれた男をモデルにして蛭田という人物を創造した。彼がきわめてリアルに描かれた背景には、〈生きた〉教材があった。黒澤は想像をめぐらし、この男には似つかわしくない、病床に臥す純真無垢な娘を与えた。青江が蛭田の娘と知り合うくだりからドラマは急激に膨らんでいく。黒澤映画のヒューマニズム、ダイナミズムが主張を発揮し始める。蛭田を演じる志村喬の巧みな演技、娘役の桂木洋子の初々しさが映画全体に極上の旨みを注ぐ。

低俗なジャーナリズムへの警告、これはもちろんひとつのテーマを訴え上げており、黒澤の正義感は直線的に伝わってくる。あからさまに出るとも受け取れるために公開時は失敗作のレッテルを貼られた例もいくつかあったようだが、今はそうした見方はされていない。黒澤の先見の明を賞賛する声に覆われる。

三船の新進画家ぶりも板についていた。さわやかで男らしく、正義感に燃える好青年。『酔いどれ天使』『静かなる決闘』『野良犬』と、黒澤は三船に種々の役をやらせ、彼のあらゆる側面を引き出してきた。『醜聞（スキャンダル）』においての新進画家・青江一郎も、役者としての三船のスケールの大きさを観客に指し示した。本作での三船の立ち居振る舞いは、この時代の理想の青年像だったのかもしれない。

西条美也子を演じた山口淑子が本作における三船を回顧している。『毎日ムック　三船敏郎 さいごのサムライ』に収録された「大陸的でスケールの大きい方」より。

三船さんは小細工の人ではありませんでした。悠揚で大陸的、スケールの大きい額縁を持っている方でした。それは日本のメジャーでは測りきれないものではなかったかと思います。決してひよわではありませんでした。荒々しい身の動き、そこにはえもいえぬセックスアピールがありました。スパニッシュが入っておられるのかなと思うすばらしい顔立ちはほとんどメークをする必要がないほどでした。／（中略）三船さんはこだわらずに大きな演技をスパッとなさっておられました。その大陸的で強い演技が終わると三船さんは途端にデリケートな気配りの人になりました。それは、青島で生まれ、大陸で育ったことによって作られたものではなかったかと思います。私も同じ中国で育ち、戦後引き揚げた人間です。三船さんのその性格を私が理屈抜きに理解できるのは、私も三船さんも同じ風景の中で育ったからだと思います。

東宝、新東宝でしか仕事の経験のない三船にとり、松竹の現場は相当に新鮮だったようだ。『醜聞（スキャンダル）』のあと、松竹での作品が続く。一九五〇年七月二日、木下恵介の演出による『婚約指輪（エンゲージ・リング）』（松竹大船、田中絹代プロダクション）が公開された。病身の夫を持つ女（田中絹代）と青年医師（三船敏郎）の不倫劇を描くメロドラマで、三船が木下恵介の映画に出ていたという意外な事実によって今でもときたま話題に上る。白黒、スタンダード、九六分の本作は、日米親善使節としてアメリカ、ハワイにおよそ三ヶ月滞在して一九五〇年一月十九日に帰国した田中絹代が銀座でのオープンカーによる凱旋パレードの際にアメリカかぶれの格好をして投げキスを連発して世間の顰蹙《ひんしゅく》を大いに買い、マスコミ、大衆から大バッシングの嵐にさらされた〈投げキス事件〉ののちに主演した作品である。

監督の木下恵介が製作（桑田良太郎と共同）と脚本を担当した。撮影は楠田浩之、美術は森幹男、音楽は木下忠司、録音は大野久男、照明は豊島良三が担った。出演は田中絹代、三船敏郎、宇野重吉、薄田研二、吉川満子、増田順二、高松栄子、音羽久子など。

東京で宝飾店を営む九鬼典子（田中絹代）は、週に一回、夫の道雄（宇野重吉）が病気療養する伊豆半島の網代を訪れる。ある日、バスで身体の大きな男（三船敏郎）と一緒になる。新任の医者・江間猛だ。典子は胸のときめきを覚える。猛が東京の典子の店に立ち寄った際、靴をプレゼントした。典子は道雄から、きれいになった、といわれる。典子は週末を心待ちするようになる。猛に会えるからだ。道雄は闘病生活に入った。典子の目には猛の健康的な身体がまぶしく映る。ある日、典子と猛は帰りに熱海でふたりきりになった。猛が典子への想いを告白する。典子も自分の正直な想いを彼に吐露する。ふたりのあいだを微妙なすきま風が吹く。道雄もふたりの関係に気づく。猛は東京に向かう。典子の意思を確認するために。だが、夫を愛している、と典子は猛に伝える。週末、網代の駅で猛と典子は会う。猛は典子に道雄とふたりで高原の療養所に行くことを勧める。ところが、典子と猛が逢い引きを重ねていると聞いた道雄は家を飛び出し、海に飛び込む。道雄は猛に救出される。道雄は典子に、猛に謝ってほしい、という。典子は熱海の病院に猛を訪ねる。だが、典子は料亭に呼び出される。典子は躊躇するが、料亭に向かう。時がしばし流れた。典子と道雄は高原に向かう列車に乗っていた。それを猛が見送る。

この種の設定はメロドラマの定石で、今の感覚で見れば目新しいものはひとつもない。女は結局、夫を選ぶ。夫を見捨てない。これもありがちな団円だろう。大きな見どころは、やはり三船だ。それまでも優男ぶり、ソフィスティケートされたハンサムガイの一面を強調する役作りはそれなりにしていたのだが、本作の三船は従来のイメージをくつがえすものと述べても言い過ぎではない。三船の一般的イメージからは遠い、かぼそい男を演じた。よろめきドラマの世界に無理なく融け込んでいた。木下惠介と三船のたった一回の顔合わせ作という点が最大の注目点になるのは当然として、この面でも貴重な作品である。

次に三船は黒澤明監督作『羅生門』（大映京都）に主演者として出演する。文豪・芥川龍之介が十二世紀に編まれた説話集『今昔物語』内のエピソードに着想を得て執筆した『藪の中』を、当時はまだ新人の身だった橋本忍が脚色した。だが、これだけでは映画としては短すぎる。そのため、黒澤が同じ芥川の短篇小説『羅生門』から情景と場を借用し、ふたりによる合作シナリオとして完成させた。

王朝時代に京の郊外で勃発した殺人事件をめぐり、盗賊の男、盗賊に殺害された侍の言い分を代弁する巫女、侍の妻、事件を目撃した杣売りが検非違使でそれぞれ証言をする。ところが、各自が己の立場を守ろうとするのでひとつの事件が四通りの異なった様相をたどっていく。

企画・本木荘二郎、製作・箕浦甚吾、原作・芥川龍之介、脚本・黒澤明、橋本忍、撮影・宮川一夫、美術・松山崇、音楽・早坂文雄、録音・大谷巌、照明・岡本健一がメインスタッフを担い、三船敏郎、森雅之、京マチ子、志村喬、千秋実、上田吉二郎、加東大介、本間文子らがキャストをつとめた。白黒、スタンダード、上映時間は八八分。一九五〇年八月二十六日に封切られた。

激しい夕立のなか、羅生門の下で杣売り（志村喬）と旅法師（千秋実）が雨宿りをしている。三日前に不思議な出来事があった。下人（上田吉二郎）が訊ねる。杣売りは山へ薪を切りに行き、そこで都の侍・金沢武弘（森雅之）の死体をみつけた。杣売りは、武弘が妻の真砂（京マチ子）と近くを通るのを見たという旅法師と検非違使に呼び出される。三人の当事者が判明する。盗賊の多襄丸（三船敏郎）は真砂の美しさに魅了され、ふたりを藪のなかに連れ込んで武弘を縛り上げ、短刀で刃向かう真砂を犯した。ふたりの男に恥を知られたのは死ぬよりつらい、どちらか死んでくれ、との真砂の言葉に両者は決闘を始め、多襄丸は武弘を殺した。その間に真砂は姿を消した。次に真砂の証言。盗賊は自分を犯すと夫の太刀を奪って逃げた。短刀で殺してくれ、と真砂は夫に懇願したが、夫は冷たい目で見つめるだけ。自失状態となり、気がついたときは夫の胸に短刀が突き刺さっていた。次に、巫女（本間文子）の口を借りて武弘が語る。盗賊は妻

羅生門【デジタル完全版】
DABA-0689

を犯すと、彼女を連れ去ろうとした。妻はそれに応じたばかりか、夫を殺してくれ、と頼んだ。盗賊はこの女を殺すか、助けるかと自分に問い、返答をためらっている隙に妻は逃げた。盗賊も自分の縄を切って去ったので短刀で自害したが、誰かが自分の胸の短刀を引き抜いて消えた——。下人は杣売りの話を信じない。捨て子の着物を剥ぎ、短刀を盗んだのはお前だ、と言い捨て、去る。杣売りは捨て子を抱き上げ、雨上がりの羅生門をあとにする。

「ムンムン草いきれの薮の中、ギラギラ光る獣慾の眼！　羅生門に雨宿りした杣売りは世にも恐ろしい地獄を見た！」「見よ！　日本映画界最高スタッフこの一篇に結集！」とうたわれた本作は、盗賊、旅の侍、その妻、三者それぞれの人間の業を赤裸々に描き出す。盗賊に扮する三船の野性と森雅之が演じる高貴な侍を対比させるなか、盗賊に暴行されたことによって気品を漂わせる若妻から自我を剥き出しにする女に変貌する京マチ子が立ち上らせるエロティシズムが鮮烈なイメージを与える。

黒澤は撮影にのぞむにあたり、無声映画に還ってみよう、トーキーになって失われた映画の美しさをもう一度みつけたい、と意図した。その目的から視覚的訴求力、光と影のコントラスト、ボレロ曲（早坂文雄作曲）が映像と合わさることで生まれる映画リズムなどを追求した。これらはともすれば忘れがちな、純粋な映画的手法にあたるが、それらの効果をあらためてみつめ直し、最大限活用し、新たな映画語法を生み出した。

劇が展開する藪の中は、異なる四ヶ所の地で撮影し、巧みに編集した。ロケ地には強力な電気照明は持ち込めない。そのため、鏡を用いて太陽の反射光を人物にあて、夏の陽光のギラつき感を強調した。キャメラの宮川一夫は木々のあいだからこぼれる太陽光線を大胆にとらえる。キャメラは森の奥深くに入り込んでいき、そこから見え隠れする太陽を追い続ける。こうした移動ショットはそれまでにはなかった。映画人の度肝を抜くものだった。「百点だ」と黒澤も絶賛した。

三船の演技も目をみはらせた。黒澤が三船に多襄丸を演じさせる前に猛獣映画を見せたという挿話が広く伝わっている。『世界の映画作家3　黒沢明』内「自作を語る」より。

京都の宿屋へスタッフがみんな集まって羅生門のオープンが建つのを待ってた間、十六ミリでマーチン・ジョンソンのアフリカ探検映画をお慰みに写したことがあったんだ。薮の向うからライオンがこっちを見てるショットがあって――おい三船君、多襄丸はあれだぜ、って言った。人間をアニマルにしようと思った。

また、森雅之の誘いにより、皆でほかの動物映画も観に行ったともいう。多襄丸の野性味、野獣のような敏捷性はこうしたことが成果を生んだのかもしれない。黒澤も三船を絶賛した。

三船君も素人でいきなりキャメラの前に立ったときから〝勘〟がよかった。『羅生門』の三船君は実際よくやったと思う。あの映画に出ていた連中が異口同音に「よく、あすこまでやった」と言っている。ところが日本の批評家の間では一番評判が悪かった。彼はくさってもいたし、腹も立てていた。そしたら海外の評判では彼は常に最高の言葉で賞讃されている。僕は彼のためにホッとした気持ちになった。（「芸術新潮」一九五二年十月号［新潮社］内「映画に〝生きる〟」）

三船もこう述べている。

こっちが山から駆けおりる。ザザザザザッて、前にレフやら、ライトからバーッとなって、目がキラッと光ったりなんかするもんだから、豹みたいだといわれた。まだそのとき若かったから、走れたからね。走って走って走りまくっていた。（『［講座］日本映画5―戦後映画の展開』内「戦後映画を駆け抜ける―三船敏郎 佐藤忠男」）

『醜聞（スキャンダル）』『婚約指輪（エンゲージ・リング）』『羅生門』

とにかく、役としては山賊、野盗のたぐいですからね。山をかけずり降りてササササッと木陰に隠れたり、ササササッと出て来て、盗んだりね（笑）。豹のようにすばやく、が黒澤さんの狙いだったんでしょうね。

（「キネマ旬報」一九八四年五月下旬号内「インタビュー 日本のスター 三船敏郎の巻 戦後最大の国際スター（前篇）」）

たしかに本作の三船は豹のようだ。走りまくっている。狩をしなければ生きていけない野生動物を連想させた。アグレッシブという表現は今ひとつふさわしくない。エネルギッシュというものともやはり違う。これぞ多襄丸という動物、三船敏郎という生きものだった。

野上照代が『もう一度　天気待ち―監督・黒澤明とともに』で書いている。

猛暑の中、光明寺の裏で接吻シーンの撮影があった。梢ごしの太陽をバックにして撮る都合上、三船さんと京マチ子さんは六尺イントレ（組み立て式足場）の台上に登る。キャメラは下から仰角。監督の「テスト！」の声。／三船さんは急に軍人が踵《かかと》をカチッと合わすように直立して微笑《ほほえ》み「では、ご免候え」と京さんへ向かって頭を下げた。その照れた三船さんの初々しい笑顔が今でも目に浮かぶ。

『羅生門』は、一九五〇年度、第十二回ヴェネツィア国際映画祭において金獅子賞を受賞した。さらに一九五二年度、第二十五回アカデミー賞外国語映画賞（名誉賞）にも輝いた。大映は「ヴェニス国際映画祭グランプリ（大賞）に輝く」と刷り込んだポスターを急遽作成し、再上映などもした。

『羅生門』は日本映画の芸術的、質的高さを世界に知らしめた。黒澤は〈世界のクロサワ〉と呼ばれるようになる。『羅生門』の栄冠は日本映画界にとどまらず、敗戦に打ち沈んでいた日本人に夢と希望を抱かせた。のちの映画に多大な影響も与えた。ヴェネツィア国際映画祭創立五十周年記念「獅子の中の獅子」（過去のグランプりにおいての最高位）にも選出されている。

一九六四（昭和三十九）年にはアメリカでリメイクされた。マーティン・リット監督による『暴行』である。一九五九年、マイケルとフェイのカニン夫妻が『羅生門』を舞台劇化し、ブロードウェイで上演した。その脚本をマイケルが自ら映画のシナリオに仕立てた。三船敏郎がポール・ニューマン、森雅之がローレンス・ハーヴェイ、京マチ子がクレア・ブルームという配役だった。しかし、映画の出来は可もなく不可もなく、日本でもあまり話題にならなかった。なお、クレア・ブルームは舞台劇でも同じ役を演じていた。

三船は『羅生門』を経験したことで、俳優としても明らかにスケールアップを遂げた。役者としての幅もより拡がった。荒々しさのなかにも哀愁、ペーソス、寂しさ、弱さを具現できるスターとなった。彼の肉体は光り輝き、その動物めいた、とも形容可能な天性の躍動美が観客を魅了した。俳優・三船敏郎のカリスマ性はより強烈なものとなり、スターのオーラもますます強くなった。

四　『愛と憎しみの彼方へ』（一九五一：谷口千吉）『白痴』（同：黒澤明）『海賊船』（同：稲垣浩）『完結　佐々木小次郎　巌流島決闘』（同：稲垣浩）

一九五〇年代、日本は高度成長期に向かう。映画界も黄金時代に突入する。一九五一（昭和二十六）年、日本はサンフランシスコ平和条約を締結し、アメリカをはじめとする連合国諸国との戦争状態から脱け出た。連合国による占領を終わらせ、主権を回復した。時代劇映画の規制も解かれた。連合国最高司令官総司令部（ＧＨＱ）を意識することなく、自由に時代劇映画を作れるようになった。

黒澤明の『羅生門』がヴェネツィア国際映画祭金獅子賞に輝き、アカデミー賞外国語映画賞（名誉賞）を受賞したことも日本映画界全体に吹く追い風となった。その時流にうまく乗った東映は、老若男女、誰もが気楽に観られる時代劇映画を大量に製作していくことで、またたく間に東映時代劇映画の牙城を築き上げる。映画興行のトップに躍り出る。一九五〇年代の日本映画界は東映娯楽時代劇映画に席捲されていく。

三船は次に、谷口千吉の映画に主演することになった。一九五一年一月十一日に封切られた、谷口が所属する映画芸術協会の第一回自主製作作品（配給は東宝）『愛と憎しみの彼方へ』（白黒、スタンダード、一〇七分）である。田中友幸が製作にあたり、芥川賞受賞者の小説家・寒川光太郎の原作『脱獄囚』を谷口と黒澤が脚色し、谷口がメガホンを握った。玉井正夫がキャメラを担当し、美術は北辰雄、音楽はこの時代の谷口映画では欠かせない存在となっていた伊福部昭が手がけた。録音には藤好昌生、照明には岸田九一郎が配された。田中、谷口、黒澤、三船、伊福部、『銀嶺の果て』の五人が一堂に会したことになる。出演者は三船敏郎、水戸光子、池部良、志村喬、小沢栄、上田吉二郎、木村功、伊東孝などだ。

網走刑務所で脱獄事件が勃発する。模範囚の〈オホツク不動〉こと坂田五郎（三船敏郎）が首謀者だ。受刑者から厚い信頼を得る当直看守の久保（志村喬）は、何かの間違いなのではないか、と思う。久保はやがて事実を知る。兇悪で札付きの受刑者、〈生疵の助〉こと鎌田与助（小沢栄）が脱獄計画の邪魔をする五郎を陥れるため、彼の妻・まさ江（水戸光子）が医師の北原（池部良）と密通しているというデマを仲間の伊達（木村功）を使って五郎の耳に入れた。そのために五郎は居ても立ってもいられずに行動に出たのだ。与助もどさくさに乗じて脱獄した。責任を痛感して辞職することを決意する久保だが、まずは五郎に妻の潔白を知らせ、無益な罪の積み重ねをやめさそうと捜索隊に加わる。夫の脱獄を知ったまさ江は、ふたりの思い出の場の炭小屋に五郎が来ると確信し、息子の誠（伊東孝）を連れ、北原に付き添われてそこをめざす。しかし、与助の作り話を信じ込んで北原への復讐を誓った五郎は、飯場で盗み出した猟銃で北原を撃って怪我をさせる。まさ江と誠は五郎の目から逃れようと、原生林の奥深くへ入り込む。ところが、誠が急病に倒れる。野営をして誠を看病するまさ江の前に五郎が現れる。五郎はすべての真相を知る。与助への憤怒が燃え上がる。行く先々で悪事を働いている与助を五郎は格闘の末に捕らえる。五郎は捜索本部へと向かう。

一九四〇年代後期から一九五〇年代初期にかけ、戦後日本映画で瞠目すべきコンビぶりを見せていた谷口と黒澤明が厳寒の北の果て、過酷な自然環境のなか、男と女の愛情、男と男の友情を骨太なタッチでつづる。「非情の阿寒 大原始林の中に息づまる凄絶のスペクタクル」という宣伝文句もムードたっぷりだ。物語の核を男と女の一種のメロドラマが背負う点は異なるが、北海道の雄大な景観、厳格な大自然描写、雄々しい男たちのぶつかり合いとその果てに生まれる友情、きずな、ヒューマニズムを描き上げる構成は『ジャコ萬と鉄』に通じるものが多くある。〈グッド・バッド・マン〉の作劇術が基調を形成している点では『銀嶺の果て』にも結びつく。

鑑賞の機会に恵まれない時期が長かったこともあるのか、谷口・黒澤の共作作品として語られる例はほとんど見られない。実際は『銀嶺の果て』『ジャコ萬と鉄』と比しても見劣らない一作であり、本作を含めて〈谷口・黒澤・三船三部作〉といった括り方も通用しよう。質実剛健な男ぶりを見せる主演の三船をサポートする志村喬、池部良、小沢栄（栄太郎）をはじめとする俳優陣も適材適所の味を出している。彼らはこの時代の東宝活劇の象徴的俳優でもあった。谷口組、黒澤組の水準の高さを実感させる。

しかし、谷口映画の流れはここでひとつの境界線が引かれる。いわずと知れた黒澤との共同脚本システムの終焉である。両者の協働態勢が終わりを告げる。

三船は『愛と憎しみの彼方へ』ののち、山本嘉次郎が監督する、上原謙、高峰三枝子主演のメロドラマ映画『悲歌《エレジー》』（一九五一／東宝、映画芸術協会）に助演者として登場する。白黒、スタンダード仕様の上映時間は一〇九分というなかなかの尺を持った作品である。「映画史空前の恋愛大メロドラマ！」というキャッチコピーはいかにも仰々しい。本木荘二郎が製作し、小国英雄の『聖春婦』を小国自身と演出の山本が脚色した。三船の出番はあまり多くない。主役はあくまで上原謙だ。一九五一年二月二十二日の封切りだった。

『愛と憎しみの彼方へ』『白痴』『海賊船』『完結 佐々木小次郎 巌流島決闘』

続いて、黒澤明、最大の問題作かつカルトムービーという言い方が現在でも通用している、フョードル・ミハイロヴィチ・ドストエフスキーの同名小説を黒澤が久板栄二郎と共同脚色した『白痴』（一九五一／松竹大船）に三船は出演する。ここでは札幌の大金持ちの息子で〈癇癪性痴呆症〉の主人公、森雅之が演ずる亀田欽司と深くかかわる赤間伝吉を熱演し、三船は役者としての新境地をまた開いていく。

企画は本木荘二郎、製作は小出孝、右の通りドストエフスキーの『白痴』を久板栄二郎と黒澤が脚色し、撮影は生方敏夫、美術は松山崇、音楽は早坂文雄、録音は妹尾芳三郎、照明は田村晃雄。メインキャストは森雅之、三船敏郎、原節子、志村喬、東山千栄子、久我美子、千秋実、文谷千代子といった面々だ。白黒、スタンダードで上映時間は一六六分。一九五一年五月二十三日に公開された。

敗戦の混乱が続く年の初冬。亀田欽司（森雅之）は青函連絡船に乗っていた。戦犯容疑で死刑宣告を受けて処刑寸前に釈放されたが、強い衝撃を受けて痴呆症となり、自ら白痴と称して病院生活を送ったのちに復員した。船中で亀田は札幌の大金持ちの跡取り息子・赤松伝吉（三船敏郎）と知り合う。彼は政治家・東畑（柳永二郎）の妾・那須妙子（原節子）に横恋慕して問題を起こし、父親から勘当されたが、父が死んだので家に帰るところだ。亀田は札幌の写真館で妙子の写真を見てその美貌に息を呑み、薄幸な女だ、と直感する。亀田は亡父の親友・大野（志村喬）の家に寄宿する。娘・綾子（久我美子）は彼に好意を寄せる。綾子には恋人・香山（千秋実）がいるが、彼は妙子を持参金つきで東畑から譲り受けることになっており、それを知った赤間は百万円を用意する。妙子は金をストーブに投げ込み、赤間と飛び出す。妙子に惹かれる亀田はふたりの東京行きを聞き、あとを追う。三ヶ月が経ち、札幌に戻った。妙子は亀田を愛している。赤間は嫉妬する。氷上カーニバルの日、大野父娘と亀田のもとに妙子が現れ、亀田と綾子を結びつけるための悪戯をする。綾子は亀田の求婚を受けるが、彼の心を占める妙子の姿におびえて会見を申し込む。自我の激突が女の欲望のぶつかり合いとなる。赤間は妙子が得られないことを知り、彼女を刺し殺す。薄暗い土蔵のなかで妙子の無惨な姿を見た亀田と赤間は発狂する。

「雪原の果て、息づまる愛慾の葛藤をえぐるスペクタクルドラマ！」「日本映画最高の配役を駆使して人生に斬り込んだ黒沢明の野心巨弾だ！」。まさに黒澤明、入魂の野心作である。かねてから傾倒していたドストエフスキーの名作を十九世紀のロシアの首都・ペテルスブルグから第二次大戦後まもない北海道の札幌に舞台を移し変えて映画化した。外国小説の原作を大幅にアレンジし、それでも原作者の精神性、作品の支柱は少しも削ぎ落とさず、異国情緒にもとらわれず、違和感なく舞台を札幌の大地に置き換えた。「この仕事は辛かった。手に余ったなんてものじゃない。たいへんな重さでドストエフスキーが上からのしかかってくる」と黒澤はのちに述べた（『黒澤明全作品集―「姿三四郎」から「影武者」まで―』）。

愛憎入り乱れる壮大な人間ドラマが繰り広げられる。善の権化ともいえる青年・亀田欽司、彼を愛するふたりの女・那須妙子と綾子、そして妙子を盲目的に愛する、粗野だが繊細さも併せ持った赤間の四人が正面からわたり合う。それまでの日本映画では例を見ないほどのスケールを有する。雪に覆われた札幌の風景、中島公園の氷上カーニバルなどの描写が大きな効果をあげる。

本作は出演者それぞれの熱演、力演が真っ向からからみ合う、緊迫感が漂う作品でもあった。亀田欽司を演じる森雅之の神々しいまでの演技はまさに絶品であり、成瀬巳喜男監督作『浮雲』（一九五五／東宝）における富岡兼吾役とともに彼の代表作となった。那須妙子（ナスターシャ）役の原節子は、エキセントリックな性格の妙子をリアルに表現した。この時代の日本にはまだそぐわない女性像といえ、黒澤映画ファンならば『わが青春に悔なし』（一九四六／東宝）の八木原幸枝を想起するかもしれない。小津安二郎や成瀬巳喜男の監督作とは明らかに異なる、黒澤ならではの原節子像が打ち立てられている。三船も相当な難役であろう赤間伝吉役に懸命に取り組み、三船だからこその赤間像を銀幕に刻み込んだ。森雅之、原節子、三船敏郎、加えて久我美子。この四者の、複雑な心理描写を巧みに表現した、文字通り〈火花散る〉演技の応酬は圧倒的である。

白痴
DA-5720

本作は当初、二六五分の前後篇で上映されるはずだった。ところが、暗い、難解、長い、大衆好みではない、商売にならない、と判断した松竹首脳陣が大幅なカット、短縮を黒澤に要求した。すでに撮影を終わらせていた黒澤がそれに対し、「切りたければ、フィルムを縦に切れ！」と怒りをぶちまけたという、もはや伝説と化したエピソードは黒澤映画ファン、日本映画愛好家なら知らぬ者はいないだろう。結局、一六六分まで詰められ、物語の一部は字幕によって説明、進行されるといういびつな形での公開となった。

こうした挿話もあり、『白痴』は黒澤映画中でもいわくつきの作品として知られている。〈怪演〉と称してもかまわないと思われる演技を見せた森雅之、その森に真っ向から挑んだ三船、両者のぶつかり合いも本作のカルト的要素を引き上げていった。

久我美子が扮する綾子という恋人がいながら、原節子の那須妙子も得ようとする香山を演じた千秋実が「浪漫工房」第八号「国際スター三船敏郎 その偉大なる愛」内で撮影時における思い出話を披露している。

『白痴』は札幌でロケをした作品で、雪が多かったものですから、時々撮影を中止にしては部屋の中で脚本の打ち合わせをやりました。黒澤さんは、こう言っていました。「今回は皆と付き合って飲んだりなんか出来ないんだ」「へーぇ、どうしてでしょうか」「原節ちゃんていうのはそういうことに敏感でね、俺が飲んだり遊んだりしていると言うことを聞かなくなるから、俺は真面目にしていなければならないからな、お前らとの付き合いはあまり出来ないよ」「ああそうですか」／ところが、仕事が長く続くとそうとばかりはしていられなくて、やはり元通りになるのです(笑)。三船君と森雅之君と私の三人でよく札幌の薄野へ飲みに行き、ベロベロに酔っ払って帰って来ると、節ちゃんが帳場にいて睨みつけています。ブツブツ言う節ちゃんに対して、三船君は部屋に帰って「バカヤロー」と荒れている、そういう調子でした。

三船が原節子に対して、バカヤローという感情を表す。なかなか味のある挿話である。

その後、三船は稲垣浩監督作の東宝作品『海賊船』（白黒、スタンダード、一一一分）に出演した。三船と稲垣浩が初めて顔を合わせたのが『海賊船』だった。これだけで本作は特筆できる。「南支那 海を紅に染める密輸船團迎撃の死闘」の宣伝文で伝わるように、海賊船の船長をはじめ、海に生きる荒くれ男たちのドラマが狭い舞台空間のなかで熱くあふれてくる活劇映画だ。初日は一九五一年七月十三日だった。

プロデューサーを本木荘二郎がつとめ、脚本は小国英雄、撮影は鈴木博、美術は安倍輝明、音楽は深井史郎、録音は亀山正二、照明は森茂が担当した。出演は三船敏郎、浅茅しのぶ、大谷友右衛門、田崎潤、富田仲次郎、大久保正信、森繁久彌、上田吉二郎など。

南シナ海で密輸船相手に猛威をふるう海賊船「千里丸」の船長は、〈支那海の虎〉と称される虎（三船敏郎）だ。「千里丸」は大陸の港町に立ち寄る。停泊中、四人の子供、薫（浅茅しのぶ）、一郎（山本豊三）、實（飯田健晋）、俊夫（三井正吉）が乗り込む。やがて乗組員に発見されるが、「千里丸」は大海に出ていた。「千里丸」が海賊船とは知らない子供たちは、日本へ連れ帰って、と虎に頼む。仕方なく虎は彼らの乗船を認める。「千里丸」は密輸船を発見し、襲撃する。勇敢な海上保安隊の船だ、と子供たちは信じ込む。乗組員たちのすさんだ心は癒され、船内に明るさが生まれる。だが、薫が女だと知った射手の飛車（田崎潤）が彼女を襲う。薫を守ろうとする二の字（大谷友右衛門）との格闘となる。仲裁に入った虎が飛車を海に投げ込む。飛車は助けを求め、拾い上げられる。「千里丸」は密輸船の巣窟の手島に近づく。子供たちを日本へ届けるため、危険とは知りながらも手島に入港した「千里丸」は、怨念を抱く密輸船に囲まれ、包囲攻撃を受ける。虎は保安隊に急報する。子供たちを保安隊に引きわたすが、ほかの密輸船とともに虎たち乗組員も保安隊部隊に連行される。恨

海賊船
【日本映画傑作全集】キネマ倶楽部（VHS、廃盤）

みを持つ飛車が虎に不利となる証言をするが、薫は自分が女であることを自ら明かす。虎側の証言者として海上保安隊姿の二の字も現れ、彼を弁護する。子供たちは虎に感謝を表し、日本に向かう。

　男たちの体臭、息遣いが映画に極上のスパイスを注ぐ。活劇映画なのだが、海賊船「千里丸」に潜入した子供たちをめぐるヒューマニスティックなドラマ作りが東宝らしい風味をかもし出す。俳優陣の適材適所の個性も効いており、男っぽい船長役を威風堂々と演じた三船はもちろん、脇役をつとめる大谷友右衛門、田崎潤、森繁久彌らの存在感も映画をスケール感豊かなものにした。三船の豪壮な魅力が作品のイメージの多くを形成するが、映画分野に進出してまもない森繁久彌（チャック役）がいい味を出している。熱気をたたえる演出で男の世界を支える稲垣浩の力業は、日本映画を背負ってきた監督ならではのものだ。

　戦後、稲垣浩は主に東宝の時代劇映画で作品を重ねていく。そうしたなか、『海賊船』は稲垣映画の異色作とされる。海賊ものという異質の物語世界だからだ。彼の作品中では比較的注目度の低い一本なのだが、荒くれ男たちが躍動する活劇映画に人情劇をほどよく、心地よく盛り込んだ。谷口千吉の『銀嶺の果て』と同じく、アメリカの人情味あふれる西部劇映画では定番の〈グッド・バッド・マン〉（悪漢が次第に本来の善良性を取り戻していく作劇パターン）ものの要素を有している。稲垣は時代劇ばかりではない。現代活劇でも力のこもった演出力を見せつける。そう印象づけた。

　ただし、娯楽映画としてまとまってはいるが映画の出来そのものは凡庸といえ、これといった評価は得られなかった。とはいえ、京都・鳴滝の時代から研磨してきた庶民感覚を帯同させた娯楽性、戦後の稲垣映画の大きな特徴となる講談調・通俗風活劇などの成分が過不足なく混ざり合った娯楽作品として、忘れがたいものでもあった。

　石熊勝己＋映画秘宝編集部編『三船敏郎全映画』（二〇一八／洋泉社）が一九五一年七月二十七日に東映系映画館にかかった『花《スタア》の進軍』（白黒、スタンダード、四四分）という東映の再編集もの中篇映画に三船が出演していることを明らかにした。三木のり平、三木鶏郎が東横映画、東京映画などの関連会社の作品を紹介していく内容だという。企画は金平軍之助、構成は小林恒夫となっている。野村浩将が監督をつとめ、花井蘭子、折原啓子らが出た『吾子は唄わん』(東映)に併映作としてつけられた。出演は三船のほかに高峰秀子、高峰三枝子、山村聰、原節子、伊豆肇、木暮実千代、等々、そうそうたるメンバーが揃っている。過去作からの再編集ものだからこその顔ぶれだ。谷口千吉が『銀嶺の果て』の前に撮った『東宝ショーボート』(一九四六/新東宝映画製作所)の東映版といったところだったのだろうか。

また、同書は、一九五〇年一月十日公開の映画芸術研究所作品で星野和平が製作した『映画スター家庭訪問記』(白黒、スタンダード)に三船が顔を出していたことも発見した。スターの家を紹介する内容だったらしい。出演は原節子、木暮美千代、高峰三枝子、佐分利信など。小杉勇の監督作で花菱アチャコ、古川緑波(ロッパ)、柳家金語楼たちが出演した『なやまし五人男』(太泉スタジオ)との抱き合わせで上映されたとみられる。『花の進軍《スタア》』と『映画スター家庭訪問記』、この二作はともにフィルムの存在が確認されておらず、現時点では幻の作品となっているようだ。

三船は一九五一年八月三日封切りの新東宝、藤本プロダクション作品『戦後派お化け大会』(白黒、スタンダード、一〇二分)に〈特別出演〉という形で参加している。製作は金子正且。石坂洋次郎の『石中先生行状記』の一編を井手俊郎と井上梅次が脚色し、佐伯清が監督した作品である。出演は宮田重雄、伊藤雄之助、藤原釜足、清川玉枝など。「抒情ゆたかな夏祭りの風物詩に諧謔とお色気を添えた青春大作」とあるように、ある青年文化グループが夏祭りに劇の発表をしようとする。だが、資金が足りない。そこでお化け屋敷でアルバイトをして、という物語がつづられる。三船はここでなんとも珍しいピエロ姿を披露した。

その後、稲垣浩の東宝時代劇映画大作、映画界に転身した七代目・大谷友右衛門(のちの四代目・中村雀右衛門)のデビュー作にして主演を張った東宝作品「佐々木小次郎」三部作(一九五〇、五一)の最終章『完結 佐々木小次

郎 巌流島決闘』（白黒、スタンダード、九八分）の宮本武蔵役で出演する。企画は伊藤基彦、製作は宮城鎮治、村上元三が松浦健郎、藤木弓とともに自分の原作を自ら脚色し、撮影は飯村正が担当した同作は、一九五一年十月二十六日に初日を迎えた。

東宝時代劇映画は稲垣浩が先陣を切る形で展開していた。父親が新派俳優の東明二郎という環境もあり、稲垣はまずは子役として演劇界の門を叩いた。一九二八（昭和三）年、十七歳の時分に日活向島の俳優から監督、脚本家をめざすようになった。彼の才能を見抜いた伊藤大輔に勧誘されて伊藤映画研究所に参加し、その後、衣笠貞之助の助監督となる。同年、伊丹万作の脚本作『天下太平記』（片岡千恵蔵プロダクション）で監督となった。片岡千恵蔵プロダクションからの勧誘を断った伊藤大輔の紹介と思惑があったのだという。昭和初期の時代から監督の道を歩み始める。

稲垣は時代劇映画の若き才能として、自身の脚本で『番場の忠太郎 瞼の母』（一九三一／片岡千恵蔵プロダクション）『弥太郎笠』（一九三二／同）を発表する。トーキー映画では『旅は青空』（同）などを監督し、己の時代劇映画カラーを作っていく。刀を抜いて憎き仇を討って、とただ単に観客にカタルシスを味わわせるだけではなく、スターの個性を重視し、作劇や状況設定に細かい配慮を注いだうえでの明朗時代劇映画を打ち立てた。従来の剣戟映画とは一線を画するものだった。千恵蔵の剣術に難があったから、という理由が真相のようではあるが。稲垣は娯楽映画で瞠目を集める活動を展開し、京都・鳴滝組の中心人物として主に時代劇映画で注目作を連発する。稲垣の名を決定的なものとした作品として語り継がれる『無法松の一生』（一九四三／大映京都）を送り出したのもこの時代である。彼は同作で現代劇もなんら苦にしない実力を映画界に知らしめた。稲垣はこの『無法松の一生』を三船の無法松で一九五八（昭和三十三）年に東宝で再映画化した。

戦後、大衆は剣戟映画を待望視していた。それに応えたのが稲垣だった。彼は一九四〇年代後期から東宝で何本かの時代劇映画を撮っていたが、『佐々木小次郎』（一九五〇）『続 佐々木小次郎』（一九五一）『完結 佐々木小次郎 巌流島決闘』（同）で構成される「佐々木小次郎」三部作で本領を現す。朝日新聞に連載された村上元三の同名小説を稲垣自身が脚色して撮り上げた同三部作は、歌舞伎界の新星として注目を浴びていた大谷友右衛門が映画界に転出した話題性もうまく相乗し、宮本武蔵の宿敵としてばかり一般に知られる青年剣士・佐々木小次郎に的を絞った丹精な青春ドラマが大衆の心をとらえた。

完結篇となる第三部では、精錬なイメージをかもし出す友右衛門と武蔵に扮した三船の野性味豊かな役柄が好対照を示した。友右衛門の美青年ぶりが強調されすぎたために時代劇映画としての迫力は損なわれ、「全日本映画界注目の巨弾！大東宝の黄金時代劇超大作」とは大上段に振りかぶりすぎだが、稲垣は観応えのある娯楽時代劇映画を観客に提供した。基本はスター映画の路線に乗る講談調時代劇映画、しかし観客の目を惹く剣戟も要所に採り入れて受け手の欲求に応え、娯楽映画として、大衆映画として、ある程度は堅実にまとめ上げた。これはその後の稲垣映画に共通する作風でもあった。稲垣はこれからの時代劇映画の在り方を「佐々木小次郎」三部作で明示したともいえる。

五　『馬喰一代』（一九五一：木村恵吾）『荒木又右ヱ門　決闘鍵屋の辻』（一九五二：森一生）『霧笛』（同：谷口千吉）

『完結　佐々木小次郎　巌流島決闘』ののち、戦前の無声映画時代から映画製作にたずさわってきたベテラン監督・木村恵吾と三船のただ一度の顔合わせ作となった、大映東京作品『馬喰一代』（一九五一）が登場する。同作は木村恵吾の戦後の代表作の一本であり、三船にとっても看板作のひとつにあげられる作品となった。

木村恵吾は戦後、大映京都に所属した。そうしたなか、新東宝、東京映画、宝塚映画などの他社でもフットワーク軽く映画を撮った。そうした傾向が始まる頃にあたる時期に作られた。白黒、スタンダード、上映時間は一一三分。封切り日は一九五一年十二月七日。メインスタッフは、製作主任・斎藤晃一、原作・中山正男、脚本・成澤昌茂、木村恵吾、撮影・峰重義、美術・柴田篤二、音楽・早坂文雄、録音・西井憲一、照明・安藤真之助。三船敏郎、京マチ子、伊庭耀夫、市川春代、光岡龍三郎、志村喬、星光、杉狂児などが出演した。

北海道の北見高原。馬喰の片山米太郎（三船敏郎）は〈北海の虎〉と呼ばれている。だが、酒と博打に弱い。相棒（光岡龍三郎）と市場で二十頭の馬を売るが、元馬喰で今は金貸しの小坂（志村喬）に博打に誘われ、大金を奪われる。馴染みのゆき（京マチ子）がいる飲み屋に行っても金がない。家には病弱な妻・はるの（市川春代）と息子・大平（伊庭耀夫）がいる。小坂の博打がイカサマだと聞いて駆けつけた米太郎だが、はるのの危篤の報が入る。間に合わなかった。米太郎が大平を育てることになった。相撲大会の商品は大平が欲しい三輪車だ。米太郎は肩が悪いのを隠して出場し、小坂が抱える力士を倒して商品を獲得する。時が流れた。大平の中学校進学の時期が来る。大平は成績優秀だ。米太郎は馬を買う。競馬に出し、賞金を学資にしようと。馬の調教は順調に進むが、馬が病気になった。落胆する米太郎にゆきと小坂が手を貸そうとするが、米太郎は拒否する。学校に行けないなら馬喰になればいい、と。しかし、奇跡が起きる。馬が治った。競馬の日。馬は先頭を走る。小坂の馬にかわされそうになるが、最後の直線で力を振り絞って疾走し、一着でゴールする。力が尽きた馬は死んだ。大平はその賞金で札幌の中学に行くことになった。寂しそうな米太郎を気遣って大平は、馬喰になる、と言い出す。米太郎は大平を叩き出す。大平が乗る汽車に向け、米太郎は馬を走らせる。

貧しさに苦しみながらも、誇りある男の生き方をまっとうする主人公を感動的に、抒情的に描き上げる人情ドラマ映画だ。三船の個性、キャラクター性を存分に活かしている。「ガムシャラ男の野性が、純情が、愛情が、涙が、グングンあなたを圧倒する！」「大荒原に砂塵をまいて展開する壮絶、雄大、熱涙の大ドラマ！」「三船・京の火を吐く競演が迫力と感動を呼ぶ！」などの惹句が本作の売りを明確に示している。

三船敏郎という役者そのものが作品の根幹を築く。京マチ子との共演も大衆を惹きつける。方向性としては、岩下俊作作『無法松の一生』、北條秀司作『王将』が思い起こされる。男のひとり息子が物語に深くからみ込んでくる点からは山本有三作『路傍の石』、下村湖人作『次郎物語』との関連性も指摘できる。

粗暴だけれども心根は優しい。頑固者だけれども人情に厚い。喧嘩に強いが涙には弱い。日本特有の浪花節的ヒロイズムを有した男。こうした日本人好みの主人公をめぐる人間ドラマ映画ゆえに、木村も奇をてらうことなく、正攻法に、ときにユーモラスな描写、涙を誘うような場面を挿みながら、オーソドックスな展開、演出で物語を進めていく。監督の木村と脚本の成澤昌茂のコンビネーション、掛け合いが小気味よさを生んでいる（木村も脚本にかかわっている）。中盤の見せ場に設置された村相撲の描写は、峰重義のキャメラ効果もあいまって意外なほどの迫真力で迫ってくる。クライマックスの競馬シークエンスは、ラジオ中継という小道具を巧みに用い、説得力をともなう映像をつむぐ。娯楽映画としての完成度は相当に高く、当時、封切りのスクリーンで本作を観た観客は幸せな気分にひたって映画館をあとにしたに違いない。

主演の三船もこの役を気持ちよさそうに演じた。質実剛健、男のなかの男、と多くの一般大衆が認識する三船として何ひとつイメージダウンは招かない。最初は悪役風に描かれる志村喬も実は人情味のある男で、終盤に進むにつれて従来の志村の持ち味が出てくるところなどはベテラン監督ならではの手さばきだ。京マチ子、市川春代といった女たちのたたずまいにも気が配られる。三船と木村の組み合わせはこの一本で終わった。これは惜しかった。もっと見てみたかった。そう思うのはファンならば当然だろう。

馬喰一代
FYK-172

『馬喰一代』は一九五一年の師走に公開されたが、さらにその二週間後、暮れも押し迫った十二月二十一日、東宝系邦画上映館には三船が出演した東宝作品『女ごころ誰か知る』（白黒、スタンダード、八〇分）がかかる。製作は本木荘二郎で山本嘉次郎がメガホンを握った。

北條誠の原作を日本シナリオ界の重鎮・八住利雄と山本が脚色した作品で、オリンピック出場をめざすアイスホッケー選手の男子大学生の恋と友情を描く。三船は池部良、高峰三枝子の助演にまわった。池部良が扮するアイスホッケー選手の先輩役だった。出番は少ないが、三船の精悍な風貌が池辺のソフトな味わいに対してのコントラストをつけていた。『馬喰一代』『女ごころ誰か知る』の演技で三船は一九五一年度のブルーリボン賞主演男優賞を獲得した。

一九五二（昭和二十七）年の正月（一月三日初日）のスクリーンを早くも次の三船敏郎主演作がにぎわす。黒澤明が脚本を書き、森一生が演出にあたった東宝作品『荒木又右ヱ門 決闘鍵屋の辻』（白黒、スタンダード、八一分）である。

戦前からの己の来し方を矜持に、日本映画の基礎を築いた時代劇映画の伝統のもと、戦後は東宝に移籍して日本人のアイデンティティに根づいた大衆向け時代劇映画作品を精力的に撮っていた稲垣浩の向こうにそびえる巨大な帝国、それが黒澤時代劇映画群である。一九五四（昭和二十九）年に誕生する『七人の侍』が黒澤の壮大なる時代劇映画世界の幕を開ける。その予兆、萌芽は黒澤が手がけてきた作品中からも拾い上げられる。黒澤の脚本を大映京都時代劇映画の匠《たくみ》として名を遺す森一生が演出した『荒木又右ヱ門 決闘鍵屋の辻』もそのひとつに差し出せる。

寛永十一年十一月七日、伊賀上野（現・三重県伊賀上野市）で勃発し、講釈師たちの口述によって大幅に装飾されて今に語り継がれる、荒木又右衛門と渡邊数馬が伊賀上野の鍵屋の辻で数馬の弟の仇である河合又五郎に斬り込み、又五郎の付け人三十六人を斬り伏せた仇討ち事件が描かれる。といっても、通り一遍の映画ではない。史実を細かく調査してみると、又右衛門はどうも実際にはふたりしか斬っていないらしい。藁人形のような人間を三十六人斬る。ひとかどの人物をふたり斬る。はたしてこれはどちらが大変なことなのか。真相はいかなるものだったのか――。黒澤は歌舞伎や講談の様式を否定し、極端な誇張で超人的ヒーロー譚にまつり上げられた同事件を、資料・記録を読み込み、ときにリアリズムにより、真実をあるがままに語ろうとする。

のちに大映京都で数々の名作時代劇映画を送り出し、〈時代劇映画の巨匠〉と称された森一生が黒澤明の脚本のもと、東宝で演出を担当した時代劇映画の意欲作だ。「『羅生門』を凌ぐ映画史上空前の大傑作！」とはあまりに直線的な宣伝コピーではあるが。講談などで語り継がれてきた仇討ち事件〈決闘鍵屋の辻〉を森と黒澤は種々の仕掛けを凝らしながら見せていく。その取り組み方はまさに実験映画さながらといえる。

本木荘二郎が製作にあたり、黒澤が脚本を書いた。撮影は山崎一雄が担当し、美術は松山崇、音楽は西梧郎、録音は宮崎正信、照明は岸田九一郎が担った。出演は三船敏郎を筆頭に、浜田百合子、志村喬、片山明彦、小川虎之助、加東大介、高堂國典、千秋実などの面々だ。

仇討ち決行の日、伊賀上野の鍵屋の辻で荒木又右衛門（三船敏郎）と渡邊数馬（片山明彦）たちは河合又五郎（千秋実）一行を待ち伏せする。茶屋の主人（高堂國典）たちも緊張に包まれる。天下泰平の時代、又右衛門たちも実際に人を斬るのは初めてだ。それぞれの脳裏に種々の想いが去来する。五年前、渡邊数馬の弟で池田家の家臣・靭負が河合又五郎に殺害された。又五郎は旗本・安藤右京之進の家中だ。幕府は大名と旗本の対立に発展するのを恐れ、又五郎を江戸構いとする。弟の仇討ちを願い出た数馬には池田家の剣術指南役の荒木又右衛門が助太刀に立つ。又五郎の護衛には彼の伯父・河合甚左衛門（志村喬）がつく。又右衛門と甚左衛門は親しい間柄だが、今は剣を交える関係だ。ふたりは運命の皮肉を嘆く。ついにそのときが訪れる。又右衛門たちは鍵屋の辻で又五郎一行を待ちかまえる。決闘の火蓋が切られる。又右衛門は甚左衛門、又五郎の妹婿の櫻井半兵衛（徳大寺伸）を斬る。一方、数馬と又五郎はたがいに腰が引けた状態で剣を突き合わせたまま、動かない。人を斬るというのはこれほどまでに難儀なことなのだ。それでも数馬はなんとか又五郎を仕留める。その光景を鍵屋の辻に集まった大勢の民物人が見つめる。そこには仁王立ちする又右衛門の姿があった。

黒荒木又右ヱ門 決闘鍵屋の辻
【日本映画傑作全集】キネマ倶楽部（VHS、廃盤）
【黒澤明 DVD コレクション】朝日新聞出版より近刊

冒頭、白い装束を身につけた白塗りの三船（荒木又右衛門）、志村喬（河合甚左衛門）たちが画面に現れ、三船が千秋実（河合又五郎）一行に斬り込んでいく。無声映画を連想させる、カリカチュアライズされたチャンバラ劇がにぎやかな音曲とともに繰り広げられる。荒木又右衛門の三十六人斬りだ。ナレーションが流れる。これは事実だったのか、本当に三十六人も殺したのか、と。そして映像は一気に現代（一九五二年）に飛ぶ。バスが田舎風景の街道を走っている。駄菓子屋のような店も映し出される。ここがかつての〈決闘鍵屋の辻〉の舞台だ。こうして本作は始まる。つまりは、今までの展開はすべて〈序章〉であり、〈前奏〉だった。

観客は作り手の大胆な仕掛け、映画構成に翻弄されつつ、映画の世界に入り込む。黒澤の作劇術、森一生の演出術が横溢する。時代劇パートに入ってもときにコメディー調、ときにドキュメンタリー調、ときにリアリズム調と、メリハリの効いた多彩な映画話法を用い、息もつかせぬ勢いで映画を進める。時代劇映画に新たな息吹を。戦後の時代劇映画にふさわしい斬新な空気を。古色蒼然とした時代劇映画に強い刺激を。作り手たちの時代劇映画に対する真摯な想いが直線的に達してくる。映画娯楽の諸要素をまぶし込みつつ、リアルでなまなましい作劇を押し進める黒澤の映画語法は、本作を一種のテストパターンとし、『七人の侍』で大きく開花する。黒澤時代劇映画の栄光がこうして始まる。

三船敏郎の仕事をふりかえる際、本作があがってくる事例はほとんどない。黒澤と森が組んだ作品であるにもかかわらず。埋もれた一本となっている。三船主演の時代劇映画としての面白さは持っていると思えるが、三船自身による印象も強くはなかったようだ。「ノーサイド」一九九五年二月号（文藝春秋）「総特集 戦後が匂う映画俳優」に収録されたインタビュー「三船敏郎―ぼくは戦後派一期生。」では冷めた言い方をしている。

これは、なんか、力がなかったというか……。黒澤さんが（『七人の侍』の）準備のために（脚本を）やったんです。おじちゃん（志村喬）を斬っちゃう。

一九五二年三月五日。谷口千吉とのコンビ作となる東宝作品『霧笛』（白黒、スタンダード、九九分）の上映が始まった。朝日新聞に連載された大佛次郎の同名小説を村田実が映画化した『霧笛』（一九三四／新興キネマ）のリメイク版である。今回の谷口監督版は八住利雄が脚色した。製作は田中友幸、撮影は玉井正夫、美術は松山崇、音楽は飯田信夫、録音は保坂有明、照明は西川鶴三が手がけた。俳優陣は山口淑子、三船敏郎、ボップ・ブース、志村喬、村上冬樹、左卜全、千石規子、堺左千夫などが顔を揃えた。

明治七年の横浜。元々は由緒正しき旗本の娘だが、幕末の戦乱ですべてを失い、身を持ち崩したお花（山口淑子）が治外法権の地区〈居留地〉にいた。寂しさに包まれるお花に札付きの輩（堺左千夫）が手を伸ばしてくる。襲ってきた男に激しく抵抗したお花は、思いあまってその男を刺し殺してしまう。お花は逃げる。通りがかったドイツ人のギム（ボップ・ブース）が彼女を助け、居留地に連れ帰る。お花は貿易商の二階に運ばれ、保護される。ギムはお花の美貌に惚れる。お花もギムの情にほだされ、心を許す。やがて、彼女が望んだわけではないが、ギムの妾のような女となる。お花はギムの馬丁の千代吉（三船敏郎）と知り合う。ふたりは好意を抱く。お花は千代吉の想いを受け取るためにも自分を強くしなければ、と思う。ギムが本国に帰ることになった。お花も連れていくという。自分には好きな男がいる、とお花は拒否する。千代吉だ。ギムは怒りに燃える。船中での別れのパーティーにギムはお花と千代吉を連れ込み、密航者とともにふたりを始末しようとする。お花はギムに宣言する。千代吉が殺されるなら自分もあとを追う、と。お花の強い決心にギムもたじろぎ、ふたりを許した。朝霧に煙る海。波止場に向かって進むボートにお花と千代吉が乗っていた。

物語からも容易にわかるように、メロドラマそのものといっていい。主演はこの時代、絶大な人気を博していた山口淑子で、相手役には三船という贅沢な配役が採られた。迫ってきた男を刺し殺したためにさらに転落の道を進む女・お花。その彼女を救い、世話をし、やがては情婦とする外人商人のギム。馬丁の身分でありながら主人の情婦に惚れる男・千代吉。映画はこの三人を中心に据えてつづられる。

村田実監督版『霧笛』では、戦中・戦後の名脇役として知られる菅井一郎がギムを演じた（お花は志賀暁子、千代吉は中野英治）。彼は付け鼻をして外国人に変装したが、戦後の公開作である本作では海外文化の紹介誌「プレヴィユ」の社長だというボップ・ブースがギムに扮した。物語は大佛文学のひとつの特徴である大仰な深刻メロドラマに終始し、映画も山口淑子と三船敏郎、二大スターの大メロドラマをうたい上げる。「夜霧に咽ぶ港ヨコハマに展開する恋の絢爛篇」という惹句もいかにもだ。

ドラマそのものにあまり劇的な要素は見出せないが、谷口のメリハリを効かせた演出がこのメロドラマを堅実にまとめ上げている。ところどころに緊迫感をあおるような仕掛けをほどこしており、それが映画の個性を表している。最大の売りは山口淑子のヒロインぶりだ。三船は髪をきれいに撫で上げ、ダンディーな男性像を作っているが、彼女の引き立て役という設定が表立つために主演者という扱いはされていない。どこまでも山口の共演者だった。集客を第一目的に置いたキャスティングであることはいうまでもない。山口淑子あってこその映画なのは間違いなく、映画女優としての彼女のオーラを味わうには格好の作品ではある。

第四章
三船敏郎と東宝映画成熟期
――一九五〇年代中期――

バーにてのポートレート。フランスのフィルムノワールのごとき風景。
© 三船プロダクション

一　『西鶴一代女』（一九五二：溝口健二）『戦国無頼』（同：稲垣浩）『激流』（同：谷口千吉）『港へ来た男』（同：本多猪四郎）

この時代、三船は主演作ばかりでなく、助演者、共演者という枠組みでも積極的に映画に出演した。どっしりとした大作映画や主演映画を専門とする大スターというイメージが彼に付着するのは、むしろ一九五〇年代後期からとなる。それ以前は軽いフットワークで種々の作品にさまざまな役柄で印象深い彩りを注いだ。日本映画界屈指の巨匠・溝口健二の晩年期の傑作として誉れ高く、日本映画史上の名作と称される児井プロダクション、新東宝作品『西鶴一代女』（白黒、スタンダード、一四八分）もその一本にあげられる。一九五二（昭和二十七）年四月十七日に公開された。

溝口健二は、一九二三（大正十二）年、二十四歳のときに発表した『愛に甦へる日』（日活向島撮影所）ののち、日活京都、日活大将軍、第一映画、新興キネマ、松竹京都、大映京都、大映東京など撮影所を転々としながら、現在では伝説と化している複数の挿話、武勇伝を日本映画史に刻みつつ、己の芸術観に貫かれた映画製作を行ってきた。『西鶴一代女』においても人間の内面に鋭く切り込む冷徹な視線は少しも衰えておらず、溝口映画語法が横溢した。

『西鶴一代女』は、井原西鶴の『好色一代女』を依田義賢が脚色し、溝口が尋常ならぬ熱意を込めて撮り上げた作品である。製作・児井英生、撮影・平野好美、美術・水谷浩、音楽・斎藤一郎、録音・神谷正和、照明・藤林甲などがメインスタッフをつとめ、ヒロイン・田中絹代の周りを三船敏郎、宇野重吉、菅井一郎、進藤英太郎、柳永二郎、沢村貞子、大泉滉らが固める。

奈良の町外れの荒寺に老醜を厚化粧で隠したお春（田中絹代）がいる。羅漢堂の百羅漢がかつての男たちの顔に見える。侍の娘のお春はまずは京の御所に勤めた。身分の卑しい若党・勝之介（三船敏郎）に惚れられるが、彼との密会を役人に摘発され、両親とともに洛外追放となる。勝之介は斬首刑にされる。石女の奥方（山根寿子）を持つ江戸松平家の大名・松平清隆（近衛敏明）に召し抱えられて子供を産むが、清隆は房事過度で病気になり、側近の妬みも買って実家に帰される。娘の出世を見越して借金した父親（菅井一郎）に島原の廓に売られた。裕福な田舎大尽（柳永二郎）に身請けされる寸前、彼は贋金作りで役人に捕まる。大商人・笹屋嘉兵衛（進藤英太郎）の女中になった。島原の出身が知られ、嘉兵衛の懸想を嫉妬した女房のお和佐（沢村貞子）にいびられて家を出る。次に扇屋の弥吉（宇野重吉）の妻となる。夫は物盗りに殺された。自分のために盗みをした笹屋の番頭・文吉（大泉滉）と駆け落ちをするが、桑名で捕えられる。尼になろうと思うが、笹屋の大番頭・治平（志賀廼家弁慶）との一悶着を老尼（毛利菊枝）に見られ、寺を出される。時が経った。お春は女乞食に転落し、街娼となった。老母（松浦築枝）が訪ねてくる。産んだ子が大名になったという。永の蟄居を命じられる。外聞にかかわるからだ。一目だけでも我が子を。息子の姿を見たお春は姿を消す。やがて托鉢をして歩く彼女の姿があった。

　戦前から注目作を連発してきた溝口健二は、戦後低迷をしていた。そのスランプを鮮やかに打破したのが『西鶴一代女』だった——。日本映画史ではこれが定説となっている。溝口が培ってきた映画技法が本作にすべて注ぎ込まれたといっていい。溝口映画芸術のエッセンスが凝縮されたように映る。十三歳から老残に至るまでのお春の転落の歴史、次々と男と情を交わし、そのつど別れを迎え、そのたびに不幸に陥っていく彼女の悲喜劇人生がつづられる。

　溝口はお春という女を淡々と、ときにあっけらかんと、ときに詩情を漂わせながら、または滑稽的に、加えて冷酷にとらえていく。緊迫感を押し出し、殺気をはらんだ描き方もする。溝口のそうした視線が長回しと長大なロングショットを意識的に多用する映像とあいまい、鑑賞者も天上からこの名もなき哀れな女、男性本位の封建制度下の犠牲となるひ

西鶴一代女
COS-050

とりの女の半生を見下ろしていく感覚が生まれる。それが絶妙な面白おかしさを呼び込む。細微にまでこだわり抜いた水谷浩の美術、モノトーンのみずみずしさと無常的美観を引き出す平野好美のキャメラの効果も絶大だった。これらが溝口映画美学と融合し、類《たぐ》い稀な逸品が生まれた。

お春に取り憑かれたように同化した田中絹代が凄絶な演技を披露した。溝口と彼女は戦前、戦中の時代から男と女の濃密なドラマを演じてきた。数々のエピソードが今現在も語り継がれている。本作はそのふたりの一世一代の作品となった。「爛熟の浮世絵風俗を再現する芳醇な情緒」。広告文は少しも大仰ではなかった。

各所に配置された男優たちの適材適所の持ち味が映画に滋味を与えた。三船は眉目秀麗な優男に扮した。一見そぐわないキャスティングかとも映ったが、適役だった。俳優をしごくことでは右に並ぶ者はいなかった、と伝えられる溝口健二だ。現場はどのような雰囲気だったのか。日本映画の巨匠、名匠たちは三船を好んでキャスティングした。こうした事実からも演技者・三船敏郎の実力が慮《おもんぱか》られる。溝口の『西鶴一代女』も三船の懐《ふところ》の深さ、幅の広さをさりげなく教える一本だった。

「キネマ旬報」一九八四年五月下旬号内「インタビュー　日本のスター　三船敏郎の巻　戦後最大の国際スター（前篇）」で三船が溝口健二の思い出を語っている。三船と溝口はこの一本しか接点がなかった。貴重な談話だ。

あの時は、京都でしたけど、溝口（健二）先生は独特の方でね。昼に、スタッフはみんな、食事に出て行きますけど、溝口さんはセットに残るんです。それで弁当を用意させて、田中さんと、それと僕の分もちゃんと用意してくれて、セットの中で食べるんです。よーく覚えています。シーンとしたセットの中で、食べながら、時々、ポツリ、ポツリと演技指導をしてくれるんです。あそこはこうした方がいいよ、とか、いろいろなお話をしてくれた……。

本作は一九五二年、第十三回ヴェネツィア国際映画祭で監督賞に輝いた。海外では『お春の一生』という題名で広く親しまれたという。ヨーロッパ、なかでもフランスの映画作家に大きな影響を与えたといわれる。

『西鶴一代女』は時代劇映画だ。しかし、三船が出演した時代劇映画の例題としてこのタイトルがあがってくることはない。脇役であるし、また、三船の時代劇映画は大作風の活劇でなければどうもしっくりこない。『西鶴一代女』の公開からおよそ一ヶ月後の一九五二年五月二十二日、そうしたイメージにまさにふさわしい映画が登場する。稲垣浩が監督した東宝作品『戦国無頼』である。白黒、スタンダードで上映時間は一三五分。当時は九〇分前後の映画が当たり前だったから、この尺は超大作並みだ。

本作は稲垣時代劇映画の娯楽性を堪能させる。戦国時代下に生きる三人の侍が見せる流転の人生。そこに女たちが濃厚にからんでくる。脚本は黒澤明と稲垣による。「サンデー毎日」に連載された井上靖の同名小説を共同で脚色した。稲垣の映画に黒澤が加わっている。今では一驚に値しよう。黒澤はこの時代、監督のほかに脚本家としても他者の監督作品に少なからず参加していた。本作は監督作の『白痴』（一九五一／松竹大船）と『生きる』（一九五二／東宝）のあいだに置かれる。谷口千吉の『愛と憎しみの彼方へ』（一九五一／映画芸術協会）、大曾根辰夫の『獣の宿』（同／松竹京都）の脚本も同じ時期に手がけていた。戦後日本映画を担った稲垣と黒澤のコラボレートが注目を集めた娯楽時代劇映画でもある。

戦国無頼
【日本映画傑作全集】キネマ倶楽部（VHS、廃盤）
【黒澤明 DVD コレクション】朝日新聞出版より近刊

一九五〇年代の東宝は稲垣時代劇映画に支えられた側面があった。この映画もその一例に差し出せる。新人・三國連太郎を大々的に売り出したいという思惑が製作側にはあったらしい。三船の時代劇映画となると黒澤明の作品群が持ち出されるのが通例だが、時代劇スター、剣戟スターとしての三船を売り出したのは稲垣時代劇映画だったという見方も成り立つ。

『戦国無頼』は、どこから見ても稲垣浩の映画だ。「戦乱の荒野を灼く野性の恋！　波乱壮麗の筆致で描破する戦陣の夢！」という惹句もなにやら稲垣時代劇映画らしい。製作・田中友幸、撮影・飯村正、美術・北猛夫、音楽・團伊玖磨、録音・亀山正二、照明・西川鶴三という稲垣の気心の知れたメンバーが集まり、出演も三船敏郎、三國連太郎、市川段四郎、山口淑子、浅茅しのぶ、東野英治郎、志村喬、香川良介といった馴染みの人々だ。

天正元年。浅井長政の小谷城は織田信長の大軍の前に陥落した。浅井の家臣で討ち死を覚悟して敵陣に斬り込んだ佐々疾風之介（三船敏郎）と鏡弥平次（市川段四郎）は散り散りとなり、疾風之介の恋人・加乃（浅茅しのぶ）を託された立花十郎太（三國連太郎）は信濃に落ちる。深傷を負った疾風之介は野武士の藤十（東野英治郎）の娘・おりょう（山口淑子）に救われる。疾風之介に惚れたおりょうは彼の小屋にしのび込む。激昂した藤十に襲われた疾風之介は心ならずも藤十を斬り、逃亡する。弥平次は海賊になる。子分が連れてきたおりょうを弥平次が救う。研師惣治（志村喬）の家にいた加乃と十郎太は彼女に想いをつのらせ、功名心からかつての敵方・織田家に仕える。天正三年。丹波の八上城を攻める織田勢には十郎太、八上城の城内には疾風之介、強者の三好兵部（香川良介）がいる。疾風之介を追っておりょうが八上城に向かう。彼を慕って彷徨するうちに弥平次に救われた加乃も、おりょうを追う弥平次と城に向かう。おりょうを捕えた十郎太は彼女をおとりに疾風之介をおびき出すが、流れ弾にあたって絶命する。城に戻ろうとする疾風之介におりょうがしがみつく。三好兵部は疾風之介の無事を祈りつつ、垂らした縄梯子を引き揚げる。疾風之介と加乃の仲を知ったおりょうは断崖から身を投げる。弥平次は琵琶湖に帰っていく。疾風之介は加乃と生きることにした。ふたりは何処へと去っていく。

戦国時代に生きる、三船敏郎、三國連太郎、市川段四郎が演じる三人の侍の激動のドラマである。浅茅しのぶ、山口淑子が扮する女たちが濃厚にからんでいく。三船の男らしさ、人間の心の弱さを見せる三國の存在感、繊細さを併せ持つ段四郎のたたずまい、そこに加わる浅茅と山口の女の色艶が映画に彩りを注ぐ。

三船は稲垣浩の監督作、黒澤明の監督作、どちらの〈顔〉でもあった。その彼の主演作ということで、稲垣の特徴である講談調時代劇映画の色合いが濃く出ることもあれば、ダイナミズムを感じさせる物語展開が三船の個性、持ち味とうまく合わさることで黒澤の映画カラーが表出することもある。侍三人、それぞれの運命にもてあそばれる人間の弱さ、愚かさをテーマのひとつに掲げる。戦国ロマンを色濃く表し出す時代劇映画としても成功している。その意味では、稲垣の通俗性が黒澤のそうした趣向よりも前面に出たと受け取るべきだろう。

一九五〇年代から六〇年代にかけ、稲垣は東宝時代劇映画を数多く撮った。小粋な作品もあれば、よく指摘されるように、大味感を否めない大作もある。本作は黒澤が脚本を手がけたのに、なにゆえか話題に上ることがない。多くの日本映画ファンの脳裏にも残っていないようだ。稲垣時代劇の特徴でもあるエンタテインメントの主張、横溢という面では高く評価されるべき作品である。

ところで、『戦国無頼』公開の前週（一九五二年五月十四日）に千葉泰樹の東宝作品『金の卵 Golden Girl』（白黒、スタンダード、一〇七分）が封切られた。藤本眞澄製作、井手俊郎脚本による、島崎雪子、岡田茉莉子、香川京子たちが出演した、映画界を舞台にしたバックステージものだ。この映画に三船は『戦国無頼』の佐々疾風之介の装束のまま〈賛助出演〉した。撮影所内の場面なので違和感などはなかった。ほかにも、稲垣浩、谷口千吉、山本嘉次郎などの監督たち、俳優も池部良、三國連太郎、原節子、越路吹雪、杉葉子、山根寿子たちが三船同様、特別出演の扱いで出ていた。

『金の卵 Golden Girl』に続く千葉泰樹の監督作、一九五二年七月十五日封切りの東宝作品『東京の恋人』（白黒、スタンダード、九七分）で三船は原節子と共演した。戦前から秀作を撮ってきた巨匠・名匠クラスの監督たち、庶民に娯楽を与える目的に絞ったプログラム・ピクチャー作りに長けた匠《たくみ》たちは、東宝の映画製作体制が安定期に入ったことでどちらもさほど大きな障害なく、映画作りに没頭することができた。日活、南旺映画、大映東京、新東宝を経てきた本作の監督、千葉泰樹もそうした時流に乗って東宝で活発な活動を展開していた。「ダイヤモンドの輝き 眞珠の肌ざわり 珠玉の明朗都会篇！」に飾られた『東京の恋人』は、銀座で絵描きをしている原節子が森繁久彌、三船と丁々発止のかけあいを見せる諷刺の効いた人間ドラマで、千葉の軽いタッチが楽しめる。製作は藤本眞澄と熊谷久虎、脚本は井手俊郎と吉田二三夫だ。見もののひとつに当時の東京の風景、風俗があげられる。一例を差し出せば、勝鬨橋などは現在では貴重な映像だろう。戦後まもなくの東京を舞台とした映画は社会文化史、風俗史、都市論、環境論、等々の面からも注目されているが、本作などはその格好の教材となる。

その後、三船は『銀嶺の果て』(一九四七／東宝)で出会った谷口千吉、伊福部昭と久々に顔を合わせる。一九五二年十月二十三日公開、田中友幸プロデュースによる東宝作品『激流』(白黒、スタンダード、九六分)である。三船、谷口、伊福部が揃うのは『愛と憎しみの彼方へ』以来、およそ一年半ぶりだ。監督は谷口千吉、脚本は谷口と西亀元貞の共同執筆、撮影は山田一夫、美術は北猛夫、音楽は伊福部、録音は保坂有明、照明は西川鶴三の担当となる。主演の三船敏郎を囲む共演陣もなかなか豪華で、久慈あさみ、島崎雪子、若山セツ子、田代百合子、多々良純、清水将夫、佐々木孝丸たちが作品を支えた。

東北山中にある、ダム工事のために建てられたバラックの町。そこに技師・小杉俊介(三船敏郎)が配属される。両親を亡くし、松田所長(清水将夫)の世話で労働者たちの飯場で働くリウ(久慈あさみ)が俊介を事務所に送る。俊介は地盤の緩みから犠牲となった人の葬儀に立ち会う。歓迎会の最中、茂吉老人(高堂國典)の孫娘で芸者の雛菊(田代百合子)がチンピラにからまれたので俊介は彼女を救った。雛菊も俊介に惹かれる。現場作業員の子を妊娠して川に身投げしたお初(若山セツ子)も彼は助ける。俊介には陽子(島崎雪子)という恋人がいる。俊介は手紙を出しているが、ふたりの距離感は縮まらない。俊介と別れよう、と陽子が彼を訪ねる。彼は陽子の想いを察知できない。陽子は話ができずに帰京する。俊介はダム工事を促進させる。工事が終わると仕事を失う男たちが作業を遅らせるために坑道爆破を企てた。信州(多々良純)がダイナマイトを仕掛ける。権二(佐々木孝丸)の密告で計画を知った俊介がダイナマイトの導火線を引き抜く。俊介の行動を目の当たりにした信州がダイナマイトに飛びついた。俊介は重傷を負う。俊介の入院中に村民の立ち退き話が進む。土地を捨てられない茂吉は自ら命を絶つ。種々の困難を克服してダムは完成する。俊介は陽子から別れの手紙を受け取る。手紙を焼却する俊介の前にリウが現れる。リウは俊介に別れを告げる。九州の飯場に働きに出る、と。俊作もリウとともに九州に行くことにする。

三船主演による、ダム工事現場を舞台背景に据える人間ドラマ映画だ。荒々しい男たちの世界が重く描かれるなか、三船、久慈あさみ、島崎雪子を中心とする男と女の劇的ファクターが核心をつとめる。ダム工事によって失われていく古きよき日本の風景、文明のために淘汰される、かよわきものの悲哀といった要素も同時にかもし出される。中盤からクライマックスにかけての活劇描写も迫真的な作劇がほどこされる。三船のキャラクターを知り尽くす谷口らしい仕上がりとなっている。人間ドラマだが、娯楽映画の魅力も十分にある。人間劇と活劇の配分がほどよい調和を見せている。谷口映画のなかでは今ひとつ存在感がない。だが、観応えはある。

この時代、谷口は活劇要素が濃く、重量感に満ちた、雄々しい映画を積極的に放っていた。男性映画作家の個性を見せていた。本作もそのうちの一本となる。三船のスター性、キャラクター性をふまえた物語作りがなされた。この時代では当然の方向性であり、日本映画界での三船のポジションをさりげなく示している。一九五〇年代初期に作られた東宝活劇映画には珠玉作が少なくなかった。本作をそのなかに加えてもおかしくはない。

一九五〇年代の前半期、第一線級の監督という立場で黒澤明、谷口千吉、稲垣浩、山本嘉次郎、千葉泰樹、豊田四郎、丸山誠治、杉江敏男、大映から参加してきた佐伯幸三らが精力的に東宝で創作を行った。本多猪四郎もまた己の映画監督人生の幕を開ける。

森岩雄からの誘いを受けてP・C・L映画製作所の製作部演出課に入った本多は、谷口、亀井文夫と同期だった。一歳年上にはなるが、撮影所では一年後輩となる黒澤とはともに山本嘉次郎を師に持つという関係だった。しかしながら本多の監督デビューは彼らよりも遅れた。都合三回、兵役についたからだ。黒澤は一度も軍隊に行かなかった。一方の本多は三度の召集。人間の運命に想いを馳せずにはいられない。

本多は「東宝争議」中に撮影所に復帰した。不安定な状況下、助監督修業をしばらく続け、文化映画二本の演出を経て『青い真珠』(一九五一／東宝)で劇映画監督に昇進した。一九五二年十一月二十七日、黒澤、谷口と盟友の間柄になる彼の演出による三船主演作が東宝邦画系封切り館にかかった。東宝作品『港へ来た男』(白黒、スタンダード、八八分)という海洋活劇映画である。三船は熱血漢の船員に扮した。

志村喬が演じる頑固者の捕鯨船ベテラン船長・岡部と、三船が演じる、インテリではあるが、粗削りの男らしさを併せ持つ若者の船員・新沼のぶつかり合いが主軸を貫く。梶野悳三の『踊れよ怒濤』を本多と成澤昌茂が脚色した。製作は田中友幸、撮影は完倉泰一、美術は北辰雄、音楽は斎藤一郎、録音は藤好昌生、照明は森茂といった布陣が採られ、三船敏郎、志村喬のほかに久慈あさみ、小泉博、田代百合子、藤原釜足、富田仲次郎、恩田清二郎などが出演した。

日本唯一の捕鯨基地がある金華山の港。新米乗組員・新沼五郎(三船敏郎)は捕鯨船「天洋丸」への乗船を希望する。漁業会社の所長(藤原釜足)は無謀だという。新沼は「天洋丸」の船長で日本一の鯨獲り、岡部(志村喬)に憧れている。乗船が許された新沼は船員たちに歓迎される。岡部は自堕落な生活から脱却し、静かな老後を過ごしたいと思っていた。町の料亭「喜楽」の娘・園子(久慈あさみ)に言い寄る。だが、園子の心は新沼に向かっていた。苦々しい想いを胸に岡部は「天洋丸」を出航させる。岡部が以前に捨てた女が産んだ息子の西沢信吾(小泉博)が父親を慕って船に乗り込む。「天洋丸」が大鯨を射ち損なった。岡部は鬱憤を新沼にぶつける。その夜、新沼は酔った勢いで岡部へ不満を表し、暴力をふるう。新沼は「天洋丸」の船員を辞める。所長の厚意で新沼は「第一富久丸」の船長となり、「天洋丸」と漁を競うようになる。園子を強引に妻にしようとしたり、船員に八つ当たりをしたりする岡部に愛想を尽かした信吾は新沼側につく。周囲の反対も聞かず、岡部は荒天の海に「天洋丸」を出すが、座礁してしまう。新沼と信吾は「第一富久丸」で駆けつけ、岡部と船員たちを救助する。船団が南氷洋に出航する。デッキには岡部、新沼、信吾がいる。三人で南氷洋に乗り出すのだ。彼らを見送る桟橋には新沼の妻となった園子、信吾の恋人・あけみ（田代百合子）の姿もあった。

「男 意気地が情に泣いた港 夜霧にドラが鳴る」と宣伝された映画だが、男、情、港、夜霧など、この種の映画につきものの小道具にあまり意味はなく、三船と志村の対峙が映画の核に置かれる。岡部（志村）と彼の息子・信吾（小泉博）の葛藤劇も盛り込まれる。料亭の看板娘をめぐる男たちの恋の鞘当ても入り込む。内容は盛りだくさんだ。

三船は若さをあふれさせる人物を力いっぱいに表現した。正攻法な演技を見せる。老練の味をかもし出す志村よりも三船のほうが人間的には優っているという設定も興味深い。いささか意表をつくキャラクター造形だった。三船の男らしさは存分に出ており、三船ファンも安心して観られる。本多の真面目な姿勢がうかがわれる。

本多猪四郎といえば、東宝SF特撮怪獣映画をどうしてもあげなければならない。本多は本作で円谷英二と初めて組んだ。クライマックス・シークエンスでは早くもスクリーン・プロセスを多用している。この点でも特筆したくなる作品である。三船と本多のSF特撮怪獣映画は縁がなかった。〈特別出演〉でも十分だからゴジラと〈共演〉する三船を観てみたかったという向きは多いだろう。

二 『吹けよ春風』（一九五三：谷口千吉）『抱擁』（同：マキノ雅弘）『ひまわり娘』（同：千葉泰樹）『太平洋の鷲』（同：本多猪四郎）

一九五三（昭和二十八）年となる。三船はまずは一月十五日公開作、谷口千吉の監督作である『吹けよ春風』（東宝)に主演した。本多猪四郎の『ゴジラ』(一九五四／東宝)の脚本家として広く認知されている村田武雄のメガホンによる『親分の青春』(東京映画)との二本立てでの封切りだった。

三船が演じる人情家のタクシー運転手がかかわる八つのエピソードをオムニバス風に見せる、谷口と黒澤明が共同で脚本を書いた人情劇映画である。「朝はシンミリ巷の人情 晝は明るい銀座の街角 夜はスリルに酔どれ喜劇 俺はスピード円タク紳士」という宣伝文でも雰囲気は伝わってくる。白黒、スタンダード、上映時間は八三分。製作は田中友幸、撮影は飯村正、美術は小川一男、音楽は芥川也寸志、録音は三上長七郎、照明は森茂による。三船敏郎の共演者は岡田茉莉子、小泉博、青山京子、越路吹雪、小林桂樹、藤原釜足、小川虎之助といった人々だ。

松村(三船敏郎)はタクシー運転手だ。車内の女(岡田茉莉子)がすねたので男(小泉博)が抱き締めてキスをしたが、女は空腹を訴える。百円で行けるところまで、と子どもたちが乗り込む。銀座で百二十円になったので降ろすが、子供たちは帰り道がわからない。松村は無料で送った。家出少女(青山京子)を東京駅で降ろした。気になってあとを追うと、怪しい輩にからまれている。松村は少女を連れ戻す。日劇の前で宝塚スター・淡路ひかる(越路吹雪)を乗せる。ふたりは車中でデュエットを唄う。早慶戦帰りの酔漢(小林桂樹、藤原釜足)を乗せた。松村は翻弄される。築地で老夫婦(小川虎之助、三好栄子)が乗った。今日は結婚記念日だが、大阪から転居したばかりで友人がいない、生きがいもない、という。給油所で女店員(島秋子)から花をもらった松村はふたりにわたす。老夫婦は彼を自宅に招き、食事をふるまう。横浜で乗車した男(三國連太郎)が拳銃を構えた。松村の機転で銃を奪われた男は警察に突き出される寸前で逃走する。松村の指紋で男が銃に残した指紋が消えた。復員兵風の男(山村聰)と妻風の女(山根寿子)を乗せた。男は刑務所帰りで、妻は子供たちに父親が復員すると嘘をついていた。男は帰宅が怖い。家の周辺を何度も周り、ふたりは家に入った。松村が街で停車するとあの家出少女が走ってきた。母親と買い物中らしい。松村は少女に「メリークリスマス」と声をかけ、タクシーを出した。

黒澤明としては、監督作『生きる』と『七人の侍』(一九五四／東宝)のあいだに置かれるものだ。他者の監督作の脚本を積極的に書いていた時期の一本にあたる。自身の監督作のはざまの、一種の箸休め的に執筆したという感覚があったかもしれない。

本作の生命線は、端的にとらえれば物語性となる。タクシー運転手が垣間見る、名もなき庶民のそれぞれの人生模様、彼らの生きている証。それらが成分となって映画に練り込まれる。黒澤と磨き上げた脚本をいかに谷口が映像化し、語り上げていくか。ここに本作の価値はゆだねられる。車中で口喧嘩をする男女が仲直りをするエピソードから、自動車に乗ったことのない子供たちを東京見物させ、家出少女を心配するが夜の街で見失ってしまい、日劇前で宝塚の大スターを乗せて「黄色いリボン」の替え歌をふたりで熱唱し、早慶戦帰りの酔っ払いが走行中のタクシーで行う悪ふざけに困り果て、大阪から引っ越してきた老夫婦に生きがいを見出させ、タクシー強盗に遭遇して事件に捲き込まれそうになり、刑務所に入っていたことを子供たちに隠して復員兵として家に帰ろうとする男とその妻のドラマを目の当たりにし、と進めていく。そして先の家出少女と再会するという観客の感情を刺激するエピローグで映画を締めくくる。ヒューマニスティックでハートフルな物語世界は、東宝娯楽映画の真髄を指し示している。

今では埋もれた作品となっているが、戦後まもない時代に濃密な協働作業を展開した谷口と黒澤が生み出した一本として注目すべきだろう。映画の印象度を高めたのが、タクシー運転手を演じた三船だった。彼が本作で見せるさわやかで正義感に満ちる好青年ぶり。これも大きな見どころとなった。

吹けよ春風
【日本映画傑作全集】キネマ倶楽部（VHS、廃盤）

一九五三年の三船作品は、主演作ではなく、三船が共演側にまわった作品、または三船が出演者のひとりとして画面に出てくる作品が比較的目立った。同年三月十一日に初日を迎えたマキノ雅弘監督作『抱擁』(東宝)は、山口淑子主演による、雪崩に捲き込まれて死んだ恋人のことを想い続けながら場末のバーで働く女が、クリスマス・イブの雑踏でその恋人と瓜ふたつのギャングの男と出会って……というメロドラマ映画だ。「雪崩のように押し寄せる愛の激情！　薔薇のように美しくはかない恋の詩歌」はいかにもオーバーだが、核心はついている。この時代の日本映画では比較的珍しい内容となろうか。やはり監督をマキノがつとめた点が興味を呼ぶ。ヒロイン・山口淑子の運命の男を演じるのが三船だ。彼は本作で本格的な二役に挑んだ。

製作は田中友幸、原案は八住利雄、脚本は西亀元貞、梅田晴夫、撮影は飯村正、美術は小川一男、音楽は芥川也寸志、録音は保坂有明、照明は西川鶴三。出演は山口淑子、三船敏郎、志村喬、小泉博、平田昭彦、堺左千夫、山本廉、宮口精二など。白黒、スタンダード仕様で上映時間は八七分となる。

クリスマス・イブの銀座。バー「山小屋」の雪子（山口淑子）は、雑踏の人混みでかつての恋人にそっくりな男に出会う。「山小屋」で雪子は、花瓶に黒百合が刺さっているのに驚く。詩人の沼田（山本廉）からの贈り物だ。周りには画家の内村（堺左千夫）、山岡（平田昭彦）、渡辺（志村喬）、三平（小泉博）らがいる。山岡が雪子に求婚した。それを契機に皆も彼女にプロポーズをする。雪子は身の上話を始める。旅をしていた雪子は吹雪で行き倒れた。彼女を助けたのが営林技師の伸吉（三船敏郎）だった。たがいに惹かれ合い、結婚を約束したふたりだが、伸吉は雪子へ黒百合を贈ろうと谷間へ行き、雪崩に遭って死んだ。傷心のまま東京へ出た雪子は「山小屋」に勤める。山岡たち若く貧しい芸術家が雪子の常連客となる。雪子に恋していた沼田が自殺した。雪子は店を辞めた。東京へ出て二年が経った。雪子はクラブ歌手をしている。ある日、仲間ふたりに追われたギャングの早川（三船敏郎）がクラブに逃げてくる。雪子は驚愕する。伸吉に生き写しなのだ。雪子の機転で逃れた早川だが、追いつめられ、ひとりを射殺する。雪子は早川を雪の山小屋へ連れていく。だが、警官隊が近づいてくる。ふたりは大雪の谷底へ逃走する。大雪崩が起きる。ふたりは雪崩のなかに消える。

マキノ雅弘は当時、東宝で「次郎長三国志」シリーズを展開していた。本作の公開が一九五三年三月十一日だから、同シリーズの第二作目『次郎長三国志 次郎長初旅』（一九五三年一月九日公開）と第三作目『次郎長三国志次郎長と石松』(同年六月三日公開)のあいだに製作されたのだろう。マキノが「次郎長三国志」に没頭するかたわら、こうしたメロドラマそのものの映画を撮っていた事実は少々意外に思える。そのような側面からも珍作と受け取れる。

主人公はあくまで山口淑子だ。彼女が歌を披露する趣向もある。山口と三船による甘美なメロドラマが縦軸に置かれ、志村喬や堺左千夫、本作がデビュー作となった平田昭彦(彼が本多猪四郎の『ゴジラ』に出演するのは一年後だ)など、山口の周りに集まる若き芸術家たちの物語が横軸をつとめる。舞台も東京と雪山とほどよい案配でコントラストがつき、観る者を飽きさせない。志村が芸術家に見えないとか、山口をめぐる芸術家たちの思惑がよくわからないとか、緊張感に欠けるシーンの積み重ねが鼻につくとか、重要な小道具である黒百合の扱いがあまりに唐突だとか、マキノの演出に起因する欠点は多くあるが、いかにも誠実な男と翳りを持ったギャング、一本の映画のなかでこの二種の役を違和感なくこなす三船の芸達者ぶりがそれらを覆い隠す。三船の映画史を顧みる際の外せない一本に本作を選んでもそう奇異とはならないだろう。マキノ雅弘と三船の顔合わせ作も貴重といえる。クライマックスの雪山での活劇シークエンスも迫力がある。

宝塚歌劇団から東宝の専属女優となった有馬稲子の第一回主演作である『ひまわり娘』(東宝)にも三船は助演した。白黒、スタンダード、上映時間は八七分。公開は『抱擁』の二週間後の一九五三年三月二十六日だ。源氏鶏太が雑誌「婦人生活」に連載した原作小説を長谷川公之が脚色し、戦後、主に現代劇映画の演出で好調を保つ千葉泰樹が監督をつとめた。

千葉は一九五一年に『若い娘たち』(東宝)を東宝系邦画封切り館に出す。当時、ブーム現象を起こしていた石坂洋次郎の青春小説を映画化したものである。千葉は一九五六(昭和三十一)年に東宝の専属となるが、それ以前の彼の東宝での屈指作に推せる。この題材はのちに岡本喜八が一九五八(昭和三十三)年に再映画化し、千葉作品はその影に隠れてしまった。だが、『サラリーマン目白三平』(一九五五)『続 サラリーマン目白三平』(同)

『吹けよ春風』『抱擁』『ひまわり娘』『太平洋の鷲』

を東映東京で放ち、東宝「社長」シリーズの開幕を告げた『へそくり社長』(一九五六)『続 へそくり社長』(同)を手がけたことで千葉はヒットメーカーの仲間入りを果たし、その流れと勢いで彼の代表作となる「大番」四部作(一九五七、五八)へと至っていく。『ひまわり娘』は千葉の懐《ふところ》の深さが東宝映画内で存分に発揮された一本とみなされる。

メインスタッフは、製作・藤本眞澄、撮影・山田一夫、美術・河東安英、音楽・黛敏郎、録音・小沼渡、照明・大沼正喜となる。有馬稲子、三船敏郎、伊豆肇、木匠マユリ、三好栄子、清水将夫、村瀬幸子、井上大助たちが銀幕を飾る。

藤野節子(有馬稲子)は東京化学工業に入社する。お茶好きの日立一平(三船敏郎)が上司兼指導係だ。ふたりは親密になる。女性事務員が男女同権を叫んでお茶汲みストライキを決行する。一平にお茶を淹れたため、節子は彼女たちから非難される。節子は堂々とストに反対する。ベテランの山野直子(荒木道子)が節子の勇気を称え、男性社員にしっかりと交渉するからストはやめよう、と皆に告げ、ストライキは収拾する。同社に経営見習いで勤める、女性事務員の憧れの的、田込産業の御曹司・田込良助(伊豆肇)は節子に惹かれる。良助から交際を申し込まれた節子はなんとなく承諾する。良助は節子を懸命にもてなすが、彼女の反応は今ひとつだ。節子は、家族を養うためにキャバレー勤めをする同僚の井田幹子(沢村契恵子)が男とホテルで密会する光景を目撃する。節子は黙っていたが、幹子の秘密が噂になった。幹子は節子の仕業だと思い込み、彼女が男と外泊した、と言いふらす。節子は窮地に陥るが、取引先の社員が幹子の行いを密告したとわかった。幹子は辞職した。節子と良助の結婚話が進む。ふさぎ込む節子。父の宗平(清水将夫)は娘に好きな男がいることを知る。一平だ。その一平は節子の家族の前で彼女に求婚する。節子はふたつ返事で応じる。

大手企業に勤務する女性社員、というと世間が一目置いた時代である。しかし、実態はお茶汲み程度の仕事が割り当てられるにすぎなかった。事務用コピー機はまだ存在しない。男女差別が当たり前のようにまかり通っていた。そうした時世に生きる彼女たちの日常を描きつつ、世間知らずの娘が社会に出て、種々のトラブルに捲き込まれてもめげることなく、果敢に正面からぶつかっていく姿を描く。だから「清く明るく美しき「ひまわり」のごとくあれ！」「源氏鶏太が貴女のために筆を執った「サラリーガール映画」東宝ならではの青春女性譜！」などのポジティブな惹句が打たれた。

ヒロインを見つめる千葉の視線が温かい。三船や伊豆肇に好意を寄せられて困る有馬の表情の演技を、彼女のアップカットを多用して細かくとらえるなど、宝塚歌劇団の大スター、有馬稲子の東宝入社第一回作らしく、彼女の魅力をとことん観る側に伝えよう、観客を彼女の虜《とりこ》にしよう、という作り手側の思惑が随所に拾える。三船をはじめ伊豆、千秋実ら男たちは有馬の引き立て役でもある。もちろん彼女の同僚役の女優たちもそうした位置づけだ。千葉の演出が脇役をつとめる俳優たちの持ち味を存分に引き出した。現代に通ずる男女同権問題、職場における男女格差問題が昭和二十年代から叫ばれていた事実に驚く向きもあろう。そうした問題を本作は観客にソフトに差し出した。

映画ファンの多くは、三船敏郎というと時代劇映画を想起するともいう。一方、戦争映画の印象度も相当に強いだろう。三船敏郎イコール軍人、というイメージを抱く向きも少なくない。たしかに一九六〇年代後期から一九七〇年代初期における東宝のドル箱、「8・15」シリーズでの三船の存在感は圧倒的だった。終戦時、三船本人は上等兵だったが、映画の世界の三船は将官クラスだった。岡本喜八監督作『日本のいちばん長い日』（一九六七）、丸山誠治監督作『連合艦隊司令長官 山本五十六』（一九六八）『日本海大海戦』（一九六九）を三船の代表作にあげても違和感は生じない。三船が初めて東宝戦争映画にかかわったのが、本多猪四郎がメガホンを執った『太平洋の鷲』（白黒、スタンダード、一一九分。一九五三年十月二十一日封切り）である。「真珠湾奇襲攻撃、ミッドウェイ海戦、ラバウル空戦の太平洋決戦を抉る」

太平洋の鷲 東宝 DVD 名作セレクション
TDV-26175D

のキャッチコピー、「日本連合艦隊はかく戦えり」の副題が大衆の関心を買った。

山本五十六を悲劇的な軍人としてとらえるこの映画は、本多にとっての初の大作となった。製作は本木荘二郎、脚本は橋本忍、撮影は山田一夫、美術監督は北猛夫、美術は阿久根巌、音楽は古関裕而、録音は宮崎正信、照明は大沼正喜、応援監督は小田基義、特殊技術は円谷英二、渡辺明、向山宏。出演者はオールスター・キャストが採られたが、大河内傳次郎、二本柳寛、清水将夫、三船敏郎、三國連太郎、小林桂樹、志村喬、菅井一郎などがメインにあたる。三船は真珠湾攻撃隊長の友永大尉を演じた。

第二次近衛文麿内閣が三国同盟を締結する。次の東條英機内閣は日本を戦争に押し進めていく。連合艦隊司令長官・山本五十六（大河内傳次郎）は最後まで交渉妥結を願っていたが、真珠湾攻撃の火蓋が切られる。真珠湾奇襲作戦の大成功に昂揚した日本軍の首脳部は、山本が唱える慎重論にまったく耳を貸さずに戦線拡大にひた走っていく。次に、北太平洋のミッドウェーで米国機動部隊と激しい交戦を行う。ところが、日本側の作戦計画を米国は事前に入手していた。日本海軍が誇る空母「赤城」「加賀」などが次々と撃沈された。唯一免れた「飛龍」から友永大尉（三船敏郎）をはじめとする機動部隊が十五機の雷電で飛び立ち、米軍空母「ヨークタウン」を沈める。しかし、やがて「飛龍」も米軍の第二次大編隊の総攻撃を受け、海の藻屑と消える。ミッドウェー海戦の敗北を境に、太平洋戦争の主導権は完全に米国が握る。パプアニューギニアのラバウルでも日本軍は辛酸をなめる。山本はトラック島を引き揚げる前に九二式重爆に搭乗し、前線視察にのぞむ。ブーゲンビル飛行場が近づいたときだった。待ち伏せしていた米軍のＰ38機が一斉に攻撃してきた。これが山本の最期となった。

東宝男優陣がこぞって出演した戦争映画大作だ。スペクタクル・シークエンスは円谷英二が率いる円谷組による特殊撮影が計り知れない効果を呼んだ。本編、特撮、記録フィルムが入り混じる。森岩雄の提唱のもと、ピクトリアル・スケッチ（絵コンテ。イメージボード）が導入された。本作は本編班と特撮班に撮影が分かれる。脚本だけではイメージが湧きにくい。スタッフ間の意思統一、意思疎通が難しい。一目で理解できる絵で表現することで、そうした問題を解消しようとした。従来のスクリーン・プロセスよりも巨大なものが設置された。本多と円谷と田中友幸（プロデューサー）、三者による特撮映画の初作品でもある。製作・撮影システムの充実、環境の整備、特殊技術の向上。東宝特撮映画の夜明けをうたった。

山本五十六は日米開戦を危惧し、最後まで異論を唱え、平和的早期解決の考えを持っていた。ところが、時勢に翻弄され、連合艦隊の指揮を執って大勢の兵士たちを前線に送り、自らも先頭に立った。そうした軍人の人間描写に主なドラマがあてられた。葛藤に苦しむ人間劇でもあった。真珠湾攻撃やミッドウェー海戦など、円谷英二の特殊撮影による戦争スペクタクル映画の性格も強いが、本多の視点はそこにあった。前半は山本五十六の人物像に焦点が合わされ、真珠湾攻撃あたりからは戦争スペクタクル映画となる。己の意思とは裏腹に対米戦略の矢面に立たされた山本五十六の悲劇を描きたい。そうした本多の想いに相反し、戦争活劇映画の要素も前面に出さなくてはいけない。本多も今ひとつ乗りきれなかった部分があったかもしれない。

三船は主演者ではなかった。ではあるが、三船が出てくると俄然華やかさが生まれた。真珠湾攻撃隊長というのもはまり役だった。これぞスター、という箔を見せつけた。撮影がときおり中断した黒澤明の『七人の侍』の合間に撮られたこともあり、三船は菊千代と同じ髭面だった。

本作で大河内傳次郎が演じた連合艦隊司令長官・山本五十六は、のちに三船の十八番《おはこ》となる。「8・15」シリーズの『連合艦隊司令長官 山本五十六』、堀川弘通監督作『激動の昭和史 軍閥』（一九七〇）、アメリカ映画でジャック・スマイトが監督した『ミッドウェイ』（一九七六／ミリッシュ・コーポレーション、ユニヴァーサル映画）で演じた。本作の大河内とは異なる山本五十六像をスクリーンに描き出した。現在でも山本五十六と聞くと三船を思い出す向きが多い。

東宝の戦争映画大作はオールスター・キャストが並べられるのが常だった。そのなか、三船の存在はまさに欠かせないものだった。

三　『七人の侍』（一九五四：黒澤明）

黒澤明の監督活動がひとまずの頂点に達したのが、一九五二年公開作の『生きる』（東宝）だった。黒澤のヒューマニスティックな作家性とセンチメンタルな感受性、その対極ともいえる痛烈なリアリズム感覚が横溢した、諸人が認める傑作である。『生きる』には絶賛の声が渦巻いた。「才人黒沢が、映画的手法を十二分に駆使して、人間の生命の問題に対決した力作」（田中純一郎著『日本映画発達史Ⅳ』／一九八〇中央公論社）とあるように、映画的飛躍法の斬新さをマスコミ、評論家筋は諸手をあげて支持した。一九五二年度「キネマ旬報」日本映画ベストテン第一位、第七回毎日映画コンクール作品賞も当然の結果とあまたの人々が受け取った。

戦後日本映画ベストワンの称号を繰り返し受けている『七人の侍』と並び、『生きる』が黒澤の最高傑作という見方は今でももちろん通用する。『羅生門』（一九五〇／大映京都）の第十二回ヴェネツィア国際映画祭金獅子賞受賞で黒澤は世界的映画監督の仲間入りを果たしたが、『生きる』と、世界の映画界に計り知れない影響を与えていく『七人の侍』の大成功により、その後の監督人生の行く道をさらに盤石なものとした。この二作が一九五〇年代東宝映画のシンボルであることもまた周知の通りだ。戦後日本映画の最高峰という賞賛は少しも翳りを見せていない。

一九五四（昭和二十九）年、本多猪四郎が東宝作品『ゴジラ』を監督した。前代未聞の〈水爆大怪獣映画〉は、絵空事をただ単に見せるものではなかった。鑑賞者の誰もが襟を正すべき主張性、テーマ性があからさまにはならない形でこの空想怪奇映画には込められていた。人間の科学がこのまま誤った方向に進み続ければ、いつの日かとんでもない悲劇を引き起こしてしまうのではないか。多大な責任と抑制意識を持っていなければ科学を扱う資格などないのではないか——。本多は『ゴジラ』ののちも東宝空想科学映画において、ときに力強く、ときにさらりと、形を変えて訴え続けていく。怪獣スペクタクル、人類対宇宙人の攻防を単純に描くのではない。映画の根幹にこうした強靭な芯があったからこそ、SF特撮怪獣映画は息の長い、東宝の大看板となっていった。本多もまた戦後、東宝の屋台骨を担っていく中心人物のひとりだった。そして伊福部昭もまた『ゴジラ』がのちの作曲家人生に大きくかかわっていく。

東宝の一九五四年は、東宝の歴史においてもきわめて重要な年である。成瀬巳喜男の『山の音』が一月に、黒澤明の『七人の侍』が四月に、稲垣浩の『宮本武蔵』が九月に、谷口千吉の『潮騒』が十月に、本多猪四郎の『ゴジラ』が十一月に出た。これらはいずれも今に語り継がれるものだ。三船も深く関与した。『七人の侍』の〈菊千代〉は常に彼につきまとうキャラクターとなった。また、『宮本武蔵』は一九五五年度の第二十八回アカデミー賞外国語映画賞（名誉賞）を受賞し、世間を大いににぎわせる一本となった。『潮騒』にも〈特別出演〉で顔を出した。

まずは一九五四年四月二十六日に初日を迎えた『七人の侍』（白黒、スタンダード、二〇七分）である。「野武士襲来！敢然と挑む徒手空拳の侍七人 痛烈無双最大の時代活劇」「野武士の襲撃を迎え激斗！決死の侍七人！」とうたわれた同作が日本映画の代表作であることは疑いない。世界の活劇映画のなかでも最高峰に置かれる一本である。こういった類《たぐい》の紹介はすっかり手垢にまみれているが、やはりこのように称するほかはない。黒澤明の代表作であることはむろん、世界で最も知られた日本映画であることも間違いない。二〇一八（平成三十）年には、英国放送協会（BBC）が「史上最高の外国語映画」の第一位に本作を選定した。活劇、時代劇といった枠組を超え、〈戦後日本映画、最大の作品〉と称してもなんら問題とはならない。現在ではポスターなどに「世界映画史に燦然と輝く黒沢時代劇不朽の名作！」「これぞ日本映画の旗！世界をゆるがせ映画史に驚異の文字を刻み込んだ輝ける黒澤巨篇！」「映画史上

七人の侍（2枚組）［東宝DVD名作セレクション］TDV-25080D

最強最高」「これぞ娯楽映画の原点。世界中を湧かせたあの興奮が再びスクリーンに甦える」などの惹句が踊る、まさしく国民映画中の国民映画である。

メインスタッフは、製作が本木荘二郎、監督・脚本が黒澤明、脚本には橋本忍、小国英雄も加わった。撮影は中井朝一、美術は松山崇、音楽は早坂文雄、録音は矢野口文雄、照明は森茂。志村喬、三船敏郎、稲葉義男、宮口精二、木村功、千秋実、加東大介、津島恵子らがメインキャストをつとめる。

戦国時代。野武士に襲撃される寒村で村人たちが対策を講じる。長老の儀作（高堂國典）が村を守る道はただひとつ、侍を雇って戦うことだ、と断を下す。利吉（土屋嘉男）、万造（藤原釜足）、茂助（小杉義男）、与平（左卜全）は侍探しに行く。飯が腹一杯食えるだけの仕事を受ける侍などどこにもいない。彼らは、庄屋に押し入った盗人（東野英治郎）を斬った歴戦の古豪・勘兵衛（志村喬）に頼み込む。懇願を受けた勘兵衛は、侍は最低七人必要だ、という。五郎兵衛（稲葉義男）、平八（千秋実）、七郎次（加東大介）、久蔵（宮口精二）、勝四郎（木村功）が加わり、百姓生まれの野人のような菊千代（三船敏郎）が六人に勝手についてきた。勘兵衛は防護柵や堀を作らせ、村人に竹槍を持たせて戦闘訓練を行う。万造に男装させられた娘の志乃（津島恵子）は勝四郎と恋を芽生えさせる。野武士が現れた。物見の三人を久蔵と菊千代が倒す。利吉の案内で久蔵、菊千代、平八は野武士の山塞に夜襲をかけ、火を放つ。野武士に掠奪された利吉の女房（島崎雪子）は、夫の姿を見ると火中に飛び込んだ。平八が敵に撃たれて死んだ。夜が明けると野武士が村を襲撃してきた。侍、村人たちは村を死守するが、五郎兵衛を失う。決戦前夜、志乃と勝四郎は納屋のなかで結ばれる。翌朝は大雨となった。十三騎に減った野武士が村になだれ込む。久蔵が倒れ、菊千代も敵の首領と刺し違えて息果てる。雨中の死闘は終わった。村人たちが田植え仕事に精を出す。勘兵衛がつぶやく。「勝ったのはあの百姓たちだ。わしたちではない」。

「日本映画は要するにお茶漬けでしょう？　もっとたっぷり御馳走を食べさせて、お客にこれで堪能したと言わせるようなものを作ろう。これがこの仕事の始まりです」（『世界の映画作家3 黒沢明』内「自作を語る」）。黒澤のこの言葉はあまりに有名だ。彼はまったく新しい角度から時代劇を考え直し、既成の時代劇を一掃する本物の時代劇を意図した。

はじめに黒澤は脚本家の橋本忍とともに、侍の一日を正確な調査に基づく時代考証で映画化しよう、と考えた。調査を進めていくと、浪人の身となった侍がどのように生活していたか、に疑問が向き、困窮したときは百姓に雇われて野武士の襲撃を迎え撃ったこともあったらしい、という事実が浮かんできた。ここから『七人の侍』の構想が始まった。

本作は製作面においても空前のものとなった。撮影期間はおよそ一年におよんだ。製作費は二億一千万円。これは当時の通常の作品でいえば約七本分の製作費にあたる。この時代、日本映画の興行形態は通常一本一週間上映だったが、本作は特例として二週間上映が採られた。

従来の時代劇が歌舞伎などで美化され、変型された様式美を継承していたのに対し、本作は可能な限り戦国時代のリアルな意匠を再現しようとした。臨場感をとことん追求した。野武士群が村に乱入して侍、村人たちと合戦を繰り広げるシークエンスでは、キャメラを三台用いて同じ動きをそれぞれ異なる距離と角度から撮影し、それを入念に編集した。合戦場面は多数の人間と馬が激しく入り乱れる。ショットを変えるごとに同じように撮影することは不可能だ。映像の勢い、迫力を損ねてしまう。そうした理由からこの撮影法が編み出された。この〈マルチカム方式〉は想像以上の効果をあげ、以後の黒澤作品では活劇描写に限らず、ほぼすべてのシークエンスでひとつの場面を複数台のキャメラで同時撮影する態勢が採られる。

映画構成、物語展開も実に練られたものだった。刈り入れから田植えまで、時間経過を確実に押さえ、前半は村を野武士の猛威から守ってくれる侍集め、智将・勘兵衛が納屋に立てこもった盗賊を斬るエピソード、ストイックに己の剣の道を突き進む久蔵が挑まれた果たし合いで見せる剣豪ぶりの挿話など、各侍の個性、キャラクターを紹介し、後半はその侍たちと野武士群の戦闘パートと、明確に分けた。三時間二十七分という、当時では前代未聞といえるほどの長尺だが、第一部、第二部と、休憩を挟むことではっきりと色分けされ、長さを少しも感じさせない。七人の侍、村人の利吉、万造、志乃、儀作、茂平をはじめとした登場人物のそれぞれに重いドラマを持たせ、あまたが一本の映画が作れるほどのキャラクターに描き上げられた。そうして侍と村人の決して相混じり合えない宿命、境遇、環境などを物語の進行とともにさりげなく、ときに声高に語っていき、エンディングでそれらの着地点を観る者に鮮やかに提示した。黒澤が助監督時代から持ち続けてきた「人間を描く手を緩めずに、壮大な活劇を組み上げたい」という夢を、この巨大な作品は果たし上げた。

三船は菊千代を演じた。『七人の侍』、三船敏郎というと菊千代を想起する人が多いに違いない。侍と軍人を大きなキャラクターに据えた三船だが、一般大衆のなかで彼が扮した役となると、具体的に役名まであがってくるのは本作の菊千代、黒澤明監督作『用心棒』（一九六一／黒澤プロダクション、東宝）の桑畑三十郎、『椿三十郎』（一九六二／同）の椿三十郎ぐらいだろうか。

三船が『七人の侍』、〈菊千代〉について、同作のレーザーディスク版のライナーノーツ内のインタビュー記事（「七人目の侍」）で述べている。数々の撮影エピソードを披露する、貴重このうえない発言である。

『七人の侍』（'54）では、はじめ菊千代はいなかったんだ。六人の侍さ。それで僕は宮口さんが扮した久蔵の役をやるはずだったそうだ。あの時は黒澤さんの他に橋本忍さんと小國（英雄）の旦那が熱海の水口園という旅館でホンを書いていたんだ。僕もちょくちょくのぞきに行ってましたよ。三人がそれぞれ書いたものをもって夕方集合し、ああでもないこうでもないってやってました。それで真面目な侍ばかりじゃ面白くない。型破りなのを入れてみよう、てんで菊千代さまが生れたわけです。これは三船ちゃんに任《まか》すから好きなようにやってよ、ってことになって自分で勝手にやらせてもらったんだよ。／菊千代なんてのは百姓上りで何もわからない奴だから、僕は地でいけたんだ。侍たちが村へ着いた時、百姓たちは戸を閉めて顔を出さない。菊千代がからかってわんわんワン！なんて言ったり、後足で砂をかけたりするの、あれも自分で考えたのよ。／木村功（勝四郎に扮す）が三船ちゃんの役は二日酔いでも出来るからいいよ、なんていいやがった。何を言ってんだ、手前だけ一人モテる役のくせに。／こっちは走ったり転んだり重労働だよ。

ヤセ馬の裸馬に乗った時も、つい安心していたら、ものの見事にふり落されてね、田んぼの中に大の字にひっくり返っちゃった。／馬の稽古はこの映画のためではなく、もっと前、成城の先に馬場があったから始めたんだ。志村のおじちゃんや千秋を誘って馬でもやろうよってね。はじめはみんな落っこちてばかりいてさ。志村のおじちゃんなんか俺は年だからイヤだイヤだ、ていうのを運動になって体にいいんだ、なんて騙して。結局、みんなけっこう乗れるようになったんだ。／馬ならこっちの言うことを聞いてくれるからいいけど、魚には参ったなあ。／伊豆長岡の藍壺のロケでしたよ。侍たちは岩の上で握り飯なんか食ってる。菊千代は食べるものがないから魚をとるんだけど、撮影は川に入って魚を捕まえて上ってくるまでワンカットだから、魚を持って川に入らなくちゃならない。でも裸だから隠すところといえばフンドシしかないのよ。そいつを水中でとり出して「捕ったぞーッハハハ」て侍に見せるんだが、魚っていうのは強くつかむとあばれて逃げるから軽くつかめって小道具さんに教えられてたんだ。はじめは鮒だったんだけど、そっと掴みすぎて二匹とも逃げられちゃった。今度は強く掴んだらやっぱりハネて飛んじゃった。予備の魚まで逃がしちゃったものでこれじゃ撮影が出来ない。じゃ、今逃がしたヤツを釣ろう、てんで釣竿を持って来て目の色変えて竿を振りまわすけど、そうすぐには釣れるわけねえよ。テンヤワンヤしてるうち、沼津まで魚を買いに行った小道具さんが飛んで帰って来た。鱒だったけどその方が早かったもので鱒になっちゃったんだ。そりゃ、逃げた鮒だってまたフンドシに入れられるかと思えば、二度と釣針なんかにかかりゃしないよ。ハッハハッ。／裸じゃない時の菊千代は、いつも腰にわらじと巾着と長い刀だ。巾着の中には煙草とライターを入れておけるから便利なんですよ。まあ、ライターも昔で言う火打ち石だから同じでしょう。／野武士が村へ攻めこんで来る時は、俺はあの長い刀をふりまわして入口のところで一人か二人斬ればよかったんだけど、黒澤さんに、おもしろいから何人か斬っちゃってよ、といわれてね。ヴァーッ、ヴァーッ、て片っぱしから斬ってやったんだ。そしたら黒澤さんが編集の時、これ見てよって俺を呼ぶのよ。ムヴィオラ（編集機）でフィルムを一駒ずつ見ても刀が全然見えないって言うんだ。三船ちゃんの早業には驚ろいた、て言うの。ハッハッ。だから映写すれば見えるんだけど、フィルムの駒じゃ見えないって。そんなの俺、知らねえもの。こっちは全力でやってるだけだから。／ラストの雨の合戦は寒かったの、なんのって。はじめのうちは夏過ぎたら終るだろう、て思ってたのにこの時は年を越して二月の寒い最中だもの。俺は素っ裸に鎧みたいなのを一枚つけてるだけで裸足にわらじで、泥んこがバリバリ凍ってる上を走り廻っていたんだから、いやあ、寒かったよ。零下何十度みたいなところへ雨をジャンジャン降らせて、走ったり轉んだり。がたがたふるえたよ。今じゃとても出来ないね。／外国からファンレターが沢山来てさ、俺が最後に死ぬところでケツッペタ出してたのがいいってさ。こっちはそれどころじゃなかったよ。ハッハッハッ。俺がいくつの時だったっけ。33才か。若かったんだなあ。

三船がここまでひとつの役についての話を披露するのは珍しい。もちろん聞き手が黒澤映画のスクリプターで気心の知れた野上照代だからだろうが、菊千代は三船にとっても忘れられないキャラクター、俳優・三船敏郎のひとつの象徴だったのだろう。

右の発言にあるように、クライマックスの雨中の合戦は二月の厳寒の時期に撮影された。大雪を融かした、霜柱の立つ田んぼのなか、ホースから水をかけられながら出演者は演技に没頭した。途中でみぞれも降ってきたという。俳優たちは頭から湯をかぶって撮影にのぞんだ。それでも志村喬も宮口精二も三船も、ガタガタ震えながら、カチカチカチ歯の根の合わないなかの撮影だった。特に三船は裸に褌、畳鎧という格好だったため、尋常ではない寒さ、冷たさだった。撮影終了後に一週間ほど慶應義塾大学病院に入院したという話も伝わっている。

本作には三船の見せ場がいくつもある。そのなかでも特に印象強い場面が中盤に出てくる。気弱そう、善良そうに見えた農民だが、実は落ち武者狩りをし、山ほどの戦利品を隠し持っていた。無邪気な菊千代はそれらを身体いっぱいに着け、勘兵衛たちの前に現れる。そこから三船の見せ場が始まる。黒澤はそのときの撮影エピソードを『全集　黒澤明』第六巻(一九八八／岩波書店)に収録された井上ひさしとの対談、「ユーモアの力・生きる力」で披露している。

農民がぶんどったものを担いできて怒られるとこがあるでしょう。そのなかで三船が泣くんです。そのとき、「おれ本来は百姓なんだから、泣くとき青っぱなたらしていいですか」というわけ。そんなこといったって、うまく出てくるわけない(笑)。「まあ、やってごらん」といってさ、そうしたらほんとに出てくるんですよね。青っぱなが。それですすり上げたりね。「汚いから、三船これおもしろいけど切るよ」と(笑)、でもそれやるんだものね。すごいよ、ほんとに出すんだもの。そんなこといったって出るわけないと思ったよ、僕はね。そうしたらちゃんと……。

本作で三船は、自身の前作にあたる『太平洋の鷲』の真珠湾攻撃隊長・友永大尉からはかけ離れた役を演じた。俳優だから異なる役柄を演じるのは当然だが、それを割り引いてもあまりに違う役柄だった。『太平洋の鷲』に限らず、種々の役でスクリーンに己を描き出してきた三船よりも、菊千代に扮した彼は若々しく、初々しく映る。役に出会うこと、監督に出会うこと、これは俳優にとってきわめて大きな財産となる。

『七人の侍』は、同年の第十五回ヴェネツィア国際映画祭に出品するために黒澤自ら映画祭規定に合わせて一六〇分に再編集し、結果、サンマルコ銀獅子賞を受賞した。その功績を讃え、同年の秋にこの再編集版が〈凱旋公開〉された。三船は本作で一九五五年の英国アカデミー賞外国語映画部門の主演男優賞を受賞した。

四　『宮本武蔵』(一九五四：稲垣浩)『潮騒』(同：谷口千吉)

一九五二年、新東宝との提携、東映との提携配給が円滑に運ばなかったことが大きな理由となり、東宝はすべてを自社製作作品でまかなう方式に切り替えた。傍系会社(宝塚映画、東京映画など)を設立し、東宝配給で全国の東宝系邦画上映館に提供するシステムを築いたのだ。森岩雄製作本部長をトップにして藤本眞澄、田中友幸、本木荘二郎、加藤譲たちがプロデューサー・グループを作り、映画製作を進める。そうした取り組みが奏功し、この年は幾本もの優れた映画が生まれる。その頂点を示したのが黒澤明の『生きる』である。同作の高評価で東宝はより自信を深め、バラエティーに富む作品群を生み出す体制を固めていった。

黒澤の『七人の侍』が象徴していると思えるが、東宝も時代劇映画を売り物とした映画会社だった。三船が大活躍する時代劇映画が『七人の侍』から五ヶ月後の一九五四年九月二十六日、東宝系邦画封切り館にかかった。吉川英治原作『宮本武蔵』の戦後初の本格的映画化作品となった、稲垣浩監督作『宮本武蔵』(東宝)である。

東宝時代劇映画は稲垣浩が先陣を切る形で展開していた。稲垣は一九二八(昭和三)年に日活向島の俳優から助監督に転身し、同年、伊丹万作の脚本作『天下太平記』(片岡千恵蔵プロダクション)で監督となった。片岡千恵蔵プロダクションからの勧誘を断った伊藤大輔の紹介と思惑があったという。

時代劇映画の若き才能として稲垣は自身の脚本で『番場の忠太郎 瞼の母』(一九三一／片岡千恵蔵プロダクション)『弥太郎笠』(一九三二／同)を発表する。トーキー映画では『旅は青空』(同)などを監督し、己の時代劇カラーを作っていく。刀を抜いて憎き仇を討って、とただ単に観客に快感を味わわせるだけではなく、スターの個性を重視し、作劇や状況設定に細かい配慮を注いだうえでの明朗時代劇映画を打ち立てる。それまでの剣戟映画とは一線を画するものだった。千恵蔵の剣術に難があったから、という理由が真相のようではあるが。その後、稲垣は『無法松の一生』（一九四三／大映京都）で己の名を揺るぎないものとし、現代劇もなんら苦にしない実力を映画界に見せつける。

百花繚乱という形容も脳裏をかすめる稲垣時代劇映画が東宝の、日本映画の輝かしい歴史を積み上げていく。一九五四年、稲垣は以前から採り上げてきた宮本武蔵ものの決定版を企図した「宮本武蔵」三部作を東宝でスタートさせる。『宮本武蔵』（一九五四）『続 宮本武蔵 一乗寺の決斗』（一九五五）『宮本武蔵 完結篇 決闘巌流島』（一九五六）の三本は、国民的小説として広く浸透する吉川英治の『宮本武蔵』を原作に、三船が演じる新免武蔵《たけぞう》が立身出世を夢見て関ヶ原の戦いに馳せ参じる開幕から、鶴田浩二が扮する佐々木小次郎との巌流島の決闘に至るまでの流れを、強引な面はかなり目につくものの、要領よく進めていく。力業の劇運びのなか、カッティング・ワーク、インサート・カットを重ねて映画リズムを生むなどの稲垣映画語法があふれた。停滞感や大味感も併せ持つ稲垣らしい出来栄えという声もあがったようだが、一九五〇年代中期の日本映画の鷹揚な空気がより表面に出たと受け取ることもできる。稲垣の東宝時代劇映画作品の最初の象徴作となった。

「しかも武蔵は往く 剣と恋のいばらの道 雄渾華麗の愛憎絵巻」「剣か恋か！ 花と夢と焔の女たちが武蔵をめぐる恋絵巻!!」などと飾られた、第一部となる『宮本武蔵』（イーストマンカラー、スタンダード、九四分）は、波瀾の展開となる第二部、終章となる第三部に用意される大きな見せ場に物語を運んでいくための前章という性格が強い。関ヶ原での武蔵と又八の挫折から、三年の修行を終えた武蔵が姫路城でお通に別れを告げ、新たな局面に向かっていくまでが描かれる。

宮本武蔵【東宝 DVD 名作セレクション】
TDV-28230D

プロデューサーは滝村和男がつとめた。吉川英治の原作を劇作家・著述家の北條秀司が劇化し、それを若尾徳平と稲垣が脚色した。撮影は安本淳の担当、美術は伊藤熹朔と園真、音楽は團伊玖磨、録音は三上長七郎、照明は森茂が担った。俳優陣は三船敏郎をはじめ、三國連太郎、尾上九朗右衛門、八千草薫、水戸光子、岡田茉莉子、三好栄子、小沢栄といった顔ぶれが揃えられた。

新免武蔵（三船敏郎）は幼馴染みの本位田又八（三國連太郎）と美作国宮本村を出て、関ヶ原の戦いに加わる。味方は戦に敗れ、傷を負ったふたりは伊吹山中を彷徨する最中、お甲（水戸光子）と朱実（岡田茉利子）母娘に救われる。又八は朱実に心を奪われるが、朱実は武蔵に惹かれる。辻風典馬（阿部九洲男）一群が母娘の屋敷を襲撃する。武蔵が木刀で追い返した。武蔵にお甲が迫るが、彼は拒絶する。お甲は腹いせに又八と関係し、朱実を連れて京へ向かう。武蔵は又八の母・お杉（三好栄子）に彼の生存を知らせようと宮本村に帰る。武蔵を恨むお杉は、彼が関所で暴れたことを知り、役人に通報する。武蔵は山に隠れる。沢庵和尚（尾上九朗右衛門）は又八の許嫁《いいなずけ》で孤児のお通（八千草薫）を連れて山に入り、武蔵に法話を説く。沢庵に諭された武蔵は捕らわれた。沢庵は武蔵を杉の大木に吊り下げる。沢庵の思惑を理解できないお通は武蔵を救出し、村を出奔する。お通が追手に捕まる。お通の裏切りに憤ったお杉はふたりの命を奪うため、郎党を連れて旅に出る。お通を救おうと武蔵は姫路城にしのび込もうとするが、沢庵がお通の無事を知らせた。沢庵は武蔵を天守閣に閉じ込め、勉学に精進せよ、学びで己の道を拓け、と告げる。お甲と朱実は京都で小料理屋を営んでいた。剣の名門、吉岡清十郎（平田昭彦）が朱実に惚れたが、朱実の心は武蔵にある。三年が過ぎた。武蔵は城内で修業を積んだ。城下ではお通が武蔵を待ち続けていた。武蔵はお通に別れを告げ、さらなる修業の旅に出立する。

一九三五（昭和十）年に朝日新聞で連載が始まった吉川英治の国民小説『宮本武蔵』は、戦中、尾上松之助が一世を風靡する無声映画時代から過去、幾度も映画化されてきた。少なからずが確認できない状況下、滝沢英輔のメガホンによる『宮本武蔵』（一九三六／嵐寛寿郎プロダクション）を初の本格的武蔵映画と見定める向きも多いという。滝沢版の武蔵役は嵐寛寿郎だった。

時代劇映画の匠である稲垣も例外ではなく、その四年後、鳴滝組時代に片岡千恵蔵の武蔵、宮城千賀子のお通による『宮本武蔵　第一部』（一九四〇／日活京都）を皮切りとして四作（『宮本武蔵 第二部』『宮本武蔵 第三部 剣心一路』『宮本武蔵 一乗寺決斗』）を連作し、大衆を楽しませた。同時に、吉川の原作の人気を不動のものとした。終戦の前年(一九四四年)には、溝口健二も松竹で河原崎長十郎と田中絹代を主演級に招いて撮った。吉川版宮本武蔵は、戦前の時代から映画に打ってつけの題材だった。

この東宝版はそうした宮本武蔵ものの決定版をめざした。武蔵役には当時、この俳優が演じないわけがない、彼ほどの適役はない、といった空気が漂う三船敏郎が選ばれた。お通役の八千草薫の可憐ぶりも映画に花を添えた。本作で初めてアメリカ、イーストマン・コダック社によるイーストマンカラーが導入されたこともトピックとなった。フジカラーは山本嘉次郎監督作『花の中の娘たち』(一九五三/東宝)で東宝に導入されていたが、イーストマンカラーはこの『宮本武蔵』が初だった。抜けるように鮮やかで明るい色彩設計になる映像は、観客の目に新鮮このうえなく映った。

「明星」一九五四年七月号(集英社)に「作品現地ロケ座談会　宮本武蔵 奥日光ロケ」と題した、稲垣浩、三船敏郎、岡田茉莉子、水戸光子、阿部九州男による座談会記事が載っている。ここで稲垣たちが三船の武蔵について言及している。再現する。

稲垣　ぼくは初めから武蔵には三船ちゃんにイメージを描いてた。

水戸　決定したのはいつ頃ですか?

稲垣　武蔵を色彩でやろうと決まったのは去年の正月で秋頃クランクインの予定だったのが、三船ちゃんが「七人の侍」につかまっちゃったから…。

岡田　一年越しの…。

稲垣　そうだ、恋というわけだ。朱美にとっては…(笑)。

阿部　三船ちゃんの武蔵はいい。完成される前の武蔵の感じがよく出ていて、太刀廻りでもきつい。テストから本気でやるからセイカンさが溢れてていい。

三船　盲滅法だから…(笑)。

稲垣　だいぶ、犠牲者が出たらしいよ。
三船　悪いことをいうな（笑）。
稲垣　「佐々木小次郎」（監督稲垣浩）のときの武蔵とくらべると、刀が腰についてきた太刀廻りをやっても刀がよく伸びてきた。
岡田　「七人の侍」で鍛えられたからでしょう?
三船　人殺しがうまくなったのか（笑）。

また、朱美を演じた岡田茉莉子が『宮本武蔵』の思い出を語っている。『毎日ムック　さいごのサムライ　三船敏郎』内「やさしく、真面目な方という思い出ばかり」より。

「宮本武蔵」で奥日光で長いロケ生活をした時のこと。ある日、三船さんと和舟を漕いで近くの沼にマス釣りに出かけたことがありました。が、どうしたわけか、私の仕掛けにばかりマスが釣れました。すると三船さん、真面目にこう冗談を言ったものです。「この沼のマスは男ばかりなんだ」と。／撮影の時には三船さんは前の部分は自毛で後ろ七分はカツラをつけて演技していましたが、裸馬に乗って演技している最中、カツラが飛んでしまったことがあります。若かった私は思わず笑ってしまいました。稲垣監督も笑っていらしたと思います。が、三船さんは笑わずに演技をしておられました。ほんとうに三船さんはそういう方でした。

三船の武蔵を前面に据え、彼の豪放磊落な魅力で押す映画であり、「宮本武蔵」映画として特に突き抜けた感は寄せないが、押さえるべきところは押さえ、強調したい部分は強調し、という稲垣の手練ぶりは堪能できる。『宮本武蔵』は第二十八回アカデミー賞外国語映画賞（名誉賞）を受賞（一九五五年）した。アメリカ公開の際、題名を『Samurai』に変更し、ウィリアム・ホールデンがナレーションを吹き込んだことが奏功したようだ。そうしたこともあり、本作は日本映画史面においても重要な一本となる。一九五四年は、黒澤明の『七人の侍』、本多猪四郎の『ゴジラ』、稲垣浩の『宮本武蔵』の三本により、東宝の歴史において忘れられない年となった。

「宮本武蔵」三部作は、この時代、三船と同じく東宝大スターの座に就いていた鶴田浩二にふれずには語れない。鶴田は佐々木小次郎役だから第二作目からの登場となったのだが、第三作目では武蔵と同等に小次郎の人間像にも焦点があてられる。小次郎へ抱く稲垣の熱い想いに加え、スター・バランスへの配慮がなされていた。開巻のタイトルでは鶴田が前面に出る。スター映画特有の処置だ。巌流島のシークエンスは、顛末は誰もが知っているが、三船と鶴田の〈世紀の対決〉に観客はさぞかし興奮したに違いない。

三船は同年、谷口千吉が監督する『潮騒』に〈特別出演〉した。一九五四年六月に新潮社から刊行されて大ベストセラーとなった三島由紀夫の同名小説を映画化したもので、漁夫と海女、若い男女が幾種もの困難を乗り越え、純愛を成就させる物語である。この東宝作品(白黒、スタンダード、九六分)の封切りは同年十月二十日。小説の発売からわずか四ヶ月後だった。田中友幸製作のもと、中村真一郎と谷口が脚色した。撮影は完倉泰一、美術は松山崇、音楽は黛敏郎、録音は保坂有明、照明は石川緑郎。主演は久保明と青山京子で、助演者として上田吉二郎、太刀川洋一、宮桂子、加東大介、沢村貞子、高島稔たちが名を連ねる。三船は、タダ(ノーギャラ)で出てくれ、と撮影所で谷口から懇願され、応じたのだという。

父を亡くし、海女の母・とみ(沢村貞子)、弟の宏(高島稔)と伊勢湾に浮かぶ小島・歌島に暮らす若い漁師・新治(久保明)は、浜で初江(青山京子)という少女に出会う。初江は島随一の金持ちの照吉(上田吉二郎)の末娘で、婿取りのために島へ呼び戻された。新治は初江に激しく惹かれるが、青年会議長の安夫(太刀川洋一)が初江の婿になるとの噂が流れていた。新治と初江は軍事施設だった監的哨跡で出会ったのを機に急速に親しくなる。雨で漁が中止となった日、監的哨跡でうたた寝をした新治が目を覚ますと、濡れた服を焚き火で乾かす初江がいる。新治は初江のいう通りに裸になって焚き火を飛び越え、ふたりは情熱的に抱擁し合った。雨がやんで陽が射した海でふたりは戯れる。灯台長（加東大介）の娘・千代子（宮桂子）がそれを見ていた。千代子から一件を聞いた安夫は夜道で初江を襲おうとし、失敗する。新治と安夫が照吉の貨物船「歌島丸」に乗り込む。嵐のなかで切れそうになったワイヤーを止めようと、新治は海に飛び込む。千代子の告白の手紙により、新治と初江を一緒にするべきだ、と村の女たちが照吉の家へ押しかける。照吉はいう。新治は初江の婿になる男だ、貨物船に乗せたのは安夫と新治、どっちが見どころのある男か試したのだ、と。一等航海士の試験を受けた新治は、合格したら結婚しよう、と初江に誓う。

『潮騒』は幾度も映画化されている。吉永小百合、浜田光夫主演の森永健次郎監督版（一九六四／日活）、朝比奈逸人、小野里みどり主演の森谷司郎監督版（一九七一／東宝）、山口百恵、三浦友和主演の西河克己監督版（一九七五／ホリプロダクション）、鶴見辰吾、堀ちえみ主演の小谷承靖監督版（一九八五／ホリ企画）である。本作はその最初の映画化作品となったが、三島の原作小説の味わいを最も直線的に表したもの、といわれている。久保明と青山京子、ふたりがかもし出す健康的でいやらしさのない、みずみずしいエロティシズムも大きな旨味成分となった。三島由紀夫の原作小説の色艶を濃厚に発した。海辺、潮騒のなかの久保明と青山京子の画《え》に「夢と冒険に生きる十代の裸像を恋で彩る海の抒情詩」というキャッチコピーが躍動する映画ポスターもそういった印象を与える。原作の舞台である三重県鳥羽市に属する歌島（現在は神島）でのロケーション撮影も効果を呼んだ。

　複数の監督の手で幾度も映画化された『潮騒』だが、谷口版に勝るものはなかった。脚本を谷口とともに担当した小説家・文芸評論家の中村真一郎が功労者の最右翼にあがる。映画マニアのあいだでは東宝ＳＦ特撮怪獣映画の名作、本多猪四郎監督、円谷英二特技監督作『モスラ』（一九六一／東宝）の原案となった『発光妖精とモスラ』の共同執筆者（ほかは福永武彦、堀田善衛）としても知られている。彼は三島由紀夫と良好な間柄であり、映画化にあたって当の三島から脚本担当を依頼されたのだという。文壇において同作の評価をめぐって論争が起きた際、中村は擁護派の先鋒にも立った。三島はロケーション現場を視察したともいう。

三船は〈特別出演〉で顔を出す。貨物船の船長役だ。出番は少ないが、なにせ三船だからかなりのインパクトを残す。画面がパッと引き締まる。華やかになる。観る者も惹き寄せられる。大スターの風格とはこういうものか、と思わせた。

五　『密輸船』（一九五四：杉江敏男）『男ありて』（一九五五：丸山誠治）『続　宮本武蔵　一乗寺の決斗』（同：稲垣浩）『生きものの記録』（同：黒澤明）

種々様々な分野に位置する映画、幾種ものシリーズ企画、大衆の嗜好を重視する、時代性を注ぎ込んだエンタテインメント映画群が百花繚乱のように生まれてくる一九五〇年代後期に時代は突入する。東宝の戦後まもなくから一九五〇年代の序盤・中盤がその土台を築いた。土壌を育んだ。東宝のこうした名作・傑作群が終戦から高度成長期を迎えようとする時代に生きる民衆の心を癒し、明日への活力を与えてきた。

東宝映画の一九五〇年代、六〇年代を全力で支えた監督のひとりに杉江敏男がいる。彼が初めて三船主演映画を監督したのが、犯罪映画のジャンルに入る『密輸船』（白黒、スタンダード、一一四分）である。東宝作品『東京の門』（一九五〇）で監督デビューを果たして以降、東宝の戦後最盛期に相当数の作品を放った杉江はこの映画で初めて三船と組んだ。麻薬捜査に生きる男のドラマをハードなタッチで描く。ポスターに打たれた「麻薬にしびれる狂乱の港街！　国際密輸団に挑戦する正義の男の絶叫！」という宣伝文句が映画の方向を示す。

本木荘二郎が製作し、高野龍雄の原案を小国英雄と宮田輝明が脚色した。撮影は飯村正、美術は村木与四郎、音楽は早坂文雄、録音は小沼渡、照明は猪原一郎が担当し、出演は三船敏郎をはじめ、久慈あさみ、北川町子、ボッブ・ブース、佐々木孝丸、本間文子、徳大寺伸、田島義文などの顔ぶれだ。一九五四年十一月三十日に封切られた。

横浜港にたたずむ機帆船「福神丸」が爆発した。麻薬密造事件がからんでいる、と海上保安官の津田（三船敏郎）は推測する。はたして曾我保安官（田島義文）が情報屋の山本（瀬良明）から、貿易商のベルグラン（ボッブ・ブース）が麻薬の原料を輸入している、「福神丸」の三谷船長（徳大寺伸）が関与しているらしい、との情報をつかむ。数日後、山本は三谷に殺される。津田は松尾さと（本間文子）という挙動不審の女を連行する。事務官の富浦恵美（久慈あさみ）の協力を得て調べると、やはり麻薬と関係していた。さとの娘・民江（北川町子）を介し、津田は鈴木という若者（藤木悠）に接触する。鈴木は麻薬常用者だ。鈴木から麻薬の入手先を聞き出した津田は外国人が集まるクラブ「ポピー」に行き、自分も常用者のようにふるまう。金が目的で王大成（佐々木孝丸）の愛人となった民江から情報を得た津田は、恵美に王とベルグラン一味の動向を探らせる。その成果で清水港に入る麻薬密輸船を摘発する。情報漏洩を疑われた民江は王に殺される。「九竜丸」は麻薬密輸船となっていた。金と麻薬を独占するために三谷は王を殺害する。「九竜丸」が出航しようとするとき、津田たちが乗り込んでくる。事件は落着した。ところが、津田自身の身体が麻薬に蝕まれていた。

杉江敏男は、軽妙な喜劇映画、青春映画の作り手というイメージが強い。「お姐ちゃん」「社長」「若大将」などのシリーズもの、クレージーキャッツ主演映画でとりわけ手腕を発揮した。個性や作家性をそれほど打ち出すわけではなく、受け手の脳裏に強烈に刻み込まれるタイプでもなかったこともあり、全貌がとらえにくい映画監督とみなされる。一方で、彼が撮る活劇映画、犯罪映画は佳作が少なくなかった。東京映画作品『三十六人の乗客』（一九五七）『黒い画集 ある遭難』（一九六一）はその筆頭格になる。

この『密輸船』もそうそう劣るものでもない。端的にいえば麻薬取り締まりをめぐる犯罪映画だが、娯楽活劇映画を通じて裏社会の実態を示す性格も有している。かなり硬派な物語であり、エンディングも後味が悪い。

三船の活躍で事件は解決するが、彼本人が麻薬中毒に陥っていたというオチは、映画の終わり方としては腑に落ちないものだった。ドラマの幕の閉じ方で映画全体の印象がかえって薄れてしまった。

三船主演作として語られる事例はほとんどない。話題に上ることもない。たしかにそれほど優れた映画とは思えず、三船も熱演はしているのだが、あまりインパクトを残さない。悪を取り締まる、正義感に燃える好漢であることは間違いない。だが、この男のバックグラウンド、それまで積み重ねてきた人生ドラマを想像させるような仕掛けがないために人物像に奥行きが生まれない。三船の持ち味、風貌、姿格好を活かした役柄ではあったが、強靭な男だからこそその心のもろさ、人間としての弱さ、そうしたものがもっと描かれていたら、この終幕はさらにドラマティックなものになったと思われる。そうした意味では惜しい作品だった。

一ヶ月後、早くも次の主演映画が公開される。一九五五（昭和三十）年の正月映画で、榎本健一（エノケン）、柳家金語楼たちが出演した『初笑い底抜け旅日記』（監督：青柳信雄）との二本立てで一月三日に封切られた、東宝作品『男性Ｎｏ．１』（監督：山本嘉次郎）である。白黒、スタンダード、上映時間は九六分。製作は本木壮二郎による。菊島隆三の原案を井手雅人が脚色した。

裏社会で生計を立てる男ふたりに水商売のマダムがからんでくる。共演者は鶴田浩二（順番は鶴田が先となる）、越路吹雪、岡田茉莉子など。山本嘉次郎は調子よく、喜劇タッチでドラマを進めていく。「恋と友情に彩られた裏街ネオンの男の世界！」。〈ビュイックの牧〉こと三船、〈ラッキョウの健〉こと鶴田浩二、越路吹雪（バー「プランタン」のマダム・タカ子）、健に入れ揚げる岡田茉莉子の顔合わせはさぞかし正月興行を華やか、にぎやかなものにしただろう。三船と鶴田の美男子ぶりが目立った作品でもあった。ふたりのダンディーなツーショット映

男性 No. 1
【日本映画傑作全集】キネマ倶楽部（VHS、廃盤）

像は、当時の女性客の胸を熱くさせたと思われる。

さらに東宝作品『天下泰平』(白黒、スタンダード、九三分)が一九五五年一月二十九日に、その後篇にあたる『続天下泰平』(白黒、スタンダード、七九分)が二月二十日に東宝系邦画上映館にかかった。「天下泰平」は二部作(前後篇)構成が採られた大作で「痛快！ 悪の社会に敢然挑む熱血社員立春大吉の恋と夢！」「社会悪に挑む熱血社員 立春大吉の武勇伝!!」「義に勇む熱血児 陰謀渦巻く社会に 灯を掲げる愛と友情と夢を描く源氏鶏太野心作豪華配役で完璧映画化！」(『天下泰平』)、「好機到来！ 遂に起ち上った熱血漢立春大吉 再び捲き起す恋と冒険の一大旋風」(『続 天下泰平』)などという派手な宣伝コピー、原作が源氏鶏太ということからも想像がつく向きもあるかもしれないが、三船が演じる主人公が会社間の権力闘争にかかわっていく物語だ。堀江史朗が製作を担当し、『密輸船』で三船と組んだ杉江敏男が八田尚之の脚本を演出した。『男性No．1』『天下泰平』『続 天下泰平』、どちらも作品にふれる機会がなかなか得られないので、三船主演映画(『男性No.1』は厳密には鶴田主演映画だが)として言及されることはほとんどない。

三船は主演者ばかりではなく、助演者としても実にいい味を出す役者だった。大スターとしての地位を早い時期に築き上げた三船ゆえに、彼が助演者として、すなわち脇役として出演した映画は数少ないが、俳優という役割の面でとらえるならば主演、助演は同等に扱うべきなのかもしれない。その意味で語らなくてはいけないのが、三船と切っても切り離せない間柄である志村喬の代表作となった、丸山誠治監督作の東宝作品『男ありて』(白黒、スタンダード、一〇九分)である。

渾大防五郎の製作、菊島隆三の脚本、玉井正夫の撮影、小川一男の美術、斎藤一郎の音楽、保坂有明の録音、石井長四郎の照明、志村喬をはじめ三船敏郎、岡田茉莉子、夏川静江、藤木悠、伊東隆、清水元、清水将夫などの出演で作られたこの映画は、一九五五年五月十日に封切られた。当時、主にホームドラマ映画、文藝映画などの分野で堅実な演出力を発揮していた丸山誠治のひとつの頂点を指し示した作品でもある。

プロ野球、東京スパローズの島村監督（志村喬）には妻のきぬ江（夏川静江）、長女のみち子（岡田茉莉子）、息子の照男（伊東隆）がいる。野球一筋の彼は家庭など二の次だ。チームの不振で監督の進退問題が出る。島村家に新人投手の大西（藤木悠）が下宿する。みち子と大西が盛り場で遊んだと知った島村は、まずは練習だ、と大西を叱責する。チームリーダーの矢野（三船敏郎）が大西の起用を進言する。重大な局面で大西が独断プレーをした。試合には勝ったが、島村は大西を責め、家から追い出す。父親の横暴にみち子は強く反発する。島村が審判（恩田清二郎）に乱暴を働き、一ヶ月の出場停止処分を受ける。チームは矢野の指揮で活気づき、オーナーの小池（清水元）は彼に来季の監督を要請する。矢野は島村を蔑ろにする人事を拒否する。矢野に家庭問題を話した島村は、家族を犠牲にした、と後悔する。島村の出場停止が解かれる。引退を決めた島村にきぬ江は現役続行を勧める。島村と外食した、と嬉しそうにみち子に話していたきぬ江が倒れ、急逝する。帰京した島村は涙ひとつ見せない。みち子は父親を憎む。初七日も済まないのに島村は現場に戻った。九回裏、あと一歩で勝利という局面で捕手が負傷した。島村は老体に鞭打って代役をつとめ、チームは勝つ。島村は小池に辞表を出した。晩秋の墓地。島村はきぬ江の墓標の前で声をあげて泣く。

家庭を顧みずに仕事に打ち込む、老境にさしかかった（といっても、五十一歳の設定だ）プロ野球監督の島村とその家族のドラマが情感豊かに描かれる。野球にしか情熱を燃やせず、監督としての能力の限界を突きつけられる島村がふと己の足元を見つめる。野球にのめり込んだばかりに自分はどれほどの犠牲を払ってきたか。妻はこんな夫を持って幸せだったか。娘は、息子は、自分のような父親を持ってよかったのか。父子のきずなを覚えることはあったか。過ぎ去った時間は取り戻せない。自分の存在は何だったか。人間はやはりひとりでは生きていけない。島村のこうした想いが、寡黙で朴訥とした志村の名演技を通じて観る者に強く

男ありて
【日本映画傑作全集】キネマ倶楽部（VHS、廃盤）

伝わってくる。

「女の切ない愛情に男の熱涙が奔り、生きる歓びがこみ上げる感動の珠玉篇！」「きびしい男の世界に生きる男と、愛のすべてを捧げた女の心あたたまる涙の感動篇」「お父さんだって泣く時があるんだ！　妻の愛情に慟哭する老監督の心を誰か知る」。これらの謳い文句でもわかるように、本作は野球映画ではない。ドラマの核はあくまで家庭劇にあり、プロ野球は題材の一環という位置づけになっている。

といっても、志村と三船が同じユニフォームを着てグラウンドに立つという趣向は、日本映画愛好家はもとより、プロ野球ファンにも堪えられないものがあったろう。志村が妻の夏川静江の前でお好み焼きを焼くくだり、志村がきぬ江の墓に滔々と語りかけるエンディングは日本映画の名場面に数えられる。三船は出番は多くなかったが、精悍かつ誠実なムードを漂わせる花形選手の役をごく自然に演じていた。ユニフォーム姿も似合っていた。彼が画面に映ると華やかさが生まれる。スター俳優しか持ち合わせないオーラが存分に達してくる。

三船はデビュー作の時代から志村と仕事をしてきた。一時期、志村の家に下宿していたこともあったという。黒澤映画における両者の共演ばかりにスポットがあたるが、ほかの監督の作品でも頻繁に顔を合わせた。三船の横にいつもいる名優。志村はそうしたイメージをかもし出した。映画デビュー第一作『銀嶺の果て』で己の演技を受けて立ってくれた先輩。胸を貸してくれた兄弟子。三船は仕事を離れても志村のことを〈おじちゃん〉と称して敬慕していた。あまりインタビューを受けなかった（受けてもおおむね会話が弾まなかった）こともあり、今に伝わる証言がそれほどは探し出せない三船だが、志村については「ノーサイド」一九九五年二月号「総特集 戦後が匂う映画俳優」収載「三船敏郎―ぼくは戦後派一期生。」のなかでこう語っている。

志村のおじちゃんは、うちもすぐ隣だった。それからおばちゃん（夫人）がなかなか別嬪さんで。今でもちょいちょい来ます。うちへ。（志村さんに）芝居を教わったってことは、まァないですね。おじちゃんはあんまり、いろいろなこと言わない人だった。よく遊んだけど。黒澤さんも近所なので、東宝だから、この辺（成城）で固まってるんです。

『男ありて』は、名脇役として日本映画史に燦然と刻まれる名優・志村喬が珍しく主役を張った作品であり、志村の文字通りの看板作となった。脇役としての代表作は数あるが、主演映画となれば黒澤明監督作『生きる』『七人の侍』とともに本作が当たり前のようにあがってくる。その『男ありて』にいつもは脇を固め、主役をサポートする立場にまわっていた志村といわば位置を交換して三船が出演した。彼としても本望だったに違いない。

東宝が前年（一九五四年）の秋興行に出した稲垣浩の『宮本武蔵』は、当初から三部作を予定していた。あれから一年、待望の続篇（第二部）となる『続 宮本武蔵 一乗寺の決斗』が一九五五年七月十二日に宝塚映画の『疾風の晴太郎』（監督：佐藤幸也）を併映作に従えて封切られた。

イーストマンカラー、スタンダードと、前作と同じ仕様になる本作の上映時間は一〇三分。前作より一〇分ほど長くなった。三部作の第二作目なのでメインスタッフは前作と変わらない。製作は滝村和男、監督と脚本（若尾徳平との共同執筆）は稲垣浩、原作は吉川英治、劇化は北條秀司、撮影は安本淳、美術は園真（前作にあった伊藤熹朔の名は本作では消えている）、音楽は團伊玖磨、録音は三上長七郎、照明は森茂。メインキャストも前作と同じく。三船敏郎のほか、鶴田浩二、岡田茉莉子、八千草薫、三好栄子、堺左千夫、藤木悠、東野英治郎などが再び銀幕を彩る。

續 宮本武蔵 一乗寺の決斗
【東宝 DVD 名作セレクション】
TDV-28231D

新免武蔵（三船敏郎）は宮本武蔵に名を改めた。鎖鎌の名人・宍戸梅軒(東野英治郎)に挑戦されて勝った武蔵は、京への道を進む。お通(八千草薫)と朱実(岡田茉利子)はそれぞれ武蔵を捜す。京の三条大橋でお通は武蔵と再会するが、吉岡道場の一味が武蔵に戦いを挑んでくる。お通をかばいながら武蔵は吉岡道場一味と斬り合う。それを〈物干竿〉といわれる長太刀を持つ佐々木小次郎(鶴田浩二)が見ていた。武蔵を見失ったお通は吉岡清十郎(平田昭彦)に手篭にされた朱実に出会う。朱実はお通に敵愾心を燃やす。吉岡伝七郎(藤木悠)が修業の旅から帰った。武蔵に戦いを挑むが、返り討ちにされる。伝七郎を倒して廓に戻った武蔵の袖についた血を吉野大夫(木暮三千代)が拭う。武蔵と清十郎が剣を交えることになった。清十郎の門弟たちが武蔵をだまし討ちにしようと、一条寺下り松で待機する。小次郎が立ち会いに来る。お通と朱実、お杉(三好栄子)、又八(堺左千夫)も追ってくる。武蔵が現れた。鉄砲が火を吹く。武蔵と吉岡一門の決闘が始まる。大小の二刀流で敵を斬る武蔵も次第に手傷を負っていく。清十郎が決戦場に来るが、武蔵の前に敗れる。谷川で傷を癒す武蔵にお通が寄り添う。武蔵はお通を押し倒す。だが、すぐに我に返り、お通を残して去っていく。

前作とは異なり、修業、求道といった要素や哲学的な思想色はあまり表に出ない。武蔵対剣豪、武蔵とお通の心の通じ合いという、従来の武蔵ものに沿った物語展開が採られる。娯楽志向が強くなった。東宝のトップスター、三船敏郎主演の時代劇映画、剣戟映画のカラーが前面に出た。「急襲！吉岡一門に挑戦する武蔵二刀流の必殺陣！」に惹かれるように、観客は武蔵、すなわち三船の胸のすく大剣戟を期待して映画館に来る。前作はそうした趣向が薄かった。序破急でいえば〈序〉にあたるので無理はない。だからこそ第二部で観客をより楽しませたい、との作り手の狙いが見える。物語展開には少々無理があるが、鎖鎌の宍戸梅軒と武蔵の戦いが序盤の見せ場を作り、洛北蓮台寺野、蓮華王院、三十三間堂、一条寺下り坂で繰り広げられる武蔵と京八流吉岡一門の決闘が主軸をつとめる。二刀流を操って次々と相手を倒していく三船の大殺陣は、稲垣の戦後時代劇映画の相貌とともに、この時代、彼がどれほどの大スターだったかを圧倒的力量で観る者に教える。

武蔵の好敵手・佐々木小次郎を誰がやるのか。これも宮本武蔵ものの大きな楽しみだ。豪快で線が太く、男ぶりのいいスターが武蔵、二枚目の優男風のスターが小次郎を演じる。これが「宮本武蔵」映画の伝統である。この第二部で鶴田浩二が扮する佐々木小次郎が初めて登場する。「宮本武蔵」が武蔵と小次郎の〈巌流島の決闘〉をクライマックスに締めくくられるのは誰もが知っている。そうした受け手の意識も眼下に据えた稲垣の手さばきぶりはやはり風格がある。観客の期待をあおりつつ、物語は最終章の第三部へと向かっていく。

年の瀬も押し迫った一九五五年十一月二十二日、黒澤明監督作の東宝作品『生きものの記録』(白黒、スタンダード、一〇三分)が公開された。その真摯な社会的メッセージ性において黒澤映画の頂点をなす、との声も小さくない重要な作品である。

一九五四年三月一日、アメリカは南太平洋ビキニ環礁で水爆実験を行った。その死の灰は、米側当局が想定していた危険区域外の六十四キロ沖海上で操業をしていた日本漁船「第五福竜丸」に降りかかり、乗組員たちが被曝した。その後、ひとりが原爆症で死亡するという悲劇を引き起こした。この水爆実験による放射能に加え、同年九月にはシベリアにおけるソビエトの原爆実験のものとみなされる放射能も雨に含まれて日本列島に降り注いだ。

そうした状況下、黒澤の親友で黒澤映画の音楽担当者である早坂文雄が、「こう生命をおびやかされちゃ、仕事はできないねえ」と彼に語ったという。黒澤は早坂を、「たいへんな病弱でいつも死に直面しているような体だったし、気持ちのほうもたえず死をじいっとみつめているような人だったのだよ」(『世界の映画作家3 黒沢明』内「自作を語る」)とふりかえる。早坂のこの発言に着想を得、黒澤は『生きものの記録』を作る決意をする。

メインスタッフは、製作・本木荘二郎、脚本・橋本忍、小国英雄、黒澤明、撮影・中井朝一、美術・村木与四郎、音楽・早坂文雄(遺作)、録音・矢野口文雄、照明・岸田九一郎。メインキャストは三船敏郎、志村喬、千秋実、三好栄子、東郷晴子、清水将夫、根岸明美、千石規子などである。

生きものの記録【普及版】
TDV-17348D

夏の日。中島喜一（三船敏郎）一家が家庭裁判所に集まる。都内で鋳物工場を経営し、相当な財産を持つ喜一は妻・とよ（三好栄子）とのあいだに二男二女があり、ふたりの妾と子供、さらに若い妾・朝子（根岸明美）と赤ん坊の面倒までみている。原水爆、放射能に異常な恐怖を抱くようになった喜一は、安全だ、というブラジルに近親者全員と移住する計画を立てる。これでは生活が破壊される。息子たちは家庭裁判所に喜一を準禁治産者とする申請をした。裁判所参与員の歯科医師・原田（志村喬）は、死ぬのは仕方ないが、殺されるのは嫌だ、との喜一の言葉に共感を覚える。裁判所への申請を知った喜一は激昂し、ブラジルから招いた老人（東野英治郎）と着々と移住計画を進める。第二回調停で申請通り、喜一の準禁治産者が認められる。自分の財産を自由にできなくなった喜一は挫折感に打ちのめされ、極度の神経衰弱に陥る。近親者間で財産をめぐる争いが起こる。工場がなくなれば皆あきらめがつく。喜一は工場に放火する。焼け跡に立って慟哭する喜一はもはや精神が破綻していた。喜一は精神病院に収容される。原田は見舞いに行く。施錠された病室内で喜一は、自分が地球を脱出して安全な星に移住したのだと信じていた。太陽を見て、地球が燃えている、と喜一は取り乱す……。言葉を失った原田が階段を降りていくと、赤ん坊を背負った朝子が階段を上ってくる。見も知らぬふたりはすれ違った――。

「恐るべし黒沢明の問題作」「死ぬのはやむを得ん しかし殺されるのはいやだ！水爆と対決する生きものの叫び」「巨匠の良識と情熱が訴える！万人必見の問題作！」「この人を見よ！現代の不安と対決する男 俺は殺されるのは厭だ！」「この苦悩を見よ！原爆を恐れ、生きることを主張する男が何故狂人なのか」「この恐れを見よ！死をみつめ、不安に戦く生きものの顔！」などのセンセーショナルな宣伝文句を引き連れ、実に重々しいテーマを語り上げる作品である。そのため、黒澤の周囲からは、諷刺的な描き方をしては、との助言があったという。しかし、黒澤は十分承知したうえでそれを否定した。諷刺は一段高いところから見下す性格が強い。真摯に、懸命に、精魂かけてぶつかろうという作品にはそぐわない。そうとらえた。「将来エンマの庁に出た時、われわれは『生きものの記録』を作りました、と言えるような作品を作ろうじゃないかと言い合ってはじめたことなんだよ」（前傾書）との黒澤の言葉がそれを示している。本作は黒澤にとり、〈黒澤明という生きものがこの世に存在した記録〉のようなものだった。

早坂のなにげない一言から生まれたこの映画には、〈ともかくいわずにいられないことをいおうじゃないか〉という作り手の熱い想いが充満している。早坂は本作製作中に肺水腫によって死去した。弟子にあたる佐藤勝が師の遺志を継いで仕上げを行った。

〈ニュース映画的な味〉を企図した黒澤は、前作の『七人の侍』で初めて用いた望遠レンズを多用した。また、さまざまな場面で三台のキャメラを同時にまわした。キャメラが複数台あると俳優がキャメラを意識しなくなる。どのキャメラで撮られているかわからないからだ。加えて、なまなましい表情や姿勢を自然な形でとらえることができる。通常の構図からは思いもつかないような斬新な画面効果、現実的でリアルな映像も期待できる。こうした狙いからだ。三台のキャメラで撮ったフィルムを巧みに編集した。

三船は主人公の老人・中島喜一に扮した。当初は志村喬を考えた黒澤だったが、水爆から逃れるために一家とともにブラジルに移住しようとするほどの活力がみなぎる老人には見えないため、三船を老け役で使うことにした。当時の三船は三十五歳。この水爆の脅威をほかの動物が知ったら、おそらく本能的に行動を起こすだろう。少しでも安全な場所を捜し、そこに向かって種族保存の本能から大移動を起こすだろう、という黒澤の視点からの配役だった。老人ではあるが、まだ肉体的には頑健そのもので、動物的な賢さと強さをいまだ保っている男。こうした人間だからこそ核の恐怖を本能的に感じ取ることができる。中島喜一という老人は眼光鋭く、常に敵に注意を払っており、という設定を活かすための、意外な、しかし妙々たる配役だった。

三船の老人メイキャップは山田かつら店社長の山田順次郎の手による。黒澤は彼のことを、親しみを込めて〈山田のおやじ〉と呼んでいた。この床山の大ベテランが三十五歳の三船を七十歳の中島喜一老人に変身させた。メイク用の材料が手に入らず、舞台用ドーラン、パウダー、パンケーキ、靴墨などを調合してメイク材を作った。試行錯誤を繰り返し、一ヶ月ほど時間がかかった。完成し、中島の格好をさせた三船に撮影所内を歩いてもらった。彼とすれ違った者、誰もが三船だとは気づかなかった。そうした挿話を黒澤組のスクリプター、野上照代が伝えている。

一方、三船自身はこの中島喜一老人役について、特にこれ、という談話は残していない。三十五歳の三船が七十歳ほどの老人に扮しているわけだから、訊きたいことはいくらでもある。現に複数の取材者が話を向けているが、三船の反応はよくない。歯応えのない応答となっている。他者を演じるのが役者の仕事。それがたまたま老人役だったから老人を演じたまで。三船のそうした潔さが見て取れる。

三船は身体の弱々しさを表現するためにギプスをはめたという。また、度の強い眼鏡をかけて演技したために、目がくらんで相手などはよく見えなかったらしい。これは貴重な体験となった。この年齢で老人役をやったことが、役者としてのその後に大いに役に立ったようだ。

第五章
三船敏郎と東宝映画隆盛期
――一九五〇年代後期――

プライベートルームの一角にて。はにかむような笑顔がまぶしい。

一　『宮本武蔵 完結篇 決闘巌流島』（一九五六：稲垣浩）『黒帯三国志』（同：谷口千吉）『愛情の決算』（同：佐分利信）『ならず者』（同：青柳信雄）

一九五六（昭和三十一）年の正月元日より、稲垣浩、三船敏郎が二年前に始めた「宮本武蔵」三部作の最終章『宮本武蔵 完結篇 決闘巌流島』（イーストマンカラー、スタンダード、一〇四分）が東宝系邦画封切り館を飾った。一年一作のペースで製作・公開されてきた同三部作がこれで完結する。「武蔵か小次郎か 紅蓮の戦野に 黎明の巌流島に宿命の対決！」「乾坤一擲！ 巌流島の暁天衝いて凄絶豪壮の決斗！」「豪快！ 三たび相搏つ剣と恋の対決！」の惹句の通り、巌流島での宮本武蔵と佐々木小次郎の決闘に向かって邁進する。

製作・滝村和男、監督と脚本・稲垣浩、原作・吉川英治、劇化・北條秀司、脚本・若尾徳平、美術・園真、音楽・團伊玖磨は変わらない。しかし、撮影が山田一夫、録音が宮崎正信、照明が西川鶴三に代わった。東宝の製作態勢によるものだ。出演者に変化はない。鶴田浩二、三船敏郎、八千草薫、岡田茉莉子、瑳峨三智子、志村喬、佐々木孝丸、加東大介などの面々だ。シリーズものなのだから当然だろう。クレジットでは佐々木小次郎役の鶴田が三船よりも前に置かれている。鶴田側が東宝に差し出した出演条件に、自分をトップに扱うことがあったためだ。だから佐々木小次郎が主役かという誤解を招くが、主演はあくまで宮本武蔵（三船）である。

宮本武蔵（三船敏郎）は、旅僧日観（高堂國典）から将軍家師範・柳生但馬守への仕官を勧められる。城太郎（桜井将紀）と江戸へ出た武蔵は、馬喰町の旅籠で観音像を彫り続ける。細川侯へ仕官するため、佐々木小次郎（鶴田浩二）も江戸に来る。御前試合で相手を殺めてしまった小次郎を家老・岩間角兵衛（佐々木孝丸）の娘・お光（瑳峨三智子）が慰める。武蔵と出会った小次郎は対決を迫るが、試合は一年後に先延ばしにされる。武蔵は城太郎と博労の熊五郎（田中春男）と旅をし、法典ヶ原で剣術を磨きながら畑を耕す。匪賊に襲われた男装の女を城太郎と熊五郎が救う。お通（八千草薫）だった。朱実は江戸吉原の遊郭で遊女をしていた。細川藩の仕官となった小次郎から武蔵の消息を聞いた朱実は法典ヶ原に向かうが、辻風典馬の兄・黄平（富田仲次郎）が首領、手下は祇園藤次（加東大介）の一味に囲まれる。黄平は朱実を盾にして武蔵を討とうと謀るが、武蔵に倒される。藤次に斬られた朱実を武蔵は葬る。豊前小倉に赴任した小次郎から武蔵に、舟島で試合をしたい、との書状が届く。試合の日。武蔵が舟から舟島の浅瀬に降りると、小次郎が長太刀を手に迫ってくる。長太刀が武蔵の額の鉢巻を斬ったと同時に、武蔵の木刀が小次郎の頭上に打ち下ろされる。小次郎は微笑を浮かべながら砂上に倒れ込んだ。武蔵は船頭の佐助（千秋実）が漕ぐ舟で舟島から去っていく。

人間ドラマの色合いが濃い第一部（『宮本武蔵』）、剣戟映画の性格を打ち出す第二部（『続宮本武蔵 一乗寺の決斗』）と、カラーの変化が採られた本シリーズだが、稲垣はモンタージュ技法を凝らす映像を意識的に用いて武蔵をはじめとする登場人物の内面、心象を細かに描き出しながら壮大な物語を大河ドラマ風につづってきた。本作は武蔵の宿敵と誰もが知る小次郎との決闘がクライマックスに据えられる。

序盤で武蔵と小次郎の小さなドラマが描かれ、武蔵とお通の再会劇を挿み、法典ヶ原における野武士衆との一戦を経て、武蔵と小次郎の最終決戦へなだれ込む。観客のあまたが期待する最終盤に至るまでの進行が強引で、筋の端折りぶりが目立つのもたしかなのだが、武蔵と小次郎の闘いは時代劇映画の巨匠・稲垣だからと思わせるほどの緊迫感に包まれる。三船対鶴田は観客の期待に真っ向から応じるものだった。

三船の武蔵が板についているのは当然だが、小次郎役の鶴田浩二の気品ある美男ぶり、侍ぶりは鮮やかだった。優雅なムードをかもし出した。佐々木小次郎は数多くの名優が挑んだ。そのなかでも特に印象に残るものとなった。本作公開から五年後の一九六一（昭和三十六）年に内田吐夢が東映京都で中村錦之助の武蔵で一年一作、全

宮本武蔵 完結篇 決闘巌流島【東宝DVD名作セレクション】
TDV-16287R

五作を連作する「宮本武蔵」五部作（一九六一～六五）を始めた。佐々木小次郎には高倉健が起用された。この内田版が「宮本武蔵」もののきわめつけとなったために稲垣版三部作の存在感は薄れてしまったが、三船の武蔵、鶴田の小次郎は当時の観客を大いに沸かした。

「明星」一九五八年九月号に「ぼくらは現代劇時代劇二刀流」と題された三船と鶴田の対談が載っている。そのなか、本作における巌流島の決闘の撮影時の話が出る。興味深い内容なので再現したい。時代劇の撮影中、竹光での剣戟でも危険をともなうと話題が移行し……。

三船　「宮本武蔵」の伊豆の今井浜のロケの時もそうだったね。何しろ巌流島の決闘をブッツケ本番でやったっけなあ。

鶴田　そうそう。朝の五時に起きて日の出をバックにとろうというんで、ブッツケでね。山田キャメラマンがテストなしの本番だというんで、大丈夫かいってきいたら、俺だってうつしてみなきゃ、分らんといっていたが、あの時は困った。

三船　砂地で足跡つくから稽古はできない。……それでいきなり本番ってドナられちゃって……。

鶴田　そこにとびこめ、サヤをすてろ、あげくの果てに役者どけってドナリやがった……。

三船　何しろカメラから大分はなれているんで、何をドナっているか分らないんだけど、どうもオレたちのことらしい。（笑）

鶴田　スクリーン・プロセスのバックをとっていたらしいんだな、後で聞いたら……。しかしいきなりブッツケでいって、おまけに役者どけはヒドイね。（笑）あの時の二人のたちまわりは打ち合せなしだったせいか迫力がでていたよ……敏《びん》さんもオレもね。評判がよかった。

三船　手順のながれをつけると力がなくなることはたしかだ。そのいみでは効果あったかもしれないが……丁度冬の寒い時で、舟からとびこめっていわれてとびこんだらこれが胸まである深さで、足をとられたのは弱ったよ。だが冬の海って案外暖かいもんだな。

ちなみに、この当時（一九五八年時）、三船は鶴田のことをツーさん、鶴田は三船のことを敏《びん》さんと呼び合っていたようだ。

続いて、主演映画で谷口千吉との顔合わせとなる『黒帯三国志』（東宝）が一九五六年一月二十九日に登場する。鈴木英夫の東宝作品で木村功と津島恵子が共演した『彼奴《キャツ》を逃すな』との二本立てだった。谷口にとっても池部良、八千草薫主演の監督作『乱菊物語』の一週間後の封切りとなった。大掛かりで大作感のある伝奇ロマン映画『乱菊物語』、東宝のドル箱スター・三船敏郎の魅力を押し出す活劇映画『黒帯三国志』を谷口は続けざまに発表した。まさに絶頂期だった。同時に、日本映画、東宝の黄金時代でもあった。谷口は『黒帯三国志』で久々に伊福部昭と仕事をした。

白黒、スタンダード仕様、上映時間九四分の『黒帯三国志』は田中友幸の製作による。下村明の原作を谷口、松浦健郎、山崎巌の三者で脚色した。撮影は飯村正。美術は北猛夫と村木与四郎が担った。音楽は伊福部昭、録音は西川善男、照明は猪原一郎の手による。主演の三船敏郎の周りを佐分利信、小堀明男、香川京子、岡田茉莉子、久慈あさみ、平田昭彦、藤木悠たちが固める。

明治末期の九州。正風館の小関昌彦（三船敏郎）は、海南拳闘クラブの小鉄（藤木悠）から加茂紀久子（岡田茉莉子）を救出する。紀久子の父（笈川武夫）は道場主の天路正純（佐分利信）を訪ねる。小関を紀久子の婿に、と頼みに。だが、小関は天路の娘・天路静江（香川京子）に惹かれている。小鉄の兄弟子・伊庭八郎（佐伯秀男）と五所明神で闘った小関は天路に破門を申し出る。外務省の留学生試験を受けたい、と言い出せない小関の心情を察した天路は、東京行きを許す。試験は不合格だった。人買いの山猫譲次（田中春夫）にだまされ、北海道の監獄部屋で働く羽目になる。飯場の売店の女・お葉（久慈あさみ）が小関に惚れた。黒眼鏡の渡り土工（小堀明男）が飯場に流れてくる。脱走を企む作業員に山猫が暴行をするのを見かねた小関とその土工があいだに入り、乱闘となる。土工の正体は殺人犯の山猫を探りに来た形原刑事だった。小関は東京で勉学に励み、留学許可を得る。合格を知らせようと九州へ帰った小関は、正風館が伊庭唐手・拳闘道場に姿を変え、天路父娘が追われたことを知る。天路は伊庭八郎、俊介(平田昭彦)兄弟の闇討ちに遭って失明していた。山猫からの報せで小関の帰郷を知った俊介は、小関を五所明神で迎え撃つ。小関は俊介を倒し、恩師の仇を討つ。山猫も形原に捕えられる。小関が上京する日。彼の妻となる静江、小関への想いを断ち切った紀久子が駅前で彼を見送る。

当時、巷《ちまた》では「三国志」ブームが湧き起こっていた。それに目をつけた東宝は、下村明が雑誌「小説と読物」に連載した『三国志』の物語を根底に敷いた同名小説を三船敏郎主演で映画化した。柔道活劇ゆえに当然のごとく、黒澤明監督作『姿三四郎』(一九四三／東宝)に代わる新時代の柔道映画を、というコンセプトをもとにして作られた。「殺人ボクサーか！柔道の小天狗か！灼熱の恋をかけて斗う風雲の対決！」からもそれは達してくる。

時代は明治末期。映画の舞台は九州、東京、北海道と多岐にわたる。三船が演じる正風館道場の小天狗・小関昌彦が次々と現れる強豪に闘いを挑む。何人もの敵を倒しながら柔の道を突き進む過程のなかに彼を恋慕う三人の女も濃厚にからんでくる。直球勝負の語り口は、三船主演でつづる〈新時代の「姿三四郎」〉の雰囲気を出している。映画を観ているあいだは飽きさせない、という映画人魂を感じさせる。谷口はやはり男臭い骨太の活劇映画に最も才を発揮する。本作はそれをわかりやすく伝える。

屈託のない人物描写、正義と悪の対比、男臭さ、男らしさ、雄々しさ。どれも谷口映画らしい風味だ。そこに三船の個性が加わる。谷口の演出は重厚だ。それでもときに失速もする。停滞もする。本作も日本映画史からは忘れられた存在となっている。しかし、隠れた佳作というわけではないが、三船主演映画という観点からは捨てがたい。

『黒帯三国志』の興行は堅調だった。日本映画界は波に乗っていた。三船主演の柔道活劇映画。この話題だけで多くの人々が映画館にやってきた。谷口も力を注いだのだが、彼の演出が評価されることはなかったようだ。三船人気を当て込んだ企画だったことは否定できない。

同作の翌月、新たな三船敏郎出演作が登場する。一九五六年二月二十六日公開、山本嘉次郎が監督し、鶴田浩二が主演（これも鶴田側の出演条件に従ったもの）した東宝作品『暗黒街』（白黒、スタンダード、九八分）である。本木荘二郎が製作し、菊島隆三が原案を書き、若尾徳平が脚色した犯罪映画で、一九六〇年代の東宝のドル箱シリーズとなる「暗黒街」シリーズの先駆けとなった。「暴力を支配する男！悪に挑む男！暴く暗黒街の真相！」「戦慄を衝いて鶴田・三船が激突する迫力篇！」という惹句は、どちらかというと東宝作品では異質のものとなるのかもしれない。

暗黒街に生きるキャバレー経営者の鶴田に対峙する捜査主任を三船は演じた。あくまで鶴田の主演映画のために三船は助演役で出番も少なかったが、ふたりの共演は華やかな空気に包まれた。三船と鶴田の共演作はこの時代の東宝の大きな看板となった。時代劇もよかったが、両者の男っぽさ、ニヒリズムは現代劇のほうが匂い立ったように思える。本作はまた、志村喬の怪演といってもいい演技が見られるものとしても、暗黒街映画を撮らなくてはいけなくなった山本嘉次郎のとまどいが垣間見られるものとしても知られる。封切り館では杉江敏男が監督し、香川京子、中村メイコらが出た『奥様は大学生』（東京映画）が同時上映された。

『暗黒街』公開のおよそ一ヶ月後の一九五六年三月二十八日に初日を迎えた東宝作品、佐分利信が監督した『愛情の決算』（白黒、スタンダード、一一二分）にも三船は重要な役で出演している。「美しき人妻の理性も 真の愛の心にふれて 激情のまゝに……秘かな逢びきの哀しさ 愛情の岐路に立つ 美しき人妻の行方は」「夜霧に濡れしのび逢う瀬の切なさ 惑ひなやむ人妻が立つ愛情の岐路」。これでわかるように、不倫劇をテーマに扱うメロドラマだ。子持ちで戦争未亡人の女が、亡父のかつての上官である男と再婚する。だが、その男は、人はいいのだがいつまでも敗戦を引きずり、無気力かつ無能、しかも無口で無愛想、人間的な面白みにも欠いている。自分と結婚したのも同情からなのか……。夫への不満が日々増大していくなか、夫の戦友である男が愛を告白してくる。

製作は藤本眞澄と宇佐美仁、今日出海が「別冊文藝春秋」に発表した『この十年』を井手俊郎が脚色し、佐分利信が監督した。撮影は山田一夫、美術は北猛夫と清水喜代志、音楽は團伊玖磨、録音は宮崎正信、照明は石井長四郎が担った。原節子、佐分利信、三船敏郎、小林桂樹、八千草薫、田中春男、堺左千夫、千葉一郎たちが出演した。

敗戦から十年。楢崎（佐分利信）は義理の息子・弘（渋沢準）の誕生日に銀座に行き、妻の勝子（原節子）が戦友の大平（三船敏郎）と一緒にいるのを見た。その晩、勝子は楢崎に別れ話をする。戦時中、楢崎は大平、木原（田中春男）、武内（小林桂樹）、吉野（千葉一郎）、東郷（堺左千夫）、帰国前に病死した、妻の勝子と息子の浩を持つ田口（内田良平）を部下にしていた。田口の一周忌に仲間が集まる。雑誌社勤務の楢崎は大平と武内に勧められ、勝子と結婚した。郷里の家を追い出された吉野の一家が楢崎家に押しかけてきた。楢崎も脚を負傷し、失職する。新聞社に勤める大平の世話で勝子は働き始める。ふたりは急速に親密になる。昭和二十五年、再び戦友が集まる。闇商売が成功した武内は愛人（藤間紫）に店を持たせていた。楢崎は武内の紹介で倉庫会社に勤めているが、社内では邪険にされている。吉野は武内の力でパチンコ屋の店主となった。大平が勝子に愛を告白する。勝子は受け容れる。大平は楢崎に打ち明けるが、彼は勝子に、もう一度やり直そう、という。五年が経った。戦災孤児の朝子（八千草薫）が二十一歳になったのを機に結婚しようとする武内が勝子を会社に呼ぶ。仲を取り持ってほしい、と。勝子は大平と再会する。愛が再燃する。銀座での一件の晩、勝子は楢崎に申し出た。出直したい、と楢崎はまたいう。勝子は浩を残し、家を出ていく。

題材的にはメロドラマ以外の何ものでもない。しかし、原作の完成度もあるが、井手俊郎の周到な脚色、主演も兼ねる佐分利信の堅実で目配りの届いた演出により、戦後日本人のひとつの生きる姿、戦中から戦後に至って思想、感性が大きく変容を遂げる庶民のさまをとらえる、社会派風人間ドラマ映画となった。

人間的に物足りない夫の佐分利に飽き飽きした原節子が、若く精悍でたくましい三船に心惹かれ、息子の存在すら忘れるほど彼との愛にのめり込んでいく女の生き方、女心の移り変わり、これらが見どころに置かれる。同時に、敗戦を受け止めきれず、戦後は何を目標にして生きていけばいいかわからず、周辺の人々の心情なども理解できない男の悲劇を佐分利は自虐的に描き出す。人がいいだけでは戦後のめまぐるしい時代は生きていけない。戦争で死ねなかった男の哀れさがにじんでくる。それはまた、戦後日本男児を象徴する三船の颯爽ぶりにつながる。小林桂樹と八千草薫の挿話は洒脱に描かれ、ときにラブ・コメディの境界に近づく。映画監督・佐分利信の監督としての実力がこうしたところから見えてくる。彼の監督作を顧みる際は真っ先に俎上に載せるべき一本とみなされる。

三船のダンディズム、格好よさを知るにも本作は好テクストとなる。粗野で野性的な男を荒々しく演じる三船も魅力的だが、この映画のような色男ぶりはまさしく映画スターとしての輝きを放っている。いってみれば、スター雑誌の表紙を飾る映画俳優。その人がスクリーンで動きまわる。マイナーな作品なので話題に上ることもめったにないが、佐分利の映画志向や演出姿勢、三船を筆頭とした東宝俳優たちの適材適所の持ち味が存分に現れ出た。


成瀬巳喜男は戦前から何本もの秀作を発表してきた。東宝文藝映画（東宝ホームドラマ映画という形容も可能だ）の名匠というイメージがあまりに強い。一九五〇年代からは東宝を舞台に、〈抒情映画の巨匠〉の異名通りの名作・秀作を連発した。なかでも一九五一（昭和二十六）年の『めし』（東宝）は、戦後成瀬映画初期の傑作という見方が定まっている。メロドラマ映画の〈顔〉的存在だった上原謙、小津映画での清楚で慎ましい姿が固定化しつつあった原節子の新局面を導き出した作品でもあった。長期スランプに苦しんでいた成瀬は『めし』を撮ったことで、林文学と出会うことで息を吹き返した。『めし』以降、成瀬は一九五〇年代東宝映画の屋台骨を担

『宮本武蔵 完結篇 決闘巌流島』『黒帯三国志』『愛情の決算』『ならず者』

妻の心
【日本映画傑作全集】キネマ倶楽部（VHS、廃盤）

う〈文藝映画の名匠〉の道を歩んでいく。

三船もまた成瀬映画とは無縁ではなかった。『愛情の決算』公開からほぼ一ヶ月後の一九五六年五月三日、鈴木英夫が監督し、雪村いづみが主演する『青い芽』(東宝)とともに映画館にかかった成瀬巳喜男の東宝作品『妻の心』(白黒、スタンダード、九八分)に三船は助演者として出演した。藤本眞澄と金子正且の共同製作になる作品で、井手俊郎の脚本を成瀬が演出した。夫婦愛、夫婦間の人間の心のふれあいを真摯に描く。恋愛要素にも発展しようかという機微が滋味をかもし出した。

三船は高峰秀子が演じる人妻の友人・杉葉子の兄役でひそかに高峰に想いをよせる銀行マンに扮した。だから背広姿が多かった。高峰との場面もいくつかある。雨に降られた三船と高峰が茶店で雨宿りをし、会話をするなかでふたりの複雑な感情が交錯するシークエンスは、本作中の見せ場となった。「無言の鞭に耐えて愛情に生きる妻を描いた問題作！」は、やや大仰だった。

一週間後の一九五六年五月十日に三木のり平主演の喜劇映画で丸林久信が監督した『のり平の浮気大学 愉快な家族』(東宝)とともに封切られた東宝作品『ならず者』(白黒、スタンダード、九二分)は、三船敏郎主演映画のなかでは知名度の低い作品だが、忘れてはならない一本となる。製作は田中友幸、佐々木武観の戯曲『拓林飯場』を木村武と中田晴久が脚色し、青柳信雄がメガホンを握った。以下、メインスタッフは、撮影が遠藤精一、美術が北猛夫と阿久根巌、音楽が佐藤勝、録音が西川善男、照明が西川鶴三。三船敏郎以下、岡田茉莉子、志村喬、太刀川洋一、白川由美、清川虹子、千秋実、藤原釜足たちがメインキャストをつとめる。

山奥にある木材切り出しの飯場に流れ者の樵夫・寛次(三船敏郎)がやってくる。博打打ちで喧嘩好き、酒好きの彼はかつてここで働いていたことがある。その際、組頭の捨造（志村喬）は寛次に散々手を焼かされた。しかし、樵夫としての実力は天下一品だ。捨造は昔のことは忘れ、寛次を雇う。賄頭のおたき（清川虹子）は、また厄介者が現れた、と嫌な顔をする。寛次はさっそく樵夫仲間の惣兵衛（千秋実）と喧嘩をする。日照りが続き、捨造たちは困窮する。川の水が干し上がり、伐採した木が麓に流せない。雨が降らないので親方からの賃金の支払いも滞りがちだ。帳場の津田（藤原釜足）は親方から賃金を半分しかもらえない。寛次は賄婦の春子（岡田茉利子）に詰め寄る。春子は粗暴な寛次を敬遠するが、次第に彼に惹かれる。寛次がまた惣兵衛と一悶着を起こす。捨造は仕方なく寛次を解雇する。怒った寛次は半分だけ払われた樵夫たちの賃金を丁半博打ですべて巻き上げる。寛次を懲らしめようと、捨造は貯金通帳を賭けて差しの勝負に挑むが、負けてしまう。翌日、泣く春子を尻目に山を降りる寛次を惣兵衛たちが襲撃する。寛次は金を持っていなかった。すべて置いてきたのだ。傷ついた寛次の前に春子が現れる。ふたりは抱擁し合う。捨造とおたきも、寛次と春子を一緒にさせるために夫婦になることにした。そのとき、雨が降り出す。大雨だ。歓喜の声が湧き上がる。

『ならず者』というタイトル、奥深い山中で木材を伐採する樵夫たちに的をあてた人間ドラマ、三船敏郎、志村喬、千秋実、藤原釜足たち黒澤映画で馴染みの俳優の顔合わせなどと聞けば、男の対決、対立、友情、きずなといった男の世界に包まれる活劇映画であることは容易に想像できる。「原始林に挑む男達の生々しい激情とむき出しの野性女の恋が炎と燃える男性優篇」、主演の三船に的をあてた「面目躍如！豪快三船敏郎の当り役この一篇に結集！」などはハードなムードがあふれるが、ときに現れるユーモア感覚が絶妙な調味料となり、マイルドな娯楽映画に仕上がった。女性陣の顔ぶれも充実している。三船と岡田茉莉子、志村と清川虹子、太刀川洋一と白川由美のドラマも活きている。

演出を担った青柳信雄は、代表作に全十作を数えた江利チエミ主演の「サザエさん」シリーズ（一九五六～六一／東宝、宝塚映画）があげられるように、軽妙な喜劇映画を得意とした監督だった。その青柳としてはかなり珍しい部類の作品となる。活劇映画ではあるが、その要素はそれほど濃くなく、温かみのある人情劇が受け手の胸を揺さぶる。エンディングではそうしたドラマの定番ともいえる感動的な展開が用意されている。作劇も古風であり、その意味でも諸人が安心して観られる作品だ。

不敵な面構え、喧嘩と酒に強く、女にも手が早い粗野な男だが、心根は優しい好漢。こうした主人公・寛次を三船が好演する。『七人の侍』の菊千代を髣髴させるキャラクターでもある。寛次にふりまわされるにもかかわらず、ときに父親のようなまなざしで彼を見守るかのごとき志村喬も旨味を発揮する。黒澤映画『酔いどれ天使』（一九四八／東宝）『野良犬』（一九四九／新東宝、映画芸術協会）のふたりの関係に想いがおよんでいく。

本作は三船が主題歌「山の男の歌」（作詞：佐藤一郎［コロムビア］）を唄った作品としても知られている。この映画では三船の唄声が聴けるのだ。本作の音楽を担当した佐藤勝が「キネマ旬報」一九九八年三月上旬号「巻頭特集　映画の用心棒 追悼：三船敏郎」内「佐藤勝に訊く」で面白いエピソードを披露している。

その後「ならず者」（56）の音楽を担当して、三船さんの歌う主題歌「山の男の歌」を作曲したんですよ。これは三船さん唯一のレコードになった歌なのですが、それが黒澤さんの逆鱗に触れたそうで。「役者が歌なんか歌うんじゃない！」って。それから三船さんは二度と歌を歌う事はありませんでしたが、八〇年代の前半くらいかな、ＮＨＫの映画音楽の番組に僕が出演し、三船さんもゲストで呼ばれて出たとき、突然本番でその歌のレコードが流れたんですよ。三船さん、びっくりしちゃってね。すごく照れまくってたなあ。

斧振りゃままよ、と唄い出される「山の男の歌」は、いかにも山の男たちが口ずさむであろう、単調かつ勇壮な歌である。一瞬、これが三船の唄声か、と思えるほどの清々しい男声が響きわたる。たった一作で終わったというのはなんとも残念な三船歌唱による主題歌（挿入歌）だった。黒澤の叱責がなかったら、とも思う。

二　『囚人船』（一九五六：稲垣浩）『蜘蛛巣城』（一九五七：黒澤明）『嵐の中の男』（同：谷口千吉）『この二人に幸あれ』（同：本多猪四郎）

一九五六年の上半期は毎月のように三船の出演作が東宝系邦画上映館を飾った。同年八月八日、この年、早くも七本目の映画が登場する。稲垣浩が演出にあたった主演作『囚人船』（東宝）である。同時上映は、山本嘉次郎の東宝作品で雪村いづみ、池部良が共演した『お嬢さん登場』だった。

「囚《とらわ》れの少年群が血で彩る海の叛乱！　実話が生んだこの悲劇！　この迫力！」とうたわれた『囚人船』（白黒、スタンダード、一〇六分）は、菊田一夫が香椎豊次郎による実録話「報国丸の話」に着想を得て創作したものを原作とする。村田武雄と同作を共同脚色した稲垣浩が監督もつとめた。一九三七（昭和十二）年頃まで実際に存在したという少年囚人船（少年犯罪者が出所後に海軍水兵として働けるように訓練する船）を舞台に、囚人船に送られた少年囚たち、彼らを厳格に鍛え上げようとする漁労長、人情に厚い船長など、少年囚を中心に据えた集団人間劇が展開する。

菊田一夫、稲垣浩、村田武雄以外のメインスタッフは、製作・堀江史朗、撮影・飯村正、美術・北猛夫、音楽・仁木他喜雄、録音・西川善男、照明・安倍輝明、西川鶴三。メインキャストは、三船敏郎、岡田茉莉子、小泉博、田崎潤、稲葉義男、小杉義男、田島義文、上田吉二郎などである。

昭和九年の浦賀沖。少年囚人船「平安丸」に収容された少年囚たちは将来、海軍水兵として更正できるように彼らと同じ訓練を受ける。「平安丸」に遠洋漁業船「愛天丸」の船長・松尾（三船敏郎）が赴任する。少年囚から野次られた松尾を海上刑務所所長・浅倉（清水元）、漁労長・猪ヶ谷（田崎潤）が励ます。妻のみき（岡田茉莉子）も夫を心配する。松尾が「平安丸」から脱走した安城（上村幸之）を捕らえる。彼の心の優しさを知った松尾は猪ヶ谷の反対を聞かず、安城を遠洋漁業に参加させる。松尾は少年囚と交流し、彼らの不幸な境遇を知る。「愛天丸」は二十五名の少年囚を乗せて出航する。漁労長を親父、船長をおふくろと思え、命令は絶対だ。猪ヶ谷が告げる。船は魚群を求めて南下する。猪ヶ谷の過酷な作業に少年囚の一部が憤懣をつのらせる。松尾も意見するが、猪ヶ谷は耳を貸さない。少年囚たちが争議行為を取り始める。船を乗っ取って無人島へ。賛成者と反対者が対立するが、強行派が船乗っ取りを決行する。少年囚たちを松尾が説得する。俺を殺して気が済むのなら殺せ、その代わり船長のいうことを聞いて話し合ってくれ、と猪ヶ谷もいう。少年囚たちは説得を受け容れ、降伏する。「愛天丸」は浦賀港に戻る。裁判になっても刑が軽くなるように努力することを松尾と猪ヶ谷が約束する。少年囚たちは護送車に乗せられる。港には松尾の子を宿したみきが迎えに来ていた。

小林多喜二の『蟹工船』が作り手のイメージにあったのだろうか、プロレタリアート革命映画の匂いも立ち込める。社会に提示するメッセージ性はそれほどない。根底にはヒューマニズムが漂う。そのわりに堅苦しさ、説教臭さはない。活劇要素も要所に配置され、観る者を飽きさせることはない。

映画の肝となる少年囚たちには無名の新人が大勢起用された。船長に扮する三船、漁労長を演じる田崎潤に臆することなくわたり合う。彼らを受け止める三船のスケールの大きさも感じさせる。紅一点とみなしていい岡田茉莉子が三船の妻役で出演している。彼女の清楚な美貌が男臭い映画全体に癒しを与えている。出番は少ないが、インパクトがあった。少年囚の扱いをめぐって三船とぶつかる田崎も圧巻といえるほどの存在感を見せつける。田崎はアクの強いタイプであるため、主役を食うほどの印象度を放つ事例が少なくない俳優だが、本作などはその好例にあげられる。

『囚人船』は稲垣映画のなかではほとんど言及されない一本だ。盛り上がりに欠け、冗長でもある。この時代のプログラム・ピクチャーの一群中に埋もれてしまった。だが、三船、田崎、岡田の輝き、少年囚に扮した新人たちの好演によって観応えのある娯楽作となった。

一九五七(昭和三十二)年になった。一月十五日、『生きものの記録』(一九五五/東宝)以来、およそ一年ぶりとなる東宝の黒澤・三船作品が登場する。時代劇映画だ。といっても、アメリカ西部劇映画を圧倒するほどの大活劇、かつてないほどの大剣戟、幾重にも折り重なる人間ドラマを濃密このうえない形でまとめ上げた『七人の侍』とは性格を異にする。ウィリアム・シェイクスピアの四大悲劇の一作『マクベス』を日本の戦国時代を舞台にして翻案化した『蜘蛛巣城』(白黒、スタンダード、一一〇分)である。江原達怡、小坂一也主演の小田基義の小品『星空の街』(東宝)が併映作にあてられた。

三船敏郎がマクベスを演じたらどうなるか。黒澤のこうした発想から本作は発展していった。美術担当の村木与四郎のもと、富士山の太郎坊付近の火山灰地に建てられた蜘蛛巣城のロケセット、東京のオープンセット、撮影スタジオに作られたセット、これらが斬新かつ強烈な黒澤式様式美空間で一体化し、荘厳で幽玄美が立ち込める映画世界を生み出した。小さな部分にも気配りされた黒澤のリアリズム志向は少しも変わらない。むしろさらに深みを増し、日本美術の粋を集めた映画美を具現した。

黒澤は製作(本木荘二郎と)、監督、脚本(橋本忍、菊島隆三と)をつとめた。撮影は中井朝一、美術は村木与四郎、音楽は佐藤勝、録音は矢野口文雄、照明は岸田九一郎。三船敏郎、山田五十鈴、千秋実、志村喬、久保明、浪花千栄子、佐々木孝丸、太刀川洋一らが主な出演者となる。

蜘蛛巣城【東宝 DVD 名作セレクション】
TDV-17333D

鷲津武時(三船敏郎)と三木義明(千秋実)が北の館・藤巻の謀反を鎮圧した。歓喜する蜘蛛巣城城主・都築国春(佐々木孝丸)に呼ばれて蜘蛛巣城に行く途中、武時と義明は蜘蛛手の森に迷い込み、怪しげな藁ぶき小屋に出くわす。老婆(浪花千栄子)に武時は、北の館の御殿様、やがて蜘蛛巣城の御城主様に、と予言される。その夜、武時は北の館の主に、義明は一の砦の大将に任じられた。武時の妻・浅茅(山田五十鈴)は、老婆の予言が漏れる前に国春を殺すべきだ、と夫をそそのす。国春は隣国の乾を討つため、武時を乾攻撃の先陣の将に命じる。夫を危険な先陣に追いやる命令と受け取った浅茅の言葉に、武時は国春に刃を向ける。義明も老婆の予言に惑わされる。国春を殺したのは軍師の則保（志村喬）だ、と武時は吹聴し、大評定の席で義明から推されて蜘蛛巣城主となる。武時は義明、息子の義照（久保明）も殺す。嵐の夜、乾の軍勢は則保を先手の将として国境を越えてなだれ込む。武時は再び老婆を訪ねる。蜘蛛手の森が動いて城へ押し寄せぬ限り敗れない、と老婆はいう。しかし、城に戻ると、武時の目前で蜘蛛手の森が城へ向かって進んでくる。武時は全身に矢を射たれ、絶命する。動く森に見えたのは、木の枝、木の葉で擬装した乾の軍勢だった。蜘蛛巣城をめざして進む則保、乾の全軍を朝日が照らす。

映画のキャッチコピーは「〝そなたはやがて城の主〟妖婆の予言に乗って野望の大軍を進める戦国の武将！」。日本の戦国時代には『マクベス』に描かれているような下剋上の話がたくさんある、だからとても身近に感じられ、翻案しやすかった、と黒澤は複数の場で述べていた。『マクベス』には弱肉強食の時代に生きた人間の姿が集約されており、人間の因果因縁が強烈に描かれている。これは黒澤映画と真正面から合致する。そうした想いも黒澤にはあった。

従来の時代劇映画にはなかった戦国時代のイメージをスタッフは創造した。美術には徹底的にこだわった。美術監督の村木与四郎は、黒塗りの鎧壁の蜘蛛巣城を富士山太郎坊付近の火山灰地のロケセットと東京のオープンセットに作った。安土時代以前の、天守閣がない種類のこの城が霧のなかから忽然と姿を見せる描写は、陰鬱な雰囲気をかもし出しながらも幻想的な美しさを現出した。場内のセットも室内を広くして天井を低くし、太い柱を用い、この重苦しく暗鬱なドラマの舞台に相応するものを用意した。日本画家・江崎孝坪がデザインした鎧は、いかにも重量がありそうなものとは異なり、軽くて動きやすく、しかも着用しやすいものになった。これらは時代劇美術を語るうえでは外せない。黒澤は青年時代に絵画で二科展に入選したことがある。日本絵画への造詣の深さの現れと受け取るべきだろう。

黒澤は若い頃から能に傾倒していた。本作で黒澤は能の洋式、所作を俳優の演技に導入し、人間の妄執を表現したという。三船、山田五十鈴をはじめとする俳優たちにはそれぞれの役にふさわしい能面の写真を見せ、「この面が君の役だ」と各人に研究させた。俳優たちの立ち居振る舞いも演出の過程で能の演技を参考にしながら工夫した。映画作家として脂の乗っていた時代の黒澤らしいアプローチである。

本作は、三船が演じる鷲津武時の首に矢が突き刺さるクライマックスでも話題を呼んだ。撮影時の裏話は広く知れわたっている。まずは大学の弓道部から十人ばかり部員を集め、櫓から六メートルほど離れたところの足場から三船の周辺の板塀に向けて一斉に矢を放つ。三船は黒澤との打ち合わせ通り、はじめはこの位置に逃げ、矢が襲ってくるので次にその位置に、と移動する。それでも矢は止まずに今度はこう動き、という演技をする。それを望遠レンズでとらえ、途中でストップをかける。三船の喉に矢を貼りつけ、再びフィルムをまわして矢を射かける。それを編集時に、首と同じ軌道を走って画面に入ってくる矢を見定め、そこへ喉に矢のついたショットを入れた。ガクッと揺れて入る効果が予想外にうまくいった、編集してみて自分でも驚いた、と黒澤はいう。現在では考えられない、許されないであろう撮影方法だった。

三船もこの撮影は相当にプレッシャーを感じたようだ。なにせ本物の矢を射られるのだ。恐怖を覚えないわけがない。現に、バババババッと飛んできて怖かった、震えながら逃げまわった、あとでぶっ殺すぞと思った、黒澤は望遠レンズを使うためにその後ろから矢を射るから遠い、自分が逃げまわるところにビューンと飛んでくる、こんなところ(首)に来たのもある、生きた心地がしなかった、撮影の前日の夜はうなされて眠れなかった、とのちに複数のインタビューで答えている。そのひとつを転載する。「キネマ旬報」一九八四年五月下旬号内「インタビュー日本のスター　三船敏郎の巻 戦後最大の国際スター(前篇)」より。

はじめ、エキストラたちを助監督が集めて、ベニヤ板に丸を書いて、小道具の弓に矢をつがせて、その丸に矢が当たった者を引っぱってきて、そいつらにやらそうとしたんですよ(笑)。あーぶない、あぶない。どこへ飛んでいくか分かりゃしない。みんなが心配してね。それで、今でもお付き合いしてますけど、鎌倉にお住まいの流鏑馬の金子家教先生や、その方のお父様で亡くなられた武田有鄰先生など、弓道何段という方々にお願いして射っていただいたんです。でも安全が保障されたというわけではないんです。黒澤さんは、アップでも望遠レンズを使いますからね。ずーっと遠くにキャメラを据えるんですよ。そのキャメラの後ろから射るからとにかく遠い。矢一本それぞれ癖がありますしね。ほんとうの鏑矢ですよ。こんなとこ（首元）にきたのもあります（笑）。皆さん有段者だっていうんで安心してたんですけど、こっちが逃げ回るところにビュビュビュビューンとくるでしょう。生きた心地しなかった。弓のシーンだけで三日か四日かかりましたね。いやーあ（笑）。笑いごとじゃないけど……。個人的にも自分も弟子入りして流鏑馬をやりますけど、今でも仲間と語り草ですよ。見てる方も怖かったと。

同時に、この撮影は、どこまでが真実で、どこから創作なのかが今ひとつよくわからない、あるエピソードも引き連れる。撮影の数日後、酒に酔った三船が深夜、愛車のジープで成城の黒澤邸の周りをぐるぐると周回し、猟銃の空砲を空に放ちつつ、「黒澤のバカヤロウ！　黒澤のバカヤロウ！」と連呼したという、これはやはり眉唾ではないか、と思わせるあまりに有名な話である。否定する内容のコメントを黒澤は発していた。大スターに欠かせないゴシップ風ネタのひとつである。

黒澤の能様式の導入について、三船は特に構えなかったようだ。幼い時分から日本の各種伝統芸能にたずさわってきたわけでも、馴染んできたわけでもなく、特定の型も持っていない三船にはなかなか難儀な注文だったろうが、彼はいとも自然にこなした。急にエネルギッシュに歩き出したり、のけぞるかのような格好をしたり、目を見開いたり、といかにも大仰な身のこなしを披露する。所作、動作、リズム、呼吸、まるで舞台の芝居を見るようだった。彼の底知れぬスケールを感じさせた。

『蜘蛛巣城』公開の翌月の一九五七年二月五日、谷口千吉演出による東宝作品『嵐の中の男』（白黒、スタンダード、九六分)が初日を迎えた。一九五六年一月公開作『黒帯三国志』の姉妹篇とみなされる柔道活劇映画だが、『黒帯三国志』には下村明の原作があったのに対し、こちらは谷口と松浦健郎両名によるオリジナルとなる。「豪快無双の風雲児が撒き起す花の恋！火の激斗！」「殺人ボクサーか！柔道の小天狗か！灼熱の恋をかけて斗う風雲の対決！」。こうした宣伝文句もムードをあおりたてる。

主に馴染みのメンバーがメインスタッフを担う。製作は田中友幸、撮影は山田一夫、美術は河東安英、音楽は渡辺浦人、録音は小沼渡、照明は西川鶴三。出演は、三船敏郎以下、香川京子、小堀明男、田崎潤、根岸明美、磯村みどり、柳永二郎、村上冬樹などとなる。

明治三十八年。下田警察署の柔道師範、清水悠山(柳永二郎)が老齢のため、四段の渡三郎(三船敏郎)が赴任する。渡は船中で悠山の娘・秋子(香川京子)と出会う。道場に水兵が乱入した。師範代の辻堂庫次(小堀明男)は、情婦・お紺(根岸明美)の飲み屋にいた。渡は水兵を倒し、悠山を救う。なぜ我を警察師範に推挙しない、と辻堂は悠山に迫る。強いだけではだめだ、秋子から婚約を破棄されて堕落したではないか、と悠山はいう。辻堂と水兵たちが渡を襲う。少林寺拳法の使い手であるお紺の兄・屋嘉比運兵(田崎潤)と辻堂が意気投合する。警察師範の後任には悠山を。渡は警察署長(笈川武夫)に伝えて東京に戻る。赤心社の太刀岡玄将(上田吉二郎)のもとで辻堂と運平は渡を探す。人力車夫をする渡は講道館の段原八段(小杉義男)に認められた。秋子は講道館を訪ねるが、渡に会えない。渡は暴漢に襲われた小村の娘・圭子(磯村みどり)を救うが、負傷して小村邸に招かれる。秋子が小間使いをしていた。圭子も渡に惹かれる。渡の心を知った秋子は帰った。辻堂から果たし状が来る。渡は命を狙われたが、難を逃れた。辻堂と運平は悠山道場乗っ取りを企てる。署長は渡を呼びに上京する。秋子を幸せに、との圭子の言葉に送られ、渡はお紺の店に行く。渡は辻堂と運平を倒した。秋子に迫る辻堂に対し、妹をだましたことを知った運平が襲いかかり、ともに崖下に転落した。立ち尽くす渡に秋子が駆け寄る。

ストーリーラインも『黒帯三国志』との関係が濃い。同作に通じる要素はいくつも拾い上げられる。三船が演じる主人公の人物設定、ヒロイン、三船に対抗する敵方の扱いなどは好例だ。三船主演のこの種の活劇映画がいかに当時の観客を楽しませていたかが実感できる。通俗的物語ではあるが、三船の雄々しい立ち姿、豪快な男ぶりは堂に入っており、周りを固める小堀明男、田崎潤も貫禄を見せる。香川京子、根岸明美、磯村みどりら女優陣もそれぞれに個性を発している。

東宝版「次郎長三国志」シリーズで一時代をなした小堀明男の冷酷非道な悪役が強い印象を与える。三船と小堀の対決シーンが最大の見どころとなる。看板スターが輝くのは存在感に満ちた悪役、憎々しい受け手があってこそ。日本映画の伝統を感じさせる。まさにスターありきの娯楽活劇映画だ。それ以上のものでも、以下のものでもないが、映画の面白さ、楽しさを大衆に提供したいという、谷口たち作り手の想いがあふれている。谷口映画の魅力は、男同士がぶつかり合う骨太の活劇ものに多く見出される。可もなく不可もない作品なのだが、そうしたイメージを強くさせた一本であることはたしかだ。一九五〇年代東宝活劇映画の香りが漂っている。

この映画公開の二週間後の一九五七年二月十九日に東宝系邦画映画館に出た、監督・本多猪四郎による東宝作品『この二人に幸あれ』(白黒、スタンダード、九四分)にも三船は出演している。松山善三のオリジナル脚本を本多が演出したさわやかな恋愛映画で、主演は小泉博と白川由美がつとめる。三船は主役ではない。脇役だ。この三船が実にいい。なんとも味がある。

製作は堀江史朗、撮影は本多と名コンビを組む小泉一、美術は北辰雄、音楽は中田喜直、録音は保坂有明、照明は横井総一。出演は、ほかに津島恵子、志村喬、夏川静江、英百合子、藤原釜足などだ。

杉野海運東京支社の若尾久夫(小泉博)は、西垣支店長(笈川武夫)から、娘を嫁にしないか、といわれる。彼は同僚の清水雅子(白川由美)が好きだ。久夫は雅子に告白した。雅子も同じ想いだった。久夫は西垣の話を断る。雅子の姉・千津子(津島恵子)は厳格な両親(志村喬、夏川静江)に反発して家出をし、小さな楽団でホルンを吹く丸山俊夫（三船敏郎）と結婚した。雅子は姉夫婦に励まされ、久夫の下宿に行く。ふたりは将来を誓い合う。雅子の父親は結婚に反対する。雅子は家を出て、久夫と一緒になる。彼の下宿の大家夫婦（藤原釜足、清川玉枝）に仲人を頼み、姉夫婦ら数人の列席で結婚式を挙げる。その様子を雅子の両親、名古屋から来た久夫の母親（英百合子）がそっと見ていた。久夫の同僚・中島（田島義文）が西垣の娘と婚約し、課長に昇進する。前課長の小杉（如月寛多）は大阪に飛ばされる。中島が小杉を追い出したのだ。小杉の送別会で中島の不遜な態度に怒った久夫が彼とぶつかった。久夫は会社を辞めた。雅子に知られないように職を探す。些細なことで雅子と喧嘩した久夫はいらだち、ひどい仕打ちをしてしまう。雅子は千津子の家に駆け込む。俊夫が久夫の心情を代弁し、雅子を落ち着かせる。千津子に説得され、雅子は久夫のもとに帰る。停電のなか、久夫が夕食の準備をしている。仕事は焦らずにゆっくり探そう。ふたりは抱擁する。電灯が点いて部屋が明るくなる。

低収入に苦しみつつも、毎日を精一杯に生きていこうとする恋人たちのいじらしい恋愛を描く。「大空にむかって大声で叫びたくなる 素敵な恋 若いふたりが その胸に楽しく描く 幸福の設計図」「甘く楽しい夢で結ばれた二人がはじめて知った現実の厳しさ！ 姉夫婦の導きでふたりが築いた結婚生活の幸福」。まさにこうした作品である。

この種の映画が各社で幾本も作られていた。若いふたり（小泉博、白川由美）の誠実な演技が爽快感をかもし、しとやかだが、男に対して一歩身を引きながらも主張すべき点は主張する芯の強い女性を白川由美が体現した。津島恵子が扮する白川の姉の夫を三船が〈特別出演〉風に演じている。三船はこの映画で実際にホルンを吹いている。練習を繰り返し、撮影にのぞんだという。

生真面目で、男らしく、頼りがいがあり、大人の分別も持つ。こうした好男子も一九五〇年代の三船は持ち味としていた。演技者としての三船をとことん追求した黒澤に比し、プログラム・ピクチャー作りに従事した監督が撮る映画では三船のスター性、イメージを重視した役柄が多かった。彼が「結婚行進曲」をホルンで奏でるなか、小泉と白川が慎ましやかな結婚式を挙げるくだりは感動を呼ぶ。三船にはこうした作品もあった。

街のどこにもいそうな男をごく自然に演じることもあった。三船ファンは見逃せない一本である。

三　『柳生武芸帳』（一九五七：稲垣浩）『どん底』（同：黒澤明）『下町―ダウンタウン―』（同：千葉泰樹）『柳生武芸帳　双龍秘劔』（一九五八：稲垣浩）

主に一九五〇年代、三船は黒澤明と同様に稲垣浩とも名コンビを組んだ。東宝の監督たち、山本嘉次郎を筆頭に千葉泰樹、丸山誠治、杉江敏男、意外なところでは成瀬巳喜男とも相性のよさを見せた。一方、東宝時代劇映画で思いつく作品となると、三船が主演をつとめた稲垣浩監督作が数多く脳裏によみがえる。そうした印象を作り出したのが、五味康祐の同名小説を映画化した、『柳生武芸帳』（一九五七／東宝）『柳生武芸帳　双龍秘劔』（一九五八／同）で構成される「柳生武芸帳」二部作（正続篇）だろう。

東宝の時代劇映画となると黒澤明の作品群がまずはあがってくるのだが、稲垣も少しも劣ることなく数々の時代劇映画を送り出し、東宝を潤してきた。森田プロダクション、東宝作品『佐々木小次郎』（一九五〇）『続佐々木小次郎』（一九五一）、東宝作品『完結　佐々木小次郎　巌流島決闘』（同）で構成される「佐々木小次郎」三部作、『海賊船』（一九五一）『風雲千両船』（一九五二）『お祭り半次郎』（一九五三）、三船版「宮本武蔵」三部作（一九五四～五六）など。人情劇を盛り込む時代劇映画が一九五〇年代の稲垣作品の特徴をなしてきた。そのなかでも「柳生武芸帳」二部作は講談調痛快娯楽時代劇映画であり、諸人が理屈抜きに楽しめるものだ。東宝時代劇映画の代表格にあげてもおかしくはない。

「徳川の天下を左右する武芸帳の行方は？　波乱万丈の色彩豪華篇！」「天下賭けるか　恋に生きるか　波瀾の道往く忍者の兄弟」。正篇にあたる『柳生武芸帳』は、一九五七年四月二十三日に封切られた。島倉千代子主演の東宝作品『東京だヨおッ母さん』(監督:斎藤達雄)との二本立て興行だった。アグファカラー、スタンダードで上映時間は一〇六分。惹句にもあるようにカラー映画であることがひとつの売りとなり、その色彩はドイツのアグファカラー(赤・青・黄の三原色それぞれに感光する三層の乳剤が発色する)が用いられた。製作は田中友幸、五味康祐の原作小説を稲垣と木村武(本名は馬渕薫)が脚色した。撮影は飯村正、美術は北猛夫と植田寛が担当した。音楽は伊福部昭による。録音は西川善男、照明は猪原一郎が担った。出演は、三船敏郎と鶴田浩二の二枚看板のほかは久我美子、香川京子、岡田茉莉子、大河内傳次郎、中村扇雀、平田昭彦などである。

正保四年。「柳生武芸帳」は、柳生、藪大納言、鍋島、この三家に一巻ずつ所蔵されている。ところが、鍋島家所蔵の一巻が竜造寺家の遺児・夕姫(久我美子)の手にわたった。竜造寺家は鍋島によって取りつぶされた家だ。肥前の術者・山田浮月斎(東野英治郎)も霞の多三郎(三船敏郎)と千四郎(鶴田浩二)を使って「武芸帳」を奪おうとする。千四郎は江戸の柳生屋敷、多三郎は夕姫を狙う。しかし、多三郎は夕姫に激しく惹かれる。藪大納言家から大久保彦左衛門(左卜全)の所有と移った一巻を奪うため、夕姫は江戸に上る。柳生又十郎(中村扇雀)は夕姫に扮装して大久保邸に潜入し、「武芸帳」を発見する。だが、千四郎に阻まれる。巻物は真二つになった。一方の多三郎は夕姫に心を奪われたことで破門される。又十郎も「武芸帳」争奪戦に虚しさを覚え、柳生家をあとにする。浮月斎は夕姫一党を訪ね、一致協力して一挙に柳生家を襲撃しよう、と持ちかける。期日は十五日。それを知った柳生一党が夕姫一党を急襲し、大乱闘となる。そこに多三郎が馬に乗って駆けつける。夕姫を救うと渓流に向かう。「武芸帳」をめぐる無益な闘いをやめさせるために自首しようとする多三郎を夕姫は押し止める。筏に乗ったふたりは渓流を下っていく。

徳川幕府の政権を揺るがし、朝廷の安泰をもおびやかす大事を秘めると伝えられる、所在の異なる三巻からなる秘帳〈柳生武芸

柳生武芸帳
東宝ビデオ(VHS、廃盤)

帳〉をめぐって柳生一門、お家再興を企む竜造寺家の遺児・夕姫一党、肥前の術者らが繰り広げる争奪戦の渦中に身を投じた忍者・霞多三郎と千四郎兄弟、種々の波瀾と葛藤に満ちたドラマが描かれる。三船敏郎と鶴田浩二、東宝が誇る二枚看板の共演が何よりの売りだ。どちらかに脚光をあてるというのではなく、なるべく均等に、おのおのが見せ場を作るという配慮が採られている。見どころも三船、鶴田、それぞれが担う。スター映画とは、俳優で客を呼ぶ映画とはこういうもの。それを実感させる。

娯楽を追い求める東宝の潔さは好感が持てる。機軸は剣戟を随所に配置する通俗的活劇時代劇映画だが、稲垣は複雑多岐な人物を複数からませ、見せ場も要所に設定し、スピーディーでメリハリをつけた演出で観客を楽しませる。稲垣東宝時代劇映画の頂点と見定めることもできる。

五味康祐の原作は相当に混み入ったもので、映画に仕立てるのには巧妙な脚色技術が求められる。稲垣とともに脚色にあたった木村武こと馬渕薫は、八住利雄が師にあたる。谷口千吉監督作『赤線基地』(一九五三／東宝)でデビューを飾った。関西大学在学中に日本共産党員として検挙されて入獄したという経験を持つ。その後、大阪の新劇団体である大阪協同劇団に参加した。一九三五(昭和十)年前後のことだという。同劇団には田中友幸も在籍していた。馬渕と田中はここで出会った。紆余曲折ののちに脚本家をめざした馬渕に手を差し伸べたのが田中友幸であり、八住利雄だった。『赤線基地』で脚本家のスタートを切った馬渕は、ここで木村武という平々凡々なペンネームをあえて用いる。共産党員としての馬渕を知る人が多かったためだといわれる。

馬渕はその後、東宝ＳＦ特撮怪獣映画の脚本を関沢新一とともに担当するようになる。陽の関沢、陰の馬渕。ふたりの脚本家の作家性、特質が東宝ＳＦ特撮怪獣映画のカラーを築いた。本作の霞の多三郎、千四郎兄弟も巨大組織に支配される者の悲哀感、無常観といった隠し味が滋味を発揮する。このあたりは木村の志向と受け取れる。活劇のなかで主人公たちのドラマが浮き立つ。物語が生まれる。本作がただの活劇時代劇に終わらなかった、小さくない要因となった。

稲垣の時代劇映画は、東宝の屋台骨を背負う支柱のなかでも重い役割を与えられた。東宝の本柱はやはり黒澤明の映画がつとめていたと見ることができ、周りを稲垣や成瀬巳喜男、山本嘉次郎、丸山誠治、千葉泰樹、谷口などが固めていた。一九五〇年代の東宝黄金時代は彼ら名監督たちが支えていた。

この時期、東宝は三船敏郎、鶴田浩二の二大スターを押し出し、積極的な興行を展開していた。三船は東宝のドル箱監督が撮る活劇や時代劇などの大作映画で主役を張る一方で、映画職人、匠《たくみ》、名工といったような形容が似合う監督がメガホンを握る小品にも出演した。その一本、『危険な英雄』(白黒、スタンダード・九一分)が日本映画新社のドキュメンタリー映画『黒部峡谷』(監督：西尾善介)を従えて一九五七年七月三十日に登場している。石原慎太郎(主演)、司葉子、仲代達矢(共演)による、須川栄三が脚本を書き、長谷川公之がそれをさらに脚色し、鈴木英夫がメガホンを執った異色犯罪映画である。製作は金子正且による。

三船は主人公の新聞記者(石原慎太郎)が勤める新聞社が企画した犯人へ自首を促す番組に出る、パイレーツに所属する人気プロ野球選手役での出演だった。〈特別出演〉にきわめて近い扱いだが、そうではない。一出演者だ。「ノーサイド」一九九五年二月号「総特集 戦後が匂う映画俳優」に収録されたインタビュー「三船敏郎―ぼくは戦後派一期生。」で彼はこの役にふれている。

ああ、テレビに出るやつ。なんか(野球選手役の僕の)ファンの子供を誘拐した奴がいるんです。その犯人に呼びかける。出番はそれだけですけど、ちゃんとやってるよ。とにかく本当にやれるようにする。

黒澤明との新たな作品が来た。一九五七年九月十七日に先行ロードショー公開され、全国の東宝系邦画上映館では十月一日、市川崑が監督した中篇映画で東宝のシネマスコープである東宝スコープの第一作となった『東北の神武《ずんむ》たち』とともにかけられた『どん底』(東宝)は、ロシアの文豪、マクシム・ゴーリキーが一九〇二年に発表し、彼の代表作となった同名戯曲を原作とする。日本でも幾度も上演されているこのゴーリキーの名

『柳生武芸帳』『どん底』『下町―ダウンタウン―』『柳生武芸帳 双龍秘劔』

どん底【普及版】
TDV-25083D

作を黒澤明と共同脚本の小国英雄は試行錯誤を経た末、壁がほとんど崩れてしまった江戸の棟割長屋の物語として完成させた。「文句なく面白い！底抜け楽天的な群像に光る雑草のような生命力！」は、黒澤映画の売り方としてはややピント外れだった。

なお、同時上映された『東北の神武《ずんむ》たち』で芥川比呂志が演じた主人公は、当初、市川は三船を想定していたという。三船だったら、おそらくは菊千代をさらに〈汚く〉した利助ズンムとなっただろう。これはこれで見てみたかった。

白黒、スタンダード仕様、上映時間一二五分になる『どん底』は、黒澤がプロデューサー、脚本（小国英雄と共同）、監督をつとめた。撮影は山崎一雄、美術は村木与四郎、音楽は佐藤勝、録音は矢野口文雄、照明は森茂の担当である。中村鴈治郎、山田五十鈴、香川京子、三船敏郎、上田吉二郎、東野英治郎、三好栄子、根岸明美などが出演者をつとめた。

江戸の場末。棟割り長屋には生きることをあきらめた自堕落な人々が集まる。常に小言を口にする鋳掛屋の留吉（東野英治郎）と病人の女房・あさ（三好栄子）、生娘のような夢想にふける夜鷹のおせん（根岸明美）、中年女の色気を振り撒く飴売りのお滝（清川虹子）、人生を悟ったような遊人・喜三郎（三井弘次）、酒びたりの役者くずれ（藤原釜足）、御家人のなれの果ての殿様（千秋実）、ひょうきん者の桶屋（田中春男）、人の悪口ばかりいう下駄屋（藤木悠）、気の強い泥棒の捨吉（三船敏郎）などだ。ある日、遍路の老人・嘉平（左卜全）が長屋へ来る。嘉平は住人たちに説く。あさに来世の幸福を、役者に酒中毒を治す寺を。捨吉は大家の六兵衛（中村鴈治郎）の女房・お杉（山田五十鈴）と懇ろだが、妹のかよ（香川京子）に惚れている。気性が荒く、計算高いお杉は六兵衛以上に嫌われている。かよと一緒に逃げろ、と嘉平は捨吉に勧める。かよは決心できない。捨吉の変心を知ったお杉はかよを虐待し、六兵衛を殺して自分をどん底から救い出せたらかよと一緒にさせよう、と捨吉に持ちかけるが、彼は乗らない。だが、六兵衛夫婦がかよを虐待していると聞いて駆けつけた捨吉は、誤って六兵衛を殺してしまう。お杉と捨吉は番所にひかれ、嘉平は役人を見て姿を消す。長屋は酒と博打の日々に戻る。連中が馬鹿囃子に興じるなか、殿様が役者の首吊りを伝えに来る。

海外の小説、戯曲などを日本向けに翻案する労苦は並大抵のものではない。ただ単に原作からアイディアを借り、都合のよいところだけを日本向きに翻案するという次元ではないゆえに。正面から取り組めば取り組むほど困難な課題が立ちはだかってくる。黒澤も『どん底』には苦労に苦労を重ねたという。設定はもちろん変更したが、ドラマ進行は原作に忠実に沿った。シーンも分割しなかった。キャスティングは重視した。演技達者な俳優を求めた。役者を信頼できてこそ、はじめて思い通りの演出ができる。黒澤の確固たる信念だった。

そこでまず選ばれたのが、お杉を演じる山田五十鈴である。彼女はちょうど役者として脂の乗りきっている時代にあたり、その演技は黒澤を満足させるに十分なものだった。さらに三井弘次、渡辺篤の軽妙な動きに感心した。本作での三船は主演者ではなく、あくまで棟割り長屋の住人のひとり、このコミュニティーを構成する一キャラクターに徹している。棟割り長屋の住人を〈七人の侍〉と見定めれば、その存在は菊千代とも映るわけで、大勢のなかでのコメディ・リリーフ役、またはジョーカー役というポジションも得意とした三船のキャラクターが存分に引き出されている。彼の個性を知り尽くす黒澤だからこその配役だった。

『七人の侍』で初採用して臨場感にあふれる効果をもたらし、次の『生きものの記録』から全面的に使用することになったマルチカム方式は、この『どん底』でひとつの頂点に達した。あれほど稽古をした映画はほかになかった、と黒澤がのちに述べたほど徹底したリハーサルをこなした俳優たちの演技を三、四台のキャメラで一気に撮り上げた。本作の俳優たちの観応えに満ちた演技、なまなましい台詞のやりとりはこうして生まれた。狭いセットのなかで複数のキャメラが同時に撮影できるよう、細かく作り込まれたセットは取り外しができるようになっていた。

この時代、三船は山田五十鈴と複数の作品で共演している。そのなか、一九五七年十一月五日に公開された、千葉泰樹監督作『下町―ダウンタウン―』(白黒、スタンダード、五八分)を代表作として推したい。中篇映画の「東宝ダイヤモンド」シリーズの一本で、三船の映画に伊福部昭が久々に音楽をつけた作品である。

「貧しい人生につゝましく通う愛情も泡沫《うたかた》のように儚く消ゆる倖せあわれ」。戦後の混乱期を背景に据え、貧困階級に身を置く、深いいきさつのある男女の情愛が戦後の混乱期を背景にし、しみじみとつづられる。林芙美子の同名短篇小説を原作に採り、藤本眞澄の製作指揮のもと、笠原良三と吉田精弥が脚色し、千葉泰樹が演出した。撮影は西垣六郎、美術は中古智、音楽は伊福部昭、録音は小沼渡、照明は金子光男が担当した。山田五十鈴、三船敏郎、亀谷雅敬、淡路恵子、田中春男、多々良純、村田知英子、馬野都留子などの出演による。

終戦から四年が経った。矢沢りよ(山田五十鈴)は、七歳のひとり息子の留吉(亀谷雅敬)とともにシベリアから還らぬ夫を待ちながら茶の行商をしている。住まいは幼友達のきく(村田知英子)の二階だ。きくは療養中の夫(田中春男)がいるため、身を売る商売をしている玉枝(淡路恵子)に部屋を貸している。りよは鉄材置場の番小屋の男・鶴石芳雄(三船敏郎)と知り合う。シベリアからの復員兵の鶴石は気立てのいい親切な男だ。りよを火にあたらせ、茶を買ってくれた。弁当を食べながら身の上話をした。りよは鶴石に心惹かれる。りよは留吉を連れて鶴石の小屋を訪ねるようになった。留吉も鶴石になつく。たがいの傷をかばい合うような愛がふたりに芽生える。鶴石の休みの日、りよと留吉は鶴石と浅草に遊びに出かける。帰りに雨に降られ、三人は粗末な旅館に泊まる。その晩、りよと鶴石は結ばれる。翌朝、鶴石はりよに結婚の約束をする。だが、りよの小さな幸福もあっけなく崩れ去る。いつものようにりよは留吉を連れ、鶴石の番小屋に行く。三人で昼の弁当を食べようと。ところが、番小屋で数人の見知らぬ男たちが片付けをしていた。鶴石は鉄材運搬の帰途、トラックもろとも転落死したという。あまりの突然な報せにりよは言葉を失う。黒板には「りよどの二時まで待った」という鶴石の書き置きがあった。りよは留吉の手を引き、にじみ出る涙そのままに土手の道を歩いて帰っていく。

この年の一月に公開された黒澤明の『蜘蛛巣城』で鷲津武時、浅茅夫妻に扮し、同じ黒澤映画『どん底』でも共演した三船と山田五十鈴が林芙美子による庶民の恋愛ドラマの主人公たちをつとめる。黒澤作品における両者とはまったく雰囲気を変え、健気でいじらしく、不器用な大人の恋愛劇をふたりは真摯に演じきる。山田はいわずもがな、三船もまた名優であったことが説得力をともなって達してくる。

林芙美子文学というと成瀬巳喜男の独壇場と思われがちだ。『めし』(一九五一/東宝)『稲妻』(一九五二/大映東京)『妻』(一九五三/東宝)『晩菊』(一九五四/同)『浮雲』(一九五五/同)など。しかし、庶民の生活感情を扱った小品で珠玉作を連発していた千葉にとっても林芙美子の文学世界は格好の題材だった。本作はその幸福なる邂逅となった。

千葉と成瀬には『めし』の因縁がある。同作は千葉が撮る予定だったが、病気療養のために監督を降板した。その代役として演出を任されたのが、スランプに長年苦しむ成瀬巳喜男だった。彼は『めし』で鮮やかな復活を遂げ、その後、文藝映画の名匠の道をひた走っていった。もしも千葉が病気にならずに『めし』を撮っていたら、成瀬の『めし』はなかった。成瀬巳喜男という監督の現在の地位、評価も大きく変わっていたことになる。それは千葉においても同じことだ。こうした些細なことから歴史というものは生まれてくる。そのような意味でも『下町─ダウンタウン─』は、千葉のフィルモグラフィのなかでも重要な作品とみなされる。

もはや多くの日本映画ファンの脳裏から消えた作品ではあるが、この時代の日本映画界を象徴する男優と女優だった三船敏郎と山田五十鈴による庶民劇ということで、日本映画史に刻み込みたいと思わせる作品だった。たがいにわけあり同士、シベリアから夫の帰りを待ち続ける女の心の隙間にそっと滲み通った男の想い。女と男はいつしか愛し合うようになるが、運命のいたずらがふたりを永遠に引き離してしまう。精悍かつ心根の優しい男を三船は誠実に表現した。

三船はこの年、『蜘蛛巣城』『どん底』『下町─ダウンタウン─』の三作の演技が高く評価され、一九五七年度、第十二回毎日映画コンクールの主演男優賞を獲得した。名優・三船敏郎のひとつの頂点をきわめた。『下町─ダウンタウン─』は、伊福部昭の映画音楽作品中でも屈指の一本となった。

柳生武芸帳 双龍秘劔
東宝ビデオ（VHS、廃盤）

三船と伊福部のコンビ作が続く。活況な興行を見せた『柳生武芸帳』の続篇（第二部）にあたる、稲垣浩監督作『柳生武芸帳 双龍秘劔』（アグファカラー、シネマスコープ［東宝スコープ］、一〇五分）も伊福部が音楽を担当した。東宝の「社長」シリーズの第四作目、森繁久彌、小林桂樹主演の『社長三代記』（監督：松林宗恵）との二本立てで一九五八（昭和三十三）年一月三日に封切られた。

『柳生武芸帳』は二本ともまだ目新しく映るカラー仕様が採られた作品だが、スタンダードだった正篇に対し、この続篇はシネマスコープに格上げされた。『社長三代記』も同様で、「社長」シリーズ、初シネスコ作品となった。いうまでもなく日本映画の画面サイズの主流がワイドに移行したからだ。「宿命と野望を賭けた八大決斗！遂に解けた武芸帳の謎！」という宣伝文句もいかにも続篇らしい。

田中友幸が製作し、五味康祐の原作小説を稲垣浩と若尾徳平が脚色した。撮影は中井朝一、美術は北猛夫と植田寛が担った。前作の稲垣の共同脚色者は木村武だったが、今作では若尾徳平に代わった。撮影も飯村正から中井朝一に交代した。音楽の伊福部昭はそのままだ。録音の藤好昌生、照明の石井長四郎のふたりは前作の担当者ではない。メインキャストの変更はない。鶴田浩二、三船敏郎、乙羽信子、岡田茉莉子、久我美子、松本幸四郎、大河内傳次郎、中村扇雀など。東宝の資料では前作の出演者のトップは三船敏郎、今作のトップは鶴田浩二となっている。こうしたあたりにも二大俳優への配慮がうかがえる。

柳生一門と山田浮月斎（東野英治郎）間の柳生武芸帳争奪戦は熾烈をきわめていた。永井家の女隠密・清姫（乙羽信子）を頭領とする虚無僧の一団も加わる。浮月斎の命のもとに武芸帳を捜索する千四郎（鶴田浩二）は、柳生十兵衛（戸上城太郎）一味に襲撃された清姫を救う。千四郎は清姫に惹かれる。だが、ともに武芸帳を捜す身、両者の心は相通じない。武芸帳争奪戦から抜けた千四郎の兄・多三郎（三船敏郎）は、相模川の畔の住居で夕姫

（久我美子）と平穏に暮らしていた。夕姫が十兵衛に襲われる。怒った多三郎は彼を追って旅に出る。但馬守（大河内傳次郎）の命により、十兵衛が江戸から尾張の兵庫介（松本幸四郎）へ武芸帳を密送することを知った千四郎も尾張に行く。兵庫介邸には十兵衛、武芸帳争奪に嫌気を覚えて江戸に出奔した又十郎（中村扇雀）がいた。千四郎は十兵衛に果たし状を送る。たがいの武芸帳一巻を賭け、三本杉で対決しよう、と。多三郎も三本杉に向かう。浮月斎も武芸帳を手に入れようと決戦場に急ぐ。夜の道を行く千四郎に何者かが立ちはだかる。千四郎は相手を斬った。清姫だった。彼女は恋を選んだ。千四郎の子を宿したまま彼に斬られたかったのだ。千四郎は十兵衛を倒す。柳生一門が千四郎に襲いかかる。多三郎が駆けつける。瀕死の千四郎を抱えた多三郎は逃走する。流浪の女・まや（岡田茉莉子）がふたりの名を叫ぶ。やがて夕暮れの丘に消える。

忍者の使命を捨てて夕姫との愛に生きようとする多三郎、一方、忍者の掟を頑なに守り、忍者の道を突き進もうとする千四郎。霞兄弟の生きる姿、千四郎が敵側の女隠密・清姫と恋に落ちていく過程をメインストーリーに据え、〈柳生武芸帳〉に人生を翻弄される人々の模様図が前作同様、活劇要素をたたえながら娯楽色豊かに描かれる。クライマックスの大殺陣シークエンスが見せ場に設置された。前作（第一部）のテンポ、トーンを少しも損なうことなく、違和感を少しも招くことなく、この第二部も同等の流れで進行する。第一部と第二部で顔ぶれは少なからず代わったが、時間をそれほど経ずに撮ったことでスタッフ、キャスト間の志向が持続、一致したからだ。前作も含め、稲垣が放った東宝娯楽時代劇映画中の看板作にあがってもおかしくはない。

一九五〇年代後期、鶴田浩二も三船とともに東宝の看板を背負っていた。両者が共演した稲垣時代劇映画、なかでも「柳生武芸帳」二部作はそのシンボルでもある。稲垣浩、三船敏郎、鶴田浩二。東映時代劇映画に対抗すべく製作された東宝時代劇映画は、およそこの三者によって作られ、戦後日本映画の隆盛期におけるひとつの潮流となった。

三船はその後、原節子の呼びかけによって製作された、結婚のために女優業を退くことになった山口淑子の

『柳生武芸帳』『どん底』『下町―ダウンタウン―』『柳生武芸帳　双龍秘劒』

映画生活二十周年記念映画かつ女優引退記念映画で、堀江史朗が製作し、井手俊郎と組んで脚本を書いた山本嘉次郎がメガホンを握った東宝作品『東京の休日』(イーストマンカラー、シネマスコープ[東宝スコープ]、八七分)にほかの大勢の東宝俳優たちとともに出演した。一九五八年四月十五日に封切られ、上映館には山口淑子ファンを中心に、老若男女が集まった。

スクリーンには三船をはじめとして次々とスターが出てくる。まさに東宝オールスター・キャストそのもの。一部の名をあげれば、順不同で宝田明、司葉子、上原謙、池部良、小林桂樹、小泉博、森繁久彌、柳家金語楼、原節子、雪村いづみ、八千草薫、扇千景、越路吹雪、白川由美、香川京子、等々。三船は次に公開される稲垣浩監督作『無法松の一生』の富島松五郎の衣裳のまま、エンディング近くで登場した。「五十六人の人気スタアが腕によりかけ口説く相手はお金持の独身美人！」「百万弗スタアが勢揃い！これは楽しい恋のかけひき」。これだけでもこの映画の娯楽性が伝わってくる。公開は四月十五日。青柳信雄の小品喜劇『喧嘩も楽し』(宝塚映画)が抱き合わせで上映された。

四　『無法松の一生』(一九五八：稲垣浩)『隠し砦の三悪人』(同：黒澤明)『暗黒街の顔役』(一九五九：岡本喜八)

黒澤明と三船の関係と同じく、稲垣浩も三船とは日本映画史に記憶される協同態勢を採った。戦後の稲垣映画のあまたに三船は出演した。そのふたりの顔合わせのなかでも頂点に置ける作品が一九五八年に生まれる。四月二十二日に封切られ、同年度の第十九回ヴェネツィア国際映画祭金獅子賞を受賞した『無法松の一生』(アグファカラー、シネマスコープ[東宝スコープ]、一〇四分)である。

一九四三（昭和十八）年、稲垣は大映京都で阪東妻三郎を主演に招いて『無法松の一生』を撮った。岩下俊作の『富島松五郎伝』を脚色・監督する予定だった伊丹万作が脚本を書き上げたのちに病床に臥してしまったため、稲垣があとを引き継いだのだ。稲垣は伊丹の脚本を演出し、日本映画史上に残る名作を作り上げた。本作はその稲垣が自ら十五年後、伊丹脚本をもとにいくつかの修正を加えて再映画化したものとなる。「酒と喧嘩に明け暮れた一代の暴れん坊の　生涯かけた純愛を描く　不朽の感動大作！」「痛快波乱に生きひたすら純情を捧げたあらくれ男の胸迫る恋の炎！」「男の恋を一途に！　乱れ打つ無法松の祇園太鼓！」も実に堂々としている。

製作は田中友幸。岩下俊作の原作を伊丹万作と監督の稲垣が脚色した。撮影は山田一夫、美術は植田寛、音楽は團伊玖磨、録音は西川善男、照明は猪原一郎という、東宝が誇る面々によるスタッフ編成が採られた。三船敏郎、高峰秀子、芥川比呂志、飯田蝶子、笠原健司、松本薫、笠智衆、土屋嘉男たちが出演した。

明治の中頃の九州・小倉。気性が荒くて大の喧嘩好きだが、根は気のいい人力車夫・富島松五郎（三船敏郎）という男がいる。周りの人々は彼を〈無法松〉と呼ぶ。ある日、松五郎は木から落ちて怪我をした少年（松本薫）を家まで送り届ける。松五郎はその子・敏雄の一家、吉岡家と親しくなる。男らしい性格の松五郎に陸軍大尉の吉岡（芥川比呂志）も親しみを抱くが、まもなく病で急逝する。女手ひとつで気弱な敏雄を立派に育てられるか。吉岡未亡人・良子（高峰秀子）は松五郎に不安を吐露する。松五郎は引っ込み思案の敏雄の後見人のような存在となる。松五郎は老いた。敏雄は明るく活発に育つ。高校入学で敏男は小倉を去る。大正六年。敏雄が小倉に帰ってくる。祇園祭の太鼓の音を聴きたいという先生（土屋嘉男）を連れて。松五郎は夢中で太鼓を叩いた。松五郎の脳裏に良子の面影ばかりが浮かぶ。すべては彼女の気を引くためだったのか。自己嫌悪に陥った松五郎は吉岡家を訪ね、良子に胸中を告白し、吉岡母子の前

無法松の一生
TDV-16288R

に二度と姿を見せなかった。雪の降る夜、かつて敏雄を連れて通った小学校の校庭に松五郎は倒れていた。残された彼の柳行李には吉岡家からもらった数々の品がそのまま保管されており、敏雄と良子宛の貯金通帳もあった。それを知った良子は泣き崩れる。

なにゆえ稲垣はまた新たに『無法松の一生』を撮ったのか。一九四三年の大映京都版がはなはだ不本意なものとなったからだ。戦時下の検閲により、松五郎が良子に心中を吐露する映画のクライマックス・シーンが〈良風美俗に反する〉と判断され、削除されたのである。軍人の未亡人に身分の低い粗野な松五郎が愛を告白する。言い寄る。一九四三年の時世にこのような映画は許されない。反道徳的だ。もしも軍人、兵士が戦地でこの映画を観たら故郷にいる妻や恋人のことで心を掻き乱され、懐郷病になってしまう。また、相手の気持ちを思いやって静かに身を引く男が肯定的に、詩的に描かれている。人間愛に賛美を贈る精神にあふれている。このような映画は今の時代に適さない。そう判断されたのだ。戦後、連合国最高司令官総司令部（GHQ）もカットを要求してきた。これら積年の想い、映画作家の矜持、創作家としての不屈の魂が稲垣を『無法松の一生』の再映画化に向かわせた。それが一九五八年版の『無法松の一生』である。

阪東妻三郎が絶賛された松五郎役には、すでに日本映画界の〈顔〉となっていた三船敏郎がキャスティングされた。当然の配役であったろう。本作は、黒澤明監督作『生きものの記録』『蜘蛛巣城』、稲垣浩監督作では「宮本武蔵」三部作、「柳生武芸帳」二部作ののちの仕事にあたる。「宮本武蔵」三部作の第一部『宮本武蔵』は第二十八回アカデミー賞外国語映画賞（名誉賞）、『無法松の一生』は前述したように第十九回ヴェネツィア国際映画祭金獅子賞を受賞した。この二作で三船は国際俳優としての足固めを磐石なものとした。豪放磊落、質実剛健、男のなかの男といった形容にふさわしい松五郎は、まさにこの時代の三船のために用意されたものだった。

三船は松五郎がたたえる豪快味と背中合わせにある孤独な男の哀しみを巧みに表現した。ときおり現れ出るユーモアも旨味をかもした。それが絶妙なペーソスとなった。黒澤明監督作『七人の侍』における菊千代をときに連想させた。齢《よわい》を重ねた菊千代、老境に達した菊千代とも思わせた。ここまでの演技を見せたことからも、本作を三船の代表作の一本として選びたい。

稲垣にとっても『無法松の一生』はこのリメイク版こそが決定版であり、本命である。ヴェネツィア国際映画祭では木下恵介の『楢山節考』(一九五八／松竹大船)との競り合いの末、金獅子賞を獲得した。授賞式に出席した稲垣は感激のあまり、「トリマシタナキマシタ」と日本に電報を打った。このエピソードはあまりに有名だ。

この映画での三船の最大の見せ場は、やはり祇園祭での太鼓の乱れ打ちだろう。しかし、この場面に向かうにあたって、稲垣から具体的な指示はなかったようだ。『[講座]日本映画5―戦後映画の展開』「戦後映画を駆け抜ける―三船敏郎 佐藤忠男」での佐藤とのやりとりで次のようなエピソードを明かしている。

「稲垣さんの『無法松の一生』(一九五八)、ベニスへ出して、〝取りました、泣きました〟なんていうのがあったけど、太鼓をその撮影の前日まで教えてくれないんですよ。太鼓の先生はいるわけですからね。ドンツクドンツクスッドンドンとかなんとか、前に、もうテープなんかもあった筈ですからね……。」

教えてくれないんですか？　という佐藤忠男の問いに対し、三船はこう答える。

「それを教えてくれない。その日の前になって、徹夜だよ。前々から太鼓打つこと決まっているんだから、先生がちゃんと叩いて、テープに入れたやつもあるんだから、それを早くくれれば練習もできたかもしれないけど、前の晩によこすんだもの、弱っちゃったよ。だけどやっちゃったけどね(笑)。」

絵コンテを描く人でしょう？　と佐藤。

「コンテなんか見せてくれない。いつもサングラスかけて、ジロッと、暗い中から見ている、どこ見ているかわからない、怖いんだよ(笑)。」

『無法松の一生』『隠し砦の三悪人』『暗黒街の顔役』

撮影の前日、しかも晩になって太鼓の指導者が吹き込んだテープが三船の手許にようやく来た。撮影はもう明日なのだ。事前にわかっていたはずなのに。だから仕方なく徹夜で練習し、本番にのぞんだ。それで〈やっちゃった〉のだという。三船にはこうしたスケールの大きさ、鷹揚さ、火事場の馬鹿力的瞬発力が間違いなくあった。

一九五八年四月二十九日公開の千葉泰樹監督作で、「日本一この顔ぶれにこの笑いお色気たっぷり弥次㐂多旅日記」などとうたわれた、徳川夢声、加東大介、小林桂樹主演の『弥次㐂多道中記』(東宝)に三船は〈賛助出演(あいまいな言い方だが、要するに友情出演のようなもの)〉した。アグファカラー、シネマスコープ(東宝スコープ)、上映時間一一二分になる本作は、藤本眞澄、山本紫朗の製作のもと、十返舎一九の原作を笠原良三が脚色したものだった。

一九五八年五月二十六日、岡本喜八の記念すべき映画監督昇進第一回作、東宝の『結婚のすべて』(白黒、スタンダード、八四分)が杉江敏男監督作の『太鼓たゝいて笛吹いて』と二本立てで封切られた。雪村いづみをヒロインに据え、この時代の若者たちの結婚観や恋愛観が描かれる、ライト感覚のコメディ映画である。

金子正且が製作にあたり、白坂依志夫が脚本を書いた。〈ロカビリー三人男〉のひとりとして人気絶頂のミッキー・カーチスの演奏シーンがあるからという理由でつけられた〈ロカビリー映画第1号!〉とのキャッチコピーがこの時世を教える。日活の太陽族映画への対抗意識を表している。若者層にそう売り込む戦略が奏功したのか、興行は健闘したという。出演は、雪村いづみのほかに、新珠三千代、三橋達也、上原謙、小川虎之助、山田真二、仲代達矢など。

この映画に三船はノンクレジットで〈特別出演〉した。バレエ教師役でワンシーンの出演だった。三船は自身の俳優デビュー作品、谷口千吉の『銀嶺の果て』(一九四七/東宝)の現場で同作の助監督に駆り出されていた岡本と知り合い、以来、昵懇の間柄となった。その岡本がいよいよ映画監督として一本立ちをする。そのはなむけに出演を買って出たのだ。三船ばかりではない。司葉子、田崎潤、平田昭彦、田中春男も同様にノンクレジットで出てくる。小林桂樹はナレーターをつとめている。東宝の俳優陣の多くが岡本の初陣にエールを送った。

さて、従来の三船敏郎映画作品リストに従えば、ここで杉江敏男がメガホンを握った東宝作品『人生劇場青春篇』(カラー、シネマスコープ[東宝スコープ]、一〇八分)が来る。尾崎士郎の原作をもとに八住利雄が構成、椎名竜治が脚色したものだ。主演は池部良、共演は志村喬、瀧花久子、森繁久彌など。三船は飛車角役で出たとの資料が流布している。ところが、『三船敏郎全映画』の「三船敏郎フィルモグラフィ」で明らかにされたが、三船は同作には出演していなかった。

そうした紙資料からの刷り込みもあり、受け手の多くは三船が同作に出演していたと理解していた。しかし、実際には出ていなかった。たしかに、「明治・大正・昭和三代にまたがる波瀾と多恨の青春を描く一大文芸巨篇!」とうたわれたポスターには三船の名がない。これはありえない。さらにいえば、映画には三船が演じるはずだったと思われる飛車角さえ出ていないという。

これは、明確なことはわからないが、黒澤明の『隠し砦の三悪人』(東宝)の撮影が、前半はなんとか順調にいったのだが、後半、主に天候の問題から大幅に遅れたことが関与しているのではないかと考えられる。たとえば、『隠し砦の三悪人』の拘束が長期化したためにほかの仕事が入る余地がなくなってしまった。そのようなことだったのかもしれない。

その『隠し砦の三悪人』(白黒、シネマスコープ[東宝スコープ]、一二六分)、黒澤・三船コンビの最新作が一九五八年十二月二十八日、一九五九(昭和三十四)年の正月興行として、日本映画新社製作の『巨人軍物語』(構成・演出:岡田弘、大峰晴)を併映作に従え、登場した。戦国時代を舞台に、敗軍の将が隠し砦から姫君と財宝を守って敵中を横断突破するという、大活劇時代劇映画である。「山野を駈けめぐる精悍の美姫! 莫大な隠し財宝を守って敵国突破を企てる猛将！ 勇壮豪快に描く戦国スペクタクル！」「姫の生命か！ 黄金か！ 豪快！ 凄絶の大スペクタクル巨篇!!」「姫の生命か！ 黄金か！ 敵中突破を企てる猛将の武勇伝！」が興奮をいざなう。

黒澤明は製作（藤本眞澄と共同）、脚本（菊島隆三、小国英雄、橋本忍と共同）、監督をつとめた。撮影は山崎市雄、美術は村木与四郎、音楽は佐藤勝、録音は矢野口文雄、照明は猪原一郎が担当した。キャストは三船敏郎以下、上原美佐、千秋実、藤原釜足、藤田進、志村喬、三好栄子、樋口年子といった顔ぶれが揃えられた。

戦国時代。秋月家は隣国の山名家と戦って敗れた。秋月家の侍大将・真壁六郎太（三船敏郎）は、世継ぎの雪姫（上原美佐）と隠し砦に立てこもる。砦近くにはお家再興の軍資金・黄金二百貫が隠してある。六郎太は砦の沢で百姓の太平（千秋実）と又七（藤原釜足）に出会う。ふたりは沢をあさり、秋月家の埋蔵金の一部を発見する。脱出には敵方の山名領に入り、敵地を通って早川領へ抜けるしかない。六郎太はふたりに黄金を背負わせ、雪姫を聾唖の娘に仕立てて旅立つ。山名の城下町は戦勝気分ににぎわっている。六郎太は雪姫の願いを受け、人買いに買われる百姓娘（樋口年子）を救う。黄金は荷車に積まれ、敵の目をくらませたが、騎馬武者にみつかる。六郎太の前に山名の侍大将・田所兵衛（藤田進）が現れる。激闘の末に槍を折られた兵衛は六郎太に首を差し出すが、彼は見逃す。火祭りの夜、荷が警備の武士に怪しまれる。六郎太は炎のなかに荷車ごと薪を放り込んだ。翌朝、一行が燃えかすから金の延べ棒を拾っていると鉄砲が火を噴く。太平と又七は逃げ、雪姫、六郎太、百姓娘は山名勢に捕らえられる。兵衛が牢内の雪姫と六郎太を訪ねる。六郎太に敗れた罰で主君に弓杖で打たれたという。朝、緊縛された六郎太たちは曳き出される。そのとき、兵衛が槍を振りかざし、六郎太と雪姫の縄を切る。「裏切りごめん！」。雪姫、百姓娘を乗せた六郎太の馬に兵衛の馬も続く。一行は敵中を見事に突破した。

黒澤は本作の前年（一九五七年）、一九四二（昭和十七）年に書いた脚本『敵中横断三百里』を小国英雄と共同で改稿し、森一生のメガホンにゆだねた。大映東京作品『日露戦争勝利の秘史 敵中横断三百里』（一九五七）である。同じく敵中突破ものとなる『隠し砦の三悪人』の脚本の完成度は、前年の同作改稿中に得た着想、経験なども加わった結果だったのだろう。

脚本の共同作業者の菊島隆三の故郷が甲州で、そこに隠し砦というものが存在したというところから本作の構想が始まった。まずは黒澤が絶対に突破できないだろうと思える設定を考え、菊島、小国、橋本忍がそこを突破するために知恵を絞るというやり取りを反復し、脚本を練り上げた。

黒澤組の〈天気待ち〉はあまりにも有名だが、本作での出来事がそうした〈黒澤伝説〉をより大きなものとした。ロケーションは前半が兵庫県の有馬、後半が富士山麓の御殿場で行われた。有馬は天気がよくて快調に進行したが、後半の御殿場は富士の中腹という地形から天気が変わりやすく、ちょうど狩野川台風の上陸（この台風には三船の有名なエピソードがある）もあり、クランクアップまでに三ヶ月半を要した。このなかには単なる〈天気待ち〉で費やした一ヶ月も含まれる。

黒澤は本作で初めてワイドスクリーンを使用した。「スチール（写真）も横長で撮れ」とスタッフに命じた。全篇に活劇がちりばめられる感覚だ。静かな場面から激しい動きをともなう状況に転ずる緩急自在の構成には絶賛が寄せられた。贅を尽くした娯楽時代劇映画巨篇と評判を呼び、大ヒットを記録した。黒澤映画という視点から離れ、三船主演の時代劇映画という点に絞ってみても、最も格好よい三船が見られる作品といえる。三船と藤田進（山名の侍大将・田所兵衛）の槍を用いた一騎打ちは、黒澤時代劇映画中の名シーンのひとつである。

隠し砦の三悪人【普及版】
TDV-17335D

本作は海外にもあまたのファンを持つ黒澤作品として知られる。屈指の名シーンとなった、敵の騎馬武者たちに発見された三船が演じる真壁六郎太が両手で刀を握って八相の構えを取り、馬にまたがって膝で態勢を保ちながら騎馬武者四人を追跡して追い抜きざまに三人を斬って捨て、残りひとりを追って敵陣に突入していく活劇描写は、後年、ジョン・ミリアスがショーン・コネリー、キャンディス・バーゲン共演の『風とライオン』（一九七五／アメリカ）で模倣した。また、ジョージ・ルーカスが太平と又七をモデルにし、『スター・ウォーズ』(一九七七/同)のC3POとR2D2を考案した。これらの話題はこの映画を語る際には必ず出てくる。

黒澤は本作でシネマスコープ・サイズを最大限に活用した。諸人が理屈抜きに楽しめる大アクション時代劇映画を創造した。〈東宝に黒澤娯楽時代劇あり〉を大衆、マスコミ、他社に知らしめた。『七人の侍』『蜘蛛巣城』『隠し砦の三悪人』。黒澤はこの三本で東宝時代劇映画の存在感を声高にうたい上げ、玉座に君臨する東映時代劇映画群に鮮やかな〈面一本〉を叩き込んだ。

ところで、この『隠し砦の三悪人』の撮影がまさに佳境を迎えている時期にあたる頃、このようなことがあった。一九五八年九月二十七日、大型台風が神奈川県に上陸し、伊豆半島と関東地方に甚大なる被害をもたらした。最も被害を被ったのが狩野川流域だったために〈狩野川台風〉と名づけられた。東京の世田谷区では入間川が洪水となり、三船の自宅がある成城近隣地帯も水没した。三船は近隣の水に浸かった世帯の取り残された住人十八名を、自宅のモーターボートを繰り出して成城警察署の署員と力を合わせて救出したのである。後日、消防庁が感謝状の授与式を大々的に行おうとしたが、三船が固辞し、マスコミにも公表されなかった。狩野川台風は『隠し砦の三悪人』の撮影が遅れる要因のひとつを作ったのだが、三船個人にとっても縁浅からぬ台風となった。

一九五〇年代後期、藤本眞澄体制下の東宝は他社に比べて人材の育成にやや遅れを取っていた。稲垣浩、黒澤明に次ぐ、時代劇映画、活劇映画をはじめとする大型娯楽映画の作り手が伸び悩んでいた。そうしたなか、岡本喜八が台頭してくる。

一九四三年、明治大学専門部商科卒業後、東宝に入社して助監督となった岡本喜八は、軍隊生活を経たのちに東宝に復職し、谷口千吉、成瀬巳喜男、マキノ雅弘らの助監督をつとめた。一九五二(昭和二十七)年にマキノが東宝で始めた「次郎長三国志」シリーズの第一作『次郎長三国志 次郎長売出す』では自ら志願し、以降、次郎長ものの象徴となった傑作シリーズの助監督を一手に引き受ける。岡本は全九作にわたってマキノを支えた。予告篇も作った。「次郎長三国志」シリーズでの経験がのちの岡本映画のモンタージュ、リズム、カッティング・ワークの礎になったことは疑いない。

一九五八年、岡本は『結婚のすべて』で監督デビューを飾り、アメリカ西部劇映画への憧憬を表した『独立愚連隊』（一九五九／東宝）でその才能を爆発させる。岡本はその後、己の感性に従った映画志向、自己の美意識にのっとった映画美学を掲げ、映画のエンタテインメント性を追求し、具現する活動をアグレッシブに行っていく。映画マスコミから高い評価を獲得することを目的とした映画ではなく、映画ファンを歓喜させるようなタイプの作品を多岐にわたって撮っていく。懐《ふところ》の深さ、匠の技であらゆる分野の映画を調理するオールラウンド・プレイヤーとなる。「オトゥール（作家）ではなくアルチザン（職人）」。これは岡本のフィルム　メーカーとしての個性、特性を的確に形容している。

『結婚のすべて』で映画監督デビューを飾った彼は、『若い娘たち』（一九五八／東宝）を経て、初期の名刺代わりとなる岡本「暗黒街」シリーズの第一作となる『暗黒街の顔役』（一九五九／同）を送り出す。この時代、「暗黒街」映画は、彼が同時期に進める「独立愚連隊」映画とともに東宝の大人気映画シリーズとなっていく。

『暗黒街の顔役』（カラー、シネマスコープ、一〇二分）は、一九五九年一月十五日に封切られた。川島雄三監督作、森繁久彌、フランキー堺の共演作『グラマ島の誘惑』（東京映画）と同時公開された。岡本喜八と川島雄三の二本立ては今では注目を浴びよう。

暗黒街の顔役
TDV-18236D

製作・田中友幸以下、脚本・西亀元貞、関沢新一、撮影・中井朝一、美術・阿久根巌、音楽・伊福部昭、録音・刀根紀雄、照明・森茂というメインスタッフが組まれた。「暗黒街」シリーズのスタート時の音楽担当者が伊福部だったことを意外に思う向きもあろうか。鶴田浩二、宝田明、三船敏郎、白川由美、河津清三郎、草笛光子、柳川慶子、笹るみ子たちが出演した。

鶴田浩二は一九五八年に東宝と専属契約を結んだ。それまでは東宝の専属ではなかった。東宝専属俳優の鶴田が初めて東宝のシンボルでもある三船と共演した作品が本作である。

西脇金融の社長が何者かに射殺された。食堂で働くかな子(笹るみ子)が犯人を目撃した。横光組の幹部・小松竜太(鶴田浩二)は組長の横光(河津清三郎)から、弟の峰夫(宝田明)がジャズクラブで歌うのをやめさせるようにいわれる。峰夫も以前は横光組の組員だったが、堅気の娘・陽子(柳川慶子)に惚れてからは歌手で身を立てようとしている。西脇殺しは横光組の仕業だ。峰夫が手先をつとめたので横光は彼を隠したい。峰夫は竜太の忠告を聞き入れない。竜太に対抗心を持つ幹部の黒崎(田中春男)が横光に峰夫の消し役を買って出る。黒崎は樫村自動車工場に峰夫を誘い出すが、逃げられる。工場主の樫村大介(三船敏郎)は、横光に金を融通してもらったために彼らに利用されている。竜太は峰夫に歌手をやめるようにいうが、彼は聞かない。竜太は幹部の須藤(平田昭彦)に峰夫を頼む。峰夫がかな子に発見される。黒崎は交通事故に偽装してかな子を殺し、峰夫の命を狙う。警察も峰夫を追う。竜太は峰夫と陽子を逃す。黒崎は竜太の息子を誘拐し、峰夫との交換を迫る。竜太は仕方なく従う。須藤は殺された。竜太は黒崎と対峙する。横光の配下の五郎(佐藤允)が竜太の味方につく。樫村の自動車工場で闘いが始まる。樫村も横光に立ち向かう。黒崎と横光は車で逃亡するが、やがて墓穴を掘る。黒崎に撃たれた竜太は息を引き取る。

本作以前に、山本嘉次郎が監督した『暗黒街』があった。鶴田浩二と三船敏郎が主演したもので、題材が題材ゆえ、山本の映画としては珍しく重厚でシリアス、ハードボイルドな内容だった。同作を「暗黒街」シリーズの第一作と定義づける事例も見られる。「狙うは暗黒街のボス！復讐成るか！宿命の対決に火を吐く男の意地！」「眼には眼！冷酷ギャングの掟を描く活劇巨篇！」という本作の宣伝コピーも『暗黒街』に正面から重なる。岡本が演出を担った本作と『暗黒街』に直接の関連性はないが、映画世界の方向性は明らかに同一線上だった。山本嘉次郎の『暗黒街』があったからこそ『暗黒街の顔役』が製作され、岡本の「暗黒街」シリーズが生まれた。これは疑いない。

洒脱なムードをたたえた恋愛劇を撮っていた岡本喜八の個性、作家性、映画特性が横溢した作品として本作は認識されている。『暗黒街』と同じく、描かれる内容はハードなものだが、東宝が作る映画だから明るい雰囲気も漂っている。陰湿、陰惨なものとはなっていない。岡本はリズミカルな映像感覚、洒落たタッチ、停滞感を生まないリズム、心地よいカット割りの積み重ねなどを前面に出して映画を進める。岡本の作る暗黒街映画はバタ臭さが絶妙な調味料となっているが、本作はそうした味づけは思いのほか拾えない。それでも、暴力組織映画なのだが、やはりギャング映画と称したほうが的確だろう。垢抜けした映画ムードが旨味を引き出した。のちに活劇映画で多くの傑作を送り出す岡本喜八の小さくない節目を飾った。

岡本とは昵懇の仲の三船も出演した。主演級ではないが、重要な役どころで顔を出す。両者の関係に想いをおよばせる。三船が出たために華麗なるスター映画の雰囲気がさらに生まれた。ポスターにも「鶴田・宝田・三船競演の活劇巨篇」が踊る。本作の三船は助演にまわっている。三船らしい活躍を見せずに映画は終わるが、作品に格を与えたことはたしかであり、鶴田浩二、宝田明、三船敏郎という順位はやはり妥当だろう。三船の存在が映画全体を締めた。

五　『或る剣豪の生涯』（一九五九：稲垣浩）『戦国群盗伝』（同：杉江敏男）『独立愚連隊』（同：岡本喜八）『日本誕生』（同：稲垣浩）

この時代、三船は黄金期を迎えていた。黒澤明をはじめとし、東宝の個性を作るそれぞれの監督と仕事をしていた。谷口千吉、稲垣浩、千葉泰樹、岡本喜八、杉江敏男、松林宗恵、鈴木英夫……。黒澤以外で最も目立つのが稲垣浩だ。彼と三船のコンビ作が幾本も目に入ってくる。そのあまたが伊福部昭の響きを有するものだった。稲垣・三船・伊福部が一堂に会した映画が東宝の中心軸に置かれていた、と述べても即座には否定されないだろう。

一九五九年四月二十八日、千葉泰樹監督作、加東大介、小林桂樹主演の『狐と狸』(東宝)との二本立て興行で『或る剣豪の生涯』(同)が封切られた。カラー、シネマスコープ(東宝スコープ)仕様、上映時間一一一分の時代劇映画大作である。

製作は田中友幸、エドモン・ロスタンの韻文戯曲『シラノ・ド・ベルジュラック』を稲垣自ら時代劇に翻案、脚本化し、演出した。撮影は山田一夫、美術は伊藤熹朔、音楽は伊福部昭、録音は西川善男、照明は小島正七という布陣が採られた。三船敏郎、宝田明、司葉子、淡路恵子、河津清三郎、藤原釜足、平田昭彦、三好栄子らが出演した。

石田三成十人槍のひとり、剣豪の駒木兵八郎(三船敏郎)は鼻が異様に大きいことから容貌に強い劣等感を抱いている。そのため、ひそかに慕う乳兄妹の千代姫(司葉子)に己の気持ちが伝えられない。彼の想いなど知らない千代姫は、新しく十人槍となった美剣士の苅部十郎太(宝田明)に惹かれる。十郎太の力になるように、と千代姫が兵八郎に頼んだ。兵八郎を嫉妬と羨望が襲うが、千代姫の強い願いゆえに十郎太のために姫宛の恋文を代筆し、女心をつかむ甘美な言葉を彼に教え込む。十郎太と千代姫は結ばれる。天下分け目の関ケ原の合戦。赤星左近(平田昭彦)の裏切りで西軍は大敗し、十人槍も多数が討ち死にした。十郎太は兵八郎に救われる。だが、兵八郎の姫への熱い想いを知った十郎太は重傷の身を自ら川の急流に投じる。十年が経った。千代姫は嵯峨野の寺院で十郎太との思い出を胸に生きている。徳川方の追求を逃れた平八郎は、ときに千代姫を訪ねていた。目付役に出世した長島主膳(河津清三郎)が千代姫に目をつける。主膳の手下となった赤星が千代姫を訪ねようとする平八郎を襲撃する。彼は重傷を負う。それでも平八郎は千代姫のもとに行く。彼は千代姫から見せられた十郎太の手紙を読み始める。千代姫は平八郎の想いをようやく悟る。だが、平八郎は死を迎える。

日本人にもある程度は馴染みのあるエドモン・ロスタン作『シラノ・ド・ベルジュラック』に沿った物語が描かれる。太閤秀吉が世を去った戦国時代を時代背景に、「天下御免の獅子っ鼻！文武百般に秀でた剣豪の恋と剣の大ロマン」「咲かば烈しく散るなら清く！戦国御免の豪快名剣士！」の物語が展開する。三船敏郎以下、東宝の準オールスター級キャストが採られた。義侠と人情、千代姫への思慕の想いに胸を締めつけられながらも武士としての道をまっとうしようとする男の不器用な生き方が重々しくつづられる。稲垣は東宝の本柱を支える監督のひとりだった。大作映画も多く送り出した。稲垣が撮る時代劇映画大作は、この時代の東宝のひとつのシンボルだった。『或る剣豪の生涯』もそのうちの一本となる。

原作が戯曲なので演劇要素はどうしても濃くなる。大作ではあるが、活劇を中心に見せるものではない。東宝が誇る俳優陣が多数出演した群像劇調の人間ドラマ、シラノこと駒木平八郎の苦悩の半生劇ととらえるほうが的確だ。

三船には相当な演技力が求められた。彼は難なく役をこなした。黒澤映画によく見られるような多様的で人間のあらゆる面を内包したスケール感の大きな人物とは少々異なり、男らしく愚直で、不器用な人物をストレートに演じた。千代姫に抱えられた兵八郎が「俺は裸一貫、月の世界へひとり旅だ」と啖呵を切るくだりがクライマックスとなる。そういう面では、稲垣・三船コンビの最高峰となろう『無法松の一生』の富島松五郎（無法松）に通じるキャラクター性があった。千代姫に抱く平八郎の恋心は、そのまま無法松の吉岡夫人への思慕の想いに重なる。『シラノ・ド・ベルジュラック』と『無法松の一生』は一見関連性はないと映るが、三船敏郎というフィルターを通し、劇の骨組みを探っていくとこうした部分がはっきりと浮き上がってくる。

続いて三船は東宝作品『戦国群盗伝』に出演した。カラー、シネマスコープ（東宝スコープ）仕様で上映時間一一五分という、こちらも時代劇映画の大作である。キャッチコピーは「曠野を駈けめぐる数千騎！剣と恋の戦国絵巻」。筧正典監督作、森繁久彌、小林桂樹たちが主演した『新 三等重役』（東宝）を併映作に従え、一九五九年八月九日に登場した。

滝沢英輔が監督し、河原崎長十郎と中村翫右衛門が主演した『戦国群盗伝 第一部・虎狼』『戦国群盗伝 第二部・暁の前進』（一九三七／P・C・L映画製作所、前進座）という二部作がかつてあった。ルートヴィヒ・ヴァン・ベートーヴェンの『交響曲第九番ニ短調作品一二五―合唱付き』の「歓喜に寄す」で名高いドイツのフリードリヒ・フォン・シラー（詩人、劇作家、思想家、歴史学者）の戯曲「群盗」を翻案した三好十郎の戯曲を梶原金八（一九三四年に八尋不二、三村伸太郎、藤井滋司、滝沢英輔、稲垣浩、山中貞雄、鈴木桃作、萩原遼が結成した鳴滝組の集団ペンネーム）が脚色した作品である。これを鶴田浩二、三船敏郎主演で再映画化したのだ。山中貞雄（梶原金八ではなく、この名義になった）の脚本に黒澤明が手を入れ、山本嘉次郎・黒澤門下にあたる杉江敏男が演出を担った。藤本眞澄と西野一夫の共同製作のもと、撮影に鈴木斌、美術に北猛夫、音楽に團伊玖磨、録音に保坂有明、照明に西岡鶴三が集まった。キャストは鶴田浩二、三船敏郎、司葉子、上原美佐、平田昭彦、河津清三郎、志村喬、千秋実といった面々である。

黒澤明 DVD コレクション38号『戦国群盗伝』【分冊百科】
朝日新聞出版より近刊

乱波集団の首領・治部資長（千秋実）は、関東管領家・北条氏政に奉納される軍資金強奪を企む。だが、甲斐の六郎（三船敏郎）が小田原の城主・土岐左衛門尉（志村喬）から奪った軍資金を持って逃亡する。護送役の長男・土岐太郎虎雄（鶴田浩二）は六郎に撃たれ、谷底に転落する。次男の土岐次郎秀国（平田昭彦）は家老の山名兵衛（河津清三郎）に従い、太郎の仕業にする。彼は人格者の兄を憎み、兄の婚約者・小雪姫（上原美佐）を狙っている。村の娘・田鶴（司葉子）に救われた太郎は、六郎と飲み屋で出会う。真面目な太郎が気に入った六郎は正体を明かし、太郎に軍資金を返す。太郎は軍資金を持って役所に行くが、捕らえられる。六郎たちが太郎を救出する。太郎は小雪姫を想いつつも乱波者となる。太郎と六郎の一群は軍資金や強欲な庄屋が持つ金品を強奪し、貧民たちに分与する。女、子供に手を出すな、金は貧乏人に分与せよ、の規律を治部が破った。田鶴を手篭にしようとした。太郎の報復を恐れた治部は、一群の隠れ場所に役人らを招く。太郎たちは逃げたが、多数の犠牲者を出す。治部は六郎に成敗される。山名にそそのかされた次郎は父親を殺害し、新城主に就く。悲嘆に暮れた小雪姫は自害する。殿も邪魔者、我こそ城主、と山名は次郎を襲う。六郎たちが現れる。太郎はすべてを知っていた。山名は六郎に倒され、次郎は城の欄干から身を投げた。太郎と六郎は仲間たちと荒野を去る。

東宝のシンボルである三船敏郎と鶴田浩二、二大スター共演のもとに成立する集団活劇映画だ。戦国時代、天城山を縄張りとする群盗団の活躍を見せる。黒澤明がからんでいるからか、『隠し砦の三悪人』に通じる爽快感がある。娯楽性に富んだ時代劇映画であるため、演出の杉江敏男もその線を力業で押し進めていった。エンタテインメントを優先する杉江の采配はときに停滞を見せ、ときに的外れ風の進展を見せるが、三船と鶴田の共演が存分に楽しめる点では何の文句もない。

三船は鶴田との共演作が多かった。東宝にとってもふたりの顔合わせ作は集客が確実に見込める何よりの商品となる。時代劇でも現代劇でも〈二大スター共演〉を前面に打ち出すものだった。三船がトップに置かれたり、鶴田が三船の前に立ったり、と作品によって位置づけが変わった。

両者の関係については当時からさまざまなことがいわれていた。英雄並び立たずでは、と映画マスコミの一部からはささやかれていた。鶴田が三船をかなり意識していた。強いライバル心を抱いていた。これが定説だ。専属マネージャーや鞄持ちなどスタッフを常に何人も引き連れ、大スターであることをいつも誇示するようなタイプだったという鶴田とは異なり、個人マネージャー、付き人などは持たせないなどオープンな環境、社是を掲げる東宝で三船は育ってきた。自分のことは自分の責任範囲でしてきた。そういう感覚の違いもあって、ふたりは折り合いが悪かった、ウマが合わなかった、という見方もあった。しかし、三船は鶴田をいつも紳士的に迎えていたという。三船には鶴田への特別な想いはなかったようだ。

付き人などをつけない理由を『[講座]日本映画5―戦後映画の展開』内「戦後映画を駆け抜ける―三船敏郎　佐藤忠男」で三船はこう語っている。

その必要ないですもの。みんな運転手つきで付き人なんてつけてたけど、てめえで衣装部屋で衣装着て、メーキャップして、ちょんまげ乗っけてもらって、小道具、隣にあるんだから自分でとりにいけばいいんですからね、刀とわらじぐらいね。帰りはわらじと刀をぶら下げて返しにいけばいいんだ。たばことライターだけ腰にぶら下げて……。それだけでいいんだもの。

『戦国群盗伝』はおよそ快調に進む。三船、鶴田の風格は画面を圧倒するほどのパワーを発してくるが、弟の兄への劣等感を巧妙に刺激し、権力を我がものにしようと謀略を仕掛ける家老・山名兵衛役の河津清三郎の悪漢ぶりが目立った。その河津に翻弄される平田昭彦（土岐次郎秀国）の哀れさがクローズアップされるが、一方で共感もどこか覚えさせる、小者ぶりも光っていた。勧善懲悪のドラマでは悪役の出来不出来が大きなポイントとなる。その意味では成功している。黒澤明の潤色の力も相当にあったと思われる。『七人の侍』をどことなく想起させる物語展開と活劇の応酬、ドラマの掛け合いが黒澤カラーを立ち上らせる。これは杉江の演出力と受け止めてもいい。西部劇映画に通じていくかのような雄大な活劇映画空間は、あまたの観客を満足させたはずだ。

三船の邁進は続く。「花札に明日の命を賭ける地獄の守備隊！」と勇ましく宣伝された、盟友といえる間柄の岡本喜八の東宝作品『独立愚連隊』（白黒、シネマスコープ［東宝スコープ］、一〇八分）に、主演級ではないが、三船は観客の印象にひときわ残る役で出演した。

岡本喜八は大学時代、アメリカのジョン・フォードの映画に心を奪われた。とりわけフォードの代表作の一本である『駅馬車』（一九三九）に心酔し、映画の道を志すようになった。ジョン・フォードのような映画を作りたい。若き日の岡本はそうした夢を見ていた。『独立愚連隊』はその一端を実現させるものとなった。一九五九年十月六日に宝田明、司葉子共演作『若い恋人たち』(監督：千葉泰樹)との二本立てで封切られた。田中友幸の製作による。渾身の力で書き上げたオリジナル脚本を岡本喜八自ら演出し、キャメラは逢沢譲がまわした。美術は阿久根巌、音楽は佐藤勝、録音は渡会伸、照明は西川鶴三が担当した。メインキャストは佐藤允、雪村いづみ、夏木陽介、上原美佐、中谷一郎、三船敏郎、中丸忠雄、鶴田浩二などである。

第二次大戦末期の北支戦線。この地に〈独立愚連隊〉、各隊のはみ出し者ばかりを集めた日本軍の小哨隊がある。その陣地に荒木(佐藤允)、実は病院を脱走してきた元軍曹の大久保がやってくる。情婦と心中したという弟の死因を究明するために従軍記者を装い、山岳地帯で敵と対峙する小哨隊に潜入してきたのだ。弟が使っていた部屋で荒木は何発もの銃弾を壁面から発見する。弟の死に陰謀が関与していることを荒木は知る。戦況は破局へと近づく。将軍廳で精神異常の隊長(三船敏郎)に代わって指揮を執る橋本中尉(中丸忠雄)は、撤退命令を下す。荒木は弟の心中相手、梨花の妹である馬賊のヤン小紅(上原美佐)に出会う。彼女は姉・梨花の形見である一通の手紙を荒木に見せる。橋本中尉の不正を糾弾する弟の意見具申書だ。荒木はすべてを知る。だから殺されたのだ。しかし、荒木を追ってきた、かつての恋人・トミ(雪村いづみ)が彼の正体を橋本に告げる。将軍廳に向かうトラックに乗った荒木とトミだが、途中、敵の砲撃を受けて彼女が死んだ。荒木は橋本を倒す。敵軍が一斉攻撃をかける。本部大隊は逃げた。残された〈独立愚連隊〉は戦いに向かう。翌朝、屍体の山が積み上がった。馬賊一隊を連れたヤン小紅が現れる。生き残った荒木は彼らとともに去っていく。

独立愚連隊
TDV-24659D

戦中派の心情がこもった、テンポ感のあるアクション・ドラマをやってみたい。ジョン・フォードの西部劇映画のような、スケールが大きく、拳銃や砲、機関銃を自在に使い込む活劇映画を作ってみたい——。岡本のこうした熱い想いがこの映画には凝縮された。活劇の舞台、背景として戦争を扱った。中国大陸が西部であり、〈独立愚連隊〉は粗野な保安官やカウボーイたちの一団であり、敵はアメリカ先住民族をイメージする集団ととらえた。娯楽性豊かでコミカルな味わいもあり、それでいて一方では思いきりアナーキー。このような戦争活劇映画はかつてなかった。虚構を見せることが映画の最大の魅力であるならば、娯楽戦争映画があってもいい。戦争を面白おかしく描く果てに、観客に何かを提示する。そうした映画があってもいい。岡本には強い想いがあった。強烈なニヒリズムもある。戦争の愚かさ、虚しさが浮き上がる。岡本は本作の脚本を助監督時代に書き上げていた。それが高く評価されて監督に昇進した。『独立愚連隊』が岡本喜八の名を一気に日本映画ファンに知らしめた。

三船は精神に破綻を来たした隊長役だった。観る者にインパクトを残す演技を披露する。日本映画界を背負って立つ俳優の座に就いていた三船にこのような役は、常識的には依頼しにくい。昔からの馴染みで良好な友人関係を築いていた岡本だからこそのオファーであり、遊び心だったのだろう。三船もどこか楽しそうに、嬉々として隊長を演じているように見えた。出番は少なかったが、彼の出演は作品に花を添えた。

一九六〇年代、岡本は三船敏郎、仲代達矢、加山雄三、佐藤允、宝田明らと組んで東宝で幾本もの娯楽映画を演出し、日本映画隆盛時代を支えるひとりとなった。日本映画界の象徴的俳優である三船と濃密なコラボレーションを行った監督となれば、まずは黒澤明、次に稲垣浩の名があがるが、岡本と三船の関係も追随しよう。黒澤と岡本の作家活動が同時代の東宝において三船敏郎という役者でつながっていたとも取れる。戦争映画、「暗黒街」シリーズに代表される犯罪映画で岡本は東宝が誇るスター俳優を主演陣に招き、幾本ものヒット作、珠玉作を生む。時代劇映画も同様だった。

およそ三週間後の一九五九年十一月一日、稲垣、三船コンビによる大作が東宝系邦画上映館に登場する。東宝が総力をあげて作り上げた東宝製作一千本記念映画、東宝オールスター・キャストによる壮大で絢爛たる歴史スペクタクル絵巻映画『日本誕生』である。カラー、シネマスコープ(東宝スコープ)仕様、上映時間は一八一分。文字通りの超大作映画となった。

「壮烈！悲恋！戦野に散った悲運の皇子、日本武尊!!」「甦える神話！数々のロマン！鳴動する日本の夜明けを描く一大叙事詩！」「日本の夜明けに強く生きそして恋した若き皇子の怒涛の生涯！」などの雄々しい惹句を引き連れる大量のパブリシティが打たれた効果で観客が上映館に押し寄せ、当時としては異例の三週間上映という大ヒットを記録した。一部の劇場では、同年五月に第十八回オリンピック競技大会の開催地に東京が選出されたことを祝う趣旨のもとに製作された、日本オリンピック委員会監修による短篇映画で大峰晴と遠山宏が編集した『燃えろ聖火』(日本映画新社)が併映につけられた。

東宝製作一千本記念映画ゆえに二大プロデューサー、藤本眞澄と田中友幸が製作にあたった。監督は稲垣浩、特技監督は円谷英二、音楽は伊福部昭と、万全の態勢が採られた。伊邪那岐、伊邪那美、日本武尊、天照大神、須佐之男命、弟橘姫、天宇受女命など、日本人の多くが日本神話で馴染んできた人物が登場するエピソード、伝説、講談調武勇伝を東宝が誇る二大脚本家・八住利雄と菊島隆三が堅実に脚本にまとめ上げた。撮影は山田一夫、美術は伊藤熹朔と植田寛、録音は西川善男、照明は小島正七。キャストはまさしく東宝オールスター。小椎命《オウスミノミコト》、のちの日本武尊《ヤマトタケルノミコト》と須佐之男命《スサノオノミコト》の二役を任せられた三船敏郎以下、司葉子、原節子、鶴田浩二、田中絹代、宝田明、中村鴈治郎、香川京子等々、スターが次々と画面に現れる。

景行天皇(中村鴈治郎)の時代。重臣大伴建日連(東野英治郎)は、一族出身の天皇の後添いの子・若帯日子命(宝田明)を皇位につけるために熊曽兄弟(志村喬、鶴田浩二)征伐を名目に前皇后の子・小椎命(三船敏郎)の大和追放を謀る。だが、小椎命は熊曽兄弟を討った。これからは日本武尊と名乗るがいい、と熊曽建弟は小椎命に伝えた。日本武尊は凱旋する。建日連は天皇をそそのかし、日本武尊を今度は東国征伐に向かわせる。日本武尊は天皇に不信感を抱く。嫗(杉村春子)から天の岩戸の話を聞いても気分が晴れない日本武尊だが、伊勢神宮で宮司の叔母・倭姫(田中絹代)から、須佐之男命

日本誕生【東宝 DVD 名作セレクション】
TDV-25237D

(三船敏郎)が八岐大蛇を退治して名剣の叢雲剣を天皇から贈られた、という話を聞き、勇気が湧く。日本武尊は巫女の弟橘姫(司葉子)と出会う。東国を征伐した日本武尊は、尾張の国で国造(山田巳之助)の娘・美夜受姫(香川京子)の招待を受ける。美夜受姫は日本武尊の命を狙うが、恋心を抱く。日本武尊一隊は相模国に着く。建日連の命を受けた大伴久呂比古(田崎潤)は日本武尊を焼津の野で焼き殺そうとするが、叢雲剣が炎をなぎ払った。天皇の陰謀を知った日本武尊は大和に引き返す。日本武尊の船団が大波に襲撃される。巫女の分際で恋をした我が身に神が怒った、と弟橘姫は荒海に身を投じた。大和の国で日本武尊は建日連たちの大軍に迎え撃ちにされる。もはやこれまで。絶命した日本武尊の化身である白鳥が飛び立つと天変地異が起こり、火山からの溶岩が大伴の軍勢を押し流す。白鳥は高天原に向かって飛翔していく。

『古事記』『日本書紀』を出典とする神話世界を映画化する特撮映画巨篇でもあるため、円谷特撮映像をふんだんに盛り込む、興趣に富むスペクタクル場面が次々と出てくる。円谷英二は本作を己の代表作の一本にあげていた。一方、観客の関心を駆り立てるそれらはあくまで映画を織りなす要素に据えられるものとも取れ、映画全体を貫く柱は小椎命、のちの日本武尊の波瀾万丈、悲劇的な人生となる。と同時に、日本武尊の武勇伝と弟橘姫との悲恋が副主題という扱いで描かれる。そうしたドラマの積み重ねが、肉親に裏切られ、志半ばに自国の兵の手に討ち倒される日本武尊の魂の叫びが引き起こす、クライマックスにおける天変地異の大スペクタクルに結びついていく。この最終盤が最大の見どころを作った。

稲垣の演出はどこか悠長で鷹揚で、大河の悠久のうねりのようだった。これは決してネガティブな物言いではなく、こうした空気感が農耕民族である日本人の根の張った血脈を喚起させた。このテンポこそ本作にふさわしく、あえて狙った稲垣の采配だったと思われる。

三船は日本武尊と須佐之男命の二役を演じたが、須佐之男命はほぼ八岐大蛇退治のエピソードのみだった。ここでは三船と円谷特撮が操るヤマタノオロチ、つまりは三船と東宝怪獣の対決が描写される。加えて音楽は伊福部昭だ。もしも三船がゴジラやキングギドラと闘ったら、という夢を一瞬垣間見させてくれる。

三船の古代衣袴姿を、似合っている、似合っていない、と受け止めるのは人それぞれだが、須佐之男命の荒々しい格好のほうがすんなりはまっていたのは指摘するまでもない。三船のコスチュームプレイ映画はそれほど珍しいものではない。一九六〇年代に突入すると、そうした三船の姿がときおり見られるようになる。俳優だから、役者だから、なんら不思議なことではない。この映画では三船の女装姿も出てくる。しかし、三船以外の何者でもなかった。一方、日本映画の変容、在りようの変化を示唆していたと解釈することもできる。弟橘姫役の司葉子が「浪漫工房」第八号「国際スター三船敏郎 その偉大なる愛」内でこのような撮影エピソードを語っている。

いつも感じていたことですが、三船さんはたくさんのアンテナが張りめぐらされており、感性の鋭い方であり照れ屋さんだということ。ですから、親切にしてくださる場合も気を遣わないふりをし、人に見えないようにしてなさるのですね。／このような三船さんですので、一ヶ月の撮影中にはワーっと発散したいこともあると思うのです。『日本誕生』で熊本ロケに行った時、山々の見える旅館に泊まったのですが、夜中に動物の吠えるような声が聞こえて来たことがありました。「熊でも出たのかしら」と話していると、三船さんだったということがしばしばあったようです(笑)。

夜中に熊のように吠える日本武尊。熊曽兄弟が黄泉の国から日本武尊を呼んでいるのか。そうした想像を駆り立てるような挿話ではないか。

第六章
三船敏郎と東宝娯楽映画群の玉座

——一九六〇年代初期——

湖畔にしばしたたずむ。煙草を嗜む姿も映画の一場面のように映る。

© 三船プロダクション

一　『暗黒街の対決』（一九六〇：岡本喜八）『国定忠治』（同：谷口千吉）『ハワイ・ミッドウェイ大海空戦　太平洋の嵐』（同：松林宗恵）

時代は一九六〇年代を迎えた。日本映画興行史上、最も輝かしき年となった一九五八（昭和三十三）年から一年以上の歳月が過ぎていたが、映画の人気は衰えを見せていなかった。当然、東宝の正月も三船敏郎主演の活劇映画が持ってこられた。大藪春彦の『血の罠』を原作に採った、岡本喜八監督作『暗黒街の対決』（カラー、シネマスコープ［東宝スコープ］、九五分）である。三船の活劇映画のなかでもトップクラスの人気を誇る。

岡本喜八のひとつの看板となった「暗黒街」シリーズは、鶴田浩二、宝田明共演、三船敏郎助演の『暗黒街の顔役』（一九五九／東宝）に端を発したが、本作『暗黒街の対決』があったからこそ、東宝のドル箱シリーズに上りつめていった。「復讐成るか！宿命の対決迫る男対男！」「暴力都市に男と男の意地が爆発する復讐と激斗！」「狙うは暗黒街のボス！復讐成るか！宿命の対決に火を吐く男の意地！」。当時の東宝映画らしい雰囲気に包まれる活劇映画として評論家筋からも好評を博し、多くの映画ファンを喜ばせた。

本作は、森繁久彌、加東大介、フランキー堺共演による佐伯幸三監督作『天下の大泥棒　白波五人男』を併映作に従え、正月映画として一九六〇（昭和三十五）年一月三日に封切られた。製作・田中友幸、原作・大藪春彦、脚本・関沢新一、撮影・山田一夫、美術・阿久根巌、音楽・佐藤勝、録音・渡会伸、下永尚、照明・西川鶴三。三船敏郎、鶴田浩二、司葉子、夏木陽介、佐藤允、河津清三郎、中丸忠雄、田崎潤などの出演による。

荒神市に東京の汚職刑事・藤丘三郎（三船敏郎）が来る。彼は着任早々に大岡組経営のキャバレーで挨拶代わりの大暴れをする。小塚組幹部・村山鉄雄（鶴田浩二）の妻を殺害した大岡組幹部・仁木の行方を探ろうと、藤丘は鉄雄を訪ねる。鉄雄は大岡久三郎（河津清三郎）への復讐を練っていた。仁木の妹・サリー（司葉子）のアパートに行った藤丘は、荒神市を支配下に置こうとする大岡に協力を要請される。小塚音吉(田崎潤)が殺された。砂利場で大岡組と決闘しようとする小塚組を鉄雄が仲裁するが、大岡組が戦いを挑む。銃撃戦の末、小塚組は壊滅し、鉄雄は藤丘に救出される。仁木殺しの真相を知るサリーは大岡組に捕まるが、隙を見て逃走した。大岡は藤丘の正体を知る。暴力対策のベテラン、野口警部だった。サリーと藤丘が拉致された。鉄雄が現れ、藤丘を助けた。鉄雄が荒神署の望月次席(中谷一郎)に捕まる。藤丘に追跡された大岡は三宅警官(夏木陽介)を射殺するが、サリーに逃げられる。緊急手配された大岡は自邸に逃げ込む。望月から逃れた鉄雄が大岡邸に入り、警官隊も大岡邸を取り囲む。藤丘も大岡邸で鉄雄を制止するが、彼の銃弾が大岡を貫く。鉄雄は藤丘と対峙すると発砲した。藤丘もとっさに撃ち返す。鉄雄は倒れた。藤丘の背後の階段の上から拳銃を持った大岡組の弁護士・天堂進(平田昭彦)が転がり落ちてきた。鉄雄は藤丘の命を救ったのだ。

粗野な汚職刑事、実は暴力団壊滅を任命された熱血の敏腕警部を三船がパワフルに演じ、暗黒街に生き、ニヒリズムを漂わせ、クールではあるが人情に人一倍厚い男に鶴田浩二が扮する。東宝二大スターがスクリーン狭しと暴れまわり、両者の友情風景も観客の情感を刺激する。両者が警官隊も交えて対決するクライマックスが映画最大の見せ場をつとめる。

岡本喜八は『独立愚連隊』(一九五九/東宝)の大成功でトップ監督の仲間入りを果たした。岡本が『暗黒街の顔役』に続く「暗黒街」映画に挑んだ野心作であり、『独立愚連隊』の大きな滋味となったパロディ精神、コメディ感覚もあふれ出た。『暗黒街の顔役』はヨーロッパ調フィルム・ノワールの香りを発していた。『暗黒街の顔役』は、どちらかといえばアメリカのギャング映画、西部劇映画を思い起こさせる。三船は街を無法者から守ろうとする、荒っぽくタフガイのシェリフ。鶴田は悪側ではあるが、人情味を持った好漢。これは西部劇の基盤でもあった。ときにミュージカル風

暗黒街の対決
TDV-24220R

味つけが出るなど、一種の遊び心もそこかしこから拾える。一方で、この種の映画で欠かせない、渇いた質感も注がれている。これぞ岡本が理想とする活劇映画の要素である。三船と鶴田、このふたりの姿からにじみ出るハードボイルド感覚が絶妙な極上味を映画に加えた。トレンチコートの男たちがこれほどさまになる映画も珍しいだろう。

この映画で東宝は一九六〇年代の幕を開けた。映画興行はまだまだ好調だった。杉江敏男、成瀬巳喜男、松林宗恵、須川栄三、古澤憲吾、川島雄三、丸山誠治、青柳信雄、鈴木英夫、山本嘉次郎、豊田四郎、堀川弘通などといった東宝の看板監督たちそれぞれが、東宝のプロデューサー・システムのもと、己の嗜好に沿った、自己の個性、カラーに似合った作品をエネルギッシュに放っていった。

黒澤流時代劇映画の躍動に刺激されたのか、戦後まもなくは黒澤と昵懇の関係で切磋琢磨し合った谷口千吉も、この時期は監督作がやや途絶えていたのだが、一九六〇年三月二十九日、『暗黒街の対決』を終えた三船を主演に招いた東宝の時代劇映画大作『国定忠治』（カラー、シネマスコープ〔東宝スコープ〕、一〇一分）を東宝系邦画封切り館に出した。講談や新国劇を通して大衆に広く親しまれてきた、天保の大飢饉で農民を救済した江戸時代の侠客・国定忠治の物語を描く。まさに「赤城の山も今宵限り！　闇八州のお尋ね者大暴れ！」である。筧正典の喜劇映画で小林桂樹、団令子、加東大介が出た『サラリーマン出世太閤記・完結篇　花婿部長Ｎｏ．１』（東宝）が併映作に添えられた。

製作は藤本眞澄。脚本は新藤兼人が書き、撮影は西垣六郎が担当した。美術は北猛夫、音楽は佐藤勝、録音は小沼渡、照明は石井長四郎という顔ぶれが揃えられた。三船敏郎、新珠三千代、加東大介、藤木悠、夏木陽介、丹波哲郎、東野英治郎、中村勘九郎が主な出演者である。

天保七年。国定忠治（三船敏郎）は、清水頑鉄（藤木悠）と板割浅太郎（夏木陽介）を連れて一年ぶりに上州国定村に戻る。代官・松井重兵衛（藤田進）が大凶作の村に苛政を強いていた。居酒屋の女・おとく（新珠三千代）から忠治は、半年遅かった、親分の家が大変だ、と聞く。妹のきく（水野久美）は重兵衛の毒牙にかかって精神が病み、母親はその心痛で死んでいた。一部の農民が代官所の米百表を奪う計画を立てる。忠治はきくと恋仲だった与作（三島耕）をみつけ、懲らしめた。忠治は名主の宇衛門（山田巳之助）に、蔵は空だから協力できない、といわれる。与作が代官所で殺され、きくも自害した。代官屋敷に乗り込む忠治だが、重兵衛を討てない。忠治は賭場を荒らし、強奪金を貧民に配る。河原小屋が役人に囲まれる。一党は行き先を確認し、捕方に向かう。三年が経った。おとくに会おうと山を降りた忠治は捕方に包囲される。浅太郎の伯父で忠治に恩義のある目明かしの勘助（東野英治郎）もいる。逃亡した忠治は浅太郎に盃を返す。幼い勘太郎（中村勘九郎）を養育する勘助の跡目を浅太郎に継がせるためだ。だが、浅太郎は勘助を手にかけ、勘太郎とともに山に戻る。あのとき、勘助が捕方の手薄な方向を教えてくれた。忠治は山を降りる。赤城の山も今宵限り。忠治は捕方を斬り、重兵衛も倒す。おとくが駆けつける。待っていろよ、とおとくに告げ、忠治は勘太郎を背負って去っていく。

〈国定忠治〉は、戦後、松田定次や滝沢英輔、小沢茂弘の手によって各社で映画化されてきた。箕礫の刑に処せられたヤクザ者という理由からか、裏街道を行くアウトローという扱いもよくされた。一方、演劇界では大衆好みのキャラクターとして重宝された。映画界もそれはまったく同様だった。一九四六（昭和二十一）年には大映京都で松田定次が阪東妻三郎で、一九五四（昭和二十九）年には日活で滝沢英輔が辰巳柳太郎で、一九五八年には東映京都で小沢茂弘が片岡千恵蔵で、それぞれ〈国定忠治〉を映画化している。そのなかでも、製作を再開した日活の第一回作品で辰巳柳太郎が忠治に扮し、新国劇の面々が出演した滝沢英輔版がきわめつけとされる。

本作はそれらに続くもので、新藤兼人の脚本のもと、三船を忠治役に招き、谷口千吉が演出した。片岡千恵蔵が最も国定忠治のイメージに近かったのではないかと思われ、三船はどちらかといえばミスキャストのほうに属するのではないかという気もするのだが、この時代のスター映画という前提があることもあり、それほど違和感を生じさせるわけでもない。映画興行の屋台骨を背負った大スター映画に相応するカラーを作り出している。忠治映画なら必ず出てくるだろう決まり文句、啖呵を三船が発するさまを見るのも楽しい。

旧来の忠治ものと同じく大衆向け通俗的時代活劇の形を採っている。新藤兼人が脚本を書いており、ここが小さくないポイントとなるのだが、社会派の色が濃い彼特有の持ち味はあまり表出していない。日本映画界屈指の大スターの道を驀進する三船の個性を活かした作劇で突き進む。谷口の采配なのか、映画の主旨をふまえた三船の解釈なのか、本作での三船は常に力んでいるかのようだった。つまりは、演技が一本調子のふしがあった。といっても、大衆娯楽映画の味は存分に盛り込まれており、あまたの観客は満足したはずだ。脇にまわる加東大介、藤木悠、夏木陽介たちもそれぞれに主張を発する。そうした面でも楽しめる娯楽時代劇映画となった。

忠治もので馴染みの物語が描かれたのではあるが、観客動員に伸び悩み、評価も高くはなかった。一方、娯楽至上主義を掲げて大衆受けを狙う時代劇映画を依然量産し続ける東映に対し、東宝時代劇が確実に力をつけ、その牙城を揺るがすほどの力をたずさえたことを実感させた、ともいわれる。

板割浅太郎を演じた夏木陽介の証言によれば、三船はエキストラとして捕り手のひとりに扮し、忠治を捕らえようとしたのだという。


三船さんは、画面からは想像できないおちゃめな人なんですよ。その『国定忠治』のロケの時に、三船さんのほうが我々より4日も早く終《アガ》ったのですが、「三船さんが帰ったら俺達どうするの」と言うと「それじゃ、待つか」とおっしゃって、ただ待つのもつまらないので「俺も出よう」ということになり、エキストラで出演されたのです。鼻を赤くして、ホクロをつけ、三船だとわからないように工夫されて「忠治ご用だ」という捕り手の役を演じられました。忠治役の三船さんが、忠治に縄をかけようとしているのですから可笑しいですよね(笑)。(「浪漫工房」第八号「国際スター三船敏郎 その偉大なる愛」)

一九六〇年代、東宝は太平洋戦争を題材に採る戦争映画を幾本も放つ。一九六〇年の春、早くも東宝戦争映画の代表作とのちに語られる作品が生まれる。松林宗恵監督作『ハワイ・ミッドウェイ大海空戦 太平洋の嵐』（カラー、シネマスコープ〔東宝スコープ〕、一一八分）である。封切りは一九六〇年四月二十六日。杉江敏男が演出を担い、森繁久彌、小林桂樹、新珠三千代らが出演した「新 三等重役」四部作の第二作目、『新 三等重役 当るも八卦の巻』（東宝）との二本立てだった。

東宝初のカラー、ワイド画面の戦争映画、豪華な俳優陣、円谷英二による特撮映像、これらが評判を集めた。ハワイ真珠湾攻撃に加わった第二航空戦の隊旗艦空母「飛龍」を主な舞台に置き、ハワイ真珠湾攻撃、マレー沖海戦を経て、ミッドウェー海戦で「飛龍」がその巨大な姿を海に沈めていくまでが描かれる。東宝得意の娯楽スペクタクル戦争映画を展開させると同時に、戦争の実態、本質、その恐ろしさを観客に鋭く突き出す力を持っている。

製作は田中友幸、特技監督は円谷英二、脚本は橋本忍と国弘威雄、撮影は山田一夫、美術は北猛夫と清水喜代志、音楽は團伊玖磨、録音は西川善男、照明は小島正七。以上がメインスタッフにあたる。三船敏郎以下、夏木陽介、佐藤允、上原美佐、鶴田浩二、藤田進、加東大介、三橋達也など東宝の準オールスターが映画に花を添える。三船は第二航空隊司令官・山口多聞に扮する。

ハワイ・ミッドウェイ大海空戦 太平洋の嵐
TDV-2992R

北見中尉（夏木陽介）は真珠湾攻撃で戦果をあげた。彼は許嫁《いいなずけ》の恵子（上原美佐）との結婚に悩むが、友成隊長（鶴田浩二）から励まされ、内地で結婚式にのぞむ。同期の松浦中尉（佐藤允）からの祝電とともに帰還命令が来た。ミッドウェーへの出撃命令だ。北見はミッドウェー基地攻撃の第一次攻撃隊に参加する。米軍の攻撃が苛烈だ。友成は無電で第二次攻撃隊の必要を伝える。司令部は第二次攻撃隊の魚雷を外して爆弾を装備する。第一次攻撃隊は艦隊司令部からの防御態勢との違いに不満を漏らす。第二次攻撃隊の発進準備が進むなか、敵艦隊発見との無電が入る。重巡「利根」の索敵機により、空母がいないことがわかる。ミッドウェーの地上基地を叩くか、出てくるかもしれない敵空母を叩くか。第二航空隊司令官・山口多聞（三船敏郎）は空母攻撃のために爆撃機に魚雷を搭載する。戦闘機が少ないので外して出撃しなくてはならない。「赤城」の南雲司令官（河津清三郎）は、将兵の犠牲を最小限にすることを優先し、地上攻撃を決断する。急ピッチで爆弾を付け替え終えたところへ空母が付き添う大艦隊が接近中との報告が入る。またしても魚雷だ。しかし、時すでに遅く、空母から敵機が飛来する。航行不能となった「赤城」は沈没する。「飛龍」はいまだ健在、と山口は司令部へ打電するが、総員に退艦命令が出る。駆逐艦に収容された北見たちの目の前で炎上する「飛龍」へ魚雷が発射される。北見たちミッドウェーの生存者の存在はいっさい明らかにされず、「海戦の勝利」「被害は軽微」と大本営は発表する。

主演の夏木陽介をはじめ、三船、鶴田浩二、佐藤允、田崎潤、平田昭彦たちが日本軍人の男らしさを披露する。宝田明や三橋達也、小林桂樹、加東大介、藤田進はもちろん、榎本健一（エノケン）までもがゲスト扱いで顔を出す。こうした配役からも東宝が全力を注いで製作した戦争映画大作であることが伝わってくる。

松林宗恵は本作で戦争の興奮と悲惨を同時に観客に味わわせる。真珠湾攻撃、インド洋海戦がつづられる前半部は日本軍の威風堂々たる姿を見せる。夏木陽介が演じる若者たちは意気軒昂に日本の勝利を信じて己の任務を果たす。だが、後半部でたっぷりと描かれるミッドウェー海戦ではそうした空気ががらりと変わり、悲愴このうえない戦争映画と化していく。航空母艦「赤城」「加賀」「蒼龍」が米軍の急降下爆撃機の攻撃によって炎上していくくだりからは、坂道を転げ落ちるように日本軍人たちは窮地に追い込まれる。このトーンの変化はかなり劇的であり、戦争の残虐性を描くには的確な構成だった。また、物語の語り部的な位置に若い兵士（夏木陽介）が据えられた造りも、戦争を取り仕切る大人たちの愚かさを強調することに結びついた。円谷特撮の効果も絶大であり、戦争スペクタクル映画と反戦映画が違和感なく、不自然な感触なく共存している。

三船が演じた山口多聞第二航空隊司令官の台詞が耳に残った。作戦を間違えたのではない、作戦ではない何かを間違えたのかもしれない、と三船が述べる。戦争は人類として選択してはいけない道を選ぶこと。そうした作り手のメッセージのようなものが達してきた。

「飛龍」とともに海の藻屑となった山口と加来艦長（田崎潤）が亡霊となって沈没した同艦内で、これからもみんな勇ましく死んでこういう墓場が太平洋に増えるんでしょうな、などと語り合うエンディングは今でも説得力にあふれる。ここに僧侶である松林の想いの丈が詰まっている、などとの見解もはや手垢がついているだろうが、そういわずにはいられない終幕だった。

二 『男対男』（一九六〇：谷口千吉）『悪い奴ほどよく眠る』（同：黒澤明）『サラリーマン忠臣蔵』（同：杉江敏男）『大坂城物語』（一九六一：稲垣浩）

一九六〇年八月十四日には、次なる谷口千吉と三船のコンビによる東宝作品『男対男』（カラー、シネマスコープ［東宝スコープ］、九〇分）が東宝邦画系上映館に出た。映画愛好家には加山雄三のデビュー作として広く知られている作品である。稲垣浩（監督）と森繁久彌（主演）という珍しい顔合わせによる『ふんどし医者』（東宝）との二本立てで公開された。

「嵐を呼ぶ三船と池部の対決！敵か味方か、暗黒街に命を賭けた友情の十字路！」「豪壮！痛烈！度肝抜く本格的男性活劇篇」と装飾された本作は、谷口千吉、三船敏郎、志村喬という『銀嶺の果て』（一九四七／東宝）のトリオが揃い踏みをしたという受け取り方もある。伊福部昭が音楽担当だったらさらにそれが濃くなったわけだが、佐藤勝が音楽を書いた。

三船の暴れぶりが最大の見ものとなる港町ギャング活劇映画だ。かつて射撃の腕前を競い合うほどの仲だった戦友ふたりが、戦後、敵対せざるをえなくなる間柄となる。そうして男と男の対決が繰り広げられる。惹句にある〈男性活劇篇〉は当時の時代感覚ならではの表現だが、嘘ではない。東宝が大衆に贈る活劇映画はこのようなものだ、といったカラーを発しながら映画は突き進む。田中友幸のプロデュース作で、脚本は池田一朗と小川英が書いた。撮影には西垣六郎、美術には村木与四郎が起用され、こうした活劇映画はお手のものの佐藤勝が音楽を担当した。録音は藤縄正一、照明は西川鶴三が担った。メインキャストは三船敏郎以下、池部良、加山雄三、白川由美、星由里子、志村喬、北あけみ、田崎潤らがつとめた。

沖仲仕を束ねる横浜の増江海運の現場で事故が続発する。増江社長（志村喬）や班長の梶（三船敏郎）、社長秘書の峰子（白川由美）は事態を憂慮するが、犠牲者の葬式の夜、社長の息子・敏夫（加山雄三）は、菊森（池部良）のキャバレー「ブルームーン」のステージで唄い、ホステスのはるみ（北あけみ）と遊んでいた。梶と菊森は北支戦線で行動した戦友で、たがいに銃の腕を認め合う仲だ。神戸のギャング・塚本（田崎潤）が増江海運乗っ取りを画策する。麻薬ルートの開拓が目的だ。菊森は協力を求められる。塚本の部下の殺し屋・鳥海（平田昭彦）の愛人だったはるみにそそのかされた敏夫が会社の株十万券を持ち出し、あとを追う増江社長は車にはねられて重傷を負う。増江海運は嫌がらせ事故が続き、積荷を焼失させる。増江海運は存続の危機に陥る。梶に説得された敏夫が会社再建に乗り出す。危険な火薬荷揚げの仕事を請けた。沖仲仕たちも敏夫の意気に立ち上がる。鳥海の仕業で愛する女を失った菊森は海上で鳥海と一戦を交え、その射撃技術で相手を倒す。だが、塚本に捕まり、梶や敏夫たちが運ぼうとする積荷の火薬を撃つように命じられる。菊森は反転し、塚本一味と銃撃戦を展開するが、やがて銃弾を受けて倒れ込む。梶が駆けつけ、塚本たちを一掃する。梶は絶命した菊森の死体を抱きかかえ、去っていく。

主演の三船の存在感が観る者に説得力を与える。しかし、共演者という役回りの池部良がハードでクールなニヒリストぶりを披露し、ときに場をさらう。池部の後年のイメージの大きな部分を築く、東映東京製作の高倉健主演「昭和残俠伝」シリーズ（一九六五～七二）における、彼を助演するはまり役の萌芽とも映る。脇役として数々の名演技を見せてきた平田昭彦の存在も目立った。小粋でスマートだが、女好きで残忍な性格の殺し屋を好演した。クライマックスでは、海上をモーターボートで疾走しながら池部良とライフルで銃撃戦を見せる。ここはふたりの熱演、キレのいい谷口演出もあり、観る者を画面に集中させる。加山雄三は慶應義塾大学法学部政治学科卒業後に東宝に入社し、本作のドラ息子でプレイボーイという役でもってデビューした。キャバレーのステージで歌唱する姿以外は、のちの〈若大将〉に直接には結びつかない役柄だった。

女優たちもいい味を出した。白川由美には今ひとつ見せ場がなかったが、大人の女の色香を振り撒く北あけみの悪女ぶりが目に焼きついた。ヤクザに乱暴されて悲劇を迎える聾唖のうら若き女性を演じた星由里子は当時、浜美枝、田村奈巳とともに〈東宝スリーペット〉という三人娘で東宝が大々的に推していた。彼女の初々しい美貌も劇的効果を上げる。

三船が主演した谷口映画は活劇プログラム・ピクチャーの性格が強かった。観る側の姿勢が問われるかのような堅苦しいものよりも、娯楽に徹する谷口作品での三船は生き生きとしていた。黒澤映画の三船、稲垣映画の三船は躍動していた。谷口映画の三船も黒澤映画における三船とはまた次元を異にする、より大衆的で身近な大スター・三船敏郎を打ち出した。

悪い奴ほどよく眠る【普及版】
TDV-25085D

一九六〇年秋、黒澤・三船コンビの最新作が登場した。九月十五日より東宝のロードショー旗艦劇場である有楽座で先行ロードショーの形で公開され、その後、東宝邦画系上映館で成瀬巳喜男監督作、乙羽信子、加東大介共演の『秋立ちぬ』（東宝）と同時上映された『悪い奴ほどよく眠る』（黒澤プロダクション、東宝）である。黒澤と成瀬の新作二本立て興行があった。意外に思う向きもあろう。

黒澤映画の前作『隠し砦の三悪人』（一九五八／東宝）は大ヒットを記

録した。だが、製作面では問題が生じた。天候の都合で撮影が遅れに遅れ、予定していた製作費と製作日数をはるかにオーバーしてしまった。東宝のプログラム編成にも多大な混乱をもたらした。そのため、黒澤側は東宝からの要望提案を受け容れることにした。株式会社黒澤プロダクションの設立である。経理を東宝から独立させることにしたのだ。本作より『赤ひげ』（一九六五／黒澤プロダクション、東宝）までの黒澤映画はすべてこの製作態勢が採られる。

プロダクションを設立したから儲けに走る。そう映るのは観客に対して失礼だから、社会的に意義のある作品を。黒澤は新作製作にあたってそう考えた。汚職を題材にし、現代の問題に真正面から取り組む作品を企図した。「悪党にもいろいろいるが、その中でも汚職関係者ぐらい悪い奴はいない。彼等は大きな機構のかげにかくれて普通人のやれない悪事をやっている。これをえぐり出すことは決して無意味なことではない」（『黒澤明全作品集―「姿三四郎」から「影武者」まで―』）とは本作製作にあたっての黒澤のよく知られた談話である。

白黒、シネマスコープ（東宝スコープ）、上映時間一五〇分になる本作は、田中友幸と黒澤の共同プロデュース、脚本はオリジナルで黒澤、小国英雄、久板栄二郎、菊島隆三、橋本忍の五人が合作した。撮影は逢沢譲、美術は村木与四郎、音楽は佐藤勝、録音は矢野口文雄と下永尚、照明は猪原一郎の担当による。三船敏郎、森雅之、香川京子、加藤武、三橋達也、志村喬、西村晃、藤原釜足などがメインキャストとなる。

日本未利用土地開発公団副総裁・岩淵（森雅之）の愛娘・佳子（香川京子）と秘書の西幸一（三船敏郎）の結婚披露宴が執り行われるなか、公団の課長補佐・和田（藤原釜足）が警察に連行される。五年前、古谷課長補佐の自殺で迷宮入りした庁舎新築をめぐる不正入札事件に岩淵と管理部長の守山（志村喬）、契約課長の白井（西村晃）が関与した件を新聞記者たちは思い出す。検察庁に密告状が次々と来る。公団と大竜建設の贈収賄事件は摘発寸前に大竜建設経理担当の三浦（清水元）が自殺し、和田も遺書を残して消える。火口に身を投じようとした和田は西に阻止される。岩淵と守山の指示で貸金庫を開けた白井は、金の代わりに新庁舎の絵葉書をみつけて慄然とする。貸金庫を知るのは白井と和田だけだ。その夜、和田を目撃した白井の様子がおかしくなる。大竜建設社長の羽多野（松本染升）と専務の金子（山茶花究）は白井の処分を命じる。西が白井を救う。西は古谷の私生子だった。守山に正体を知られた西は友人の板倉（加藤武）の協力を得て彼を軍需工場跡の廃墟に監禁する。汚職事件を摘発しようとする西の計画を恐れた和田は佳子を廃墟に導き、西にやめさせようとする。西は自身の復讐に利用した佳子に今は愛情を覚えていた。帰宅した佳子から言葉巧みに西の居どころを聞き出した岩淵は、配下の者を差し向ける。西は飲酒運転に見せかけられ、殺された。岩淵は目上の者に平然と一件落着を報告する。

黒澤は脚本を複数で合作することについてこう語った。ひとりで書くと一面的にしか解釈できない危険がある、三人で書けばある人間に対して三つの面から解釈できる、納得がいかないところはたがいに討論できる、監督は自分の映画を作るうえで都合のいいほうへ筋や主人公を引っ張り込んでいく傾向があるが、三人ほどの複数でやるとそういう危険が回避できる、と。ゆえに黒澤は脚本の合作を積極的に行ってきた。とはいえ、五人も集まったのは本作が初めてだった。

観客に汚職の実態をリアルに伝える作業は困難をきわめた。説明的な部分を最初に処理しようと黒澤は考え、傍観する新聞記者たちを語り手に仕立て、冒頭の結婚式のシークエンスに主人公、周辺を取り巻く人物の紹介、不正の暴露、財界・政界の背後関係、物語などの布石を詰め込んだ。そのため、観客はファーストシーンから映画に引きずり込まれる。そうしてスリル、サスペンスを要所に盛り込むなどストーリーを巧みに展開させ、三船が演じる西幸一の復讐劇を骨太に描いていく。

「特定の事件や人物をモデルにはしていない。汚職の起こりやすい組織とか人物を典型的な例として、物語を組立て、肉付けをしていったので、高い税金を払わされているわれわれ庶民の腹立たしさが、この映画を見終った時に感じられればよいと思うのです。」（『悪魔のように細心に！天使のように大胆に！』［一九七五／東宝株式会社事業部］）と黒澤は述べていた。こうした種の映画の場合、作者側の主張が肩肘張った形で出てくる例がよくある。汚職への黒澤の怒りは直線的には現れないが、西が殺されたことを受け、西の友人で理解者でもある板倉（加藤武）は「これでいいのかッ！」と絶叫する。ここは黒澤の主張が一気にほとばしり出る。

本作の三船は実に颯爽としている。髪を綺麗にポマードで七三に撫でつけ、黒縁眼鏡をかけ、バリッとしたスーツに身を包み、トレンチコートを粋に着こなす。立ち居振る舞いも堂に入っている。口笛で妙に明るく可愛らしい旋律を吹きながら的確に行動する西は、正義のヒーローといえる（しかし、ダークヒーローに近い）格好よさを見せた。一方で、怨敵にあたる義父・森雅之（岩淵）の風貌と一面では似ていることにも気づく。だから、このまま岩淵の秘書稼業を続けていけば彼もやがては毒されていき、第二の岩淵になるのではないか、とふと思わせる部分もあった。

三船のこうした姿は岡本喜八の「暗黒街」シリーズにそのまままつながっていく。三船をアイコンとし、黒澤の本作と岡本の「暗黒街」映画のいくつもの共通項が浮かび上がる。さらには、黒澤と岡本の作家性の決定的な違いも見えてくる。

西がいつも口笛で吹くメロディが受け手の耳にこびりつく。今でも即座に口ずさめる映画ファンは多いだろう。無邪気で、胸を弾ませ、心を和ませるこのメロディについて、音楽担当の佐藤勝が『300／40その画・音・人』（一九九四／キネマ旬報社）で証言している。

　三船敏郎さんの吹く口笛の音がなかなか決まらなくて大変でしたねェ。黒澤作品の場合、そのメロディ自体が主人公の演技になるわけで、既成曲だと余計な先入観が邪魔しちゃうから、何となく耳につかないんだけど印象に残るような、二小節くらい吹けばわかるような、そんな曲を作れと言われましてね。作る方としては一番難しい曲なんだけど、撮影のときは口笛吹く真似だけしてもらって、後からその曲を入れましたよ。

この時代、日本映画界は好調を維持していた。一九六〇年の東宝作品の主な出演者を見ていくと、東宝の絶頂期だったことがわかる。男優では三船のほかにも森繁久彌、宝田明、池部良、フランキー堺、小林桂樹、三橋達也、鶴田浩二、高島忠夫、久保明、佐原健二、仲代達矢、加東大介などが複数の作品で主役を張っていた。女優陣では原節子、高峰秀子、江利チエミ、浜美枝、星由里子、司葉子、淡路恵子、淡島千景、〈お姉ちゃんトリオ〉と呼ばれた団令子、中島そのみ、重山規子の主演映画があった。監督ばかりでなく、東宝はスター、俳優たちにも恵まれていた。

　戦後東宝映画の大きな特色に喜劇映画の充実が指摘できる。とりわけサラリーマン喜劇は東宝のお家芸となった。かつての日本映画界では、年の瀬になると忠臣蔵映画がひとつの定番となった。一九六〇年の暮れの十二月二十五日、東宝も「忠臣蔵」の大作映画を出した。といっても時代劇ではない。〈東宝サラリーマン映画百本記念〉と銘打たれた「社長」シリーズ最新作（番外篇とも）、製作は藤本眞澄、原案は井原康男（井手俊郎、笠原良三、戸坂康二、田波靖男）、脚本は笠原良三、監督は杉江敏男による『サラリーマン忠臣蔵』（カラー、シネマスコープ［東宝スコープ］、一〇〇分）である。同時上映は、江利チエミ主演の人気シリーズ、「サザエさん」の第九作目『サザエさんとエプロンおばさん』（宝塚映画）。監督はもちろん青柳信雄だ。エプロンおばさんには三益愛子が扮した。

　『サラリーマン忠臣蔵』の惹句は「十年に一度の顔合せ！人気スタア総出演」。前後篇（正続篇）の構成になっており、「社長」シリーズの第八作、第九作にカウントされてもいる。現代のサラリーマン社会に「仮名手本忠臣蔵」の物語世界をさほど違和感なく注入したもので、ストーリー展開も「忠臣蔵」に準じる。

　続篇にあたり、同じメインスタッフ、キャストで作られた後篇（〈完結篇〉とも記されている）の『続 サラリーマン忠臣蔵』（カラー、シネマスコープ［東宝スコープ］、一〇九分）は、「株主総会で討ち入り果す 爆笑忠臣蔵」という宣伝文句のもと、一九六一（昭和三十六）年二月二十五日に船戸順主演の東宝作品『背広三四郎 男は度胸』（監督：岩城英二）との二本立てで公開さ

サラリーマン忠臣蔵
TDV-15042R

れた。

「サラリーマン忠臣蔵」前後篇は、東宝準オールスター映画でもあった。森繁久彌、小林桂樹、池部良、宝田明、三橋達也、加東大介、有島一郎、東野英治郎、司葉子、新珠三千代、団令子、中島そのみ、久慈あさみなど。大石内蔵助には森繁久彌、吉良上野介には東野英治郎が配役された。三船は浅野内匠頭に該当する赤穂産業社長・浅野卓也（池部良）の親友で、物語に最後までかかわる若狭金属の社長・桃井和雄役で出演した。出番は少なく、見せ場もさほどないが、正篇・続篇、どちらにも出てくる。『暗黒街の対決』の藤丘、『悪い奴ほどよく眠る』の西に通じる正義感をたたえる男を演じた。そうした三船の役作りが楽しめる二作だった。

続 サラリーマン忠臣蔵
TDV-15043R

三船は『サラリーマン忠臣蔵』公開のほぼ一週間後、一九六一年の正月を彩る『大坂城物語』（東宝）の主演者として東宝邦画系上映館のスクリーンを飾った。村上元三の原作小説を木村武（馬渕薫）と自身が脚色した稲垣浩による、カラー、シネマスコープ（東宝スコープ）仕様、上映時間九五分になる時代劇映画の大作である。三船（鬼の茂兵衛）が豊臣家のために大坂冬の陣で大奮闘する。「煙る砂塵！血の雨！剣と恋に命を賭ける荒武者！天下無双の痛快娯楽巨篇」「姫を救うか戦国の風来坊が生涯を賭けた天下分け目の大激戦」が観る者を昂揚させる。封切り日は一月三日。岡本喜八の「暗黒街」シリーズの最新作、加山雄三、佐藤允共演の『暗黒街の弾痕』（東宝）との豪華二本立てだった。

田中友幸が製作し、山田一夫が撮影、植田寛が美術、伊福部昭が音楽、西川善男と宮崎正信が録音、小島正七が照明を請け負った。三船敏郎、香川京子、星由里子、久我美子、山田五十鈴、平田昭彦、市川団子、河津清三郎などが出演陣だ。

徳川秀忠が豊臣家への圧力を強化する時代。関ヶ原の戦いで一家を失った鬼の茂兵衛（三船敏郎）が大坂に来る。乳兄弟の薄田隼人正（平田昭彦）と連れの阿伊（香川京子）を逃がすために茂兵衛は山伏に捕えられる。彼を霧隠才蔵（市川団子）が救う。茂兵衛は秀吉に大恩を受けた豪商の伊丹屋道幾の密室に招かれる。阿伊の案内で加藤肥後守清正の娘・小笛（久我美子）と茂兵衛は会う。徳川家と豊臣家の衝突を避けるために千姫（星由里子）を奪うことを命じられるが、失敗する。城中で淀君（山田五十鈴）は徳川と一戦を交える決意をする。才蔵と茂兵衛はポルトガル船の鉄砲が徳川方にわたるのを阻止するため、人足に変装して道幾とともに鉄砲を買い取る金を運ぶ。だが、道幾は値の高い徳川方への鉄炮転売を企んでいた。茂兵衛は道幾の屋敷で彼の陰謀を見破り、小笛を救出する。小笛は道幾の魂胆を知っていた。豊臣と徳川の戦いが始まる。茂兵衛は小笛を才蔵に託すと、才蔵が奪った鉄砲を荷馬車に載せて大坂城に向かう。茂兵衛が持ち込んだ鉄砲は戦況不利の豊臣方に光を与える。元和元年正月。和議が成立する。茂兵衛はその功で二百石の直参に召し抱えの墨附を受ける。茂兵衛は、たがいに生きていたら橋の上で会おう、と約束した阿伊と再会すると、その墨附を捨てる。茂兵衛のあとを阿伊はついていく。

活劇色が相当に濃い。威容を屹然と見せつける大坂城。関ヶ原の戦いのあと、一家離散の悲劇に遭った〈鬼の茂兵衛〉が大坂冬の陣で豊臣家のために大きな手柄を立てる物語がつづられる。三船を筆頭に東宝の主要俳優たちが顔を揃え、円谷英二の特撮が盛り込まれ、後半の見せ場ではスペクタクル・シーン、合戦描写が重量感豊かに展開する。

大坂城物語【東宝 DVD 名作セレクション】
TDV-25241D

稲垣の東宝時代劇映画は、多彩な登場人物による虚々実々の駆け引きが進行するドラマ部分を中心に見せていき、活劇やスペクタクルをあふれさせるクライマックスに突入する形態がひとつの特徴にあげられる。本作も例外とはならない。正月映画らしく華やかさにも富む。諸人が認める大スターの座に君臨する三船の貫禄と風格も作品に重厚感を与える。この時代のエンタテインメント時代劇映画大作の香りが立ち込める。観客が大作映画、スター映画に求める要素をちりばめた絢爛たる時代劇風俗絵巻でもあった。この濃密なる時代劇映画世界を九五分というコンパクトな時間内にまとめ上げた稲垣の力量はもっと評価されていい。

黒澤時代劇映画の熱狂的人気、評価には、戦前から時代劇映画文化の大きな部分を背負ってきた稲垣もさぞ刺激を受けただろう。脅威を覚えることも若干はあったかもしれないが、偉大なる後継の瞠目すべき躍進に満足感のような感情も芽生えたのではないか。同時に、沸々とたぎる対抗心も。稲垣も己の時代劇映画語法を横溢させる作品、スター俳優を取り揃える時代劇映画大作で大量の観客動員を図っていく。その稲垣による『大坂城物語』は、円谷英二特技監督の特撮を贅沢にちりばめた東宝オールスター・キャスト映画ということもあり、一九六一年の正月興行を華々しく飾った。黒澤時代劇映画と稲垣時代劇映画。東宝はこの時世、両巨頭の作品群で東映や大映を凌駕する時代劇映画世界を構築した。

三　『用心棒』（一九六一：黒澤明）『価値ある男』（同：イスマエル・ロドリゲス）『椿三十郎』（一九六二：黒澤明）

『大坂城物語』の公開終了からおよそ三ヶ月後の一九六一年四月二十五日、三船の代表作の一本となる時代劇映画が登場する。とある宿場町に立ち寄ったひとりの浪人がその地でいがみ合う二組のヤクザを双方鉢合わせにさせ、壊滅させる――。これが、「僕はかねてから映画の面白さを十二分に出した作品をこしらえてみたい、という夢を持っていた。その夢を実現させたのがこれだ」（『黒澤明全作品集―「姿三四郎」から「影武者」まで―』）と黒澤明が述べ、三船と同じく彼にとっても指折りの一本となった『用心棒』（一九六一／黒澤プロダクション、東宝）である。東宝の「社長」シリーズ、第十作目『社長道中記』(監督:松林宗恵)とのカップリング公開だった。

白黒、シネマスコープ(東宝スコープ)、上映時間一一〇分になる同作の製作は田中友幸、菊島隆三が担い、脚本は黒澤と菊島が書いた。黒澤は脚本と監督、菊島は脚本と製作を担当した。キャメラは『羅生門』(一九五〇／大映京都)以来、久々に黒澤映画に参加した宮川一夫がまわし、美術は村木与四郎、音楽は佐藤勝、録音は三上長七郎と下永尚、照明は石井長四郎という馴染みのメンバーが揃った。三船敏郎、東野英治郎、河津清三郎、山田五十鈴、山茶花究、仲代達矢、太刀川寛、司葉子などが出演した。

縄張りの跡目相続をめぐってふたりの親分が対立する馬目の宿に素浪人(三船敏郎)が現れる。彼は居酒屋の権爺(東野英治郎)から馬目の宿の現状を知る。馬目の清兵衛(河津清三郎)には名主で絹問屋の多左衛門(藤原釜足)、新田の丑寅(山茶花究)には次期名主を狙う造酒屋の徳右衛門(志村喬)がつく。素浪人は清兵衛に自分を売り込み、丑寅の子分数人を斬る。清兵衛は五十両で桑畑三十郎というこの素浪人を雇うが、女房のおりん(山田五十鈴)は、金を半分だけわたしてあとで殺そう、と清兵衛に入れ知恵する。陰謀を知った三十郎は話を断り、居酒屋に居座る。丑寅が六十両で雇いに来たが、乗らない。丑寅の末弟・卯之助(仲代達矢)が短銃を片手に帰ってきた。清兵衛の息子・与一郎(太刀川寛)を拉致し、清兵衛側に捕まった町役人殺しの下手人との交換を画策するが、失敗する。徳右衛門が百姓の小平(土屋嘉男)から奪って妾にしたぬい(司葉子)を差し出して交渉は成立する。

用心棒【東宝DVD名作セレクション】
TDV-25086D

三十郎は前金三十両で丑寅の用心棒になるが、ぬいを逃したことを卯之助に見破られ、半殺しにされる。丑寅は清兵衛一家に殴り込みをかけ、皆殺しにする。隙を見て逃げ出した三十郎は宿場外れの念仏堂に身をひそめる。権爺も丑寅側に捕まった。三十郎は丑寅一家が待ちかまえる町中に姿を現す。卯之助が短銃を放つ前に三十郎の出刃庖丁が飛んだ。すべては終わった。

黒澤は日本の時代劇にアメリカ映画のハードボイルドもののタッチ

を導入し、娯楽映画の技巧を徹底的に追求する作品を生み出した。「映画の面白さここに結集！痛快に漲る黒沢のすべて」「映画の面白さここに集中！巨匠が描く関八州無法地帯！」などからもそれは伝わってくる。

一見単純な構造に映るかもしれないが、綿密な計算がほどこされている。今の映画はしゃべりすぎる、主張も多すぎる、映像を見て映像で楽しむ、これは映画の本来の姿。黒澤のこうした考えに従ったものだ。映画の面白さを思いきり引き出す作品を作りたい、という黒澤の志が込められた。上州の宿場にたまたま立ち寄った巣浪人・桑畑三十郎が町で抗争中の二組のヤクザ組織両方に巧みに取り入り、最後は双方を衝突させて破滅に追い込むという卓越したプロットはもちろん、三船が演じる桑畑三十郎が披露するすさまじい立ち廻り、従来の枠を打ち破る奇抜な趣向に満ちた殺陣、適度に打ち出す残酷趣味、これらが絶妙な案配で混ざり合い、それまでの時代劇映画とは次元を明らかに異とする世界を創造した。旧態依然とした時代劇様式からの決別を宣言する時代劇映画を黒澤は生み出した。

舞台設定も凝っている。空っ風が吹く馬目の宿は西部劇映画を容易に連想させる。クライマックスにおける三十郎と卯之助たち新田の丑寅一派の最後の対決シークエンスでは、にらみ合いの段階からすさまじい土埃が舞い、臨場感、緊迫感が否応なく高まり、彼らの殺気が画面からみなぎる。拡がりのある馬目の宿はオープンセットに作られたが、ワイドスクリーン用に道幅を特に広くした。建物の汚れなどは美術の村木与四郎が実際に空っ風が吹きすさぶ上州を旅し、調査した成果をセットの作り込みに注いだ。撮影の宮川一夫はこの広大なセットを活かすために殺陣では三台のキャメラを垂直、または水平に構え、本作に相応する様式美を追求した。同じ場面を標準レンズのキャメラで撮影して編集する技法も効果的に用いた。

三船の代表作の一本に本作をあげる向きは多い。三船といえば『用心棒』。こう断言する人も少なくない。用心棒イコール三船敏郎。こうしたイメージが本作以降、三船に付着した。たしかに運命的出会いといえるほどの適役だった。己の俳優人生を左右するほどの役、この人でなければまったく考えられないという役にめぐり合う――。俳優にはこうしたことがある。三船にとっては〈三十郎〉がそのひとつだった。肩をすくめ、頭を掻き、着物の内側に手を入れる仕種（三船本人が考案した）が特徴的で、照れ屋で悪ぶってはいるが根は善人、苦みばしったいい男、なかなかの好漢。それが桑畑三十郎だ。最終盤、卯之助との闘いにのぞみ、いざ決闘、という際に三十郎が浮かべる笑みにはなんともいえぬすごみがある。これはこの時代の三船だから出せたものだ。三船にそのまま結びついていく用心棒・三十郎のヒロイズムが本作の正中線を貫いた。

『用心棒』で三船が見せる殺陣のすさまじさは、日本映画史に刻まれるものとなった。黒澤は『世界の映画作家3 黒沢明』の「自作を語る」でこのように述べている。

このときは、黒沢の望遠、なんて評判になったけど、望遠レンズで撮ると、動きがすごく早く写るんです。たとえば立ち回りにしても、そのときの三船君は、からだもすごかったし、十人切るのに、大体十秒ですよね。編集で一コマ見るでしょう。すると何にも映ってないコマがあるんですよ。あれっ、これはえらいことだと思って映写してみると、ちゃんと見えるんです。そのくらい動きが早い。それだけに、彼、ワン・カット立ち回りが終ると、ゼーゼーあえいでね。斬るときは全然呼吸しないんだって。息を詰めたまま、バアーッと斬りまくっちゃう。「カット」というと、ハアッハアッハアッとすごい声なんだ。だいじょうぶかなと思うくらい。

ぬい役で出演した司葉子も三船の殺陣について語っている。『毎日ムック 黒澤明の世界』に収録された「男の映画を撮り続けられた監督」より。

もっとすごかったのは、浪人桑畑三十郎を演ずる三船さんの大立ち回りでした。三船さんはそのワンシーンでひと息に七人を斬ることになっていました。ライトの前でいままさに出番に備えて待っている三船さん。と、なんとその三船さんの背中から薄く煙が昇り始めました。強いライトのせいで近くにおられる三船さんの衣装が焦げ始めたのです。私はびっくりしました。が、セットにいる誰もが沈黙しています。三船さんも気持ちを整え、桑畑三十郎にすっかりなりきって、スタートを待って心を高めておられる三船さんに声をかけることもできません。張り詰めたその三船さんの背中から煙が上がっているではありませんか。すごい場面を見たと思いました。しかし、その後の三船さんはもっとすごかった。一気に七人を斬り捨てた三船さんの荒い息！あんなに荒い息使いがあるのかと思うほど、三船さんは肩を大きく上下させながら荒い息をして立ちつくして呼吸を整えていらっしゃる。三船さんは命がけで演技をしていらっしゃると。その時、そう思いました。

三船（三十郎）の背中から立ち上る煙。まさしく燃え上がるような、燃焼するような演技だったのだろう。三船の殺陣のすさまじさがこのようなところからも伝わってくる。

観客が三十郎と行動をともにし、一緒に物事に対処していくように撮った、ということを黒澤は語っていた。そのため、人物を一種戯画的に、大仰に描く。一方、殺陣においては刀の怖さ、刀で斬られる痛さ、殺し合いのはかなさ、空虚さを強調しようと、リアルな画《え》作りを追求した。斬られた人間の苦痛にゆがむ顔などもそうした発想からだ。剣戟ではタイミングとリズムを重視した。刀で人間を斬る際に出る音、この効果音（斬殺音）を初めて採用したのが本作だった。

三船は本作の演技により、第二十二回ヴェネツィア国際映画祭主演男優賞を獲得した。日本人俳優では初の快挙だった。この受賞には三船も感激したようだ。「若人」一九六二年一月号（学燈社）内「ただ突っ走るだけ」でその喜びを次のように述べている。

映画界に入って、まるまる十五年、俳優にとって最高の栄誉であるベニス国際映画祭主演男優賞を頂戴した。／思えば、過去において、誰が「三船はうまいスターだ」と思ったことであろう。少くとも、国際映画祭において、最高の賞を獲るなどと想像だにし得ただろうか。私は、トクイになっていっているわけではない。ただ「人間ってえ奴は、なんとかなるもんだ。バカみたいにひとつのことにしがみついていたら…」という感慨にひたっているのである。（中略）黒沢明監督が、もしいなかったら——こういう仮定のことはいうまい。とにかく、私は自分のできるだけのことをやっただけだ。映画スターが私の人生を賭《か》けた道だなどという口はばったい気概を持っていたわけではない。映画芸術に対し一つの信念や理解を持っていたわけでもない。ただ、私は与えられた仕事にクソ真面目にぶつかっただけである。／だから、もし私に国際的栄誉があるとすれば、それは私ひとりが築いたものではない。周囲の人たち——黒沢先生、スタッフや東宝の方々の力によるもので、私など、まわりの言いなりに馬力をだして動きまわっただけなのである。／たまたま、演技賞を受けたことによって、私のまわりは急にはなやかになったが、私にとっては大へんにテレくさい。私ひとりが栄誉を占めているのは、明らかに不当なのである。

自分を支えてくれている周囲の人々にまで想いを馳せる——。いかにも三船らしい言葉である。

『用心棒』ののち、三船は九月十七日公開（同時上映は杉江敏男監督作、小林桂樹、淡路恵子共演の『アッちゃんのベビーギャング』）の稲垣浩監督作『ゲンと不動明王』（東宝）に不動明王役で出演した。「いたづらっ子！　がき大将！　巨匠稲垣浩が子供の楽しみ、喜びを描く感動大作！」「泣きべそかけば不動がにらむ！　ゲンは村一番のわんぱく小僧」でわかるように、稲垣が意外と得意にしていた児童映画である。自らプロデューサーをつとめた。白黒、シネマスコープ（東宝スコープ）仕様で上映時間は一〇二分となる。

宮口しづゑの原作を井手俊郎と松山善三が脚色した。清閑寺の子供、ゲン（小柳徹）は、住職の父親（千秋実）が妻を亡くしたために雑貨屋の老婆（高橋とよ）のもとに里子に出された。他村から後妻（乙羽信子）をもらう条件が

ゲンと不動明王【東宝DVD名作セレクション】
TDV-28233D

それだった。そのためにゲンは妹のイズミ（坂部尚子）と離れ離れで暮らしている。彼はいたずらばかりするのでいつも叱られている。その彼を常に励ますのが、久遠寺境内の明王（三船敏郎）だ。ゲンの周りにさまざまなことが起きる。いくつもの試練がやってくる。それらに立ち向かうゲンを明王は見守っていく。

明王役の三船は〈特別出演〉とみなすべきキャスティングだが、明王が現れるシーンは特技監督の円谷英二の手による。だから観応えがあった。特異なメイクをほどこされた三船もこの役は楽しかったのだろうか、かなり乗った、大げさと見えなくもない演技を披露した。同じ稲垣作品の『或る剣豪の生涯』（一九五九／東宝）の駒木平八郎、『日本誕生』（一九五九／同）の日本武尊をふと思い起こさせるような姿は見ものだった。三船にとってはある種余興的なものではあったろうが、児童映画だからそれがかえってほどよい味をかもしていた。

一九六一年十一月三日、三船が主演したメキシコ映画『価値ある男』（イスマエル・ロドリゲス・プロダクション）が東宝、東和共同配給によって東京は日比谷映画劇場をメイン館とし、東宝洋画系映画館で公開された。原題は『Animas Trujano』。白黒、シネマスコープ仕様で上映時間は一一〇分。国際スター、トシロー・ミフネが逆輸入されたのだ。世界を股にかける俳優となった三船の凱旋興行でもあった。

イスマエル・ロドリゲスが製作、監督、脚本（ビセンテ・オローナとの共同執筆）を担当した。原作はロハリオ・バルリガ・リバス。この映画で三船は酒と喧嘩が大好きな粗野なメキシコ人（ザポテク族）農夫を演じた。「胸うつ感動と迫力！　メキシコの山野にぶちまけるあらくれ男の怒りと涙！　61年ベニス映画祭最優秀男優賞に輝く三船敏郎一生一代の大熱演！」「日本が生んだ世界の三船敏郎迫真の名演技！」など、国際スター・三船敏郎の誕生の昂揚を抑えられないような宣伝が打たれた。

なにゆえメキシコ映画なのか。当時、主に黒澤作品を通してというが、三船敏郎の名は世界にとどろいていた。『羅生門』が第十二回ヴェネツィア国際映画祭で金獅子賞を受賞し、三船に注目が集まった。一九五三（昭和二十八）年にはイタリアから『アッチラ』というアッティラ大王を主人公とする映画のオファーがあったともいう。三船はそのアッティラ大王に予定されていた。〈世界のミフネ〉がすでに始まっていたのである。

その後、黒澤明監督作『七人の侍』（一九五四／東宝）で英国アカデミー賞の外国語映画部門の主演男優賞に輝き、稲垣浩監督作『宮本武蔵』（同）がアメリカの第二十八回アカデミー賞外国語映画賞（名誉賞）を受賞し、同じく稲垣の『無法松の一生』（一九五八／東宝）が第十九回ヴェネツィア国際映画祭で金獅子賞を獲得し、一九六〇年にはヴェネツィア国際映画祭に出席し、と三船の名は確実に世界に浸透していた。そうしたことから、海外の映画人からの出演オファーも珍しいものではなくなっていた。ジンギスカン役もあったという。

いずれも三船の最もわかりやすいキャラクターである、野性味を持ち、男っぽく、豪快で、しかし荒々しいなかにも男の優しさを兼ね備えた、に乗っかったものだった。メキシコの国民文学賞の受賞者で国民的人気を得るという小説家、バルリガ・リバスの『ラ・マヨルドミーヤ』を映画化した『価値ある男』もそうした一本である。

どのような経緯で三船はこの仕事を受けたのだろうか。「キネマ旬報」一九六一年十一月下旬号に三船の談話が載っている。

監督（イスマエル・ロドリゲス）はとても熱心だった。以前も誘われていたが、そのときは返事しなかった。そのあと、ロサンゼルスに行ったら、何度も何度も契約したいと言ってきた。ニューヨークを発つ前は、ホテルに電話をかけてきて、どうしたいか聞いてきた。ぼくは「ここで決められないから日本に戻って相談したい」と答えた。彼は一〇月日本にやってきた。黒沢さんと菊島さんに脚本を見せたら、面白そうだと言った。一方、監督はぼくと契約できるまで日本を離れないと言った。二週間、毎日会い続けた。

三船の起用に監督が執念を燃やしていたことがわかる。ロドリゲスはとりわけ稲垣浩の『無法松の一生』（一九五八／東宝）の三船に惚れ込んでいたという。その熱意にほだされて出演を受けたのだろう。三船あっての企画だったようだ。

三船はスペイン語の台詞をすべて暗記して撮影にのぞみ、監督をはじめとしたスタッフを驚かせ、感激させた。台詞はすべて事前に憶え、撮影には台本を持ち込まない。それが三船の美学だ。現地の舞台俳優、ナルシソ・ブスケットに台詞をテープに吹き込んでもらい、それを繰り返し聞き、耳から憶えた。『用心棒』の現場でも待ち時間など、時間が空くと聞いていたという。黒澤は知らなかったらしい。もしみつかったら、問題視されたかもしれない。三船が演じた主人公はインディオなので訛りが強い。かえってそれが有利に働き、三船の発音はそれほど大きな課題にならなかったという。三船は「ノーサイド」一九九五年一月号「総特集 戦後が匂う映画俳優」内「三船敏郎―ぼくは戦後派一期生。」で次のように語っている。

『価値ある男』（イスマエル・ロドリゲス'61）ってやつ。台詞、全部覚えました。今メキシコの水産大臣やってるのがまだ学生で、それがうちに下宿して教えてくれたんだ。さっきも言いましたが、こういう役がくれば、僕はちゃんと練習します。吹き替えるとか言ってたけど、僕はそういう卑怯なことは嫌いなんだ！

野上照代は『もう一度　天気待ち―監督・黒澤明とともに』でこう書いている。

日頃は、現場へ台本を持ち込まない、ので有名な三船だが、この時ばかりは撮影中だった『用心棒』の現場へテープレコーダーを持ち込み、黒澤監督の目を盗んで一生懸命、暗記していた。当時水産大学に通っていた日系メキシコ人の学生を自宅に下宿させ特訓を受けていたそうだ。ところが何年か後に、日本のテレビでこの『価値ある男』を放映することになり、三船のスペイン語も日本語に吹き替えるという。私は三船さんが怒っているのを直接聞いた。「あんなに苦労してスペイン語を覚えたんだ。字幕にしてくれって言ってるんだ」といつになく三船が怒っていたのを覚えている。

三船は本作撮影のためにメキシコにわたり、四ヶ月ほど同地に滞在した。撮影は日本以上に強行、ハードスケジュールだった。そのために体調を保つのに苦労したようだ。毎日、朝の八時から夜の十時頃まで撮影は続けられた。しかし、どれほど忙しくても土曜日、日曜日は休みとなる。これが日本とは大きく違った。ただし、土曜、日曜は休みとはいっても、主演者であり、日本を代表する映画俳優の三船は、昼はどこそこで昼食会、夜はスタッフなどの家に招待されて夕食会、さらにテレビ、新聞などのインタビューが入ってくるという案配で、四ヶ月間、身体を休めることができなかったという。

三船が外国映画に主演したという話題が大きく取り扱われ、日本公開は華々しいものとなった。一方で、作品の評価は今ひとつだった。日本人から見れば三船敏郎以外の何者でもない男がメキシコ人を演じるというのはやはり違和感があり、一種のキワモノ映画に取る向きもあった。しかし、海外では高評価が寄せられた。一九六二年のゴールデングローブ賞外国語映画部門でシルバーグローブに輝き、同年のサンフランシスコ国際映画祭ベストフィルム部門でゴールデン・ゲート・アワードを受賞し、一九六二年度、第三十五回アカデミー賞では外国語映画部門にノミネートされた。

三船も本作と『用心棒』でブルーリボン賞主演男優賞、日本映画記者会最優秀男優賞を受賞した。これらから判断すれば、『用心棒』は当たり前だろうが、『価値ある男』を三船の代表作の一本とみてもなんらおかしくない。アメリカ人たちを中心とした外国の人々にとり、三船のメキシコ人は特に変なものには映らなかったはずだ。この年、三船はベルリン国際映画祭に志村喬夫妻、香川京子たちと一緒に出席している。その後の俳優人生に大きな影響を与える『用心棒』に出会い、メキシコ映画に主演し、世界的国際映画祭に出席するなどの得難い体験のもとに国際俳優の道を本格的に歩み始めたという意味で、一九六一年は三船にとってひとつの節目の年になったといえる。三船もたしかな手応えを得たようだ。「キネマ旬報」一九六一年十二月上旬号に掲載された「初めて外国映画に出て見て」が示している。

映画を通じて、われわれはもっと知り合わなければならない――というイスマエル・ロドリゲス氏の結構な御説で、ごもっとも、よろしい、いきやしょう、とメキシコくんだりまで出かけては見たものの、イヤハヤ冷汗油汗の連続でした。／出来ましたものの、結果はとにかく、メキシコ映画に出たということだけで、日墨親善という意味では、多少はお役に立ったのではないかと自負しております。

『用心棒』の大ヒットを受け、一九六一年が押し迫った頃、その続篇的位置づけとなる黒澤明監督作『椿三十郎』（一九六二／黒澤プロダクション、東宝）が製作された。公開は年が改まった一九六二（昭和三十七）年一月一日。三船が演じる主人公は『用心棒』の桑畑三十郎ではなく、椿三十郎である。だから白黒、シネマスコープ（東宝スコープ）、上映時間九五分の本作も『用心棒』とは直接的には結びつかない。ではあっても、三船が扮する素浪人のキャラクターはどう見ても同じであり、続篇ではないのだが、どこまでも続篇に近いものであることに違いはない。

製作は田中友幸と菊島隆三。山本周五郎のユーモア時代短篇小説『日日平安』をもとに菊島、小国英雄と脚本を書いた黒澤明が演出した。撮影は小泉福造と斎藤孝雄、美術は村木与四郎、音楽は佐藤勝、録音は小沼渡、照明は猪原一郎。三船敏郎以下、仲代達矢、加山雄三、小林桂樹、団令子、入江たか子、平田昭彦、伊藤雄之助たちがキャスティングされた。

ある城下町。社殿で九人の若者が密議をする。城代家老の睦田（伊藤雄之助）の甥・井坂（加山雄三）は、睦田に次席家老の黒藤（志村喬）と国許用人の竹林（藤原釜足）の汚職を訴え、我々と決起してほしい、と頼んだが、断られたという。一方の大目付・菊井（清水将夫）は話に乗ってくれた、とも。そこに突然現れた素浪人（三船敏郎）は、その菊井が黒幕だ、と忠告する。案の定、社殿は大目付の配下に取り囲まれるが、素浪人が急場を救う。この男は只者ではない。菊井の懐刀・室戸半兵衛（仲代達矢）は、仕官の望みあるならば俺のところへ、と素浪人に伝え、引き上げる。城代家老が連れ去られた。監禁された夫人（入江たか子）と娘の千鳥（団令子）は素浪人が救出し、若侍の寺田（平田昭彦）の屋敷に落ち着く。隣は椿屋敷と呼ばれる黒藤の屋敷だ。素浪人は椿三十郎と名乗る。彼は敵状を知るために室戸を訪ねる。室戸は三十郎を味方につけるため、菊井、黒藤の汚職を打ち明け、自分の相棒に、と誘う。若侍の一部が三十郎のあとをつけ、室戸に捕まる。三十郎は室戸の隙を見て番人たちを斬り、自分を縛らせて若侍を逃がす。室戸に見限られた三十郎が屋敷に戻ったとき、椿屋敷から意見書の破片がみつかる。城代家老は黒藤の屋敷に監禁されていた。三十郎の策略が奏功し、城代家老は救出され、菊井一味は一掃された。城下町を去る三十郎に憤怒にたぎる室戸が決闘を挑む。勝負は一瞬で決まる。

　山本周五郎の『日日平安』が原作ではあるが、黒澤、菊島隆三、小国英雄は、藩のお家騒動に飄々と首を突っ込む三船が扮する素浪人（椿三十郎）が豪快な立ち廻りを見せる映画に仕立てた。黒澤は常々口にしていた。映画は人に見られるためのものだから、映画の醍醐味をたっぷり盛って映画の魅力をできるだけ多くの人に知ってもらいたい、と。この痛快娯楽時代劇映画にはそうした黒澤の想いが詰まっている。

椿三十郎【東宝DVD名作セレクション】
TDV-25087D

　実のところ、腕はからきし弱いが、頭のいい主人公がお家騒動を解決していくという、『日日平安』に忠実に従った脚本を黒澤は堀川弘通に監督を任せようと、『用心棒』の前に完成させていた。しかし、『用心棒』の大ヒットを受け、「三十郎もの」をもう一本作ってほしい、と東宝が要望してきた。そこで黒澤は、菊島、小国と相談し、主人公を強い侍に書き直した。「何を仕出かすかご存じ三十郎！一閃宙に躍る逆抜き不意打ち斬り！」「ご存じ三十郎 面白さ！もの凄さ！世界を唸らせた逆抜き不意打ち斬り」というわけである。家老と奥方と娘のキャラクターと敵側の陰謀をくつがえす策略の基本的な過程は『日日平安』から受け継いだが、ほかは創作で書き上げた。『用心棒』のドライかつアグレッシブな演出と比し、本作はユーモア感がより強調されており、絶妙な旨味を映画に与えている。九人の若侍たちの思慮のなさに業を煮やす三十郎のいらだちぶり、三十郎と奥方のほのぼのとしたやりとりにのどかな喜劇の味が注がれる。その反面、三十郎が披露する鞘ごと叩きつけるような迫力のある立ち廻り、二十人近くを一気に斬り倒すシーンのダイナミズムはすさまじい迫力で迫ってくる。圧倒的といえるコントラストをつける。これも映画の醍醐味、映画の面白さ、楽しさである。

とりわけラスト、脚本にも詳細が書かれなかった、三十郎と室戸半兵衛の決闘描写は観客の度肝を抜いた。黒澤は、鮮やかに一回だけで（一太刀で）終わる決闘を撮ろう、と考えた。三十郎と室戸が向かい合ってにらみ合う。この静寂がいつまで続くのか、と観る側が息を呑むなか、三十郎と室戸が同時に動いたと思った瞬間、室戸の胸元から血が噴水のように噴き上がる。

酸素ボンベを地面に置き、仲代達矢（室戸）の身体にホースを巻きつけ、殺陣のタイミングに合わせてスタッフがスイッチを押した。斬られる側の仲代も「あんなに血が飛び出すとは思わなかった」というほどの効果だった。この決闘シーンは、その後の時代劇に計り知れない影響を与えることとなった。残虐性とコミカル味の共存。劇画タッチの映像表現。黒澤は多くの証言を残している。それによれば、この殺陣には三船のアイディアが多く採り入れられた。『世界の映画作家3　黒沢明』内「自作を語る」からそのひとつを転載する。

例の決闘の、血の噴き出す演出。あんなに出るとは思わなかったなあ。最後にどうしても、二人決闘しなければいけない。よし、今回は居合いでやろう、と。殺陣の人もずいぶん苦労したけれども、三船君がなかなか気に入らないで、結局は自分で考えたんですよ。向い合う前に、刀をスーッと刃を上にしてしまう、向うがパッと刀に手をかけたとき、そのままサッと抜いて、げんこつで、胸をぐっとえぐっちゃうんです。

これが一挙動なんだ。これこそよく考えたものだね。近いとこまでは殺陣師の人も考えたけど〈これじゃ斬られちゃう、斬られちゃう〉と三船君、さかんにがんばったんだ。抜くと同時に斬らなきゃダメだ、と。そういう点、『用心棒』以来、殺陣の魅力が一躍注目されたうらには、三船ちゃんの意見がずいぶん入っているんだよ。むろん、演出のぼくもいろいろ言いはするけど、『椿三十郎』のときなど、三船君、ラグビーを毎日毎日見にいってね。その動きがあの大目付の門内の立ち回りにいい参考になると、一週間ぐらい通ってたよ。はでに斬ったなあ、あのシーンも。二十人くらい斬った。

黒澤をして、派手に斬ったなあ、と感慨せしめた場面、これも本作の大きな見どころとなった。三船の殺陣といえば、まずはこのシークエンスがあげられるほど有名なものとなった。三船も実際はこの撮影には堪えたようだ。『［講座］日本映画5―戦後映画の展開』「戦後映画を駆け抜ける―三船敏郎 佐藤忠男」のなかで語っている。

しんどかったのは『椿三十郎』(一九六二)。仲代ちゃんはぐらかして、パッパパッパッといって二、三人斬ってすっと帰ってきて、それでバッタバッタと斬るやつね。／あれは二太刀ずつ斬れということで。チャンチャンと一太刀で人間死ぬはずねえじゃないか、動脈を斬らなきゃ死にゃしねえんだから、二太刀ずつやれというわけで。胴を払ったら返す刀で首をというぐあいに、一人二太刀ずつ斬って歩かなければならない。三〇人位いたのかな、こっちからずぅっと……。／大体時代劇のスターというのは、キャメラの前にでんと立って、かかってくるやつを斬り、こっちからかかってくるやつを斬り、目をむいていりゃよかったんだけど、こっちは追っかけていって斬れというんだから、心臓が破裂するかと思った。二回やったんだから……。／NG出しやがるんだよ。最後になって、門の近くにいたやつがあわてて、すべり落ちてひっくり返っちゃって。こっちが追っかけていくのに逃げやがって、斬らさないんだよ。それでカットカットになっちゃって、冗談じゃない。もう心臓が破裂しそうだった。／立ち回りのとき僕は息とめているんだ。フウフウ、フウフウなんて息しながら斬れませんよ。スタートといったらもうウンッと息とめたままザーッと走っちゃうからね。

黒澤も『椿三十郎』の撮影エピソードについて語っている。『「映画を愛した二人」黒澤明 三船敏郎』(一九九五／報知新聞社)内「黒澤監督に聞く」での発言だ。

あの立ち回りはすごいよ。編集なんかしていると、早すぎて刀がよく見えないと分かりにくいぐらいなんだヨ。／終わった後はゼーゼー言って木につかまっているんだ。息をしてるとあんなに早く切れないワケだよ。『椿三十郎』の時、加山(雄三)たち若いのがお疲れさまの後、ラーメン食いたいって言うので、取ってやったんだ。そうしたら次の日、三船が血相変えてボクのところに来て、「ああいうことしちゃ困ります。スタッフの人たちだって寒くて、疲れていて、皆ラーメン食べたいんです。あいつらだけ甘やかせちゃ困ります。やめて下さい」って言われちゃってね。次のシーンが加山たちを殴る所だったんだけれど、本気でブッ飛ばしたんだ。本当に怖かったって言ってたよ。／そんな風で、仕事に対してはマジメでスタッフ思いだから、皆に好かれてね。だからよけいに、良い演技も出来たんだと思うね、そういうことはとても大切なことだから。

一九六〇年代中期以降の剣戟を見せる時代劇映画の根幹には常に黒澤明の『用心棒』と『椿三十郎』が置かれることになった。『用心棒』が冬の感じの狂想曲なら、『椿三十郎』は大らかな春の感じの優雅な円舞曲。黒澤は複数の場でそう表現していた。クライマックスにおける三船と仲代達矢(室戸半兵衛)の決闘は圧巻以外の何ものでもなく、日本映画史に刻まれる。黒澤は『用心棒』と『椿三十郎』の二作で、連綿と続いていた東映娯楽時代劇映画の隆盛時代に鮮烈な終止符を打ち込んだ。

三船が演じた素浪人のキャラクターも同様だ。NET、三船プロダクション制作によるテレビ時代劇映画『荒野の素浪人』（一九七二、七三）で峠九十郎を演じる際は、キャラクターが黒澤映画の〈三十郎〉をプロトタイプとするものだったために、黒澤に断りを入れたという。その結果、『荒野の素浪人』はテレビ映画ジャンルにおける三船の代表作となった。三船イコール侍、用心棒。時代劇映画という、海外でも定着しているこのイメージは黒澤による『用心棒』と『椿三十郎』がその大部分を築いた。

当時、東宝の副社長をつとめていた森岩雄は自著『私の藝界遍歴』（一九七五／青蛙房）のなかで記している。

「三船さんはかずかずの作品に出演しているが、最も完成された作品は『椿三十郎』で、このひとのすべてが発揮されているもののように思う。」

四　『どぶろくの辰』（一九六二：稲垣浩）『忠臣蔵 花の巻・雪の巻』（同）『太平洋の翼』（一九六三：松林宗恵）

一九六〇年代中期、日本映画界を取り巻く環境、状況に大きな変化が訪れる。観客の減少問題が深刻化してきた。娯楽の多様化が始まったのだ。

エンタテインメント第一主義からシフトチェンジし、骨太で重厚な作風を導入した東映時代劇映画、強烈な個性を打ち出すスターの魅力、才を放つ監督たちの業《わざ》で売る大映時代劇映画も以前ほどは大衆を惹きつけられなくなった。黒澤明の『用心棒』と『椿三十郎』の影響はそれほど強かった、という見方も成り立つ。複数あるシリーズが安定感のある興行を展開し、時代劇映画も含めた、スターを揃えた大作映画が好調に稼動する東宝も決して他人事ではなかった。

一九六二(昭和三十七)年は、東宝の創立三十周年にあたる節目の年だった。一九五八年の最盛期以降、映画興行はじりじりと下降線をたどっていたが、この年の東宝は〈東宝創立三十周年記念映画〉との冠が打たれた作品、つまりは『ゴジラの逆襲』(一九五五/監督:小田基義)以来の七年ぶりのゴジラ映画となる、本多猪四郎監督、円谷英二特技監督作『キングコング対ゴジラ』、成瀬巳喜男の監督作で林芙美子の半生を描く『放浪記』、千葉泰樹の監督作で石坂洋次郎文学を映画化した『河のほとりで』、東宝オールスター出演による稲垣浩演出の時代劇映画大作『忠臣蔵 花の巻・雪の巻』、公開は翌年の一九六三(昭和三十八)年になったが、豊田四郎監督作『憂愁平野』、黒澤明監督作『天国と地獄』、この六本の創立三十周年記念映画を中心に積極的な映画製作を行った。ほかに松林宗恵、青柳信雄、豊田四郎、杉江敏男、佐伯幸三、谷口千吉、福田純、久松静児、岡本喜八、恩地日出夫、古澤憲吾、須川栄三、川島雄三、丸山誠治などが作品を発表した。

三船は正月映画の『椿三十郎』ののち、稲垣浩がメガホンを握る東宝作品『どぶろくの辰』(カラー、シネマスコープ[東宝スコープ]、一一五分)に主演した。田坂具隆が戦後復帰第一作として撮った同名作品(一九四九/大映東京)の再映画化版である。新宿ムーランルージュの中江良夫が新国劇のために書いた同名戯曲を井手雅人と八住利雄が脚色し、稲垣が演出した。道路工事現場を背景にし、荒くれ男たちと彼らを取り巻く女たちの脂っこく、泥臭く、人間臭いドラマがつづられる。いわゆる飯場ものだ。「豪快無比！大原野に炸裂する男性活劇巨篇！」。公開は一九六二年四月二十九日。東宝の「社長」シリーズ第十四作、フランキー堺が出演陣に加わってレギュラーとなった作品として知られる『社長洋行記』(監督:杉江敏男)が同時上映された。

製作は田中友幸、撮影は山田一夫、美術は植田寛、音楽は石井歓、録音は西川善男、照明は小島正七。出演は三船敏郎、三橋達也、淡島千景、池内淳子、有島一郎、土屋嘉男、香川良介、堺左千夫などである。

敗戦から数年後。東北地方の現場で黒政組が道路工事を進める。山崖を崩す最中、大爆発が起こって多数の死傷者が出る。不発弾が大量に埋まっていた。親方（香川良助）から現場を任される舎熊（三橋達也）は、人手不足のために麓の町で作業員をつのる。どぶろく三升のためなら命も賭けるという強者で、脱走が得意な辰（三船敏郎）が加わる。過酷な労働が始まる。辰はおしの（池内淳子）に惹かれる。舎熊も彼女に惚れている。おしのは金を貯め込んでいる。復員後、身体を壊して入院する妻のために犯罪に手を染め、刑務所に送られた夫の木田の帰りを彼女は待っているのだ。辰はトロッコで脱走を試みるが、辰に惚れた飲み屋の女将・梅子（淡島千景）が追ってきたので現場に戻る。不発弾がまたみつかる。追分（有島一郎）と辰が信管を抜いた。梅子の飲み屋で無銭飲食をして逃げた男（土屋嘉男）が工事現場に来た。木田だ。働く気がない彼はおしのに逃亡を持ちかけるが、それは無謀だった。ダイナマイト自殺を謀るが、辰に救われ、現場を抜け出る。辰も脱走し、梅子の飲み屋に現れる。工事が遅れた。黒政組の親方の過酷労働を強いる条件に、舎熊は法外な報酬を要求する。親方の激昂を知った辰は現場へ引き返す。親方たちが舎熊を襲撃する寸前に辰は舎熊を救う。ふたりに友情が芽生える。工事が終わった。辰は何処かへと去っていく。

　田坂具隆版では辰巳柳太郎が辰に扮したが、本作は俳優として絶頂期を迎えていた三船が同役を演じた。三船のスター性、個性のもとに成立する人情映画、活劇映画だ。三船のライバルとなる三橋達也の存在も強調され、両者の対峙が端々に設置される。ふたりにからむ淡島千景、池内淳子の役回りも練られており、三船を中心としたスター映画の魅力が直線的に伝わってくる。脇役に置かれた東宝俳優たちの妙技も楽しめる。とりわけ有島一郎が光彩を放つ。

　本作はリメイク作ということもあってか、稲垣映画のなかでは話題性に欠け、作品評価も今ひとつだった。三船のキャラクターもありふれている。ところが、稲垣の軽妙洒脱な演出、調子がよくて疾走感のある采配が映画の次元を一段も二

どぶろくの辰
【日本映画傑作全集】キネマ倶楽部（VHS、廃盤）

続 社長洋行記
TDV-15127R

段も高めた。陽的成分をかもし出しつつ、正攻法な講談風活劇映画を展開させる稲垣の作家性が明確に伝わってくる、稲垣映画中の逸品となった。無骨な男たちの友情と熱き心意気、男たちに寄せる女たちの恋心。これは稲垣が好んで描いてきたものだった。稲垣映画のダイナミズムを堪能したい向きには最良の一本といえよう。

興味深いことに、『どぶろくの辰』と併映された『社長洋行記』の続篇となる、杉江敏男の『続 社長洋行記』（カラー、シネマスコープ〔東宝スコープ〕、九〇分）に三船は出演している。藤本眞澄プロデュースによる東宝の名物映画のひとつ、「社長」シリーズの第十六作目にあたる。封切りは一九六二年六月一日。同時上映は、「独立愚連隊」シリーズの一本に数えられる岡本喜八監督作『どぶ鼠作戦』（東宝）だった。

「社長洋行記」二部作は香港を舞台とする大作だ。香港映画界最大のスターとうたわれていた尤敏（ユーミン）が出演した。彼女は宝田明とのラブ・ロマンス劇が描かれる東宝作品『香港の夜』（一九六一／監督：千葉泰樹）『香港の星』（一九六二／同）『ホノルル・東京・香港』（一九六三／同）、いわゆる「香港」三部作で日本でも絶大な人気を誇った。『社長洋行記』は『Three Gentlemen from Tokyo』、『続 社長洋行記』は『Three Gentlemen Return from Hong Kong』という副題がついた。

『続 社長洋行記』での三船はあくまでゲスト出演的な立場だった。〈特別出演〉といって支障はない。尤敏の婚約者・張に扮した。三船の出演は公開日まで公表されず、はたして尤敏の婚約者を演じるのは誰か、といった懸賞募集が実施されたという。

三船主演の大作となった『どぶろくの辰』は、意外なことに東宝創立三十周年記念映画ではなかった。三船がまずかかわったのが、「圧倒的感動！全東宝が精魂こめて描く黄金時代巨篇」「花も実もある武士達の躍起！日本人の心ゆする痛快悲壮の時代巨篇」と大々的に宣伝された、同じく稲垣浩監督による『忠臣蔵 花の巻・雪の巻』（カラー、シネマスコープ［東宝スコープ］、二〇七分）である。記念映画ということもあって東宝オールスター総出演による、三時間を優に超える屈指の時代劇映画大作となったわけだが、三船の主演作品ではない。〈顔見せ〉風といってもいい出演だった。日本映画新社製作の短篇ドキュメンタリー映画『大いなる黒部』（監督：山添哲）との抱き合わせで一九六二年十一月三日に公開された。

藤本眞澄と田中友幸、二大プロデューサーが製作を担当し、脚本は日本シナリオ界の重鎮・八住利雄、撮影は山田一夫、美術は伊藤熹朔と植田寛、音楽は伊福部昭、録音は西川善男と下永尚、照明は小島正七という東宝が誇るスタッフが並ぶ。キャストは東宝オールスターが採られたが、松本幸四郎、加山雄三、司葉子、市川中車、宝田明、三橋達也、三船敏郎、原節子などが中心となる。

元禄十四年三月、勅使饗応の役を申しわたされた播州赤穂の城主・浅野内匠頭（加山雄三）は、指南役の吉良上野介（市川中車）から礼儀を教わる。だが、上野介はなにかと内匠頭を嘲笑する。饗応の日もあと一日、殿中・松の廊下で内匠頭は憤怒に耐えきれずに上野介に斬りかかった。内匠頭は即刻切腹の仕儀となり、浅野家は取りつぶされる。赤穂城内では大石内蔵助（松本幸四郎）を軸に、城とともに討ち死にするか、城を明けわたすか、の議論が重ねられる。内蔵助は後者を決断する。六十余名が誓詞血判をもって従う。吉良家は用心棒を集めた。山科の閑居で内蔵助は誓願成就のために妻のりく（原節子）を離縁する。（以上「花の巻」）／吉良上野介は本所に新居を構える。江戸に潜入した赤穂浪士たちは一挙の準備をしながら、吉良邸討ち入りの断が下るのを待つ。俵星玄蕃（三船敏郎）が吉良側の用心棒に就いた、と耳にした堀部安兵衛（三橋達也）は酩酊する玄蕃を襲撃するが、彼の態度にその本意を知る。お茶会当日、赤穂浪士たちは蕎麦屋の二階に集合する。内蔵助の一挙を戸田の局（草笛光子）から聞いた内匠頭の妻・瑶泉院（司葉子）は、涙をこぼす。元禄十五年十二月十四日、雪が降る深夜、総勢四十六名の赤穂浪士たちは吉良邸の表門と裏門から討ち入る。俵星玄蕃は浪士の本懐を祈りながら寄せ手が近づかぬよう宝蔵院流の槍を構える。四十六義士は本懐を遂げた。上野介の御首を掲げ、内匠頭の墓

忠臣蔵 花の巻・雪の巻（2枚組）【東宝 DVD 名作セレクション】
TDV-25106D

がある泉岳寺までの雪道を凱旋する一行を町民たちは熱烈に迎える。
（以上「雪の巻」）

　時代劇映画の定番中の定番である忠臣蔵（仮名手本忠臣蔵）の映画化作品は複数存在する。戦後の日本映画隆盛期に限っても、松竹の『忠臣蔵 花の巻・雪の巻』（一九五四／監督：大曾根辰夫）、松竹大船の『大忠臣蔵』（一九五七／監督：大曾根辰夫）、大映京都（大映創立十八周年記念映画）の『忠臣蔵』（一九五八／監督：渡辺邦男）、東映京都（東映発展感謝記念映画）の『忠臣蔵 櫻花の巻・菊花の巻』（一九五九／監督：松田定次）、同じく東映京都（東映創立十周年記念映画）の『赤穂浪士』（一九六一／監督：松田定次）、そして本作がおよそあがってくる。大石内蔵助は松本幸四郎、市川猿之助、長谷川一夫、片岡千恵蔵（東映もの二回）、松本幸四郎（本作で二度目）が演じた。浅野内匠頭役は、高田浩吉、北上弥太郎、市川雷蔵、中村錦之助、大川橋蔵、加山雄三がつとめた。

　時代劇映画の撮り手なら一度は監督を、映画会社の看板スターだったら一度は大石内蔵助を、二枚目若手人気俳優だったら一度は浅野内匠頭を。性格俳優なら一度は吉良上野介を。〈忠臣蔵〉は映画界ではそういうものだ。こうした格づけは今でも変わっていない。過去に作られたものもいずれも指折りの大作であり、多数が何かしらの記念映画だった。

　時代劇映画の巨匠である稲垣浩も本格的な「忠臣蔵」映画を撮りたかったに違いない。その稲垣が満を持して（そう思える）〈忠臣蔵〉に挑んだ本作は、「新説を無視せず、俗説をあなどらず」の基本方針のもと、実録、通説、創作を織り交ぜていく。基本は大衆の期待を裏切らない正攻法の筋運びで物語を進行させ、そこに東宝オールスター・キャストによる個々の人間ドラマを、この映画のために考案した人物もからませながら織り込んでいく。誰もが知るエピソード、活劇シーン、剣戟シーンも挿入される。ベテラン脚本家・八住利雄の巧妙な手さばきぶりが味わえる。

元禄十四年三月に勃発した、加山雄三が演じる浅野内匠頭の吉良上野介への刃傷沙汰を序盤とし、元禄十五年十二月十四日、大石内蔵助ら四十六人の義士が雪降り積もる深夜、吉良邸に討ち入り、上野介の御首を取るまでの過程が、人情、義俠、忠誠心、武士道、勧善懲悪の美学などを提示しながら進行する。三船（俵星玄蕃）もゲスト出演的な立場で映画を盛り上げる。堀部安兵衛（三橋達也）との心理的駆け引きと男の友情、赤穂浪士一挙の際の彼の行動も観る者の共感を呼ぶ。また、高田郡兵衛（宝田明）と水茶屋の女・お文（池内淳子）の愛憎のドラマ、岡野金右衛門（夏木陽介）と大工・平五郎（フランキー堺）の妹・お艶（星由里子）の悲恋劇は受け手の胸を締めつける。義士たちばかりでなく、庶民、平民にも目を配ってドラマを構築したのが本作の大きな特徴となった。最大の見どころとなる討ち入りのシークエンスもかなりの尺を取っている。伊福部昭の音楽効果もあり、観る者の興奮を駆り立てる討ち入りとなった。

数ある「忠臣蔵」映画のなかでも高く評価された。松本幸四郎（八代目。初代松本白鸚）の大石内蔵助も風格に満ちている。個人的には、大石内蔵助といえばやはり彼のイメージが強い。要《かなめ》の存在となる吉良上野介を演じる市川中車は、過去作の滝沢修、石黒達也、進藤英太郎、月形龍之介と比べてもなんらひけを取らない、屈指の憎々しさを披露した。「忠臣蔵」映画の最高作はどれか、誰の大石内蔵助がよかったか、これはもちろん見解が分かれようが、この稲垣浩版も立派な仕上がりだった。なお、大石りくを演じた、戦後日本映画の象徴的女優・原節子は、本作を最後の映画出演作として映画界を退いていった。

『忠臣蔵 花の巻・雪の巻』の三船は助演だった。翌一九六三（昭和三十八）年の正月映画は三船の主演映画が飾った。松林宗恵が演出した東宝作品『太平洋の翼』（カラー、シネマスコープ［東宝スコープ］、一〇一分）である。東宝の大人気作、「社長」ものの第十六作『社長漫遊記』（監督：杉江敏男）と併映された。

戦争映画を正月興行にかける（公開は一月三日）という発想は、今ではなかなか出てこない。しかし、戦争映画は大娯楽映画、オールスター（準オールスター）・キャストを打ち出せる大作映画といった風景が当時は映画興行

太平洋の翼【東宝ＤＶＤ名作セレクション】
TDV-25173D

界、大衆のあいだでは浸透していた。さらに、東宝の戦争映画は特撮を売り物にできる。同社の大きな商品でもあった。一九六〇年代、戦争ものは東宝のドル箱のひとつだった。東宝に所属する男優たちも次々と戦争映画に出演した。

製作は田中友幸と田実泰良、監督は松林宗恵、特技監督は円谷英二、脚本は須崎勝彌、撮影は鈴木斌、美術は北猛夫、音楽は團伊玖磨、録音は渡会伸、照明は石井長四郎というメインスタッフのもと、三船敏郎、加山雄三、夏木陽介、佐藤允、池部良、星由里子、渥美清、平田昭彦などの俳優陣が主に顔を出す。

昭和十九年六月、大本営海軍部は制空権、制海権を失った。もはや特攻作戦しかない。だが、千田中佐（三船敏郎）は、精鋭戦闘機乗りを集めて紫電改を駆使し、小地域から制空権を奪還して戦況の回復につとめるべきだ、と主張する。軍司令総長（志村喬）は賛同し、千田に航空隊の編制を任せる。硫黄島から安宅大尉（夏木陽介）、ラバウルから矢野大尉（佐藤允）、フィリピンから滝大尉（加山雄三）が松山の三四三航空隊に来る。安宅は硫黄島の敵包囲網を突破して潜水艦で、矢野はラバウルから友軍船の助けを受ける形で、滝は戦友・玉井兵曹（片岡光雄）の遺体を泣く泣く投棄し、輸送機で。安宅は新撰組、矢野は維新組、滝は天誅組の隊長となる。滝のもとに玉井の姉・美也子（星由里子）が訪れる。滝は事実を伝える。空中退避を繰り返す彼らは特攻隊員たちから白眼視される。昭和二十年三月、米国の艦載機が南九州、四国沿岸に飛来する。三人が率いる三四三航空隊は大戦果を上げる。軍司令部は三四三航空隊の担当空域を西日本に拡大しようとする。千田は危惧する。防衛戦域が拡大して戦力が分散し、より消耗するからだ。矢野が大空に散った頃、片道燃料を積んだ戦艦大和が沖縄に出撃する。千田の命令を無視し、安宅たちは大和護衛のために沖縄に向かう。大和は安宅とともに海の藻屑と消える。滝も千田が帰還命令を出し、美矢子が生還を祈るなか、Ｂ29の大編隊に特攻していく。

時代は太平洋戦争末期。本土決戦の現実味が日々増すなか、各地の精鋭戦闘機乗りを集めて結成された三四三航空隊にドラマの焦点があてられる。この時代の東宝を担う若手俳優、加山雄三、佐藤允、夏木陽介の活躍と見せ場が多く盛り込まれる。大空をかける紫電改を中心に見せる大空中戦の特撮なども観応えがある。「怒濤に炸裂する荒鷲の斗魂！　感動と迫力の空中大決戦」「雲を茜に染め戦った日本海軍不滅の戦斗〝紫電改〟の雄姿！」「感動！　迫力！　数万の敵機に突撃する日本海軍の〝紫電改〟！」とうたいたくなるのもうなずける。といっても、東宝の娯楽戦争映画としては消化不良の出来であることもまた否めず、描き手の視点が定まっていない印象が常につきまとった。

スター映画としては成功している。加山雄三は若大将、佐藤允と夏木陽介は「暗黒街」映画、「独立愚連隊」映画のムードをどことなく漂わせ、三人の青春劇の色もある。それぞれにドラマ、見せ場もある。当時は黄金カップルと目されていた加山雄三と星由里子の戦争映画におけるからみは新鮮に映っただろう。

物語の肝は三船が演じる千田中佐が握るという取り方も通用する。三船となると戦争映画の軍人役を思い起こす向きが多い。この映画では実在の人物、源田實をモデルとした千田中佐を演じている。脇役と見るべきなのだが、三船の軍人役は次元が違う。彼の姿、たたずまいから立ち上ってくる風格は軍人そのものと思える。三船のスター性を観客に知らしめる。日本映画に、東宝に三船敏郎あり。観客はあらためてそう認識したはずだ。三船主演の戦争映画はあまたがオールスター映画、東宝を担う男優たちの中心に三船が座る作品が目立った。本作以降、そうした傾向はより強くなっていく。

第七章
三船敏郎と東宝黄金時代の終幕
――一九六〇年代中期――

『グラン・プリ』撮影時の一コマ。“世界のミフネ”の名声がとどろく。
© 三船プロダクション

一　『天国と地獄』（一九六三：黒澤明）『五十万人の遺産』（同：三船敏郎）

松林宗恵監督作『太平洋の翼』（一九六三／東宝）公開の二ヶ月後の一九六三（昭和三十八）年三月一日、東宝の「社長」シリーズ第十七作目『続 社長漫遊記』（監督：杉江敏男）を併映作に従えて、新たな黒澤・三船作品が世に放たれる。東宝創立三十周年記念映画の掉尾を飾る、誘拐犯と捜査陣の対決を描くサスペンス映画『天国と地獄』（黒澤プロダクション、東宝）がそれだ。白黒（一部カラー）、シネマスコープ（東宝スコープ）、上映時間一四三分になる大作である。

アメリカの推理小説作家のエド・マクベインの代表作、「87分署」シリーズの第十作目となった『キングの身代金』が原作にあたる。同書をヒントに据え、監督の黒澤明、小国英雄、菊島隆三、久板栄二郎が脚本を共同執筆した。製作は田中友幸と菊島隆三、撮影は中井朝一と斎藤孝雄、美術は村木与四郎、音楽は佐藤勝、録音は矢野口文雄、照明は森弘充など、鉄壁の黒澤組が顔を揃える。出演陣も三船敏郎を筆頭に仲代達矢、香川京子、山崎努、三橋達也、石山健二郎、木村功、加藤武と、黒澤映画になくてはならない、この時代の東宝を象徴する俳優たちが多く集まっている。

ナショナル・シューズの重役のひとり、権藤金吾（三船敏郎）は見習い工の身から叩き上げで出世した。今は横浜港を見下ろす高台の豪邸で妻の伶子（香川京子）、息子の純（江木俊夫）と幸福に暮らしている。事件は突然起こった。「子供をさらった。身代金三千万円を用意しろ」と脅迫電話がかかってきた。誘拐されたのは純ではなく、運転手・青木（佐田豊）の息子・進一（島津雅彦）だった。だが、それでもいい、と犯人はいう。子供の救出を懇願する青木に権藤は、会社の実権を握る株取得のために家屋敷を抵当に入れて集めた五千万円をあてる決意を下す。戸倉警部（仲代達矢）ら捜査陣が見守るなか、犯人からの指示で特急「第二こだま」に乗った権藤は、燃えると牡丹色の煙が出る薬品を仕込んだ鞄に入れた現金を窓から放り、進一は無事解放される。戸倉たちの大捜査が始まる。進一の描いた絵から江の島に近い腰越の監禁場所を突き止めて踏み込むが、共犯者の男女は死んでいた。犯人が麻薬中毒のふたりに高濃度のヘロインを与え、殺害したのだ。ある病院から牡丹色の煙が上がる。捜査陣は犯人を病院のインターン・竹内銀次郎（山崎努）と断定する。共犯者の診察をしたのも竹内だった。戸倉は竹内に極刑を課すべく、あえて泳がせて犯行を重ねさせ、逮捕する。死刑判決を受けた竹内は権藤との対面を求める。丘の上の権藤邸を見上げるうちに憎悪が湧いてきた、と竹内は語る。やがて苦悶し、慟哭を発した。

エド・マクベインのものとしてはいい作品ではない、と黒澤は『世界の映画作家3 黒沢明』内「自作を語る」で『キングの身代金』について語っている。ではあるが、誰をさらっても脅迫は成り立つ、というアイディアが何よりもすばらしい、とうなった。

本作の誘拐犯・竹内銀次郎は、ナショナル・シューズ重役・権藤金吾の子供と間違えて運転手の子供をさらってしまう。だが、三千万円の身代金は当初の計画通り、権藤に要求する。誘拐事件の身代金は親族に要求されるのが当たり前だが、本作はその裏をずばりとかく。誘拐はたとえ対象を間違えてしまっても成立する。この映画の最も評価すべき点である。「理由なき兇悪犯罪を追求する、世界の巨匠 快心の刑事映画!!」「身代金３０００万、厚さ7センチのカバンに入れて『こだま』に乗れ！」「身代金３０００万円！犯人は電話の中で笑っている！」「誘かい犯人は電話の中で笑っている 地獄からの声を犬になって追う刑事！」。これらが映画の着想を端的に示している。

天国と地獄【東宝DVD名作セレクション】
TDV-25088D

黒澤はそれだけに終わらず、原作の着想をさらに活かす。誘拐事件そのものを追うばかりでなく、犯人を貧しい身分の見習い医師に設定した。身代金を支払う側となる会社重役・権藤との貧富の差を強調していく。ではあったが、ここが本作の弱点でもあろう。裕福でないと大学の医学部に入れない、だから医者になれない、というイメージが一般大衆には滲み込んでいるからだ。

それはともかく、映画は両者の生活感の対比を常に差し出しながら、犯行に至る動機を抱える人物の内面をくっきりと描き出す。前半で権藤という男の誠実なキャラクターを強く印象づける。権藤は憔悴をつのらせつつ、それでも犯人からの電話を邸内で待ち、脅迫に毅然と対応する。舞台劇かのような空間と時間経過。これはスリリングこのうえない。

本作で観客の興奮を駆り立てたのが、身代金授受のシークエンスだ。身代金を厚さ七センチ以下の鞄に詰めて特急「第二こだま」に乗れ、と犯人は権藤に指示する。車内で張り込む刑事が何人もいるなか、犯人はいかなる方法で身代金三千万円を奪取するか。黒澤たちは特急「第二こだま」の設計図をみつめながら現金奪取の方法を考えた。国鉄に電話をかけ、質問攻めにしたために怪しまれたこともあった。そうしたリサーチの成果により、通常、特急列車の洗面所の窓は開かないが、「第二こだま」の洗面所の窓は七センチだけ開く、そのための〈厚さ七センチ以下の鞄〉という犯人の指示だった、という誰もが唖然とするようなアイディアが生まれた。

列車内シークエンスの撮影は、特急「第二こだま」全車輌を借りきって行われた。酒匂川の鉄橋付近には撮影に支障を来たす一軒家があった。住人の許可を得てこの家の二階を取り壊し、撮影の翌日から大工の手で復元させた。同時に八台ものキャメラをまわし、編集技術によって緊迫感に満ちた映像が作り出された。

この映画の公開当時、日本では誘拐罪に対する刑が軽かった。ゆえに終盤の展開は作り手たちの現状を憂う想いが表出した。陰々滅々とした麻薬街の描写は強烈きわまりない。そこで繰り広げられる犯人と戸倉たちの駆け引きも観応えにあふれる。スリルとサスペンスという常套句が浮かんでくる。ラストの刑務所における犯人と権藤の対面描写も圧巻だ。失脚してもなお毅然とした態度で挑む権藤、己の弱い心に敗北した犯人の対峙。黒澤は戦後の高度成長社会の病巣をここに見たのだ。社会格差は貧富の面ばかりでなく、人間の精神形成にも深くおよんでいる。しかし、個人の信念がそれらをも打ち負かせる、とも黒澤はいう。見逃してはならないこの映画の肝であり、本作がいまだに少しも褪色しない大きな理由である。

『悪い奴ほどよく眠る』(一九六〇/黒澤プロダクション、東宝)、本作『天国と地獄』の両作で三船の妻を演じた香川京子が『アサヒグラフ[増刊]追悼「三船敏郎」男』(一九九八/朝日新聞社)に収録された「いま一度共演を」で三船のことを懐古している。

この黒澤作品のうち、「悪い奴ほどよく眠る」(六〇年)と「天国と地獄」(六三年)で、三船さんと夫婦を演じました。でも、夫婦役だからといって、「こうしよう」とか「あそこはこういう感じに」などと話し合ったことは、ほとんどありません。必要がなかったのです。三船さんがつねにその役になりきっていらしたから。/頭で考えるという観念的な芝居ではなく、体でその役を表現される。大変な努力家でいらしたけれど、それを表には出さない。CMで「男は黙って……」というのがありましたでしょう。まさに、あのとおりで「黙ってやるべきことはやる」っていう方でした。体全体で自然にその役になりきっておられるので、私はそれについて行くだけ。ごく自然に、恋人にも夫婦にもなれました。/「天国と地獄」に、犯人からかかってきた電話を三船さんが受けて、三船さんの背中ごしに私がその声を聴こうとするシーンがあったんですが、撮影中に三船さんから体を逆にしたほうがいいって教えられたことがあります。でも、撮影の合間に話をしたり、打ち合わせたりということは、ほとんどありませんでした。

三船はこの年(一九六三年)、めまぐるしい日々に追われた。『天国と地獄』公開の一ヶ月半後の四月二十八日、次の主演作『五十万人の遺産』(三船プロダクション、宝塚映画)が封切られる。三船にとって唯一の監督作品となり、彼が設立した三船プロダクションの第一回製作作品としてつとに知られる大作である。本企画は当初、岡本喜八が監督をつとめることで脚本が書かれていたという。

東宝映画友の会の機関誌「東宝映画」一九六四年十月号に「あなたとわたしの座談会/三船敏郎・岡本喜八・小林桂樹」が載っている。岡本喜八の最新作で三船と小林桂樹が共演した『侍』(一九六五/三船プロダクション、東宝)のパブリシティ記事であるが、そのなか、三船が次のような発言をしている。

『五十万人の遺産』なんかも、あれは喜八ちゃんがロケハンまでしたのを、その儘そっくりいたゞいたんだから申訳ないんだけど、あれはスタッフも普通の人数だったし、ロケもバギオまでいかなくても、六甲山で間にあわしたら、松の葉まで違うだけだけど、そんなのわかりゃしないから。出来はよくなくってほめてくれる人はいなかったけど、桂ちゃんなんかも撮ってみたらいい、と思うな。型のかわったものがどんどん出てゆく。それをいいほうにもっていけばいい。

岡本喜八が準備を始めていたことが語られている。それはさておき、本作は何よりもまずは三船が監督もする、という話題性が重要だった。集客に絶大な効果をあげると目された。同時上映は東宝の「社長」シリーズ第十八作目、ハワイでロケーションが行われた松林宗恵監督作『社長外遊記』だった。三船主演映画と「社長」シリーズはこの時代、東宝の興行では蜜月の関係に結ばれていた。

なにゆえ三船が映画製作会社を創り、自ら監督業に乗り出したのか。この時代、映画産業、映画興行は暗雲が垂れ込めていた。一九五八(昭和三十三)年を頂点に映画人口は徐々に下降線をたどっていたのだが、一九六〇年代に突入すると、数年後にいよいよ開催される東京オリンピックの機運が日増しに盛り上がっていき、テレビの普及に拍車がかかった。岩戸景気の真最中ということもあり、国民の娯楽も急激に多様化してもいた。映画娯楽の価値、位置づけも以前とは明らかに変わった。平日は主に夕方から夜、休日は一日中、映画館が観客でごった返すという現象も日々減っていた。大衆の映画への関心は確実に薄くなっていた。

そうした状況に危機感を抱いた映画会社各社は、人員、人件費、製作費の整理・削減、撮影所の縮小などを進め始める。三船にも東宝の重役陣から達しがあった。東宝はこれから砧を貸しスタジオにする、君も自分のプロダクションを創って自分のところで映画を製作してくれ、東宝は資金を提供しよう、仕事をまわそう、収益は五分五分にしよう――。東宝のそうした意向を三船は受け容れ、一九六二（昭和三十七）年に株式会社三船プロダクションを設立した。東宝の森岩雄、藤本眞澄、川喜多長政たちが役員に名を連ねた。

三船としては自社を持つことで自由に、自分のやりたいことに邁進したいという想いもあったことは間違いない。それと同時に、三船プロダクションの設立は東宝の意向が強かった。黒澤明も東宝からプロダクション設立を持ちかけられ、一九五九（昭和三十四）年四月に黒澤プロダクションを創った。黒澤の映画は予算がかかる。だから収益が減る。黒澤にプロダクションを持たせ、東宝はそこに参加するという形を採った。そうしたほうがはるかにリスクが少ない。三船のプロダクション設立には黒澤や谷口千吉は反対の意志を示したという。三船は他人に気を遣うタイプなので社長業には向いていない、だからやらないほうがいい、俳優の道をまっしぐらに行くべきだ、と。

しかし、一方で、三船には強い信念があった。映画の灯を消してはならない、映画の灯を燃やし続けるためには自分がこの灯を守る。彼は周りのスタッフにこう声をかけたという。「借金してでも映画を作るから一緒にやろう」。世界における日本の映画界の地位向上、国際的俳優の育成に力を注ぎたいという想いも三船にはあった。同社が世界に通用する映画を製作すれば国際的な評価を獲得する。それはつまり日本映画の信用を高めることだ。それは三船の悲願でもあった。映画に懸ける三船の情熱はカツドウヤたちの気概に重なった。東宝側の要望があったことも事実だが、三船はこうしてプロダクション設立を決断した。

俳優、プロデューサー、経営者、三船の三本立ての生活が始まった。一九六三年一月、記者会見を開いてマスコミに発表した。第一回製作作品は宝塚映画と提携した『五十万人の遺産』であり、三船は主演のみならず、自らメガホンも握ることも併せて発表された。撮影所を所有していないので大阪近郊にある宝塚映画のス

五十万人の遺産
東宝ビデオ（VHS、廃盤）

タジオを借用するため、自社単独作ではなくて宝塚映画との提携の形を採った。

三船の監督業進出はプロデューサーの藤本眞澄の勧めに応じたものだったが、何人かの監督に仕事を打診したが、都合がつかなかったという事情もあったらしい。同時に、製作費が潤沢ではなかった背景も関与していたようだ。スタッフは多数が黒澤組の人たちだった。製作は藤本眞澄と田中友幸、脚本は菊島隆三、撮影は斎藤孝雄、美術は村木与四郎、音楽は佐藤勝、録音は矢野口文雄、照明は森弘充。そのひとり、スクリプターの野上照代は『もう一度　天気待ち―監督・黒澤明とともに』で記している。

三船敏郎は一九六二年、三船プロダクションを設立した。何がキッカケだったのか知らない。とにかくその頃の三船さんは活気に溢れていて、撮影所で出会っても「いい映画さえ作りゃ、客は来るんだよ」などと気炎を上げていた。／翌年三船プロダクションは、記念すべき第一回作品として、菊島隆三のオリジナルシナリオによる『五十万人の遺産』を、なんと、三船敏郎自ら第一回監督作品として発表、世間を驚かせた。／三船さんが〝監督〟を名乗ったのは後にも先にもこれ一作のみだったが、あの恥ずかしがり屋の三船さんが自分から言い出したとは思えない。プロデューサーの藤本真澄やら東宝などからオダテられて、ぐずぐず言いつつ引き受けてしまったのだろう。

三船も『[講座]　日本映画5―戦後映画の展開』収録「戦後映画を駆け抜ける―三船敏郎　佐藤忠男」でこの件は発言している。

黒沢さんの『赤ひげ』(一九六五)が最後で、東宝がいち早く砧のスタジオを閉鎖しちゃった。それで撮影所は何百人いたのかな、相当人がいたんじゃないかしら。いろいろともめにもめて、監督協会なんて七、八年闘っていたらしいけどね。／そのあたりから日本映画はだんだん低調になってきたわけですよ。テレビも上陸してきたし、その他のレジャー産業なんかもボチボチ台頭してきて、車も日本でつくれるようになって、そろそろ映画があかんとなってきたころですよ。東宝さんはそういうところは早いです。（中略）本社に呼ばれて、近々中に砧は閉鎖する、黒沢さんは黒沢プロという看板をかけた、おまえに声かからなかったかというから、いや何もかからないといったら、よし東宝で金出すから、三船プロという看板かけろということで、三船プロをつくってくれたのが当時副社長だった森岩雄さん、専務の藤本さん、それから川喜多さん、川喜多さんは東宝の大株主ですからね。その方たちが三船プロダクションというのを最初つくってくださったわけですよ。相次いで亡くなられましたけどね。

三船は「近代映画」一九六三年十二月号に収載された「世界と俺とニッポン映画─三船プロ創立にあたって」で次のように述べている。

私もやるからには、たとえ黒沢明監督に反対されようとも一歩も引かない。それだけの決心がなければ、わざわざ記者をわずらわしてインタビューをやった理由もなくなる。／物語は、戦時中日本軍がフィリピンに隠した財宝（通過安定のため送った純金）をめぐって人間の欲望の醜くさを描くものだ。戦時中主計少佐としてこの財宝隠匿に関係した男が小生で、俺を利用して財宝を手に入れようとする貿易会社の社長が仲代達矢、その弟で元海軍中尉の悪玉が三橋達也という顔ぶれ、皆さんが顔なじみだし、黒沢組でもつい最近まで「天国と地獄」で共演していたし、お互に心の中は知りつくしている。それに宝塚撮影所で撮るとはいうものの東京から黒沢組のスタッフの方が応援に来てくれる。〝友遠方より来る亦楽しからずや〟の心境だ。

「嵐の太平洋上！　生死を賭ける五人の男！　目指すはフィリピンに眠る金貨七億！」「フィリピンに眠る金貨七

億！ジャングルに挑む五人の憑かれた男！スリルとサスペンスの豪快巨篇！」。ポスターにはこうしたキャッチコピーが踊った。三船敏郎監督・主演作『五十万人の遺産』（カラー、シネマスコープ［東宝スコープ］、九八分）は、次のような内容となる。

戦後数十年。貿易会社社長の郡司満（仲代達矢）は、フィリピンのルソン島に時価七億円相当の〈山下将軍の秘宝〉と呼ばれる丸福金貨が埋まっているとの情報を得、真相を知る元陸軍主計少佐・松尾武市（三船敏郎）を探し出す。郡司は娘の昌子（星由里子）をネタに松尾を脅迫し、元海軍中尉の弟・敬吾（三橋達也）が所有する密輸船でルソン島に向けて出航させる。船には安本（田島義文）、五十嵐（堺左千夫）、佃（山崎努）が乗っている。ルソン島に上陸した一行はジープで奥地へと進む。凶暴なイゴロット族が支配する山中に金貨が埋めてある。金貨を強欲な男たちに奪われてはならない、国民の手にわたしてこそここで散った五十万人の魂が救われるのではないか。自動小銃の争奪に意識を向けながらも松尾はそう思う。金貨はどこにもなかった。イゴロットに紛れ込んで生きてきた敗残兵の山崎（土屋嘉男）が別のところに移していた。置き去りにされようとした松尾は山崎に救出され、金貨を手に入れる。だが、イゴロットによってジープは焼かれ、山崎も妻（浜美枝）が投じた槍に命を落とす。筏でなんとか脱出した一行は各自が金貨の独り占めを企み、仲間割れを起こす。敬吾が死んだ。残った四人はジャングルを踏破し、岬にたどり着く。四人は機帆船に乗り込もうとするが、丸福金貨の秘密を知って郡司を殺害し、彼らの到着を待ちかまえていた外国人たちによって一斉射撃される。

戦後、フィリピンのジャングルに日本軍が時価七億円にも相当するという金貨を埋めた。〈山下将軍（山下奉文）の秘宝〉とも称される。その情報をつかんだ男たちが埋葬場所を知っている元陸軍少佐を脅迫し、密輸船を繰り出して掘りに行く物語のなか、その埋蔵金を、五十万人を超える戦時者のためにも祖国に無事に持ち帰りたいと画策する少佐、一方、己の私欲のためには手段を選ばない男たち、この両者の対立、対決が描かれる。

映画の方向性からは、黒澤明というよりも岡本喜八や谷口千吉が撮ってきた活劇映画を想起させる。しかし、意外なほど淡白な仕上がりとなった。三船からあまたの人々が連想すると思われる、迫力に満ち、男らしく、豪快な男、というのは俳優としての三船のものであり、それがイコールで監督業と結びつくわけではなかった。三船は主演者でもあるために、監督業に没頭すればそれでいい、というものではない。だから稲垣浩とよく仕事をしていた助監督の小松幹雄がかなり重要な役目を担ったという。自分は監督をやりたくなかった、でも藤本さんに強く要請されたので、と三船は複数の場で発言していた。

多くの黒澤組スタッフ、三橋達也、仲代達矢、山崎努、星由里子、堺左千夫、田島義文、土屋嘉男など馴染みの共演者のもと、日本への反感がいまだ薄くない時勢のマニラ、バギオ、サン・フェルナンドなどで二週間にわたる現地ロケーションが行われた（星由里子はフィリピン・ロケーションには参加していない）。日本大使館からの協力は得られなかったが、フィリピン外務省からは近衛兵たちが派遣され、撮影に協力してくれた。バギオ、サン・フェルナンドでの撮影では、立ち入ってはいけないところを細かく指示されたという。

黒澤は編集に関与した。三船が要請した。三船の初監督作ならば自分が力を貸さなくては、という想いが黒澤にもあった。門出を祝いたい、と黒澤は仕上げにかかわった。野上照代の『もう一度　天気待ち―監督・黒澤明とともに』に詳述されている。三船がコマーシャル出演をしていたアリナミンAをめぐるエピソードも紹介されている。繊細で他人の気持ちを必要以上に慮《おもんぱか》ってしまう三船の性格が手に取れる。あってしかるべき三船のアップがない（自身の監督作だからアップを遠慮した）ため、黒澤が撮り足しの注文を出し、近くの林で追加撮影された、とも記されている。

『五十万人の遺産』は堅調な興行を展開した。三船の監督・主演、仲代達矢、三橋達也など人気俳優の出演などが話題を呼び、集客に結びついた。一方、映画マスコミの反応は今ひとつだった。脚本の出来への疑問とともに演出に関しての批判も少なからず出たようだ。何より三船自身が、自分は監督には向かない、とたった一本で結論づけた。プロデューサー業はプロデューサーが、監督業は監督が、俳優業は俳優がやるべきだ。三船はあらためてそう悟ったらしい。とはいえ、今観ても十分に楽しめる作品であることもまたたしかだ。

二　『大盗賊』(一九六三:谷口千吉)『侍』(一九六五:岡本喜八)『赤ひげ』(同:黒澤明)

一九六三年十月二十六日初日で次の三船主演映画が封切られた。実在した堺の豪商・呂宋助左衛門を主人公に据えた東宝の大冒険活劇映画『大盗賊』である。ポスター類にはその売りを強調する惹句が踊っている。「狭い日本にゃ住みあきた！　南海に暴れ廻る海の男のキモッ玉」「怒涛千里、城を破り砦を抜く！　豪快、世界の三船大暴れ！」。イーストマンカラー、シネマスコープ(東宝スコープ)仕様で、上映時間は九七分。谷口千吉の晩年の人気作となった本作は、坪島孝の東宝作品、『クレージー作戦くたばれ！無責任』と同時公開された。田中友幸と角田健一郎がプロデューサーをつとめた。八住利雄の構成案を木村武(馬渕薫)と関沢新一が共同で脚本化した。木村と関沢は東宝SF特撮怪獣映画の脚本家としてつとに知られている。陰の木村(馬渕)と陽の関沢。ふたりの共作となれば特撮怪獣映画ファンは俄然興味を持つに違いない。撮影は斎藤孝雄、美術は北猛夫、音楽は佐藤勝、録音は渡会伸、照明は隠田紀一が担当した。三船敏郎、佐藤允、有島一郎、水野久美、船戸順、浜美枝、田崎潤、天本英世が主な出演陣となる。

豪商・呂宋助左衛門(三船敏郎)が海賊の容疑で捕まる。樽詰めで火あぶりにされるが、樽からは「御苦労」の紙が貼られた石が出てくる。助左衛門は手下たちと洋上にいた。船首を外洋へ向けるが、嵐で船は大破する。わずかな生存者と漂流していると黒海賊(佐藤允)が現れ、仲間を殺し、財宝を奪った。島に漂着した助左衛門は久米仙人の子孫の仙人(有島一郎)に救出される。助左衛門はスリム(田崎潤)と出会う。王に仕える近衛剣士にならないか、との誘いは断る。羅刹王(三橋達也)の娘・弥々姫(浜美枝)の胸に、黒海賊に奪われた宝石がある。王の病気を理由に宰相(中丸忠雄)と女官(草笛光子)が国を牛耳ろうとしている。宝石の出所を知るために姫に会おうと城に乗り込んだ助左衛門は、スリムの口利きで剣士隊に入る。姫の部屋に侵入するが、うまくいかない。妖婆(天本英世)が現れ、助左衛門は囚われる。奴隷にされた彼を宰相の失脚を狙う女官が救う。女官の裏切りを知った妖婆は彼女を石に変える。仙人は妖婆をひょうたんに閉じ込める。助左衛門は山賊の美輪（水野久美）と手を組み、黒海賊に捕まった姫の婚約者・明国公子（船戸順）を救出し、大凧で城に潜入する。城では姫と宰相の婚礼が始まる。助左衛門は姫を助け、黒海賊を倒す。宰相の陰謀もあばく。助左衛門は黒海賊から奪還した財宝を美輪に託し、町の貧しい人々への分配を頼む。助左衛門は船に乗り、新たな旅へ向かう。

永禄八年に誕生したといわれる呂宋助左衛門は、安土桃山時代にルソン（呂宋。フィリピン諸島のルソン島）にわたって貿易商を営んだ人物だと伝えられる。海外の珍品を豊臣秀吉に献上して保護を得て、日本でも指折りの豪商として大いに活躍した。事業に成功したことで生活が派手になり、豊臣政権の一部の派閥から目をつけられて自宅没収などの処分を受けた。だが、その情報を事前に知った彼は邸宅や財産を寺に寄進してルソンへと脱出した、と記録されているという。

本作はそうした呂宋助左衛門をモデルとしている。しかし、物語はまったくの創作だ。三船が演じるので、どこまでも豪放磊落なヒーローに描かれる。彼の個性を知り尽くす谷口のもと、三船本人も大らかな演技を披露する。呂宋助左衛門はあくまでモデルのレベルであり、なんでもありの、エキゾティックでファンタジックな冒険活劇映画を製作陣はめざした。海外用英文タイトルは『Lost World of Sinbad』。要するに、和製シンドバット映画だ。時代劇で描くアラビアンナイトの物語と解釈するのが最もふさわしく、こうした娯楽映画は童心にかえって無邪気に楽しむべきものなのだ。

大盗賊【東宝DVD名作セレクション】
TDV-25246D

三船以下、出演陣も本作が向かうべき方向は十分に理解していたものと思われる。もともと絵空事に近い荒唐無稽な物語ゆえに、妙に深刻ぶった重々しい役作りではしらける。リアリズムも必要としない。谷口のたしかな方向性が映画世界の確立に寄与した。谷口は壮大な物語を堅実にまとめるばかりではなく、いくつか設置された見せ場を特技監督の円谷英二の力も借り、それぞれ娯楽性豊かなものに仕立てた。

助左衛門が大凧を使って城に潜入するくだり、有島一郎の仙人と天本英世の妖婆が魔法合戦を繰り広げるシークエンスは、ファンタジー映画の楽しさが味わえる。観客を理屈抜きに楽しませる。

三船にとって一九六三年は怒濤といっていい年だった。プロダクションの設立があった。会社の社長になった。監督業にも進出した。黒澤作品があった。己のデビュー作を撮った谷口作品もあった。俳優としてのイメージの小さくない部分を占める戦争映画もあった。ある意味、三船の最盛期とみてもさしつかえない年だった。

士魂魔道 大龍巻【東宝DVD名作セレクション】
TDV-25248D

時代は一九六〇年代中期を迎える。一九六三年がひとつの節目の年だったという見方も成り立つが、三船の躍進は少しもとどまるわけではなかった。しかし、一九六二年に設立した三船プロダクションの経営、並びに一九六一（昭和三十六）年のメキシコ映画『価値ある男』（監督：イスマエル・ロドリゲス）の出演が大きな契機となって海外からも出演オファーが頻繁に舞い込むようになったことなどもあり、出演作の数は少なくなっていく。日本の映画産業が時代の趨勢につれて縮小し続ける状況を脱せず、日本映画の製作本数そのものが減少していたこともある。一九六四（昭和三十九）年の三船出演作は一本しかない。正月映画ゆえに実質的には一九六三年に製作された宝塚映画の『士魂魔道 大龍巻』（監督：稲垣浩）だけだ。出演依頼が減ったのではなく、黒澤明の『赤ひげ』（一九六五／黒澤プロダクション、東宝）の撮影にかかりっきりだったのだ。当初、五十日となっていた撮影期間は一年以上となった。そのため、三船プロダクションがかかわる作品にも出演できず、海外からの出演オファーも受けられなかった。三船の一九六四年はまさに『赤ひげ』に覆い尽くされていた。

一九六四年一月三日、東宝の「社長」シリーズ第二十作目『社長紳士録』（監督：松林宗恵）を併映作にし、稲垣浩監督作『士魂魔道 大龍巻』（宝塚映画）が封切られた。製作は田中友幸、南條範夫の『士魂魔道』を木村武と共同で脚色した稲垣が演出も担い、市川染五郎(六代目)が主演した。

カラー、シネマスコープ(東宝スコープ)、上映時間一〇六分になる本作は、大坂夏の陣で大坂城から脱出した若者たち、深見重兵衛(市川染五郎)、奥野久之助(夏木陽介)、草薙修理(佐藤允)のそれぞれのドラマが描かれる。最終盤、大竜巻によって彼らの細々とした物語が一掃される。そこで残ったものは何か、という珍しい着想になる時代劇映画だった。

「人馬もろとも吹きとばし戦野を疾る凄絶の大龍巻!」が示しているが、本作の最大の売りとなった大竜巻映像は円谷英二の手によるものだ。三船は三人の若者にからむ虚無僧、正体は歴戦の武将・明石掃部を演じた。稲垣は堅実に物語を進めていく。三船が登場すると画面が俄然締まるように見えるのは、やはり稲垣・三船コンビのなせる業《わざ》だろう。

一年後、一九六五(昭和四十)年正月の東宝の興行も三船が担った。岡本喜八が監督をつとめる三船プロダクション、東宝作品『侍』(白黒、シネマスコープ[東宝スコープ]、一二二分)に主演した。「桜田門外ノ変」を描く時代劇映画大作である。「裏切り!暗殺!動乱の幕末を斬る三船の豪剣!」。前作『続社長紳士録』(一九六四/監督:松林宗恵)で終了したはずの東宝「社長」シリーズのリニューアル第一作(「社長」シリーズ第二十二作目)、松林宗恵がメガホンを執った『社長忍法帖』(東宝)を従えて一九六五年一月三日に封切られた。『侍』は三船プロダクションと東宝の第一回提携作品でもあった。

侍【東宝DVD名作セレクション】
TDV-25109D

プロデューサーは田中友幸と三輪禮二、本作で五度目の映画化となる郡司次郎正著『侍ニッポン』を橋本忍が脚色した。撮影は村井博、美術は阿久根巌、音楽は佐藤勝、録音は西川善男、照明は西川鶴三。東宝作品、岡本監督作で馴染みのスタッフが名を連ねる。出演は

三船敏郎、小林桂樹、新珠三千代、伊藤雄之助、松本幸四郎、平田昭彦、八千草薫、田村奈巳などの面々だ。

安政七年二月十七日。桜田門外で水戸浪士・星野監物（伊藤雄之助）を首領とする同志三十二人が井伊直弼大老（松本幸四郎）の登城を待ち受けている。開国強行策を採る井伊大老を抹殺するためだ。だが、井伊は登城しなかった。裏切り者がいるのか。副首領・住田啓二郎（稲葉義男）の言葉に相模屋に集結した同志に緊張が走る。星野と住田は裏切り者探しに乗り出す。尾州浪人の新納鶴千代（三船敏郎）と上州浪人の栗原栄之助（小林桂樹）に疑念が向けられる。ふたりは親友だ。井伊大老の首を取って侍になるのが孤児上がりの鶴千代の野望だ。家庭人の栗原は井伊大老のやり方に反抗して同志となった。彼の妻・みつ（八千草薫）と、井伊大老と親しい松平の側室・お千代の方（江島和子）が姉妹だから怪しまれたのだ。疑わしき者は斬る、という星野の信念のもと、鶴千代がその役に選ばれる。星野に呼ばれた鶴千代は、栗原を斬らねば暗殺団から外す、と脅され、抵抗する栗原を斬り捨てる。裏切り者は参謀の増位物兵衛（平田昭彦）だった。星野は増位を斬殺する。三月三日の暗殺決行日。鶴千代の出生の秘密を知った星野は鶴千代に刺客を送る。井伊大老が彼の実父なのだ。刺客を倒した鶴千代は桜田門外で実父を斬首する。鶴千代は井伊大老の首を掲げる。実の父とは知らずに。鶴千代は記録から消された。

〈岡本時代劇映画三部作〉の第一作目として知られる。孤児の身でありながら侍に憧れ、井伊直弼大老暗殺で名声と業績を我が物にして己の地位向上を図ろうとする新納鶴千代の皮肉な悲劇、実の父親を討つ彼に焦点をあてて映画は進む。橋本忍の脚本は重厚に仕上がっており、重みのある人間ドラマ、幕末劇がつづられていくが、岡本は必ずしも橋本が思い描く展開、作劇には応じず、ところどころで変化に富んだ趣向を盛り込む。そうすることで観客に刺激を与える。喜八タッチ、喜八リズム、喜八イズムに裏打ちされた演出を採った。

最も注目すべきポイントが新納鶴千代役の三船だ。「桜田門外ノ変」は従来、悲劇性が求められる。そのために正統派二枚目俳優が鶴千代を演じるのが常だ。本作では優男系とはいえない三船が鶴千代に扮する。東宝の看板俳優だから。三船プロダクションの映画だから。それは当然だろうが、三船の個性が表に出たためにセンチメンタルな成分はさほど浮き出ず、トラジディーにつきものの悲愴感はさほど表出しなかった。これは岡本が狙った線でもあった。岡本映画らしさを感じさせるアナーキーな感覚もあった。岡本の演出スタイルと東宝時代劇映画の象徴でもある三船だから引き出せるスター映画的空間、その土台をなす重厚な橋本脚本がうまく融け合い、寒々とはしているが、娯楽性も味わえる。

三船以外の俳優たちも己の個性を打ち出す演技を見せる。なかでも頭目役の星野を演じる伊藤雄之助が漂わせる神経質風ニヒリズムは本作のカラーを作ってもいた。クライマックスも迫真的だった。岡本はラグビーの試合に見立て、フォーメーションなどの戦術を参考にして人員配置をしていったという。

『侍』封切りのおよそ三ヶ月後の一九六五年四月三日、黒澤・三船コンビの最新作となる『赤ひげ』（白黒、シネマスコープ〔東宝スコープ〕、一八五分）が東宝洋画系ロードショー館の日比谷スカラ座（東京地区）に登場した。当初は一九六五年の正月映画を目途に製作されていたが、完成が遅れていた。「『椿三十郎』『天国と地獄』に続き巨匠黒沢明が描く偉大な人間像ひしひしと胸に迫る感動の巨篇」。宣伝コピーも直球勝負、小細工なしだ。

「結果として、僕の集大成といったものになった作品ですが、それだけに、とってもつらい仕事だった」と『世界の映画作家3 黒沢明』内の「自作を語る」で黒澤明が述べたように、映画史上に刻印される一本となった本作は、山本周五郎の『赤ひげ診療譚』を原作に採る。〈赤ひげ〉の異名を持つ所長の新出去定や保本登、森半太夫など、小石川養生所の主要人物を取り巻くいくつかの物語、事件が語られる連作短篇小説である。

山本周五郎の円熟期の名作として知られる同作を井手雅人、小国英雄、菊島隆三、黒澤明が共同で脚色した。製作は田中友幸と菊島隆三、撮影は中井朝一と斎藤孝雄、美術は村木与四郎、音楽は佐藤勝、録音

赤ひげ【東宝DVD名作セレクション】
TDV-25089D

は渡会伸、照明は森弘充と、黒澤組が顔を揃え、俳優陣は三船敏郎以下、加山雄三、土屋嘉男、山崎努、団令子、桑野みゆき、二木てるみ、香川京子たちがキャスティングされた。

幕府の御典医を夢見て長崎で蘭方医学を学んだ保本登(加山雄三)は、赤っぽい髭をたくわえる、赤ひげと呼ばれる小石川養生所の所長・新出去定(三船敏郎)の独断により、養生所での住み込み勤務を命じられる。不本意な彼は養生所の規律に反抗し、放免されようとする。ある日、保本は座敷牢にいる美しい狂女(香川京子)に殺されかけたところを赤ひげに救出される。重病患者の六助(藤原釜足)の死に立ち会い、彼と娘(根岸明美)の不幸な過去を知り、車大工の佐八(山崎努)とおなか(桑野みゆき)の悲しい物語を聞き、病気の原因は社会の貧困と無知から来る、これに治療法はない、との赤ひげの言葉に共感する。保本は頑なに拒んだお仕着せを着る。赤ひげは保本とともに岡場所に立ち寄り、娼家の女将(杉村春子)に虐待されている少女おとよ(二木てるみ)を助け出す。赤ひげは保本におとよを預ける。保本の最初の患者だ。人を憎むことしか知らないおとよも保本の献身的な看病を受け、他人に愛情を注げるようになった。こそ泥をする子供の長次(頭師佳孝)に同情を示し、貧しさのために一家心中で運び込まれた長次の回復を必死に祈る。保本は医者の真の道を悟る。長崎遊学中に裏切った幕府表番医・天本(三津田健)の娘・ちぐさ(藤山陽子)を許した保本は、両親の勧めでその妹のまさえ(内藤洋子)と内祝言をあげ、この養生所で一生、真の医術にいそしむ決心をする。

以前から山本周五郎の『赤ひげ診療譚』の映画化を練っていた黒澤は、いくつかのエピソードを小石川養生所のなかの出来事に凝縮した。原作では岡場所の挿話に登場するのみの少女おとよを、ロシアの文豪、フョードル・ミハイロヴィチ・ドストエフスキーの『虐げられた人々』に出てくる少女ネリに着想を得た黒澤のアイディアに従い、本作の重要な人物に膨らませた。黒澤をリーダーとする脚本チームの妙技だった。山本周五郎は『赤ひげ診療譚』の映画化に際して黒澤に念を押すように忠告した。赤ひげを単なるヒューマニストとして扱わずに、心に深い傷を負う過去を持つ人間として描いたほうがいい、と。完成した映画に接した山本周五郎は「原作よりもいい」と感想を述べ、黒澤を感激させた。

特別な覚悟を抱き、黒澤は本作の演出にのぞんだ。観客が観たいと思う映画を作りたい、どうしても観ずにはいられないどえらい映画といわれるものをやりたい。こうした黒澤の想いに黒澤組スタッフも必死に応えた。スタッフ、キャストともに最高の仕事をした。養生所のオープンセットは本建築と称しても違和感を呼ばないものが建てられた。スタッフは一ヶ月間、毎日床や柱をこすり続け、道を踏み締め続け、なまなましい生活の匂いをかもし出した。小道具の茶碗なども新たに焼き、茶渋をつけた。小道具の鍋を使って米三・麦七の割で実際に炊いたり、映画のなかでは一度も開けられない薬棚には本物の薬を入れたりもした。

少女・おとよの目が異様な光を発する場面では、目玉のなかに光の点を入れるキャッチ・ライトを用い、動く二木てるみ（おとよ）の黒眼と白眼のあいだを狙った。毒を飲んだ長次をおとよたちが救おうと、言い伝えに従って井戸の底に向かって長次の名を叫ぶシークエンスでは、東京の登戸の山中にある湧水の出る横穴式の長い洞窟におもむいてその声を流して反響させ、4チャンネルで録音した。屈指の名場面として記憶される佐八とおなかが出会う雪のシーンは、雪が舞い降りる上空まで構図を計算し、キャメラに収めた。いずれも民衆のリアルな息遣いを引き出すための術だった。技術陣のこうした努力、職人技が江戸時代の生き生きとした空間を再現した。

出演陣も入念なリハーサルを繰り返した。各人、黒澤の過酷な要求に真っ向から立ち向かった。映画の要《かなめ》の人物となる保本登役の加山雄三について黒澤は前掲書内で語っている。「俳優にしてもよくやった。加山を一人前にさせようと思って、しぼりにしぼって、あそこまでいったのですね。あの時の加山はよかった」。ある線から先にどうしても行けない俳優がいた。黒澤は養生所のセットに連れていき、なかに座らせた。すると、簡単に突き抜けたという。現実のなかに放りこむことで俳優に生命が吹き込まれる。

黒澤は撮影に入る前に声明を出した。日本映画の危機が叫ばれているが、それを救うものは映画を作る人の情熱と誠実以外にはない、この作品ではスタッフ全員の力をギリギリまで絞り出してもらう、映画の可能性をギリギリまで迫ってみる、と。そうした取り込みを俳優も求められ、受けて立った。三船がその先頭に立った。

彼は主演者であると同時に、この映画の、黒澤が映画にかける想いの象徴でもあった。『赤ひげ』での三船の姿、そして三船と加山の関係は、『酔いどれ天使』（一九四八／東宝）から本作に至るまで、十七年のあいだに十六作で組んできた黒澤と三船の道程をオーバーラップさせるものでもあった。

三船が新出去定（赤ひげ）に関して『赤ひげ〈二人の日本人 黒沢明と三船敏郎〉』内「三船敏郎は語る」で発言している。役についての言及は三船としては比較的珍しい。

「〝赤ひげ〟って、どんな男……」とよくきかれるんですが、一言でいえば、サバけていて、痛快な男――こういえましょう。しかも医者としては相当の腕達者。養生所で難民の手当てに奔走する一方、大名屋敷へ出入りして言いたい放題、わがままな殿様をビシビシやりこめる。しかもそれが通るのは、腕前のよさが認められているから――。／また岡場所（娼家街）なんかへも現われて悪い奴をこらしめる。全く豪放無比、私自身、この役をやっていても、気分爽快になる人物です。／さらによいのは、この男、過去にどんな生活を送ってきたのか、このあとどうしたのか、そんなことはまるっきり分らず、ただぽいっと、あの場合の「赤ひげ」にスポットがあてられた、そこに面白味を感じますね、私は。それにあの男には当然、相当波乱にとんだ人生が過去にあったはずです。でなくて、あんな滋味のある痛快な人物にはなれっこないと思います。

演技とは別に、髭の手入れに相当な苦労をしたようだ。付け髭などではなく、三船本人の髭だ。一九六三年十月から伸ばし始めたので優に一年は髭を生やしたという（撮影終了は一九六四年十二月）。二週間に一度、脱色剤でととのえなければならない。しかも成分の強い薬品なので下手をすると髭がボロボロになる。撮影がすべて終わり、髭を剃り落とした際の気分は最高だったらしい。

三船は前掲書のなかでこうした発言もしている。『赤ひげ』撮影時のことをふりかえる内容の発言だが、俳優・三船敏郎の信念、演じることへの想いが素直に出ているものと思える。

小雪まじりの冬場から、炎天の夏さらに秋風の立つ頃までと、『赤ひげ』の撮影は延々と続きました。まあこの長期撮影というのは、黒沢組独特なもので、皆さんもよくご存知と思いますが、撮影が長く続けば、こちらも生身の体ですから、途中で気分がのらなくなることもあるし、本当に体の具合いが悪くなることもあります。／といって、そうでございますか、ですむものではない。結局、役者個人個人が節制しなくてはならなくなります。大体私たちは、撮影に入れば毎日撮影所へ行くつもりでいなければなりません。翌日のスケジュールは前日の夕方決まる。しかし、当日の朝になって変更になることはざらです。といってその朝までそのことは分らない。だから朝は八時までに飯をちゃんと食って、いつでも出られるように待機していなければなりません。一人欠けても映画の仕事はストップですから、ほかの多勢の人のことを考えたら、ウカツな心がまえではいられません。

『毎日ムック 黒澤明の世界』にも『赤ひげ』における三船の談話「毎日新しいものを作っていく人」が載っている。『赤ひげ』の撮影時に黒澤について語ったものをまとめたのだという。右の発言に重複する部分もあるのだが、まとまった読み物になっているのでここに掲げておこう。

今回もまた髭《ひげ》のある役ですが、赤ひげ先生は名医だから、それらしく見せなきゃいけない。撮影に入る二カ月から三カ月前から髭を伸ばして待っていたんですが、髭の長さをどのくらいにするかでもいろいろあったんです。その髭の色もそのままではいかんということになって、薬を使って色を抜きました。モノクロの映画ですから、色なんて見えないんですけどね。何回かテストして髭の長さと色を決めたんです。／赤ひげは不思議な人物です。四十歳代の頑健な体を持ち、六十歳、七十歳の知恵を備えているんだけれど年齢がわからない。名医には違いないが、師を裏切り、友を裏切り、人殺しもしたことがあると自分で言っている。奥さんもいるわけじゃないけれど、男はきれいな女には弱いからなぁなんてくだけたことも言う。どういう経歴なのかわからない謎の人物なのに、権力者の所に行ってズケズケものが言える人でもあるんだ。そして、多くの人間が病んでいるのは、貧困と無知だって言う。黒澤さんが描きたかったのはここだと思いますが、原作をもとに実にうまく作り出していますね。／黒澤さんの映画は撮影期間が長いとよく言われますが、ちゃんとした写真を作るなら、一本一本じっくり作るのがほんとうだと思う。映画はどういういい加減な撮り方をしてもできていくんです。一週間や二週間でも撮りようによっては一本できるんですから。でも、黒澤さんは、二日から三日間、キャメラから何から全部含めたリハーサルをやって一日一シーンというやり方でしょう。そうやって毎日新しいものを作っていくのが黒澤さんなんですよ。／キャメラだって多い時には五台も使っている。その五台のキャメラがそれぞれ上下、縦横に動いている。五台となると、もうキャメラを意識しているわけにはいきません。ここでいい顔してやれとか考えている暇はありませんよ。とにかく、どんな小さなミスも許されないんですから。役者はもう自分の役をリハーサルの通り一分の狂いもなくやっていく。それしかありません。大変な緊張なんです。／ですから、黒澤さんの作品に入ったら、他の作品とかけ持ちするなんてとてもできません。なかには忙しい人がいて、他の作品もやって撮影に来るんですけど、同じ格好して同じ扮装して出て来てもどこか違う。変なアカがつくんですね。黒澤さんはそれがいやだったようです。

真面目で誠実な三船のひととなりが直線的に迫ってくる。三船は『赤ひげ』で一九六五年度の第二十六回ヴェネツィア国際映画祭最優秀主演男優賞を受賞した。一九六一(昭和三十六)年の同じく黒澤作品『用心棒』(黒澤プロダクション、東宝)に続き、二度目の栄冠となった。

三　『太平洋奇跡の作戦 キスカ』（一九六五：丸山誠治）『血と砂』（同：岡本喜八）『暴れ豪右衛門』（一九六六：稲垣浩）

『赤ひげ』は一九六五年四月三日から二週間の先行ロードショー公開後、同月二十四日からは東宝邦画チェーンに移り、三週間興行を展開した。毎日映画社製作の短篇記録映画『かわいい浩宮様』が一部の劇場では併映された。興行は大盛況となった。黒澤がもくろんだ、映画人の情熱と誠実が日本映画の危機を打破する。それを実証した。

『赤ひげ』のあと一番組を挟み、一九六五年五月二十九日、次の三船出演映画が登場する。それも『赤ひげ』で師弟関係を組んだ三船と加山雄三が再び似たような間柄となる、宝塚映画、黒澤プロダクション作品『姿三四郎』（白黒、シネマスコープ［東宝スコープ］、一五八分）である。惹句は「波乱の死斗に冴る 凄絶〝山嵐〟豪快！ 三四郎の風雲の青春像！」。〈姿三四郎〉といえば、どうしてもこの線になるだろう。

黒澤明 DVD コレクション 37号『姿三四郎』［分冊百科］
朝日新聞出版より近刊

黒澤プロダクションが製作にかかわっているという点からもわかるように、黒澤明の映画監督デビュー作である東宝作品『姿三四郎』（一九四三）を再映画化した。だから黒澤は富田常雄の長篇小説を基とした脚本ばかりでなく、製作にも関与している（田中友幸と共同）。監督は一九五〇年代、六〇年代に活躍した内川清一郎がつとめた。出演陣は加山雄三、三船敏郎のほか、山崎努、岡田英次、九重佑三子、伊藤雄之助、加東大介、原知佐子といった顔ぶれになる。一九六五年五月二十九日が初日となった封切り時には古澤憲吾演出、植木等、浜美枝共演の『日本一のゴマすり男』(東宝)が併映された。

　主人公の姿三四郎には人気絶頂の加山雄三が扮した。三船は三四郎の師となる矢野正五郎役だった。ここでも一本芯の通った男ぶりを見せる。羽織袴姿が実に似合う。明治の男のイメージそのものだ。『赤ひげ』の直後に、また形の異なった三船と加山の師弟のきずながスクリーンに映し出される。三船時代まだまだ衰えず、を実感させると同時に、加山の着実な台頭も視野にはっきりと入ってくる。そうした世代交代の波のようなものを観客は覚えたのではないか。本作はまた、三船と黒澤がひとつの作品内で一緒にクレジットされる最後の作品となったことでも知られている。


　一九六五年は終戦から二十年の節目の年にあたる。六月十九日、東宝系洋画ロードショーの基幹劇場である日比谷映画劇場に三船敏郎主演の東宝戦争映画大作が先行公開の扱いで登場する。太平洋戦争中、〈奇跡の作戦〉と称された「キスカ島撤退作成」を採り上げる、丸山誠治監督作『太平洋奇跡の作戦 キスカ』(白黒、シネマスコープ[東宝スコープ]、一〇四分)である。ロードショー終了後の七月四日からは東京映画作品、森繁久彌、伴淳三郎、フランキー堺共演の「駅前」シリーズ第十二作目『喜劇 駅前金融』(監督:佐伯幸三)とともに東宝系邦画劇場にかけられた。

　一九四二(昭和十七)年、日本海軍はアリューシャン列島に属するアッツ島、キスカ島を占拠した。しかし、アメリカ軍の激烈な奪還作戦によってアッツ島は玉砕、キスカ島も孤立無援化した。同島には守備隊五千名がいるが、玉砕は時間の問題となった。なんとしても彼らを救出しなくてはいけない。日本海軍第五艦隊によるキスカ島撤退作戦の幕が切って落とされる。まさしく「敵中横断八百浬！米海軍を震撼させた栄光の大作戦！」「敵中横断八百哩！日本海軍が見事なしとげた栄光の大救援作戦！」が展開する。

　製作は田中友幸と田実泰良、特技監督は円谷英二、脚本は須崎勝彌、撮影は西垣六郎、美術は北猛夫、音楽は團伊玖磨、録音は西川善男、照明は西川鶴三が担当した。主な出演者は、三船敏郎を筆頭に山村聰、中丸忠雄、田崎潤、久保明、児玉清、佐藤允、藤田進などである。

　昭和十八年五月、アリューシャン列島のアッツ島で守備隊約二千七百名が玉砕した。同列島、キスカ島守備隊も危機に陥る。米軍に制海権、制空権を握られ、砲爆撃による猛攻は連日続き、孤立する。敵軍の上陸が迫る。海軍軍令部は第五艦隊司令長官・川島中将（山村聰）の説得に応じ、キスカ島守備隊約五千名の救出を決断する。川島は第一水雷隊司令官・大村少将（三船敏郎）に作戦実行を託す。川島と大村はキスカ島海域特有の濃霧に紛れて水雷戦隊を高速でキスカ湾内に突入させる作戦を立てる。いかに濃霧の発生に乗じてキスカ島へ接近、湾内に突入し、守備隊約五千名を迅速に収容して海域から離脱するか。撤退作戦が始まる。国友大佐（中丸忠雄）を潜水艦でキスカ島に送った大村艦隊はキスカ島突入の態勢に入るが、霧が晴れたために帰投を余儀なくされる。後日、濃霧が見込まれ、キスカ島へ向かう。だが、濃霧が旗艦「阿武隈」の三重衝突を招く。戦況は悪化する。艦隊のキスカ島入港時間がわからず、守備隊は毎日日没後二時間、海岸に集結し、待機する。艦隊は敵側に悟られないように島の周囲に沿い、西側から北へ迂回してキスカ湾に迫る。岩礁に密着するように艦隊は一列に進む。キスカ湾口の探照灯に導かれ、米軍の封鎖網をくぐり抜ける。艦隊は救援をやり遂げた。その後、アメリカ軍がキスカ島に熾烈な砲弾戦を仕掛けるが、島はすでに無人と化していた。

　大村少将が実行したキスカ島撤退作戦はアメリカ軍の目を見事に欺き、大成功に終わった。玉砕は必至と思われた守備隊全員の命を救った。作戦の検討、準備から、作戦開始、一進一退の末に決着を見るまでの経過がテンポよく、ドラマティックに進む。と同時に、水雷戦隊の司令官をつとめる、海軍兵学校を最下位で出たという大村少将の人物像を柱に据えたドラマも映画の奥行きを拡げていく。

　丸山誠治はそれほど多くの監督作は残さなかった。一九六〇年代中期以降は東宝戦争映画で佳作を何本か放った。監督人生のスター

太平洋奇跡の作戦 キスカ
【東宝 DVD 名作セレクション】
TDV-25174D

ト時から中頃までが文藝映画、それから晩年にかけては戦争映画が主流となった印象がある。本作がその端緒となったとも見られる。そうした意味で、彼のフィルモグラフィー中での重要作と受け取ってもいい。

史実の映画化であるからあまたの観客は結末を知っている。しかしながら丸山のツボを押さえた、サスペンス・タッチの演出が観る者をハラハラさせる。濃霧のなかを救援部隊がキスカ島に接近する描写、艦隊は無事に島にたどり着けるか、など。アメリカ軍側は描かれない。日本側のみの描写で映画は突き進む。突然、何が出現してくるのかわからない、というスリルがそのために生まれる。ありがちな構成で日米を同時に描いていたら、こうしたリアルな緊迫感は出なかっただろう。須崎勝彌の脚本、丸山の演出力を賞賛したい。

史実にのっとってはいるが、ドキュメンタリックな造りではない。太平洋戦争を扱った戦争映画だが、あくまで娯楽作品だ。観客を暗澹たる気持ちにさせない。ある種の爽快感を味わわせる。戦争映画では珍しい。円谷英二が率いる特撮陣の貢献も大きかった。キスカ島に接近する艦隊描写は、ミニチュア撮影とドラマ部分が巧妙に折り重なる。岩礁ギリギリのポイントを艦隊がすり抜けるスリリングな場面、その状況での指揮系統の軍人たちの迫真的なやりとりもなまなましい。

三船敏郎と聞くと、戦争映画を反射的に思い浮かべる映画ファンが多い。三船敏郎という俳優が持つ男気に満ちたその貫禄と存在感は、時代劇映画での侍役同様、軍人役でも光を放った。キャラクターの違いを指摘するとしたら、侍役では野性味を強調したが、軍人役ではそうしたなかに知的な側面を備えるケースが目立った。もちろん東宝がそのような映画を作ったからではあるが、三船は海軍の軍人を演じることが多かった。山本五十六はその代表格となる。本作の大村少将も実在の人物だが、それには気を取られすぎずに三船は三船、己なりの軍人像に徹した。綿密で慎重かつ大胆に練り上げた作戦を冷静沈着に実行に移す決断力を大村少将は持っている。スケールを感じさせる大村の人間像が三船の演技によって映画の進行につれ、明確になっていく。本作の小さくない見どころである。

戦後二十年目の夏ということで、東宝の邦画ラインアップには戦争ものが並んだ。『太平洋奇跡の作戦 キスカ』が七月、團伊玖磨の原作を松山善三が脚色・演出し、児玉清、加山雄三、久保明たちが出演した『戦場にながれる歌』(東宝)が八月、そして岡本喜八監督作、三船敏郎主演作の『血と砂』(三船プロダクション、東宝)が井上和男監督作、森繁久彌、三木のり平、森光子共演による『喜劇 各駅停車』(東京映画)との二本立てで九月十八日に初日を迎えた。

当時、岡本喜八は「暗黒街」シリーズと「独立愚連隊」シリーズを進めていた。三船はどちらにも縁があり、映画ファン、映画マスコミはふたりのそれぞれのシリーズにおけるタッグに注目していた。白黒、シネマスコープ(東宝スコープ)、上映時間一三二分になる『血と砂』は、『独立愚連隊』(一九五九/東宝)や『どぶ鼠作戦』(一九六二/同)で訴えたテーマをより明確に諸人に示そうとする意志を打ち出す。「独立愚連隊」シリーズと付かず離れずの間柄であり、同シリーズの番外篇と受け取るのが妥当だろう。「炸裂する地獄の最前線! 下手に動けば火葬場行きだ!」も「独立愚連隊」の香りが立ち込める。

田中友幸が製作をつとめ、伊藤桂一の短篇集『悲しき戦記』の第八話「黄土の一論」をもとに岡本喜八が佐治乾と脚本を書き、演出した。撮影は西垣六郎、美術は阿久根巌、音楽は佐藤勝、録音は西川善男、照明は西川鶴三が担当した。三船敏郎、佐藤允、団令子、仲代達矢、伊藤雄之助、天本英世、伊吹徹、名古屋章たちがメインキャストを担った。

血と砂
TDV-16010D

昭和二十年の北支戦線。陽家宅の独立大隊に小杉曹長(三船敏郎)、彼を追ってきた朝鮮人慰安婦・お春こと金春芳(団令子)、少年軍楽兵たちがやってくる。前線逃亡罪に問われ、八路軍に全滅させられたヤキバ砦の唯一の生存者・小原見習士官(満田新二)の銃殺が陽家宅で執り行われる。直後に到着した小杉は、大隊長の佐久間大尉(仲代達矢)に証拠不十分だったと暴力を振るい、営倉行きとなる。小杉の戦歴を知った佐久間は、軍楽隊を連れてヤキバ砦を奪還せよ、と命じる。少年兵たちは小杉の過酷な訓練を受け、陽家宅で演奏会を開いて翌日、ヤキバ砦に向かう。小杉は営倉に入っていた犬山一等兵（佐藤允）、持田一等兵（伊藤雄之助）、志賀一等兵（天本英世）を補充する。ゲリラと遭遇するが、子供を捕虜にすることで目的地に到着する。小杉隊は八路軍の不意をついて総攻撃を始める。ヤキバ砦を奪還したが、少年兵二名が死んだ。小杉は少年たちに弔いのジャズを演奏させる。八路軍の逆襲が始まる。お春を残して補給トラック群は全滅し、小杉隊からも犠牲者が続出する。小杉はお春に頼む。少年たちを一人前の男にしてくれ。八路軍が総攻撃を仕掛けてきた。小杉が銃弾に倒れる。少年兵たちも「聖者の後進」を演奏しながら散っていく。お春が生き残った。その日は八月十五日。

伊藤桂一の原作は曹長と慰安婦の人間劇を軸としたもので、本作は直接的に結びつくものではない。着想を得た、という程度となっている。岡本喜八と佐治乾による少年軍楽隊の物語に原作の要素が盛り込まれたという感触が強い。戦渦のなか、ジャズを奏でる少年軍楽兵たちの悲劇がつづられる。岡本の個性を感じさせるタッチ、リズム、映像技法も充溢するが、戦中派を自認する彼の言葉にならない想い、慟哭がはっきりと達してくる。ヤキバ砦の攻防が見どころとなるが、娯楽志向はそれほど表出しない。戦争という愚かな行為を正面から描く。従来の岡本流娯楽活劇戦争映画とは一線を画する。

一方、元来は照れ屋で大上段に振りかぶることは好まない岡本ならではの映画語法、映画空間は本作でも打ち立てられている。ユーモラスなシーンもある。曹長と慰安婦のドラマには喜劇風味も必要となろう。曹長や大尉も勇敢で男らしい。だが、ひとりになれば弱気がもたげる。岡本はそれをシニカルに、ユーモラスに描出する。それでも終幕は重い。少年兵は音楽を奏でながら死んでいく。音楽は生きている人間が演奏するものだ。死者に音楽は奏でられない。映画のテーマが浮き上がる。

岡本映画での三船は一筋縄ではいかない役柄が多かった。岡本も三船もそれを楽しむかのようだった。しかし、本作では三船はリアルな人間像、生と死に直面した軍人役を正面から演じている。三船主演の戦争映画ではスペクタクル戦争映画類が即座にあがってくるが、本作も屈指の一本である。

一九六五年、黒澤明は三船を主演者に『赤ひげ』を、岡本喜八は『侍』と『血と砂』を放った。三船にとって黒澤は師であり、岡本は信頼できる友にあたる。もうひとり、三船の俳優人生における恩人といえる稲垣浩も久々に彼を起用して東宝の時代劇映画大作『暴れ豪右衛門』(白黒、シネマスコープ[東宝スコープ]、一〇〇分)を放つ。三船も役者として、映画人としてここ数年、絶頂期を迎えていた。

『暴れ豪右衛門』は、「駅前」シリーズ第十四作目、佐伯幸三監督作『喜劇 駅前弁天』(東京映画)との二本立てで一九六六(昭和四十一)年一月十五日に封切られた。前年(一九六五年)の暮れは東宝SF特撮怪獣映画の『怪獣大戦争』(監督:本多猪四郎、特技監督:円谷英二)、「若大将」シリーズの『エレキの若大将』(監督:岩内克己)、一九六六年の正月第一弾は「社長」シリーズの『社長行状記』(監督:松林宗恵)、東宝、渡辺プロダクション製作、「無責任」シリーズの『無責任清水港』(監督:坪島孝)と、この時期は東宝のシリーズ映画、百花繚乱の華々しさだった。と同時に、一方では企画のとぼしさ、発想の行き詰まりを露呈してもいた。

暴れ豪右衛門
東宝ビデオ（VHS、廃盤）

戦後の日本映画隆盛期、東映京都や大映京都と比して東宝の時代劇映画は影が薄かった。そうした状勢のなか、時代劇映画の巨匠・稲垣浩は懸命に作品を送り出し続けた。もし稲垣がいなかったら東宝の時代劇映画はどのようなものになっていたか。東宝時代劇映画というと黒澤明の名ばかりが取り上げられる傾向にあるが、稲垣の名も同等に扱われなくてはならない。

「乱世に疾駆する阿修羅の男! 屑大名に挑む豪放三船」と宣伝された『暴れ豪右衛門』も稲垣が己の矜持を胸に撮った一本である。彼としては晩年の作品にあたる。ロシアの文豪、ニコライ・ゴーゴリの歴史ロマン小説『タラス・ブーリバ』(一八二四)を原案にして井手雅人と共同でオリジナル脚本を書き上げ、演出にあたった。製作は田中友幸、撮影は山田一夫、美術は植田寛、音楽は石井歓、録音は西川善男、照明は大野晨一。三船敏郎以下、佐藤允、田村亮、星由里子、加東大介、大空眞弓、乙羽信子、西村晃などが出演した。

戦国時代、士豪の加賀七党が支配する加賀の国。加賀七党の首領のひとり、信夫の豪右衛門（三船敏郎）は代々の農民で大の侍嫌いだ。戦国大名・円城寺の城で長年人質の身だったふたりの弟、弥藤太（佐藤允）と隼人（田村亮）が解放される。弥藤太は村の娘・あやめ（大空眞弓）を慕うが、豪右衛門は落ち武者の娘であるあやめを認めない。豪右衛門に反抗的な隼人は、越前・朝倉孝景（平田昭彦）の娘で同じ捕虜の梓姫（星由里子）と心を通わせている。梓姫も朝倉家に戻る。城で教養を身につけた隼人は、粗暴な豪右衛門を蔑視する。孝景は腹心の但馬（西村晃）の助言で円城寺を討つため、百姓たちを尖兵に用い、七党の力を利用しようとする。加賀七党のほかの陣営は金に目がくらんで但馬の企みに乗る。豪右衛門は拒む。但馬は豪右衛門を懐柔しようと旧知の浪人・服部（加東大介）を送り込むが、失敗する。但馬は隼人に目をつける。梓の書状に誘い出された隼人は朝倉家に仕える。豪右衛門は朝倉に向かう。西条砦の総大将は隼人だ。その隙に但馬たちは信夫の村を襲撃する。豪右衛門の言葉に動揺した隼人は朝倉の矢を浴びて絶命する。砦を落とした豪右衛門は村に帰るが、そこは焼かれ、住人たちは殺されていた。豪右衛門の女房・小笹（乙羽信子）は生きていた。西条砦は朝倉勢に囲まれ、弥藤太が苦戦していた。加賀七党のほかの首領たち、豪右衛門の人柄に惚れた服部が協力を申し出る。豪右衛門の騎馬軍は西条に向かう。

ゴーゴリの『タラス・ブーリバ』は、一九三五年にフランスでアレクシス・グラノフスキーがアリ・ボールの主演で、一九六二年にはアメリカでJ・リー・トンプソンがユル・ブリンナーの主演で映画化している。日本題名はどちらも『隊長ブーリバ』。といって、『暴れ豪右衛門』に結びつくわけではない。稲垣浩版も活劇娯楽時代劇映画として無理なく翻案されており、観る者を満足させるに十分な出来である。

稲垣はときに冗長な筋運び、緊張感を殺ぐ演出に陥ってしまう監督といわれる。三船が出演した稲垣映画でもそうした傾向は拾い上げられる。彼の作家性のひとつと受け取ってもいい。本作も例外とはいえないかもしれない。ではあるが、稲垣流のダイナミズムがそのような欠点を覆っていた。騎馬戦シークエンス、城に攻め込むくだりの活劇展開は彼の語り口が堪能できる。

侍に反抗する土豪の首領・豪右衛門の胸のすく活躍、豪傑ぶり、一方で繊細さも兼ね備えた人間的魅力、これらが直線的に描かれる。そのため、三船の演技に注目が集まった。三船はとりわけ一九六〇年代、カリスマ性を発揮して日本映画界のシンボルとして活躍した。大スターの存在感を世間に知らしめた。本作でも彼の圧倒的なオーラが映画全体に色艶を注いだ。田中友幸(製作)、稲垣浩(演出)、三船敏郎(主演)のトリオが一九五〇年代後期から一九六〇年代にかけて放った娯楽活劇映画は、いずれの作品も大衆映画の面白さ、楽しさを持っていた。本作もその一本となった。各俳優もそれぞれ己の持ち味を発揮する。なかでも加東大介は痛快な人物を堂々と演じきった。

四　『大菩薩峠』(一九六六:岡本喜八)『奇巌城の冒険』(同:谷口千吉)『怒涛一万浬』(同:福田純)『グラン・プリ』(一九六七:ジョン・フランケンハイマー)

『暴れ豪右衛門』公開のほぼ一ヶ月後、時代劇映画で新境地を開いていた岡本喜八が中里介山の小説を映画化した東宝、宝塚映画作品『大菩薩峠』(白黒、シネマスコープ[東宝スコープ]、一二〇分)を送り出した。この映画に三船は助演者として出演した。

一九六六年二月二十五日、「社長」シリーズ第二十五作目、松林宗恵監督作『続 社長行状記』(東宝)との二本立てで公開された本作は、藤本眞澄、佐藤正之、南里金春が製作を担当し、橋本忍が中里介山の原作を脚色した。撮影は村井博、美術は松山崇、音楽は佐藤勝、録音は渡会伸、照明は西川鶴三が担った。机竜之助を演じる仲代達矢の周りを新珠三千代、内藤洋子、三船敏郎、加山雄三、中谷一郎、西村晃、藤原釜足たちが固める。

大菩薩峠【東宝 DVD 名作セレクション】
TDV-25113D

　幕末。大菩薩峠で老巡礼（藤原釜足）が〈音無しの構え〉なる秘剣を用いる机竜之助（仲代達矢）に斬殺された。孫娘のお松（内藤洋子）は、通りすがりの盗賊・裏宿の七兵衛（西村晃）に拾われる。虚無感を漂わせる竜之助は残虐非道な行為を重ねていた。吉田竜之助と名を改め、亭主の宇津木文之丞（中谷一郎）を殺害したのちに己のものとしたお浜（新珠三千代）に子供を産ませ、長屋で暮らしていた。竜之助は、亡き文之丞の弟・宇津木兵馬（加山雄三）にそれとは知らずに他流試合を申し込み、勝つ。兵馬は兄の仇を討つべく修行を重ねるが、ふとしたことからお松に恋心を抱く。芦沢鴨（佐藤慶）たちと江戸で邪険をふるう日々の竜之助は、人違いから島田虎之助（三船敏郎）を襲撃するが、虎之助の正剣とその器の大きさに衝撃を受け、自暴自棄となる。竜之助はお浜と子を殺し、芦沢たちと京都へ向かう。兵馬があとを追う。芦沢たちが設立した新選組では芦沢派と近藤派が対立した。竜之助は芦沢から近藤勇の暗殺を命じられる。京に売られたお松がその場に居合わせる。兵馬と京で再会したお松は、七兵衛とともに兵馬の仇討ちに力を貸そうとする。お松の正体に恐怖し、煩悩に悩まされる竜之助は狂気に駆られる。そこへ新選組が乱入する。地獄絵図が繰り広げられる。生き延びた竜之助は木津街道をひとり行く。

　中里介山の『大菩薩峠』は過去、幾度か映画化された。戦後、東映京都では一九五三（昭和二十八）年に渡辺邦男が、一九五七（昭和三十二）年から一九五九（昭和三十四）年には内田吐夢がそれぞれ片岡千恵蔵を主演に招いて撮った。大映京都も一九六〇（昭和三十五）年、一九六一年に市川雷蔵の主演、三隅研次と森一生の演出で製作した。いずれも三部作だった。

宝塚映画と東宝の提携による岡本喜八版は、この時代の東宝を背負って立つ俳優の地位に就いていた仲代達矢を机竜之助に仕立て、岡本らしく剣戟を多く採り入れる活劇時代劇映画の性格を打ち出した。中里介山の原作は時代小説であると同時に大長編大乗小説であり、一方で仏教思想や諦念思想、無常観を唱える一種の哲学書としても読まれていた。難解で思想色が濃く、取りつきにくい。岡本は原作の個性に必要以上に振りまわされることなく、竜之助を邪険を手にした殺人狂に設定し、活劇シーンを各所に設けた。その成果で娯楽色が強くなり、仲代達矢、三船敏郎、加山雄三が一堂に会す時代劇映画大作として、大衆の関心を買うことに成功した。竜之助が巡礼の亡霊にさいなまれながら新選組の面々を次々と斬殺していく最終盤が最大の呼びものとなった。岡本は過激な剣戟でインパクトたっぷりのクライマックスを作った。

三船は竜之助に大きな影響を与える剣豪・島田虎之助を演じた。妖気を立ち上らせる仲代達矢と三船の対決は、黒澤明の『用心棒』での両者の対決を思い起こさせる。本作の机竜之助は『用心棒』の新田の卯之助をどこか想起させ、三船も桑畑三十郎に通じていくかのような感触があった。

一九六六年、谷口千吉は久々に三船敏郎主演作を監督した。三船プロダクションと東宝製作による『奇巌城の冒険』の演出を任されたのだ。三船敏郎、谷口千吉、伊福部昭。『銀嶺の果て』（一九四七／東宝）で出会い、その後はそれぞれ己の道を歩んでいった三者が一緒に仕事をするのはこの映画が最後となった。谷口と三船、谷口と伊福部という組み合わせもこれで終わった。およそ二十年の歩みだった。ひとつの時代の終焉だった。

奇巌城の冒険【東宝DVD名作セレクション】
TDV-25251D

『奇巌城の冒険』（イーストマンカラー、シネマスコープ［東宝スコープ］、一〇三分）は、東宝活劇ファンタジー映画の範疇に置かれる。一九六三年に谷口が監督して三船が主演した『大盗賊』の続篇的趣向になる。封切りは一九六六年四月二十八日。東宝のドル箱シリーズのひとつ、「駅前」シリーズの第十五作目、「週刊少年サンデー」(小学館)で大人気となってテレビアニメにも進出していた藤子不二雄(藤子不二雄Ⓐ、藤子・F・不二雄)作『オバケのQ太郎』、赤塚不二夫作『おそ松くん』とのタイアップ(コラボレーション)が採られ、それを目当てに子供たちが上映館に駆けつけたという、佐伯幸三監督作『喜劇 駅前漫画』(東京映画)とのカップリングでの公開だった。

『奇巌城の冒険』は、田中友幸の製作のもと、太宰治作『走れメロス』をヒントに馬渕薫(木村武)が脚本を書いた。山田一夫がキャメラをまわし、美術は植田寛、音楽は伊福部昭、録音は西川善男、照明は森弘充といった布陣のもと、三船敏郎、三橋達也、中丸忠雄、白川由美、佐藤允、平田昭彦、浜美枝、若林映子たちがスクリーンで躍動する。

多種の人種がうごめく敦煌の都。日本人の大角(三船敏郎)と僧侶の円済(中丸忠雄)たちは仏舎利を求め、シルクロードへ旅立つ。日本に仏教を広めて文化の都を奈良に造るためだ。得体の知れない悪霊に苦しめられつつ、不穏な空気を感じながらも奥地にたどり着いた大角たちは黒盗賊の襲撃にも遭遇する。やがて窟寺で仏舎利を手にする。だが、隊の者が王(三橋達也)側の人間に拉致される。隊商宿の亭主(田崎潤)と娘のクレーヤ(浜美枝)は即時の退却を大覚にうながすが、彼は応じない。大角は城にしのび込んで彼らの救出を試みる。城内で黒盗賊の首領・ゴルジャカ(佐藤允)をみつける。ところが大角は捕えられ、王から火あぶりの刑を宣告される。仏舎利を日本に送らなくてはならない。大角は大きな賭けに打って出る。十日間の猶予が欲しい、その代わりに円済を十日間拘置せよ、と。王は承諾する。仏舎利を手に飛び出した大角をゴルジャカが追う。大覚は仏舎利を託し、馬で王のもとに引き返す。砂漠に至ったところでゴルジャカが率いる黒盗賊が大覚の行く手を阻んでくる。馬がやられた。それでも大角はひるまない。十日目に大覚は帰還する。ゴルジャカの陰謀もついえた。ペシルの人々は大角に感謝する。王も大角の勇気と信念に打たれる。ペシルの町に平和が訪れる。

奈良朝時代、シルクロードに散在する仏舎利を捜し求め、群がる悪党たちを相手に八面六臂の活躍を見せる日本人・大角の姿をドラマティックに描く。『大盗賊』の世界観、設定とは直接的には重ならないが、三船をはじめ、仙人の有島一郎、老婆の天本英世と、同作を意識した配役が採られた。白川由美、浜美枝、若林映子もそれぞれの持ち味を活かした魅力を振り撒く。

馬渕薫が下敷きに据えた太宰治の『走れメロス』の要素は終盤のクライマックスで現れる。『大盗賊』ほどのバラエティーに富んだ展開、仕掛けはないが、本作も谷口らしく、活劇色旺盛な冒険ロマン映画となっている。「黒盗賊をやっつけろ！ 動乱の大砂漠に単身躍り込んだ日本の勇者！」「黒盗賊をやっつけろ！ 死の大砂漠に嵐をよぶ日本男児！ 痛快スペクタクル大活劇！」などはややジュブナイル風だが、本作の本質を端的に示している。

タクラマカン砂漠で長期ロケーションが行われたことは話題として押さえておきたい。商隊の大行進、黒盗賊の襲撃、大角との決闘場面は広大な大砂漠をうまくイメージさせた。遺跡や城砦などのロケ映像も含め、巨大なオープンセットに作られた奇巌城の映像と違和感なく同居した。画《え》にも説得力があり、エキゾティシズムも生まれた。『大盗賊』と比してもロマンの色がより濃くなった。本作のオープンセットがのちにテレビ映画作品『ウルトラマン』（一九六六、六七／円谷特技プロダクション、ＴＢＳ）の第七話「バラージの青い石」に流用されたことはあまりに有名だ。

三船が主役を張った谷口の活劇系映画は、俳優・三船敏郎のフィルモグラフィーのなかでまばゆい光を発している。重々しい人間ドラマ映画や戦争映画のような観る側の姿勢を問うかのごとき堅苦しいものよりも、娯楽に徹した谷口作品での三船もまた生き生きとしていた。『ジャコ萬と鉄』（一九四九／東宝、49年プロダクション）『激流』（一九五二／東宝）『黒帯三国志』（一九五六／同）『嵐の中の男』（一九五七／同）『男対男』（一九六〇／同）などは三船がより輝いていたように思える。

しかし、一九六〇年代以降は谷口、三船コンビはあまり発展しなかった。谷口が寡作になったこともある。冒険活劇ファンタジー映画『大盗賊』と『奇巌城の冒険』でふたりが組む映画道程は完結した。『銀嶺の果て』

で三船と谷口、黒澤は出会った。三船を媒介とした谷口と黒澤の映画作家としての来し方に想いを馳せるとき、感慨を覚えずにはいられない。

そうした意味合いも含め、谷口娯楽映画の頂点を形成するものとして、『大盗賊』と『奇巌城の冒険』は、もっと評価されてもいい。ヒロイックなキャラクターを活躍させる物語構成に観客がカタルシスを覚える趣向を要所に配置し、妖術、殺陣、活劇を前面に押し出す。円谷英二の特殊技術も効果をあげた。講談的、紙芝居的な面白さ、楽しさを味わわせた。徹底した娯楽志向がそこにはあった。谷口の映画への情熱が達してきた。

三船は『奇巌城の冒険』に続き、三船プロダクション製作（同プロダクション自社企画製作第一回作）による『怒涛一万浬』（白黒、シネマスコープ［東宝スコープ］、一〇一分）をおよそ二ヶ月半後に送り出した。海に生きる男たちの友情とロマンを感動的に描く海洋活劇映画である。「嵐の大西洋に大ロケ！ 海と闘う男の不屈の魂 雄大なスケールで描く感動の迫力巨篇！」「大西洋に大ロケ！ 海の男の友情と情熱を描く感動の迫力巨篇！」。森谷司郎の監督デビュー作となる加山雄三主演の『ゼロ・ファイター 大空戦』（東宝）との二本立てで一九六六年七月十三日に封切られた。

宝田明、佐藤允共演の『血とダイヤモンド』（一九六四／宝塚映画）、三橋達也、佐藤允共演の『暗黒街全滅作戦』（一九六五／東宝）、宝田明、浜美枝共演の『１００発１００中』（同）の演出で高い評価を獲得した福田純が監督をつとめた。田中友幸と武中孝一がプロデューサーを担い、脚本は小川英、関沢新一、福田純の三者が共同執筆した。撮影は斎藤孝雄、美術は植田寛、音楽は佐藤勝、録音は西川善男、照明は森弘充の手による。三船敏郎、三橋達也、田村亮、佐藤允、浜美枝、平田昭彦、中丸忠雄、堺左千夫たちが出演した。

スペイン領カナリア群島ラス・パルマスが基地のマグロ船「第八東丸」は漁獲量がノルマに至らず、船長兼漁労長の矢野（三橋達也）は焦燥する。本社調査部から村上平八郎（三船敏郎）が新任漁労長として「第八東丸」に派遣される。矢野や船員たちは彼に敵意を抱く。船を点検した村上は装備に難をつけ、船を漁場に向ける。村上は漁場で漁を開始せず、幾日も魚群探知機と水深温度計を見比べる。やがて村上は投縄を命じ、操業が始まる。驚くほどの漁獲量を上げた。津田（田村亮）の不注意で船員の青木（佐藤允）が大怪我を負う。村上は船をラス・パルマスに寄港させ、青木を病院に運ぶ。以前にいさかいを起こしたスペイン船の船員と「第八東丸」の船員がまたぶつかった。「第八東丸」は出航する。低気圧のなか、あと十日で契約期間が切れるという状況でマグロの大群が縄にかかる。そのとき、スペインのレジャー用ヨットからの緊急信号を無線局長の岩田（中丸忠雄）が傍受する。悪天候だ。救助に行けば「第八東丸」も危ない。だが、村上は船員の反対を押しきって船を向かわせ、スペイン人親子を救出した。時化《しけ》が収まり、「第八東丸」は漁場に戻る。操業途中で切断した縄を捜すためだ。乱闘を起こしたスペイン人の船が接近し、信号を送ってきた。小さな日本船の勇気を讃える、貴船の縄は魚とともに預かっている、と。「第八東丸」も信号を送り返す。小さなスペイン船の大きな友情に感謝する――。

「近代映画」一九六六年一月号に「スター登場 三船敏郎さんの巻」「大海原へかける雄大な三船プラン」という記事が乗っている。『暴れ豪右衛門』の撮影真っ最中の三船を記者が訪ねるという趣旨のものだ。そこで三船は本作のことを語っている。

> 予定だと、今年の十二月中にはアフリカへロケーションに出ることになっていたけど、今のところちょっと無理なので、来春正月早々には出かけますよ。／マグロ漁船に働く乗組員の話なんですよ。借りることになっている漁船が、ラスパロマスの港へ一週間停泊するのにあわせて、ロケ隊を出動させることにしています。一週間その船で撮影し五日間程は附近の海上を航海しながらキャメラを廻すことになっているんですが…。また帰りに同じスタッフでカイロに寄って、〝走れメロス〟（太宰治原作）の分も撮って来ようと思っているんですよ。

〝走れメロス〟は、もちろん『奇巌城の冒険』のことである。

カナリア諸島のラス・パルマスを拠点に置く日本のマグロ船が主な舞台となる。そのため、海外ロケーションが敢行された。南ヨーロッパの空気感が映画に注ぎ込まれ、大きな旨味となった。船に着任した新任漁労長と船員たちの軋轢《あつれき》が映画前半で描かれる。そうして漁労長と船員たちが理解し合い、心を通わせ、一丸となって仕事に向かう。予定調和だろうが、男たちのドラマに詩情めいたものが生まれる。

諸人が観られる活劇映画であり、老若男女に向けた堅実な造りは東宝作品らしいムードが漂う。素直な映画であるために国籍を超えた船員たちの心のふれあいと交流、友情が観る者の胸に滲み込む。クライマックスとなる暴風雨のなかでの救出劇はスタジオのセットで撮影された。膨大な水量を用いてなかなか迫力のあるスペクタクル・シークエンスを作り上げた。

それでも大味感が拭いきれないのもたしかで、冗長感もつきまとう。展開に必要な緊張感に欠いている。これは福田純の個性、リズムと受け取るべきかもしれない。大海を舞台とした男の映画だから女優の出番は少ない。そうしたなか、三船とライトなラブ・ロマンス劇を見せる浜美枝の艶姿は映画全体の癒しとなった。俳優・菅原謙次の実妹でフラメンコ・ダンサーとして世界的名声を持つスペイン舞踏家・小松原庸子が特別ゲストで出演している。

『奇巌城の冒険』も『怒涛一万浬』も海外でロケーション撮影が行われた。三船のみなぎるようなバイタリティが三船プロダクションに破竹の勢いをもたらしたように取れる。その件に関し、美術の植田寛が「浪漫工房」第八号「国際スター三船敏郎 その偉大なる愛」内で述べている。

『奇巌城…』『怒涛…』は海外ロケの作品ですが、このような場合、三船さんはまず一人でロケの交渉やユニオンとの交渉等下準備に行かれるのです。話がまとまったところで、メーン・スタッフ達が向かいます。外国へ一緒に行きますと、三船さんの偉大さを改めて認識しますね。「三船敏郎」という名前が実に大きな通行手形なのです。外国はアーチストに対する評価が高く、世界的な賞を受けている俳優やスタッフを尊敬と信頼をもって迎えてくれますので。モスクワ(旧ソビエト時代)へ行った時など、我々には必ず人が付きましたが、三船さんだけはフリーパスなのです。

この時期、三船の映画出演そのものは減少していた。三船プロダクションの社長業があったためだ。同プロダクションを設立して四年が経った。一九六六年、巨大オープンセットが設えられるスタジオを世田谷区成城の広大な敷地に設立した。三船は「キネマ旬報」一九六七年二月下旬号に「映画製作にかける理想」という談話を寄せている。

成城町の北のはずれに、通称三船プロの成城スタジオ、正式にいうとトリッセン・エンタープライズ・スタジオが完成したので、いよいよここを使って、自分の映画の撮影にかかります。コンパクトなスタジオではあるけれど、機能はいい。天井の高さは、日本の撮影所の中でいちばん高い。理想の高さとともに、これはわがスタジオのささやかな誇りですよ。／さて製作をはじめた映画は、橋本忍脚本、小林正樹監督の「上意討ち」(仮題)。このコンビが作った「切腹」の原作者、滝口康彦作、「拝領妻始末」の映画化です。仲代達矢、加藤剛などの諸君が出てくれます。小編成スタッフの精鋭主義で、映画製作の実験をやってみるつもりでいます。三船プロ＝東宝の提携作品で、東宝が買ってくれる値段の予算範囲内で、こちらが責任をもって作る映画、というわけ。／これが終ると四、五月には東宝の「日本のいちばん長い日」に出ます。そのつぎが石原裕次郎君と組んでやる黒部第四ダムを背景にした「黒部の太陽」。その間「グラン・プリ」も公開されるし、テレビ映画を作るプランもある。まあ今年も、忙しい年になりそうですよ。

右の発言にもあるように、製作国のアメリカでは一九六六年十二月に、日本では一九六七(昭和四十二)年二

グラン・プリ［Blu-ray］
CWBA-79840

月に公開されたダグラス・ルイス・プロダクション、JFP、チェロキー・プロダクション作品でメトロ・ゴールドウィン・メイヤー（MGM）が配給した、ジョン・フランケンハイマー監督による『グラン・プリ』（メトロカラー、スーパーパナビジョン70、一七八分）への出演もあった。

『グラン・プリ』は、F1グランプリを舞台とし、四人のF1ドライバー、アメリカ人のアロン（ジェームズ・ガーナー）、フランス人のサルティ（イヴ・モンタン）、イギリス人のストッダード（ブライアン・ベッドフォード）、イタリア人のバルリーニ（アントニオ・サバト）のメンツをかけた熱き闘いが描かれる。製作はエドワード・ルイス、製作総指揮はジェームズ・ガーナー、カーク・ダグラス、ジョン・フランケンハイマー、原案のロバート・アラン・アーサーが脚本も書いた。

映画はレースばかりを見せるわけではない。男たちをめぐる女たちのドラマも同時につづられる。エヴァ・マリー・セイント、ジェシカ・ウォルターが男たちに濃厚にからんでいく。四人のドライバーがワールドチャンピオンの座をかけて雌雄を決するイタリア・グランプリが一大クライマックスとなる。臨場感にあふれるレース描写で世界的に話題となり、観る者を虜《とりこ》にした。

一九六四年に日本人初のF1エントリーを果たした本田宗一郎をモデルとしたチームオーナーの矢村を三船は演じた。アロンを支援する役柄だった。ハリウッド映画デビューと思えないほどの威厳に満ちた、堂々たる姿を披露した。「強烈無比の迫力！　群画を圧する今世紀最高の豪華巨篇!!」とうたわれたポスターでは、三船の名はジェームズ・ガーナー、イヴ・モンタン、エヴァ・マリー・セイントに次いで四番目に記された。

この映画のメガホンを執るジョン・フランケンハイマー本人が三船へ出演オファーをした。三船は黒澤明監督作『赤ひげ』の撮影終了後、すぐに岡本喜八の『侍』の撮影に入った。その後、『侍』のプレミア上映がアメリカ、ニューヨークで行われることになり、三船も現地にわたった。その際、『影なき狙撃者』（一九六二／アメリカ）や『大列車作戦』（一九六五／同）などで知られるジョン・フランケンハイマーから直々に『グラン・プリ』の出演依頼を受けた、とされている。ニューヨークではなく、『侍』をアルゼンチンの映画祭に持っていった帰りにロサンゼルスに立ち寄った際、フランケンハイマーの自宅に招かれ、そのときにこの映画の日本人オーナー役での出演を依頼され、企画に賛同した三船が即諾した、ともいわれる。三船はフランケンハイマーの熱き想いに応えたのである。

一九六六年五月から同作の撮影に入った。モナコ、バルギーのスパ、イギリスのブランズハッチ、オランダのザンドポート、フランスのクレオモント・フェラン、イタリアのモンツァ、アメリカのワトキンス・グレン、メキシコのメキシコシティ、ドイツのニューバーグリングをキャメラがまわった。フランケンハイマーの仕事ぶりは三船を感心させた。情熱をたずさえて、寝食を忘れるようにして映画を撮った。ときにスタッフを大声で怒鳴った。その一方で優しさもにじませた。若いが、将来性のある監督、と三船の目には映ったという。フランケンハイマーは三船に日本描写にかかわる〈監修〉を依頼した。自分は日本のことはわからない、知らない、だから、というわけである。そのため、三船は映画中の細かな部分にまで目を配り、意見を出した。

次のようなことがあったからだ。アロンと矢村が交流を深めるシーンである。「キネマ旬報」一九六七年十一月下旬号に掲載された三船の談話「シネラマ『グラン・プリ』を撮り終えて」より。

私が広いオクスフォード郊外の庭の芝生の上で、お茶の野だてをやって、話し合うシーンがある。このシーンなどは、最初の台本では、赤いランターンがさがっている茶室で、お茶を飲ませるという、日本だかチャイニーズだかわからないようなものだったんです。それを、こちらから申し入れて、本当に日本的なものに直してもらいました。ガーナーが私に心服するという、だいじな場面ですからね。

『グラン・プリ』はアメリカで一九六六年十二月二十一日に公開されたが、日本では翌一九六七年二月一日、東京のテアトル東京をメイン館にしてロードショーが始まった。七〇ミリ・シネラマ方式版が先に上映され、のちに三五ミリのシネマスコープ版も公開されたとの記録がある。

三船個人にそうそう脚光があてられたわけではなかった。旬の俳優が多数出ていたため、三船ばかりが目立つ、ということはなかった。ではあっても、ジェームズ・ガーナーやイヴ・モンタンと対等にわたり合う三船に日本の観客の多くは声援を送ったのではないか。三船は本作で高額の出演料を得た。それはそのままトリッセン・エンタープライズ・スタジオの撮影機材費に投入されたという。

『グラン・プリ』出演は三船に多くのものをもたらしたようだ。同じく「シネラマ『グラン・プリ』を撮り終えて」より。彼は次のように談話を締めている。

こうして日本に帰ってきて思い出してみても、考えることは、日本映画も、まけずに頑張らなければいけない、ということです。もう他力本願でいたのでは、何にもできない、と思ってやった自分のプロダクションの仕事も、結局現段階では、自分自身が赤字を背負いこむことになってしまっています。／しかし、インターナショナルな映画の仕事に「グラン・プリ」で接してみて、新たなファイトがわきました。出発前からかかっていた、世田谷の、二千五百坪の敷地を使った、百八十坪のステージ建設も、十一月の中頃には完成します。ここをささやかな本拠にして、いい仕事をしてみたい。／五島昇さんに無理を言って応援していただいたり、石原裕次郎君から土地の提供を受けて株主になってもらったり、世田谷の地主さんやお百姓さんの協力を得たりして、何とかやっと作ったステージです。他の独立プロにもどんどん使ってもらって、いささかなりとも、理想的な映画作りをやりたい。／役者一人で何が出来るものか、と、批判やお叱りも、いろいろ受けます。しかし、とにかく、誰かがまず動き出さなければ、いつまでたっても、日本映画の現状は、改まりはしないでしょう。「グラン・プリ」出演のギャラによって、機材もいくらか、ととのえてきました。このチャンスを、無駄にしないで、口はばったい言いかたですが、日本映画のためになる仕事を何か、やってみたいと思っているのです。

この談話に出てくる五島昇とは、東京急行電鉄の創業者である実業家の五島慶太の長男で同社の社長、会長をつとめた人物だ。

『グラン・プリ』の全米公開大ヒットの報が三船の耳に届く頃、彼は小林正樹が監督をつとめる、東宝創立三十五周年記念映画の一本、『上意討ち―拝領妻始末―』(三船プロダクション、東宝)の製作に入っていた。

第八章 三船敏郎と日本映画大作時代

――一九六〇年代後期――

煙草を喫う表情に役者の年輪が浮き上がる。日本映画を支えてきた男の顔。
© 三船プロダクション

一　『上意討ち―拝領妻始末―』（一九六七：小林正樹）『日本のいちばん長い日』（同：岡本喜八）

三船プロダクション、東宝作品『上意討ち―拝領妻始末―』（白黒、シネマスコープ、一二八分）は、一九六七（昭和四十二）年五月二十七日、東京の有楽座で先行ロードショー公開された。全国一般封切りは六月三日。松林宗恵が監督し、三木のり平とフランキー堺が同作でもって降板したために「社長」シリーズ中の節目の作品とも称される第二十七作、『続社長千一夜』（東宝）とのカップリングだった。

全六部で構成される、文芸プロダクションにんじんくらぶ、人間プロダクション、松竹などによる『人間の條件』（一九五九～六一）、松竹京都の『切腹』（一九六二）、文芸プロダクションにんじんくらぶの『怪談』（一九六五）などで日本映画の名匠として名を売っていた小林正樹が初めて三船敏郎と組んだ時代劇映画の大作である。このふたりの出会いは一九五〇（昭和二十五年）。木下恵介が演出し、三船が田中絹代と共演した松竹大船作品『婚約指輪（エンゲージ・リング）』で小林はチーフ助監督をつとめていた。

内外から高い評価を獲得した『切腹』の脚本担当者である橋本忍が滝口康彦の『拝領妻始末』を脚色した。「藩の無理非道もう我慢がならぬ！会津二十四万石屋台骨から崩してみせる！」「話題豪然！壮絶な迫力で放つ時代劇巨篇！」。惹句もどことなく厳格な雰囲気を漂わせる。製作は田中友幸、撮影は山田一夫、美術は村木与四郎、音楽は武満徹、録音は奥山重之助、照明は小西康夫。三船敏郎、司葉子、仲代達矢、加藤剛、神山繁、大塚道子、松村達雄、市原悦子らがメインキャストに名を連ねた。

会津松平藩二十四万石に仕える馬周り役三百石の藩士・笹原伊三郎（三船敏郎）は、主君・松平正容（松村達雄）の側妻で彼の子・菊千代を産んだいち（司葉子）を長男・与五郎（加藤剛）の妻に拝領せよ、と命ぜられる。伊三郎は笹原家に婿養子で入り、勝気な妻・すが（大塚道子）に頭が上がらない人生を送ってきた。与五郎には幸福な家庭を持ってもらいたい、と願う伊三郎は親友で国周り支配の浅野帯刀（仲代達矢）に相談する。だが、側用人の高橋外記（神山繁）、笹原一族の安泰を重んじる笹原監物（佐々木孝丸）の談判を受け、藩命に屈す。いちは初々しく、夫の与五郎や姑に従順に仕えた。夫婦仲はよく、女児のとみが誕生する。二年ほどが経った。藩が突然、笹原家にいち返上を迫ってくる。正容の嫡子が死亡し、菊千代が藩の後継者へ昇格するからだ。伊三郎、与五郎の懇願も虚しく、いちは藩に強制的に連れ戻される。藩の非道に憤る伊三郎は、藩主と藩への反逆を決意する。伊三郎・与五郎親子は上意討ちの一隊を迎え撃つ。いちは自ら命を断ち、与五郎もいちを抱いたまま斬殺される。憤怒に燃える伊三郎は外記たち討伐隊を斬り伏せる。伊三郎は江戸へ上訴に発とうとするが、領内の出入りを見張る浅野帯刀が立ちはだかる。伊三郎は断腸の思いで帯刀を倒した。しかし、伊三郎も鉄砲隊の銃弾に果てる。ただひとりの生き証人である乳母（市原悦子）が与五郎といちの遺児を抱いて何処ともなく去る。

　小林正樹との相性がいい橋本忍の脚本は『切腹』に正面から重なるようなトーンになっており、俳優の台詞に重きを置く。前半は舞台劇に通じる趣《おもむき》をかもし出す。三船をはじめ加藤剛、仲代達矢、神山繁、三島雅夫たちが熱演を見せる。妻・いちに真摯な愛情を注ぎ、理不尽な上意には屈せずに立ち上がるという正義感を加藤剛は持ち、一見穏やかだが、強い意志のもとに己をまっとうさせようという自意識に長けた司葉子は凛とした美しさをにじみ出す。東宝の専属俳優は時代劇になかなか順応できない傾向がどことなくあるが、山形勲、三島雅夫などのベテラン俳優は時代劇にふさわしい仕種、所作、作法を貫禄とともに見せる。彼らの存在が映画にどっしりとした重量感を加えた。

　最終盤に三船と剣を交える仲代達矢も大きな見せ場を作る。浅野帯刀（仲代）と与三郎（三船）は親友の間柄だ。与三郎の憤激を帯刀も理解する。同情もする。だが、立場上、相対さなくてはいけない。たがいに武士ゆえに。その葛藤、諦念、無常。三船の激情に対し、仲代はそれをクールに表現する。明と暗、陽と陰。三船と仲代の決闘は迫力に満ち、本作のクライマックスに相応するものとなった。

上意討ち - 拝領妻始末 -【東宝 DVD 名作セレクション】TDV-25110D

三船はすさまじいほどの情念を全身から発している。自邸に押し寄せた上意討ちの一隊を次々と斬り倒していく三船の憤怒は圧巻だ。人質として連れてこられたいちが自害を遂げ、与五郎も殺されてからの三船の演技は観る者を惹きつけてやまない。剣の鬼と化す。せっぱつまった、死を受け容れた男の底力をあふれさせる。三船の剣戟というと黒澤明監督作の『用心棒』(一九六一／黒澤プロダクション、東宝)『椿三十郎』(一九六二／同)が決まってあがってくるが、本作もそれほど負けているわけではない。

笹原一家の悲劇の顛末を通し、映画は非人道的な封建制度を声高に糾弾する。封建の断ちがたい関係にたてついた武士の意志と行動を悲劇的につづる。封建制度の非人道性を作り手は告発する。社会派映画作家である小林正樹の重々しい演出、スター主義が採られているとはいえ、体幹の座った、大地に根が張ったかのごとき、威風堂々とした演技を披露する俳優たちの力が融け合う作品となった。いうまでもなく、その中央に位置するのは本作の象徴である三船だった。

本作は一九六六年度「キネマ旬報」日本映画ベストテン第一位、第二十八回ヴェネツィア国際映画祭では国際映画評論家連盟賞に輝いた。ニューヨーク国際映画祭、ロンドン国際映画祭でも大いに話題を振り撒いた。三船プロダクションといえばこの作品、といわれるほどの一本となった。

ところで、『上意討ち―拝領妻始末―』は三船プロダクションのトリッセン・エンタープライズ・スタジオで撮られた最初の一本だったが、製作にあたって三船が苦労したことはよく知られている。今まで少しも個人的な縁がなく、東宝との関係も希薄で、主に松竹で仕事をしてきた小林正樹に監督をゆだねたことがすべての起因となった。

脚本を書いた橋本忍が証言を残している。『切腹』で親しくなった小林と橋本はその後、大宅壮一編『日本のいちばん長い日 運命の八月十五日』(執筆：半藤一利)の映画化を進めた。橋本が脚本を書き、小林が演出するという流れだった。しかし、プロデューサーをつとめる藤本眞澄と小林のあいだでいさかいが起こった。そのために同企画は中止となってしまった。代わりに小林に持ってこられたのが、橋本が企画立案していた本作だった。橋本が書き上げた脚本を読んだ三船は映画化に賛同した。そうして本作は小林正樹演出で映画化が決まった。その後、『日本のいちばん長い日 運命の八月十五日』の映画化企画は岡本喜八の手にわたった。

ではあるが、小林はやはり松竹育ちの監督だった。東宝の監督とはまるで気質が違った。彼はキャメラ一台による撮影を押し進め、セットが同じで俳優の顔ぶれも変わらない場合はそのシークエンス、シーンをまとめて撮るという合理的な方法を採用しなかった。いわゆる〈中抜き〉(〈抜き撮り〉ともいう)を拒んだ。〈中抜き〉を拒否すれば撮影期間は伸び、製作費も確実に増えていく。それを避けるため、キャメラ一台の場合は〈中抜き〉を行うのがいわば常識だった。だが、小林はそうしたことに配慮する監督ではなかった。創作家としては立派だろうが、複数の人々の協働作業で作られる映画、すべてに金がかかわってくる映画製作にはそぐわない。ましてや本作の製作は三船プロダクション、つまりは個人会社だ。スタッフ編成も少数精鋭を採っていた。成城九丁目という高級住宅地に建てた同プロダクションのトリッセン・エンタープライズ・スタジオで撮影するので、電力が二百キロワットしか使えない。建築許可を住宅という名目で取ったためだ。要するに、光量の強い(電力を食う)照明施設が使えないのだ。そうした条件下での撮影であるがゆえに、〈中抜き〉を用いない撮影方式は三船プロダクションに小さくないダメージを与えた。

加えて、はっきりとしない理由から撮影中止になった期間もあった。主要キャストとなる俳優のスケジュールを重視したため、キャメラをまわさない日ができた。俳優が来られないのならば、その人物がいなくてもかまわないシーンの撮影を行えばいいのだが、そうした処置は採られなかった。

後年、「キネマ旬報」一九八四年八月下旬号に掲載された「我等の生涯の最良の映画⑩」「パラオ島で決意した『風林火山』」で三船が吐露している。

小林演出の重厚さに惚れていたが、その秘密の一つは、ワン・カットずつの順撮りにあった。これは中抜きを一切しないということである。司葉子さんと私が、加藤剛氏と対面するシーンからスタート、我々の芝居は午前中に終了、あとは剛ちゃん待ちである。俳優座公演中の剛ちゃんはセット入りが早くても夜の九時過ぎになる。せめて中抜きとか、肩なめで撮って欲しい。エキストラ、スタッフの残業手当、ワン・カット毎のどんでんも、照明器具の少ない弱小プロではこれまた大ごとである。少しでも早く撮って欲しいと何回も懇願したが首を縦に振っては呉れない。スタッフも疲れてくるし、金は羽が生えて飛んで行く。剛ちゃんの舞台が終るまで気が気で無かった。少々製作者の苦しみを理解した次第だ。

周りのスタッフ、キャストは三船に同情した。三船プロダクションだからこそその作品を、三船プロダクションにふさわしい作品を、ということで三船を慕う多数の人々が本作に情熱を注いだ。小林はなぜ三船の想いが汲み取れないのか、と多くの者が不満に思ったという。気心の知れた顔見知りの東宝の監督ならスタッフが進言できる。アドバイスもできる。だが、小林は松竹の監督ゆえにスタッフが口を出せる雰囲気ではなかった。それでも三船は小林に文句を一言もいわずに撮影にのぞんだ。本作での三船の一種異様な迫力はそうした背景から生じたのでもあろう。この映画は数々の賞を獲得した。三船の労苦も少しは報われたのではないか。事実、三船は本作を生涯の一本のひとつにあげていた。

『上意討ち—拝領妻始末—』が公開されたこの年、戦争映画を連綿と製作してきた東宝の威信の証明、社の矜持とも受け取れる戦争映画大作が誕生する。スペクタクルを売り物とする映画ではない。一九四五（昭和二十）年八月十四日正午から翌十五日正午に玉音放送が流れるまでの二十四時間、すなわち終戦日の前日から終戦当日の午前までに何があったか、何が行われたのか、誰が何をしたのか、誰に何をさせたのか、これらを政治家、宮内省関係者、元軍人、民間人など膨大な人々の事細かな証言から浮かび上がらせた実話を大宅壮一（実際の作業は半藤一利）がまとめ上げたノン・フィクション『日本のいちばん長い日 運命の八月十五日』を映画化する、小林正樹が撮るはずだった大作『日本のいちばん長い日』（東宝）である。

橋本忍が脚本を書き、岡本喜八が監督をつとめ、東宝創立三十五周年記念映画となった、白黒、シネマスコープ(東宝スコープ)、上映時間一五八分になるこの映画は、太平洋戦争終結の日、日本の終戦記念日である八月十五日の秘話をセミ・ドキュメンタル形式でつづっていく。「激動する日本 昭和二十年八月十五日 私たちの知らないところで 私たちの知らないことが 勇気をもって 秘かに大胆に行われた」「世界中が注目している日本の映画」「惨殺！切腹！反乱！世界を揺るがす運命の24時間」。キャッチコピーも実に重々しい。

製作は藤本眞澄と田中友幸、脚本は橋本忍、撮影は村井博、美術は阿久根巖、音楽は佐藤勝、録音は渡会伸、照明は西川鶴三。三船敏郎、黒沢年男、高橋悦史、中丸忠雄、山村聰、笠智衆、小林桂樹たちをメインキャストに据える東宝オールスターが出演(映画の性質上、女優はほとんど出ない。笠智衆が演じる鈴木貫太郎内閣総理大臣私邸の女中を演じた新珠三千代ぐらいだ)し、仲代達矢がナレーションをつとめた。東宝の洋画系ロードショーの旗艦館である有楽座で一九六七年八月三日から特別先行公開され、八月十二日からは全国の東宝系一般封切り館で中篇記録映画『皇太子同妃両殿下の南米ご訪問』(毎日映画社、中編ニュース社)を併映作にして上映された。

昭和二十年七月二十日、日本政府がポツダム宣言の海外放送を受信する。広島、長崎の原爆惨禍やソビエト参戦で日本の運命は風前の灯となる。八月十日の御前会議で天皇制存続を条件とする宣言受諾が裁決されるが、大権存続の可能性を疑問視する阿南惟幾陸軍大臣(三船敏郎)ら陸軍側の反対にあい、混乱する。八月十四日に特別御前会議が開かれる。国民にこれ以上の苦痛を強いるのはしのびない、と天皇(松本幸四郎)は述べ、日本の無条件降伏が確定する。十五日正午、天皇自ら国民に無条件降伏を知らせる方策が決定する。一部の陸軍青年将校たちは決定を不服とし、本土決戦を叫んで皇居占拠を画策、同志をつのる。敗戦詔書の内容を決める閣議は紛糾する。阿南陸相と米内光政海軍大臣(山村聰)が激しく対立する。連合国に宣言受諾の電報を打つ期限が近づく。午後六時半、米内が折れる。手続き

日本のいちばん長い日【東宝DVD名作セレクション】TDV-25175D

後、電報が打たれる。日本放送協会（ＮＨＫ）が天皇の詔書朗読をレコード盤に録音する。玉音盤は皇居に保管され、十五日正午に放送される。決起を拒否した森近衛師団長（島田正吾）を青年将校たちは暗殺し、偽の師団命令を作成する。皇居を捜索するが、玉音盤は発見できない。青年将校たちは鎮圧部隊の前に敗れる。残った一隊は日本放送協会を占拠し、叛乱声明の放送を要請するが、拒まれる。官邸に戻った阿南は自刃を遂げる。八月十五日正午、炎天下のなか、玉音放送は全国に流れた。

八月十四日正午の宮城内地下防空壕で執り行われる御前会議、ポツダム宣言受諾をめぐる陸軍省と総理官邸の緊迫した攻防、打倒アメリカ、徹底抗戦を叫ぶ血気盛んな陸軍将校たちの決起、天皇の意志のもとに終戦を推し進める日本政府側と叛乱を企てる陸軍将校たちのあいだで苦悩する阿南陸相の葛藤のドラマ、十五日正午の玉音放送準備に騒然となる宮内省とＮＨＫの駆け引き、青年将校たちの玉音盤奪還作戦、これらを要点に据えて映画は進んでいく。

岡本は本作の劇場用プログラムに「21・6才のいのちを――」という〈演出のことば〉を寄せた。それによれば、岡本にとっての戦争は、机を並べた友人が声もなくどんどん死んでいった日々であるという。同級生名簿からその半数が消えていった、だから自分も寿命は二十三歳までとふんでいた、自分にとって終戦とは何か、二十三歳の寿命が一挙に延びたことだ、『日本のいちばん長い日』は新しい日本の一頁だ、当時、二十一・六歳の候補生だった自分はいささかの曖昧模糊も許さずに歴史を変えた一頁を知りたい、自分たちの寿命を縮めていた強大な力がどのように萎えていったか、血と汗と涙がどのように流され、新しい日本が生まれたのか――。

そうした想いを抱きながら岡本は演出にあたった。岡本は映画全篇にリアルな緊迫感を呼び込んだ。そのタッチはスリリングであり、ドラマティックであり、アナーキーでもある。彼の映画志向が横溢したと受け取れた。観ている者もこの二十四時間の蒸し暑さを体感した。俳優もそれぞれに己の役に向かっていった。無条件降伏に激しく抵抗し、叛乱を企てる畑中少佐役の黒沢年男、井田中佐役の高橋悦史、椎橋中佐役の中丸忠雄がほとばしらせる血の叫び、軍人たちの諦念と憤激の交錯、息が詰まるかのような臨場感を生んだ。

そのなかでも圧倒的といえる存在感を示したのが、阿南惟幾陸軍大臣に扮した三船である。彼の苦渋を浮かべる形相の内に封じ込めた激情が映画全篇に只ならぬ緊張感を注ぐ。終盤、阿南は割腹自殺を遂げる。ここはその苦痛が鑑賞者にストレートに伝わってくる出色のシークエンスとなった。

十五日の午前六時。陸相官邸の廊下に軍服に白シャツ姿で正座した阿南は左手に持った短刀の白鞘を払い、刀を腹に突き立てる。腹に巻いた純白のサラシがあっという間にどす黒い鮮血に染まっていく。割腹を続ける阿南は苦痛に顔をゆがめ、額に脂汗を浮かび上がらせる。割腹を終えると、うめき声を漏らしながら井田中佐の介錯を拒み、震える手で己の頸動脈を探り、一気に短刀で切り裂く。鮮血がほとばしる。うなりながら身体をゆらゆらとさせ、やがて絶命に至っていく。

周りのスタッフは息を呑んで阿南(三船)の所作・動作を凝視したという。十五日の正午を迎えた。床の間に安置された阿南の死に顔に天皇の玉音放送の始まりを知らせる君が代が彼への鎮魂歌かのようにかぶさる。ここは、徹底抗戦に失敗した畑中少佐が憑かれたようにビラをばら撒いていくシーンなどとともに、本作屈指の名場面にあげられる。

劇場用プログラムには主な出演者にあてたアンケート、〈その日わたしは〉も掲載されている。①昭和二十年八月十五日にあなたは何処でなにをしていましたか。当時の年令。②終戦を知った時、どんな気持でしたか。③「日本のいちばん長い日」の出演者の一人として感じたこと。この三つの質問に出演者が答えるという企画だ。三船も回答を寄せた。①「十四年徴収陸軍航空上等兵として熊本隈の庄特攻基地に服務。二十六才」、②「快哉を叫んだ」、③「どのような理由があったにせよ驕れる軍部に踊らされ偉大なる無駄と罪悪を犯していたということ」。嘘偽らざる三船の心情が込められている。

阿南陸相を演じる三船は役作りのために兵役時代以来、二十四年ぶりに坊主頭になった。製作発表の際に〈断髪式〉が行われた。『上意討ち―拝領妻始末―』の笹原伊三郎の装束のままその場にのぞんだ三船は、プロデューサーの藤本眞澄、田中友幸たちが見守るなか、力士の断髪式のようにまずは岡本喜八が鋏を入れた。それを映画マスコミが報じた。三船自ら頭を丸めたこともあり、若手出演者たち、高橋悦史、中丸忠雄、黒沢年男たちも頭を刈った。三船がそうした手前、彼らもそうせざるをえなかったらしい。三船はこう述べた。「この頭じゃ当分営業にひびくなあ。それに髪の毛を一定の長さにそろえるため床屋代がかさむよ。でも手間はからないし、夏にはもってこい」。いかにも当時の芸能ネタ的な挿話だ。

二　『黒部の太陽』（一九六八：熊井啓）『連合艦隊司令長官　山本五十六』（同：丸山誠治）

一九六〇年代中期から後期、東宝は大作主義を標榜した。これぞ、という企画には多額の製作費を注いで大作に仕立て、本数は少なくてもそれらで莫大な収益を上げようという戦略である。三船が率いる三船プロダクションがその役目を負った。東宝社内に再び組合が組織され、各陣営の思惑が入り乱れ、スタッフ間の統率が取りにくくなり、己の意見が通らない情勢に危機感を覚えていたという三船は、自らプロダクションを設立して東宝、東宝の傍流系と提携の形を採ることで、自身が理想とする映画作りをめざした。菊島隆三の脚本を自ら演出した『五十万人の遺産』（一九六三／三船プロダクション、宝塚映画）がその端緒となった。岡本喜八の『侍』（一九六五／三船プロダクション、東宝）もそうした一本だった。三船はさらに、監督を小林正樹、脚本を橋本忍にゆだねた、滝口康彦の同名小説を原作とする『上意討ち―拝領妻始末―』を発表し、一九六七年度「キネマ旬報」日本映画ベストワンを獲得する。

そうした時代、三船は生涯のなかでも屈指のものだったと思わせる困難な仕事に取り組む。国家的大事業、世紀の大工事となった黒部峡谷、黒部第四ダム建設工事（一九五六～六三）を、スケール感に満ちた壮大このうえないドラマとともに描いていく『黒部の太陽』（一九六七／三船プロダクション、石原プロモーション）である。日活の大スター・石原裕次郎との〈夢の共演〉を実現させた本作は、日本映画史上でも屈指の超大作映画となった。「構想四年、空前のスケールと迫力！初顔合せの三船・裕次郎が世に問う感動の人間ドラマ!!」「いまだ見たこともない男のドラマを 熱と力でつくり上げた 三船・裕次郎という二人の日本人」「人跡未踏の黒部峡谷に巨大な黒四ダム建設― 日本人の不屈の根性と闘志を描く!!」「映画史上、空前のスケール！最高の顔ぶれ！最大の感動ドラマ!! 日本人必見の世紀の超大作!!」。惹句も三船と裕次郎の共演、かつてないほどのスケールを持つ超大作完成の興奮が抑えられない。総製作費は、当時としては破格の三億八千九百万円。三船の三船プロダクションと裕次郎の石原プロモーションの共同製作による。カラー、シネマスコープ、上映時間一九六分の仕様で配給は日活が担当した。

毎日新聞に連載された木本正次著『黒部の太陽』の映画化は、あらゆる困難が予想されるために大手映画会社でもそうそうは手が出せなかった。裕次郎はそれに正面からぶつかっていき、彼の熱意に打たれた三船が全面協力をした。日本映画界を背負っていたふたりの大スターの強い意志と友情がこの映画を世に誕生させた。宇野重吉が率いる劇団民藝も全力で協力した。企画・中井景、監督と脚本・熊井啓、同じく脚本 井手雅人、撮影・金宇満司、美術・山崎正夫、小林正義、山下宏、音楽・黛敏郎、録音・安田哲男、照明・平田光治。三船敏郎、石原裕次郎、滝沢修、高峰三枝子、佐野周二、辰巳柳太郎、加藤武、樫山文枝といった顔ぶれが軸をなす。三船の映画としては初めての日活系オールスター級キャストが揃えられた。

黒部の太陽［通常版］
PCBP-52940

特撮では迫力が出ない、本物でなくてはだめだ、という製作陣頭指揮の石原裕次郎の方針のもと、スタッフはリアルな再現に徹底的にこだわった。黒部第四ダム建設工事では関電トンネル五・四キロの掘削が最大の難関となった。〈破砕帯〉が立ちはだかった。掘削すれば出水し、トンネルがあっという間に水浸しになる。いかにしてこの破砕帯を克服し、黒四ダムを完成させるか。男たちの熱き戦いが圧倒的な物量をともなって熱く語られていく。

石原裕次郎は一九六三（昭和三十八）年一月に映画製作プロダクションの石原プロモーションを設立した。日頃「俳優は男子一生の仕事ではない」と公言していた裕次郎は、映画製作への夢を抱いていた。しかし、〈五社協定〉が彼の前にそびえ立った。松竹、東宝、大映、新東宝、東映。当時の大手映画会社五社が一九五三（昭和二十八）年に導入した、各社専属の監督、俳優の引き抜きを禁止し、貸し出しの特例も廃止するこの協定により、監督、俳優、技術者たちはそれぞれが専属契約を結ぶ映画会社以外での仕事が固く禁じられていた。一九五八（昭和三十三）年には日活も協定に加わり、〈六社協定〉となった。一九六一（昭和三十六）年に新東宝が経営破綻して消滅したので再び五社協定となる。つまりは、日活の俳優である石原裕次郎の独立映画プロダクション設立は、その五社協定に反逆することを意味していた。裕次郎は日活のドル箱スターだ。独立など認められるはずもない。日活は頑なになった。そこで裕次郎は、日活を拠点に映画製作することを上層部に申し出た。そうして石原プロモーション製作第一回作品、市川崑監督作『太平洋ひとりぼっち』（一九六三）が日活配給によって公開された。

石原プロモーションを設立してさほど時間を置かず、裕次郎は世界的地位を築いていた三船敏郎との共演を企図する。裕次郎は三船プロダクションとの製作提携を模索し、三船と水面下での交渉を重ねる。一九六四（昭和三十九）年十月、ふたりは「石原プロモーション・三船プロダクション提携記者会見」を開く。そこで岡本喜八演出、石原裕次郎、三船敏郎共演による活劇映画大作、満洲馬賊を題材に採る『馬賊』の製作を発表する。裕次郎と三船、これぞ〈夢の顔合わせ〉である。軍人時代に師弟関係を結んだふたりがのちに馬賊となって対立するという筋立てだった。

ところが、事はやはり簡単には運ばない。共同製作といえども他社作品に自社のスターは出せない、と日活からクレームがついた。五社協定の壁だ。ふたりの共演作を東宝と日活のどちらが配給するのか、という難問も出た。東宝の大スターである三船敏郎、日活の大スターである石原裕次郎、このふたりが共演するなどということはまったくの絵空事に思われた。結局、『馬賊』は中止となった。

それでも裕次郎はあきらめなかった。石原プロモーションには人件費として使える資金が五百万円しかなかった。裕次郎は劇団民藝の主宰者であり、映画・演劇界の重鎮である宇野重吉のもとを訪ね、協力を依頼した。宇野は劇団民藝としての全面協力を約束する。木本正次の『黒部の太陽』の映画化に向かって驀進する準備がととのえられた。

裕次郎はさっそくアメリカ映画『グラン・プリ』(一九六七／監督:ジョン・フランケンハイマー)の撮影でイタリアに滞在中の三船に原作小説を送った。三船は即座に企画参加を表明する。監督は日活の社会派監督として映画界から注目を集める熊井啓に決定した。熊井にも五社協定の圧力がかけられたが、それでも彼は同作の脚本と監督を引き受けた。

熊井は日活の社員だ。日活の不快感、拒否反応は尋常ではなかった。製作に協力する関西電力にも圧力をかけたという。裕次郎は屈しなかった。五社協定に引っかかってもいい、たとえ映画界を追放されても俺はこの『黒部の太陽』だけはやってみせる、という意気込みだった。三船も裕次郎の熱い思いに、わかった、俺もやろう、と答えたという。関西電力の社長も圧力に負けることなく協力を申し出た。三船も日活の堀久作社長に直接働きかけた。交渉は難航したが、関西電力が映画の前売り券百万枚の販売を保証している、だから日活が配給すればいいのではないか、との三船の提案を落としどころとし、堀社長は承諾した。一九六六(昭和四十一)年十一月、三船と裕次郎は再び記者会見を開いた。三船プロダクション、石原プロモーション共同製作による『黒部の太陽』が正式に発表された。

太田垣社長(滝沢修)が率いる関西電力は黒部川上流に黒部第四ダムを建設することにした。間組の国木田(加藤武)と熊谷組下請会社の岩岡源三(辰巳柳太郎)は、現場責任者の北川(三船敏郎)を訪ねる。きわめて難しい大事業だ。源三の息子・剛(石原裕次郎)はトンネル掘りの父親に反発し、設計技師となった。剛と北川の長女・由紀(樫山文枝)を一緒にさせたい、と国木田は思う。一九五六年八月、黒四ダム工事が始まる。剛は由紀と会い、親近感を抱く。由紀は北川の身を心配して黒部に向かう。源三は仕事に命を懸けている。その姿に打たれた剛はトンネル掘りの指揮を執る。工事は過酷をきわめ、犠牲者が続出する。翌一九五七年四月、花岡岩帯にぶつかる。山崩れが起き、大量の水がトンネルを襲う。方策がみつからない。そうしたとき、北川の次女・牧子(日色ともゑ)が白血病であと一年の命だ、と知らされる。だが、北川は現場を去らない。現場の士気は下がるばかりだ。作業員も減っていく。北川たちはあきらめない。太田垣は種々の手で莫大な金を集めて注ぎ込み、技術陣も科学的手法による処置を見出す。同年十二月、難所を突破する。剛は由紀と結婚した。一九五九年二月、北アルプスを抜くトンネルが開通する。作業員たちは感涙にむせぶ。北川のもとに牧子の死を知らせる電報が届く。一九六三年三月、黒四ダムは完成した。停年退職を迎えた北川と剛たちは、感慨を抱きながらダムの偉容に目をやる。

映画は関西電力・黒部第四発電所の黒四ダム建設工程のなかで最大の難工事と称された、大町ルートのトンネル掘削に多くの焦点をあてる。破砕帯に果敢に挑み、過酷な闘いの末にようやく打ち破るドラマを映画の中心に置く。当時、映画で描くのは難しいといわれていたものにスタッフは全力でぶつかっていき、尋常ならざる労苦を重ね、いくつもの撮影事故を克服し、映画を完成させた。トンネル貫通がなければ黒四ダムは完成しなかった。大自然の巨立、佇立とも取れる破砕帯を征服することがいかに重大プロジェクトだったかを、映画は人間の叡智への賛歌とともに説得力十分に観る者に伝えていく。それはまた、石原裕次郎、三船敏郎を筆頭とするメインスタッフによる、映画界の破砕帯でもあった五社協定との闘いに重なり合った。

三船は『黒部の太陽』の実現に力を尽くした。監督の熊井が本作における三船のことを『アサヒグラフ［増刊］追悼「三船敏郎」男』に寄せたエッセイ「名優・三船敏郎の気迫」に記している。

三船さんは「何事も円満に解決しながら、一歩一歩、着実に事を進めていこう」と言い、東宝の首脳部との話し合いを始めた。一社ずつ了解をとりつけていくしか方法はないと考えたのである。これは地道ではあるが三船さんらしい正攻法だった。／（中略）三船さんは五社側を切り崩すため六月二十三日に、石原さんと日活の堀久作社長に会ったが、交渉は決裂した。この時、三船さんは正攻法で攻めても「五社協定」の厚い壁は破れないと観念した。そうなると三船さんの言動はすばやい。／「五社が配給してくれないのなら、東南アジアでもアメリカでも、世界中のどこへでもフィルムを担いで売りに行こうじゃないか」／この一言ですべてが決まり、予定どおり製作に踏み切ることになった。／ところが、それを聞いた五社は反撃に出てきた。私に対し日活から解雇通知が送りつけられてきたのだ。しかも私が今後、映画を監督しても五社はいっさい受けつけないという。／それを受けた私たちは対策を練るため集まったが、三船さんも石原さんも黙々と酒を飲んでいるだけだった。そのうち三船さんは私に向かってボソッと言った。／「……こんなことになって、まったく申しわけない」／私は解雇されても映画さえ作れば、あとは何とかなるのではないかと楽観的に将来のことを考えていたので、三船さんの言葉は意外であった。と同時に何と責任感と思いやりのある人だろうかと思った。／酒量が増すにつれて三船さんは「五社協定」に対して激しい怒りをぶつけ、「こんなばかなことがあっていいのか！」と悲憤慷慨した。

映画最大の見せ場が掘削中に大破砕帯にぶちあたり、剛と北川をはじめとする男たちが大出水に襲われるシークエンスだ。このスペクタクルをとことんリアルなものに仕立て、いかに観客を惹きつけるか。受け手を圧倒するか。これが本作の大きなポイントに置かれた。そのためにトンネル掘削現場の再現にスタッフは心血を注いだ。愛知県豊川市の熊谷組工場の敷地内に鉄骨を組み、二百メートル以上はある地上トンネルを作った。地上といっても内部は実物そのものといえるほどのクオリティーを有していた。岩石などはすべて黒部から運び込んだ。出水描写にあたっては、セットの切羽（トンネル掘削の最先端箇所）の外部に四百二十トンの水を貯めた水槽を設置し、水槽内の水を切羽の壁の外側部分に一気に流し込んだ。その水圧で一気に壁をぶち破り、トンネル内に水があふれかえる映像を撮った。水が噴出する直前、三船は大声で「でかいぞっ！」と叫び、裕次郎らとともに走って逃げた。その必死の形相はまさに本物以外の何ものでもなかった。それを金宇満司のキャメラが的確にとらえていった。

もしも三船が恐怖で立ちすくんでしまっていたら撮影は失敗した、死傷者さえも出たかもしれない、大洪水のなかで仁王立ちとなって己の演技をまっとうした三船の姿が三十年以上も経った現在でも目に焼きついている、裕次郎は水に呑まれて気を失い、指を骨折、さらに全身打撲の怪我を負った、文字通りの命懸けの撮影だった——。熊井は著書『黒部の太陽　ミフネと裕次郎』（二〇〇五／新潮社）にそう書いている。「こんなに厳しい仕事は初めてであった。いろいろあった。完成した結晶を前にして歓喜に酔いつつも、涙を禁じえない。この涙には万感の思いのほか、恨みも、怒りも含まれている。黒四ダムに注ぎ込んだ日本人の魂が私の魂にも乗り移った」という三船の談話も同書では紹介されている。

映画の最終盤にも大きな見せ場がある。一九五九（昭和三十四）年二月、ついにトンネルが完成した。作業員たちの歓喜が爆発する。そうしたとき、三船が演じる北川のもとに日色ともゑが扮する娘の牧子の死を知らせる電報が届く。このときのことも熊井は寄稿文で回顧している（「キネマ旬報」一九九八年三月上旬号「巻頭特集　映画の用心棒　追悼：三船敏郎」内「生まれながらの素質を持った百年に一度の名優」）。

役に入り込む集中力は、誰も真似できないほどすごかった。「黒部の太陽」のクライマックスに、トンネルが開通して労働者たちが歓喜に酔う中、三船さん演じる北川のもとに、娘の死を知らせる電報が届くシーンがあった。喜びと悲しみが入り交じった難しい演技だ。普通なら、そんな撮影の前日は早く休んで備えるのに、三船さんはロケ先の近くの小料理屋で朝まで飲み通した。／翌日どうなることかと心配したが、目を血走らせ、憔悴した格好で現れた彼は、役にぴったりはまっていた。しかもセリフは完璧に頭に入っている。この場面をこなすには計算しても無理で、自分でなりきるしかない。そう思い、飲んで自分を殺したのだ。そのシーンを見て、さすがの石原さんも「負けた」とうなっていた。

『黒部の太陽』は一九六八（昭和四十三）年二月十七日、東京は日比谷映画劇場で先行ロードショー公開され、三月一日には全国の日活系上映館で封切られた。かつてないほどの話題作となっていたこともあり、当然のように大ヒット興行となった。本作の映画化は困難、と周囲からの忠告にもめげずに命を懸けて製作、撮影に挑み、難攻不落といわれるほど頑なに守られていた五社協定に果敢に挑んだ裕次郎、三船、熊井、スタッフたちの大勝利だった。その結果、彼らは五社協定に象徴される日本映画界の旧態依然とした体質の改革をなし遂げた。映画の行く先、これからの映画界が進むべき道、それを三船と裕次郎は本作を通じて声高に訴え上げたのだ。

三船は「キネマ旬報」一九六八年五月下旬号に寄せた「日本人の誇りにかけて」で『黒部の太陽』のその後についてを語っている。

だがとにかくこんどの「黒部の太陽」は、いろんな意味で、いい勉強になったようである。別に、悪いことをしようとしているわけではなく、ただいい映画、楽しい映画をつくりたい、その一念で我々は仕事をはじめただけなのに、思わぬところから、いろんな邪魔が入ってくる。日本映画企業の底の浅さを、まざまざとみせられた思いである。が、それを、仕方がない、と悲観してみたところで、それこそ仕方がないことであって、この仕事で学んだことを、十分に生かして、これからも、一本一本こつこつとやっていくしかないだろう。／「黒部の太陽」のようないい素材は、そうざらにないだろうが、裕ちゃんとは、今後も一緒にやっていきたいと思っている。娯楽的なもの、時代劇などと構想は今もいくつかあるが、まず第一に、お客さんに安心して見てもらえる、キチンとした作品であることが条件であろう。／ともあれ、「黒部の太陽」は、おかげさまで大ヒットとなったが、それ故、今は特にひきしまる必要がある。藤猛選手ではないが「勝ってかぶとの…」の心境である。

プロデューサーの自覚と覚悟、同時に自負を感じさせる発言である。〈裕ちゃんとは、今後も〉は、単なる社交辞令ではなく、のちに幾本かの作品で顔を合わせた。なお、発言中の〈藤猛選手〉は、当時、片言の日本語を操って大人気を得ていたプロボクサー、WBA・WBC世界スーパーライト（当時はジュニアウェルター）級チャンピオンの藤猛（国籍はアメリカ）のことである。

『黒部の太陽』公開のおよそ半年後、三船の主演映画が東宝系邦画上映館にかけられた。丸山誠治がメガホンを握った『連合艦隊司令長官 山本五十六』（東宝）である。『日本のいちばん長い日』の大ヒットを受け、東宝は翌年（一九六八年）の終戦記念日シーズン（封切り八月十四日）にも戦争映画大作を送り出した。谷啓、酒井和歌子、宝田明出演、松森健が演出した『空想天国』（渡辺プロダクション、東宝）が併映につけられた。

カラー、シネマスコープ、上映時間一二八分になる本作は、太平洋戦争開戦時、連合艦隊司令長官をつとめていた山本五十六の着任から戦死までを描く。一九六〇年代後期から七〇年代前期にかけて東宝の看板シリーズの座に就いた「8・15」シリーズの第一作でもあった（『日本のいちばん長い日』は厳密にはシリーズに含まれない）。「太平洋戦争史上最大の英雄！　その壮烈なる生涯は日本の運命そのものであった」「アメリカがいちばん恐れた男！」といった惹句を掲げ、東宝は『日本のいちばん長い日』に続く大ヒットを狙った。

製作は田中友幸、特技監督は円谷英二、脚本は須崎勝彌と監督の丸山誠治の共同執筆、撮影は山田一夫、美術は北猛夫、音楽は佐藤勝、録音は西川善男、照明は平野清久。主演の三船敏郎以下、東宝の準オールスター・キャストといっていい俳優たちが顔を揃えた。松本幸四郎、森雅之、加山雄三、黒沢年男、司葉子、酒井和歌子、佐藤允など。『日本のいちばん長い日』と同じく、仲代達矢がナレーションを担当している。

独ソ不可侵条約の成立にともなって米内内閣が成立した。海軍次官の山本五十六（三船敏郎）は連合艦隊を指揮する連合艦隊司令長官となった。その後、近衛内閣が誕生し、三国同盟が締結される。山本は緒戦の勝利で短期に講和に導く日米戦の計画を立てる。昭和十六年、日本はアメリカとの開戦を決める。日米交渉が続くなか、日本海軍機動部隊はハワイへ出陣し、十二月八日の開戦が発令される。「赤城」以下六隻の空母から発進した攻撃隊の奇襲は成功した。しかし、空母がハワイに停泊していなかったことが山本は気になった。緒戦の勝利で日本は沸き立つ。山本が企図した早期講和と異なる方向に動き始める。山本は講和の機会を得るために米空母部隊を誘い出して撃破すべく、機動部隊を繰り出してミッドウェー島を攻略する作戦を立てるが、空母四隻を失う敗北を喫した。早期講和の構想も挫折する。ガダルカナル島の攻防戦は激しさを増し、駆逐艦が島へ物資輸送を行うが、損害は増すばかりだ。山本の命令で同島の飛行場を砲撃し、残存の空母部隊も米空母部隊と交戦するが、連合艦隊はガダルカナル島からの撤収を支援することとなる。連合艦隊司令部はラバウル基地に移り、ソロモン諸島の制空権を奪還すべく空母の航空隊を同地に進出させ、い号作戦を指揮する。一定の戦果をあげた山本は前線の視察におもむくが、搭乗した機がブーゲンビル上空で米軍陸軍航空隊に襲撃、撃墜され、山本は戦死した。

基本的には一種の偉人伝映画となる。といって、セミ・ドキュメンタリックな手法が採られるわけでもなく、真珠湾攻撃からガダルカナル島の戦い、ミッドウェー海戦など戦闘シークエンスも要所に配置されている。山本嘉次郎監督作『ハワイ・マレー沖海戦』（一九四二）、本多猪四郎監督作『太平洋の鷲』（一九五三）、松林宗恵監督作『ハワイ・ミッドウェイ大海空戦 太平洋の嵐』（一九六〇）などで培ってきた、円谷英二を長とする東宝特殊撮影陣による特撮映像（一部流用もある）が映画にエンタテインメント色を加えていく。空中戦では、機銃座の窓越しに墜落する敵機を合成した映像が注目を集めた。

太平洋戦争を扱った東宝映画はどこか明るさがあった。戦争映画に陽的な要素など本来はあってならないものだが、特撮を用いて活

連合艦隊司令長官 山本五十六【東宝 DVD 名作セレクション】
TDV-25177D

劇を重視する娯楽性を求める造りは、終戦から長い年月が経過し、リアルな痛みが癒され、その時代をどこか懐かしみ、先人の苦労にあらためて慰藉を捧げる想いが生じてきた大衆のツボにはまるものだった。

　東宝は以前からコンスタントに戦争映画を放ってきた。太平洋戦争を題材に採り、東宝オールスターを起用する大作映画をお家芸としてきた。新東宝などの他社とは異なり、好戦、反戦（厭戦）の思想色はそれほど表出させず、東宝が誇る円谷特撮を積極的に導入してスペクタクル要素を込めた、娯楽第一主義的な戦争映画を意識的に製作してきた。こうした方針が、諸人が楽しめる東宝カラーの主張にもつながった。

　もちろん映画会社だから種々様々な作品を世に放つのは当然であり、なかにはあからさまな反戦映画、反戦を重いテーマに置く、またはそのような思想を前面に表す社会派映画や人間ドラマ映画、それらを諷刺的にとらえる喜劇映画も多く作られた。その一方で、エンタテインメント戦争映画大作は明らかに東宝の売れ筋商品であり、同社のカラーを伝えるものであり、あまたの一般大衆は諸手を挙げて歓迎した。戦争映画は東宝の看板ジャンルでもあった。

　最大の見ものは、やはり山本五十六に扮した三船の威厳に満ちた風貌と品格、圧倒的な存在感だ。軍人であり、人格者。この奥行きのある人物像に三船は正面から取り組み、諸人が納得できる〈人間・山本五十六〉を銀幕に描き出した。劇映画だから美化されている部分はもちろんある。いうまでもない。『日本のいちばん長い日』の阿南陸相（三船）は日本陸軍を象徴するような存在だった。本作で三船が扮した山本五十六は日本海軍のポジティブなイメージを作った。三船の役柄で最も印象に残ったものとして、山本五十六をあげる向きも多いだろう。その後、三船は同じく東宝「8・15」シリーズ第四弾『激動の昭和史 軍閥』（一九七〇／監督：堀川弘通）、ジャック・スマイトのハリウッド映画『ミッドウェイ』（一九七六／ミリッシュ・コーポレーション、ユニヴァーサル映画）でも山本五十六を演じ、この役は彼の十八番《おはこ》となった。

　一九六八年、山内鉄也が監督して松竹映配が配給した、日本映画復興協会作品『祇園祭』（カラー、シネマスコープ、一六八分）という時代劇映画大作において三船は、東映京都の大スターである中村錦之助、松竹の看板女優の岩下志麻と共演した。完成までに数奇な道をたどり、さまざまな人間、団体がからんだことから権利関係が複雑化し、加えて著作権を京都府が保有することもあって現在でも容易には観られない、いわくつきの作品である。当初は時代劇映画の巨匠・伊藤大輔がこの企画に監督としてかかわっていたため、一部の資料には伊藤の名が山内鉄也とともに記されている。

応仁の乱ののち、それまで虐げられてきた京都の町衆が室町幕府権力に対抗して自治体制を作り、庶民の心の拠りどころである祇園祭の準備に邁進するという物語がつづられる。小川衿一郎、久保圭之助、浮田洋一、遠藤嘉一、茨常則、中岡清、加藤彰朗、鈴木一成が製作を担い、西口克己の原作を鈴木尚之と清水邦夫が脚色した。三船は貧しい人々の味方になる、気性の荒い馬借の棟梁、熊左を演じた。

封切りは一九六八年十一月二十三日。東京地区では東急・松竹系洋画ロードショーの基幹チェーン、渋谷パンテオン、新宿ミラノ座、松竹セントラルで公開され、大ヒットを記録した。「日本映画空前の豪華キャストとスケール！　戦乱の真ッ只中―錦之助・三船の激斗で爆発する民族のエネルギー!!」に引き寄せられた観客も多かったろう。ただし、地方では興行態勢が満足に取られなかったために集客に失敗した。

『祇園祭』は、紆余曲折を経て、最終的に映画会社の枠から飛び出す形で日本映画復興協会（代表：中村錦之助）の製作で進められた。それが有利に働くこともあったようだ。映画の復興を打ち出す姿勢が一種の大義名分となり、各社のスター、並びにフリーの俳優が出演しやすくなったのだという。配役表を見ると、たしかに驚く。高倉健、美空ひばり、渥美清、北大路欣也などの名もある。

本作は今でもときたま京都府京都文化博物館などで上映されている。五社協定にほころびが見え始めた時代に生まれた特異な映画、異端児として忘れがたい一本である。

三　『太平洋の地獄』(一九六八：ジョン・ブアマン)『風林火山』(一九六九：稲垣浩)『栄光への5000キロ』(同：蔵原惟繕)『日本海大海戦』(同：丸山誠治)

『黒部の太陽』のロードショーが始まった一九六八年二月十七日の夕刻、石原裕次郎邸で同作の公開を記念するパーティーが催された。主要スタッフが集まった。しかし、三船の姿はなかった。ジョン・ブアマンが監督し、リー・マーヴィンと共演するアメリカ映画でセルマー・プロダクション作品『太平洋の地獄』(原題『Hell in the Pacific』)の出演で太平洋のパラオに滞在していたのだ。

マーヴィン、ブアマン、三船の三者会談から生まれたという『太平洋の地獄』(テクニカラー、パナビジョン、一〇四分)は、「太平洋戦争末期―南海の孤島に激突する日米海軍将校！」という惹句を引っさげ、一九六八年十二月二十一日、松竹映配の配給により松竹洋画系の丸の内ピカデリーをメイン館として全国でロードショー公開された。70ミリ仕様の大作映画である。製作はルーベン・バーコヴィッチがつとめ、エリック・バーコヴィッチとアレクサンダー・ジェイコブスが製作と脚本を手がけた。当初、脚本には日本サイドとして橋本忍も全面的にかかわっていた。

太平洋戦争末期。太平洋上に不時着した日本兵(三船敏郎)が無人島に行き着く。彼はそこで生き延びるために最低限の生活環境を築く。しかし、同じように不時着したアメリカ兵とおぼしきパイロット(リー・マーヴィン)がその島にいることを知る。敵同士のふたりは水や食糧をめぐって激しく闘争する。といって、無人島だからほかに誰もいない。たがいに協力しなくては生きていけないことをふたりは悟る、という物語が展開する。

出演者はマーヴィンと三船、ふたりだけだ。そのために監督の演出、両者の演技に作品の出来の多くの部分がゆだねられた。三船はここでも圧倒的な存在感を見せつけた。台詞がきわめて少ない設定ゆえに演技力そのものに注目がいく。強面の風貌でデビュー当時は悪役専門、一九五〇年代後期からは一転して正義のタフガイとして西部劇映画や戦争映画で活躍してきたマーヴィンを向こうにまわし、なんら引けを取らず、貫禄負けなども少しもない。恰幅のいい西洋人の前では萎縮する傾向を持つ日本人らしくない姿だった。マーヴィンは一九二四年生まれだから三船の四歳下になる。日本のドル箱スターである三船と対等にわたり合った彼もまた名優だった。

「キネマ旬報」一九八四年六月上旬号内「インタビュー　日本のスター　三船敏郎の巻　戦後最大の国際スター（後篇）」で三船が本作をふりかえっている。

「太平洋の地獄」のジョン・ブアマンはイギリスの監督でしたが、兵隊の経験は無いんです。リー・マーヴィンは、海兵隊の経験があるんですね。サイパンで日本の兵隊に銃剣で刺された傷跡を見せてくれました。「止まれ」って言葉が分からなかったんで、ジャングルをどんどん入って行ったら、ザックリやられたって言ってました。こっちも兵隊あがりだし、お互い話は合いました。最初は、向こうが航空隊の少佐で、こっちが海軍の兵曹だったんですよ。そうすると階級に差ができてしまう。昔、満州にいた時、親父から、軍人は国が違っても上官に対して敬礼しなければならないと聞いてましたから、同列階級にせいと強く要求して。向こうは大尉に降格、こっちは大尉に昇格（笑）。あと、筏を作って脱出するというシーンで、筏の作り方でもめるわけです。じょうだんじゃない。そこで、私に地団駄踏んで泣けって言うんですよ。「大日本帝国人は泣かんのである」（笑）と断固としてつっぱねて、二、三日撮影にならなかった。「日本の男は、心で泣いても顔には出さん」と頑固なこと言って（笑）。

太平洋の地獄
JVBF-25115

日本人でなければわからないことがある。日本人だから譲れない線がある。外国人には理解できないことも、日本ではそれが通用する。国の文化、風俗、慣習とはそういうものだ。三船が出演した外国映画は日本人も多く観る。そうした人々に不快感を与えてはいけない。だから自分が率先してそれらをスタッフたちに伝えなくてはいけない。三船は外国映画に出演する際、いつもそう肝に命じていた。

本作の製作、撮影時ではかなりのトラブルがあったという。国籍、言語の異なるスタッフ、キャストがひとつのものを作り上げる芸術ゆえにそうしたものはあるに違いない。「キネマ旬報」一九六九年二月下旬号の「随想」、「太平洋に鳴る汽笛」で三船はふりかえっている。

パラオ島の岸壁で、一万六千トンのオリエンタル・ヒーロー号の汽笛が「ブォーブォー」と、早朝の空気をゆるがせて鳴った。船長以下、東洋人の乗組員たちが、スコップやスパナなどを手に持って、ぞくぞくと上陸し、緊迫した雰囲気がただよう。ストライキだ。まさに「ケイン号の叛乱」ならぬ「オリエンタル・ヒーロー号の叛乱」である。／「太平洋の地獄」パラオ島ロケの、チャーター船に対する、待遇問題がこじれての、トラブルだ。日本人と、アメリカ人と、イギリス人と中国人と、いろいろな人種の人間がまじりあって一本の映画を作るという事実には、いろいろなことが、起こるものだ。／プロデューサーと監督の間に、撮影進行のスピード問題がからんで、深刻な対立が起こったことも、再々だった。ついには、監督をおろして、「ミフネとマービンとが相談しながら、キャメラマンと組んで、監督ぬきで仕事をすめてくれ」と要請が出るところまでいったこともある。しかしこれにはマービンも私もスタッフも、みんなが断固として反対した。一致して、監督支持に、結束したものだ。／映画作りという、集団による事業には、トラブルがつきものである。一人一人が、みんな各パートのオーソリティであればあるほど、各自が強い個性を持っている。それが現場で猛然とぶつかりあう。ましてや国籍のちがう人間たちの合同作業である合作には、それが出る。／そのぶつかりあいは、映画の出来上りを、よりよくするための、各自の努力のぶつかりあいであり、トラブルでなければならぬ。そのぶつかりあいの結果が、プラスの方向に生かされたとき、映画はよくなる。／人間と人間が、ものを作るというのは、そういうことだろう、という気がする。勝負は、あくまでも作品の出来上りだ。／今では、あの汽笛の音が、かえってなつかしい。

「勝負は、あくまでも作品の出来上がり」。まさにそうだろう。なお、「オリエンタル・ヒーロー号」は、本作の製作にあたって三船たちの宿泊所となった豪華客船である。

本作の評価は分かれた。ではあるが、日本人とアメリカ人、ほかに誰もいない環境下でたったふたりだけで行う〈静かなる戦争〉の果てに浮かび上がる人間の小さな存在、哀しい運命。それがシャープでキレのある語り口で伝わってきた。そっけない、唐突なエンディングもこの映画には合っているように思えた。ふたり芝居のごとき、舞台劇のような余韻があった。といってもこれは劇場版の終わり方であり、もうひとつ、別のエンディングが存在することも知られている。

監督のジョン・ブアマンはドキュメンタリーから映像の世界に入ってきた人物で、本作ののち、『脱出』(一九七二／アメリカ)『未来惑星ザルドス』(一九七四／イギリス)『エクソシスト2』(一九七七／アメリカ)などで熱狂的マニアを持つカルト的監督となる。そうした彼の癖のある作家性の萌芽は本作からもつかむことができる。『太平洋の地獄』も一部の映画マニアのあいだでは人気作として浸透しており、たとえば、二〇一七(平成二十九)年に日本で公開されたアメリカ映画『キングコング：髑髏島の巨神』(監督：ジョーダン・ヴォート＝ロバーツ)のオープニング・シークエンスは、明らかに本作にオマージュを捧ぐものだった。

三船プロダクションがこの時代の東宝、日本映画界を牽引していたといっていい。一九六九(昭和四十四)年二月一日からの東京の日比谷映画劇場での先行ロードショー公開後、三月一日より東宝系邦画上映館で封切られた(併映作品は北海道放送映画作品、小林千種が演出を担った短篇映画『北日本を飛ぶ』)稲垣浩監督による三船プロダク

『太平洋の地獄』『風林火山』『栄光への5000キロ』『日本海大海戦』

ション作品『風林火山』（カラー、シネマスコープ、一六五分）は、三船敏郎をはじめ中村錦之助、石原裕次郎、佐久間良子など各社の大スターが顔を揃えるという、日本映画ファンには夢のような一本となった。

「キネマ旬報」一九六九年三月上旬号に「乱世の映画界に嵐を呼ぶか『風林火山』」という座談会が載っている。出席者は井上靖、稲垣浩、三船敏郎、橋本忍、映画評論家の岡本博と荻昌弘。このなかで三船はこう語っている。

「黒部の太陽」「祇園祭」の話ですが。五社協定とか何とか、いろいろな障害が、たくさんありましてね。「もうだめだ」ということも再々だったんです。それを、あえてやった意気込みの反映みたいなものが、特に強く感じられるとしたら、そのとおりだったと思います。でも、いわゆるスター・プロというのも、同じ顔ぶれでもう二本も、三本もやったら、これはあきられちゃいますよ。これからは、やはり内容、材料、企画で勝負していかなければ。

三船に『風林火山』の製作を持ちかけたのが藤本眞澄だった。橋本忍と国弘威雄が共同執筆した台本を三船に差し出し、「やってみないか」と言ったという。三船は乗り気になったが、『太平洋の地獄』の撮影のためにパラオ島に長期滞在してなくてはならず、一時棚上げとなった。ところが、パラオ島逗留が想像以上に長期化し、単調な生活の繰り返しのなか、想いが急激に『風林火山』映画化に向かっていったという。急にその気になったのだ。帰国後、三船は本作の製作に猪突猛進した。

製作は三船敏郎、田中友幸、西川善男、稲垣浩。井上靖の原作小説を橋本忍と国弘威雄が脚色し、稲垣が監督をつとめた。撮影は山田一夫、美術は植田寛、音楽は佐藤勝、録音は西川善男、照明は小西康夫が担当した。キャストは日本映画界オールスターと称しても少しも大仰とはならない。三船敏郎、中村錦之助、石原裕次郎、佐久間良子のほかに月形龍之介、中村梅之助、大空眞弓、中村翫右衛門、久我美子、田村正和、緒形拳などの名が並ぶ。「日本映画の宿願ここに成る！ 未曾有の豪華娯楽巨篇」「風のごとく火のごとく戦国武将の大いなる夢と野望をのせて騎馬軍団がゆく！」「疾きこと「風」の如く侵掠すること「火」の如し！戦国の世の夢と野望を描く不朽の大ロマン！」。三百頭の騎馬武者が合戦を繰り広げる大スペクタクルをうたうパブリシティも奏功し、文字通りの大ヒット作となった。

　戦国時代。兵法に秀でてはいるが、有能な主君にめぐり合えずに年齢を重ねた山本勘助（三船敏郎）は、甲斐の武田家へ目をつける。板垣信方（中村翫右衛門）に取り入り、当主の武田晴信（中村錦之助）とのお目見えを許される。武田家家臣は流れ者の勘助の才を評価しないが、板垣の推挙なら、と晴信は召し抱える。勘助は仕官となっての初陣、諏訪攻めでは謀略を仕掛け、国主・諏訪頼茂（平田昭彦）を謀殺する。だが、その姫・由布姫（佐久間良子）に心を奪われる。晴信は次に信濃攻略に乗り出す。勘助の理解者の板垣をはじめ、勘助を快く思わずに命までも狙った甘利（山崎竜之助）が戦死する。武田勢は多大な犠牲を払った。戦況は長期化する。信濃の諸侯は越後を頼って落ちのびる。越後には関東管領・上杉家の名跡を継承した長尾景虎改め上杉謙信（石原裕次郎）がいる。由布姫は二十七歳で死んだ。由布姫の子・勝頼（中村勘九郎）の成人が勘助の生きがいとなる。武田か。上杉か。川中島を主戦場とする戦国一の決戦が始まる。勘助は謙信の背後の妻女山から攻撃して敵を追い落とそうとするが、謙信は前夜のうちに軍勢を移動し、武田の本営に攻め込む。武田勢は防戦に追い込まれる。勘助は決死隊を率い、敵の本営へ突撃する。敵の一陣を突破したとき、雑兵の槍が勘助の目に突き刺さる。妻女山の背後にまわった坂垣信里（中村賀津雄）の軍勢が到着する。だが、勘助に助かる術はもはやなかった。

　三船が山本勘助を、中村錦之助が武田信玄を、佐久間良子が由布姫を、終盤でようやく姿を見せる石原裕次郎（台詞はない）が上杉謙信を演じるなど、各社の看板スターがここに結集し、〈五社協定〉の枠

風林火山【東宝 DVD 名作セレクション】
TDV-25107D

を取り払うかのごとき豪華キャスティングで大きな話題を撒いた。通常、武田信玄の旗指物、軍旗に記された〈風林火山〉を映画にする場合は信玄が中心に来る物語となると思われるのだが、本作はあくまで井上靖の『風林火山』の映画化作品であり、主人公は山本勘助となる。ゆえに主演の三船が勘助を演じるのは自然の流れだった。

右に転載した「キネマ旬報」一九六九年三月上旬号の『風林火山』座談会にこのような三船の発言がある。

私が「風林火山」でやる役とすれば、どうしても武田信玄じゃない。山本勘助なんですね。最初に話のあった頃のイメージとしては、実は普通の健康人の半分も五体の条件のよくない別に腕が立つわけでもないただ頭脳一つで生きていく勘助という男の印象は、大膳殺しのシーンからして、あんまりよくなかった。稲垣監督も「赤い風車」のホセ・ファラーのロートレックみたいに、足を縛って短かくしよう、なんていうし。(笑)それじゃ馬にものれない。(笑)だが何度も何度も本を読んでいくうちに映画界自体が戦国乱世の様相をおびてきたし、ここには、実に何か現代的な雄大で壮大なロマンが、映画的に充満している、という気がしてきたんです。

三船は『黒部の太陽』に続き、当時の日本映画界ではタブーとされるキャスティングに挑んだ。ゲリラ的に事を進めたわけではなく、三船らしく礼節を重んじ、筋を通す形で各社に各俳優の出演を依頼した。一例をあげれば、由布姫役の佐久間良子の場合、三船は東映の大川博社長を直接訪ねた。大川との直の話し合いの末、見返りに自分が東映の作品に出ることを約束し、佐久間良子出演の許諾を得た。大川は二年後の一九七一(昭和四十六)年に物故して岡田茂が後継社長に就任したが、三船はその後、大川との約束を果たした。三船の熱意を受けた佐久間は、戦国の世に生まれ、その世界で生き抜こうという強靭な意志を有し、勘助の想いをすぐに見抜くしたたかさも併せ持つ由布姫を力演した。中村錦之助が扮する信玄に的が多めにあてられたのも、そうした東映、大川への配慮があったのだと思われる。

山本勘助、由布姫、武田信玄ら登場人物の心理描写、複雑な人間関係の処理、説明は時代劇映画のまさに手練れである稲垣浩の堅実な演出力、橋本忍の周到な脚本がもたらしたものだ。中村錦之助、佐久間良子、石原裕次郎、それぞれを活かした見せ場も用意された。それでも三船が演じる山本勘助が中心に置かれる。由布姫に寄せる勘助の心情がとりわけ物語に厚みを加える。勘助は常に前を向く。自身の野望(夢)を追いかける。由布姫に想いを抱く。アグレッシブに生きていく。たとえ実を結ばなくとも。三船のキャラクターをふまえた人物設定だ。豪放磊落な勘助になるのも当然だった。日本映画界にそびえる大スター・三船敏郎、その壮年時代を堪能するには絶好の一本となっている。時代劇映画大作としての観応えもたっぷりだ。なかでもクライマックスの合戦シークエンスのスケールの大きさは特筆したい。

「キネマ旬報」の『風林火山』座談会では、原作者の井上靖が映画に高い評価を与えている。いわく、『風林火山』という小説は映画になるまで非常に時間がかかったけれども結局は非常に幸せな作品となった、稲垣、三船が手を差し伸べてくださるのを待っていた、原作を完全に映画に活かしてくれている、非常に見事な映画だ、〈映画は強い〉ことをいちばん強く感じた、今後もこういう信念を持った作品を作ったら日本そのものが変わってくるのではないか。映画はそういう力を持っている、この方向で進んだら映画がもう一度すごい時代を迎えるのではないか、と。あからさまな社交辞令が鼻につく感は否めないが、原作者にそのような感想をいわしめたことは、プロデューサー三船としてもさぞかし嬉しかったろう。

黒澤明がかねてから本作の映画化を構想していたが稲垣のもとに企画が行ってしまった、せめて最大の見どころとなる三百頭の馬を投入する大合戦シークエンス、さらにタイトルを撮りたい、と黒澤が申し出た——。このようなエピソードがある。せめて大合戦、タイトルでも……というのはなかなか鵜呑みにはできない部分だと思えるが、黒澤が映画化を企図していたのは事実だ。三船もいくつかの媒体でそう発言している。この原作に惚れ込んだ黒澤がすでにタイトルバックのコンテまで仕上げている、三船も黒澤のそうした意思には心が激しく揺れ動いたが、製作は東宝ではなくて三船プロダクションであり、製作費、製作日数をはじめとした種々の問題が立ちはだかって三船プロダクションは応じられなかった、黒澤と稲垣のあいだに入って難しい調整役をしてもらった田中友幸には大変に苦労をかけた、と。

ところが、意外なことに、映画マスコミからは出来に関しての好意的な意見はそれほどは出なかった。一方、興行は大成功、大作主義を掲げる東宝戦略に凱歌があがった。『黒部の太陽』と『風林火山』。三船と石原裕次郎の共演作がこの時代の日本映画界を席捲した。三船プロダクションのまさしく最盛期だった。

日本映画史から見ると、一九六〇年代後期におけるスター・プロダクション作品のブーム現象は『黒部の太陽』の大ヒットが呼び起こしたもの、となる。つまりは三船プロダクションと石原プロモーションがそうした時代を作ったことになる。一九六九年七月十五日、石原プロモーション製作、蔵原惟繕監督、山田信夫脚本による超大作映画『栄光への５０００キロ』が松竹映配により、東京地区は渋谷パンテオン、新宿ミラノ座、松竹セントラルでロードショー公開された。「炎熱のサファリ原野を爆走——愛を捨て死と対決する若きレーサー！」とうたわれた、カラー、シネマスコープ、上映時間一七五分というこの超大作映画にも三船は出演した。

一九六六年、アフリカで開催されたサファリラリーで日産自動車が優勝した実話を描く。製作費は破格の四億円。日産サファリラリー・チームの監督をつとめた笠原剛三の原作を山田信夫が脚色し、蔵原惟繕がメガホンを握った。製作は石原裕次郎、中井景、栄田清一郎。金宇満司がキャメラをまわし、黛敏郎が音楽を書いた。フリーランスのプロレーサーとして海外の各種レースに参加する五代高行（石原裕次郎）が種々のドラマを見せながら、東アフリカのサファリ・ラリーに参戦して優勝を勝ち取るまでが描かれる。

主演の裕次郎の周りを多彩な俳優陣が固める。彼の恋人で元ファッション・デザイナーの坂木優子に浅丘ルリ子、彼のライバルであるルディックにジャン＝クロード・ドルオー、その妻・アンナにエマニュエル・リヴァ、日産自動車常務の高瀬裕一郎に三船敏郎、日産自動車特殊実験課長の竹内正臣に仲代達矢、日産サファリラリー・チーム監督の野村憲一に伊丹十三という配役である。

　ドラマ上での大きな見どころはない。石原裕次郎と浅丘ルリ子の恋愛劇はあるものの、淡々と、平坦に進む。見せ場はやはりレース・シークエンスとなる。ヨーロッパ、アフリカで長期ロケーションを行った成果を存分に見せる。サファリラリーはケニアの首都ナイロビからスタートし、ナクールからビクトリア湖の北側を通ってウガンダのカンパラ、カバーレ、フォートポータルを経て再びカンパラに至り、ケニアのヴォイ、インド洋岸のマリンディ、モンバサなどを昼夜通して五日間に五千キロを走破し、ナイロビへ戻る。〈カー・ブレイカー〉と称されるほどのきわめて過酷なレースだ。

　アフリカの荒野をひたすら疾走するレースの臨場感はたしかにある。とはいえ、映画全体を覆う冗長感は最後まで払拭できなかった。海外ロケーションを敢行し、海外スターを出演させ、海外マーケットも視野に含んだ日本映画超大作が陥りがちな空疎な作品、という映画マスコミの指摘は十分にうなずけた。だが、本作が公開された当時は多くの一般日本人にとってヨーロッパは憧れの地であり、アフリカは未知の世界だった。そうした背景があるからこその世界観光映画としての味わいは認められる。

　日産自動車常務役で登場した三船は〈特別出演〉〈友情出演〉の枠にとどまっており、精彩に欠く。記しておくべき場面もない。三船はまだ五十歳前だが、実年齢以上の姿に見えた。二十代、三十代、四十代、三船は己の個性を思う存分に打ち出すことで俳優・三船敏郎、大スター・三船敏郎の地位を築いてきた。そうした彼の歩みに制御がかかってきたような感を覚えた。三船プロダクションの責任者としての役割が日増しに大きくなっていたのだろう。かつてのように俳優業に打ち込める環境ではなくなった面もあったに違いない。三船にも確実に時代の変化が襲いかかっていた。そう

栄光への 5000 キロ【通常版】
PCBP-52970

実感させる『栄光への5000キロ』の出演だった。

この時期、三船の体調はよくなかった。「キネマ旬報」一九六九年三月上旬号に「三船敏郎近況を語る」というインタビュー記事が掲載されている。そのなかでこう語っている。

身体の丈夫さだけは、自慢していたんだけど、今度は、ほんとうに胃をやられてしまったのです。四年ぐらい前「グラン・プリ」で、ちょうど半年間ヨーロッパにいたころから、実はしくしくと時々、胃が痛み出した。そして耐えられないようなケイレンが、ときどき襲ってくる。アメリカ映画の場合、ちゃんとスタッフの中に医者がいるんだけれど、この時の医者はイブ・モンタンとミニ・スカートの話ばかりしているようなヤブ医者でしてね。ぼくは全然、脈なんかとらせたことがなかった。日本に帰ったら日本人の医師に見てもらおうと思っていた。症状は、このころからなんです。／だが、それからおこがましくも自分のスタジオを建てて自主作品を作ったり、海外に出かせぎに行ったり、「黒部の太陽」を作ったり。なんだかんだで、ここ二、三年ばかりは、三百六十五日、休みなしに夢中で働いてしまった。その結果、疲労とストレスみたいなことで、倒れてしまったのです。正式な病名は胃潰瘍です。

三船は体調不良のためにいくつかの映画、自社制作のテレビ映画の出演を断念した。三船プロダクションは社員、スタッフを百二十人ほど抱える大会社だ。その経営は三船の腕一本にかかっていた。過酷な毎日だった。仕事をキャンセルしたことで、仲代達矢との不仲説などもマスコミでまことしやかにささやかれた。黒澤明が20世紀フォックスの戦争映画大作『トラ・トラ・トラ！』の監督を降板させられた一件で映画界、マスコミが大騒ぎする最中、『風林火山』の完成披露パーティーにおける三船の発言（プロの俳優を起用しなかったことに関連するもの）が結果的に舌禍事件として扱われたこともあった。

しかしながら三船はやはり俳優・三船敏郎だった。日本映画のアイコンだった。『栄光への5000キロ』公開の二週間後の一九六九年八月一日に日比谷映画劇場(東京地区)で先行ロードショーされ、同月十三日からは福田純が監督し、萩本欽一、坂上二郎主演の『コント55号 人類の大弱点』(東宝)を併映作に従えて全国東宝系邦画上映館で封切られた『日本海大海戦』(カラー、シネマスコープ、一二七分)は、それを何よりも実感させた。

『連合艦隊司令長官 山本五十六』に続く「8・15」シリーズ第三弾(その前の『日本のいちばん長い日』も含めれば第三弾)となったこの作品は、一九〇五(明治三十八)年、時の連合艦隊司令長官・東郷平八郎を主人公に据え、日本海軍がロシアのバルチック艦隊を破った海戦を描く。戦争映画は太平洋戦争、という路線から離れ、本作は日露戦争を題材に採る。「本日天気晴朗ナレドモ波高シ…無敵ロシア艦隊を迎え撃つ日本連合艦隊!」「無敵ロシア艦隊を迎え撃つ日本連合艦隊 国の運命を賭けて激突する一〇〇隻の艦艇!」「無敵ロシアに宣戦布告!国の運命を賭けて激突した一〇〇隻の艦艇!」。キャッチコピーも相当に力が入っている。

製作は田中友幸。八住利雄の脚本を丸山誠治が演出した。特技監督は円谷英二、撮影は村井博、美術は北猛夫、音楽は佐藤勝、録音は吉岡昇、照明は高島利雄。出演陣は東宝のオールスター級男優陣の名がずらりと並ぶ。三船敏郎、加山雄三、仲代達矢、松本幸四郎、笠智衆、辰巳柳太郎、黒沢年男、佐藤允などである。

十九世紀末、欧州列強は中国への侵略を続けた。明治三十三年、日本を含む八ヶ国の連合陸戦隊が排外思想を奉ずる義和団の暴動を鎮圧する。だが、ロシアは満州に兵をとどめて日本を標的にする。明治天皇(松本幸四郎)を仰いでの御前会議を経てロシアに抗議文を送るが、効果はない。国交は断絶した。連合艦隊司令長官・東郷平八郎(三船敏郎)は、バルチック艦隊とともに旅順、ウラジオストクにいる太平洋艦隊の動向に配慮しつつ、秘策を練る。旅順港口に老朽船を沈めて艦隊を封じ込む奇策を広瀬少佐(加山雄三)が提案する。乃木希典軍司令官(笠智衆)が率いる陸軍第三軍は旅順要塞に陸上攻撃をかける。ロシア艦隊は封鎖を破理し、敗走した。十月二十日、バルチック艦隊がリバウ港を出港する。敵艦は日本海へ。そう判断した東郷は連合艦隊を内地に引き上げる。攻撃開始から五ヶ月後の翌年の元日、旅順二〇三高地の敵陣が乃木軍によって陥落する。バル

日本海大海戦【東宝 DVD 名作セレクション】
TDV-25179D

チック艦隊の航路が敵司令長官の一存で決まるという情報をストックホルムで諜報活動をする明石元二郎陸軍大佐(仲代達矢)がつかむ。五月二十日、見張船信濃丸が五島列島沖にバルチック艦隊を発見する。五月二十七日、旗艦「三笠」にZ旗を掲げた東郷長官は敵の直前を大曲転する戦法を採り、敵の先頭を圧迫する。日本艦隊が激戦を制す。国民は大勝利に酔いしれる。しかし、東郷はこれからの真の戦いに深刻な想いを抱く。

日露開戦に至っていく経緯から映画は始まる。日露戦争の幕が切って落とされ、敵国のロシアが誇るバルチック艦隊を東郷が率いる連合艦隊が撃滅するまでが描かれるが、日露戦争における主要な海戦となった仁川沖海戦、旅順港急襲作戦、旅順港閉塞作戦をはじめとして「常陸丸」の悲劇や黄海海戦、旅順攻略戦も周到に押さえる。そうしたなか、最大の見せ場である日本海海戦が克明に描写される。港閉塞作戦によって〈軍神〉とうたわれるようになったという広瀬少佐(加山雄三)、ヨーロッパで諜報活動に従事した明石大佐(仲代達矢)など、東郷平八郎以外の軍人のエピソードも適宜挿入される。このあたりは大ベテラン脚本家・八住利雄のシナリオ術であり、手練れである丸山誠治の演出力とみなしていいだろう。

三船の姿は圧倒的なインパクトを放つ。主演者だから当然だろうが、三船のオーラが全篇に漂っている。東郷平八郎は寡黙かつ荘重な人物だったといわれる。三船にはもってこいの役だ。東郷平八郎と三船が無理なく重なり合った。エンディング、東郷が夫人のテツ(草笛光子)と明治神宮参道を歩く。そこに矢島正明のナレーションがかぶさる。東郷のその姿に本作のテーマのひとつが浮き上がる。戦争とは何か。勝利することで戦争の真の恐ろしさを知る。勝つことも戦争の恐怖なのだ。カタルシスなどはない。三船の凛とした表情が観客にそう語りかけてくる。

本作の大きな呼び物、それが特技監督の円谷英二がつむぎ出す特撮映像だ。円谷は翌年の一九七〇(昭和四十五)年一月二十五日に逝去した。『日本海大海戦』は彼が特技監督をつとめた最後の作品、遺作となった。東郷が指揮する連合艦隊とバルチック艦隊の攻防は臨場感にあふれ、息もつかせぬ映像を展開する。円谷特撮のなかでも最も高い完成度を誇る一本としてファンの脳裏に刻まれている。

四 『赤毛』(一九六九:岡本喜八)『新選組』(同:沢島忠)

先にも記したが、この時代、日本映画界にはスター・プロダクションの嵐が吹き荒れた。三船敏郎の三船プロダクション(一九六二年設立)、石原裕次郎の石原プロモーション(一九六三年設立)、勝新太郎の勝プロダクション(一九六七年設立)、中村錦之助の中村プロダクション(一九六八年設立)など。その先頭を走ったのが三船プロダクション、石原プロモーションだった。これらスター・プロダクション製作の大作映画は〈五社協定〉の意義が薄れていくなか、その存在感をひときわ輝かせた。『黒部の太陽』(三船敏郎、石原裕次郎)『風林火山』(三船敏郎、石原裕次郎、中村錦之助、佐久間良子)『栄光への5000キロ』(石原裕次郎、三船敏郎、浅丘ルリ子)などがその頂点となった。『祇園祭』(中村錦之助、三船敏郎、岩下志麻)も加わる。勝新太郎の勝プロダクション、中村錦之助の中村プロダクションも追随した。

ところが、一九七〇年代の到来が近づくにつれ、そうした動きに衰えが見えてきた。スター・プロダクションが前面でかかわる大作映画の観客動員が伸びなくなってきた。集客に苦労するようになった。それがはっきりと現れ出たのが、三船が主演した岡本喜八監督作、『赤毛』(一九六九/三船プロダクション)だった。

『風林火山』の大ヒットで活気づく三船プロダクションが放った、カラー、シネマスコープ、上映時間一〇六分という仕様によるこの幕末時代劇映画は、当時沸き起こっていた〈明治百年〉ブームを眼下に据えて製作された。徳川から明治へと体制が移行していく革命期、相楽総三の赤報隊の一隊士である、百姓出身の権三のドラマを熱く描く。「〝赤毛〟は世直しの印 革命の血 維新に斬り込んだ豪快な男！」「激動の幕末に黎明をひっさげて 疾風のごとく現われた炎の男！ 三船プロが放つ豪快時代劇！」も力強い。

製作は三船敏郎と西川善男、脚本は岡本喜八と廣澤榮、撮影は斎藤孝雄、美術は植田寛、音楽は佐藤勝、録音は市川正道、照明は佐藤幸郎。キャストは三船敏郎、岩下志麻、高橋悦史、寺田農、乙羽信子、岡田可愛、吉村実子、望月優子などとなる。一九六九年十月十日、福田純監督作『コント55号 俺は忍者の孫の孫』（東宝）との二本立てで封切られた。

赤毛
TDV-16012D

相楽総三（田村高廣）が隊長をつとめる赤報隊は、錦の御旗を旗印に江戸に進軍する先駆けとなった。百姓上がりの隊士・権三（三船敏郎）は相楽に願い出て、隊長の印となる赤毛を借用して単身、目的地の澤渡宿に乗り込む。権蔵の故郷だ。宿場は代官と権力に結託した博徒の駒虎一家に支配されている。民衆は圧制に苦しみ、娘たちは借金のカタに女郎に売り飛ばされようとしていた。権三は三次（寺田農）とお袖（岡田可愛）と出会い、ふたりを駒ヶ根ノ虎三（花沢徳衛）一家から救出する。権三と駒虎には因縁がある。簀巻きにされ、恋人のトミ（岩下志麻）を年貢の代わりに掠奪されたのだ。トミと再会した権三は女郎たちを解放し、代官屋敷から年貢を取り返して百姓たちも救う。民衆は権三を慕う。滅びゆく幕府に殉じ、官軍を阻止しようとする幕臣たちの遊撃一番隊が町人に化けて宿場に潜入する。居合い斬りの名人、一ノ瀬半蔵（高橋悦史）が権蔵の命を狙う。駒虎はトミをまるめ込む。官軍の献金持ち逃げや偽官軍の噂を立てられた権三は民衆の信用を失う。本隊に報告するために権三は三次たちに軍資金を持たせる。だが、三次たちは東山軍参謀たち、白毛をかぶる官軍に殺害される。東山軍参謀には年貢半減令や民衆の支持などは不要だ。代官は一番隊に殺され、彼らも官軍の手にかかる。トミも、権三も。民衆は〈ええじゃないか〉をただ踊るだけだ。

映画の舞台は一八六八（慶應四）年。幕末から明治へと体制が大きく変動していく革命期にあたる。三船が演じる、幕末時に世直しに奔走する百姓上がりの赤報隊隊士・権三のドラマを岡本は重厚感豊かに描いていく。男っぽい、歯応えのある作品ではあるが、岡本は〈赤毛の権三〉のキャラクターにユーモラスな味も加え、堅苦しいばかりの映画にはしていない。娯楽色を存分に盛り込んでいる。

物語が進むにつれて高まってくる民衆のエネルギーが映画に旨味を加えていく。すべてが民衆の脈動、熱い血潮に結びついていく。人々の鬱積した感情、情動、思念。それはラスト、岩下志麻が扮するトミと権三が官軍の銃弾に倒されたのち、〈ええじゃないか〉を繰り出すことしかできないというくだりに象徴される。

松竹のトップ女優である岩下志麻の東宝初出演作は話題を集めた。三船と岩下の顔合わせは映画ファンの興味を駆り立てるものだった。赤報隊に所属する権三の波瀾の歩みを岡本ならではのリズムとカッティングワークでエネルギッシュにつづった佳品だったが、思いのほか評判にならなかった。三船と岩下の共演も集客にはそれほど結びつかなかった。興行は成功せず、三船プロダクションには借金が積み重なった。プロデューサーの三船も苦渋を味わった。それでも彼の映画に懸ける情熱、熱き想いは失せない。映画製作に向かっていく。

一九七〇年代の訪れが近づく一九六九年十二月五日、日比谷映画劇場(東京地区)で次の三船敏郎主演映画が先行ロードショー公開された。東映時代劇映画、東映任侠映画、美空ひばり映画で一時代を築いた沢島忠を監督に招いて三船プロダクションが製作した『新選組』(カラー、シネマスコープ、一二一分)である。三船の百本目の映画出演作(当時の公称)ということで、〈三船敏郎映画出演100本記念〉とうたわれた。

一八六三(文久三)年に結成された新選組の実態、栄光の日々からやがて衰退の途をたどる過程、新選組に命を賭けた近藤勇を筆頭とした男たちの熱きドラマが語られる。宣伝惹句は「殺人集団と恐れられ刀で誠を貫ぬいた日本最後の侍たち!」。ロードショー公開後、一九七〇(昭和四十五)年一月一日からは加山雄三の「若大将」シリーズ第十五弾、岩内克己監督作『ブラボー! 若大将』(東京映画)を併映作に従え、東宝系邦画劇場で上映された。

　製作は三船敏郎、西川善男、稲垣浩、脚本は松浦健郎、撮影は山田一夫、美術は植田寛、音楽は佐藤勝、録音は市川正道、照明は佐藤幸郎が担当した。三船敏郎、小林桂樹、三國連太郎、北大路欣也、田村高廣、中村翫右衛門、司葉子、中村錦之助などがメインキャストをつとめた。

新選組【東宝DVD名作セレクション】
TDV-25111D

　文久三年一月。武州多摩で然理心流の試衛館道場を開いている近藤勇（三船敏郎）は仲間の土方歳三（小林桂樹）、門弟の沖田総司（北大路欣也）たちと浪士隊に応募し、京に向かう。浪士隊には水戸浪士の芹沢鴨（三國連太郎）らもいた。江戸逆戻りの命に背いた近藤、芹沢をはじめとする十三人は松平肥後守預けとなる。これが同年三月の新選組誕生に結びつく。そうしたとき、島原の大夫のお雪（池内淳子）と妹のお孝（星由里子）が近藤に惚れる。実権を持つ芹沢が民衆に乱暴狼籍を働いた。近藤は土方、沖田たちと組んで芹沢を暗殺する。新見錦（内田良平）たち芹沢派にも襲撃をかけ、近藤は新選組の実権を握る。元治元年六月五日、政変によって失墜した長州派の志士たちが池田屋に集まる。それを知った近藤たちはたったの五名で突入する。大乱闘が繰り広げられる。志士の死者は七人。二十人あまりが生け捕りにされる。新選組の大勝利だ。幕臣の信頼を集めた新選組は確実に大きくなっていく。一方、幕府は衰亡の一途をたどる。近藤は幕府の危機を知る。それでも最後まで幕府のために働こうとする近藤の心は変わらない。近藤たちは鳥羽・伏見の戦いに敗れ、江戸へ帰還する。甲陽鎮撫隊を率いた近藤は下総流山において官軍に下った。慶応四年四月二十五日、板橋の刑場で近藤は斬首の刑に処された。

　新選組の結成劇、伊東甲子太郎一派の分派、芹沢鴨の暗殺、池田屋斬り込み、御陵衛士による近藤襲撃、鳥羽・伏見の戦い、板橋の近藤処刑など、大衆を惹きつけやすい見せ場が複数設置できることもあってか、新選組ものは映画ばかりでなく演劇やテレビドラマの分野でもよく採り上げられる。本作はそうした新選組ものの決定版を狙ったもので、三船プロダクションが満を持して送り出した。

といっても、映画の作り手は彼らを英雄視するわけでもない。血の結束を重んじる新選組に生涯を捧げようとするも、己の立場に悩み、困窮し、行く道に不安を覚える彼らの姿も描き出す。史実とフィクションを巧みに織り交ぜ、娯楽性を追求した。悪役的立場に位置する芹沢鴨の人物像もまた同様で、通り一遍の扱いにはなっていない。すべては時代劇映画の匠《たくみ》である沢島忠の手腕と受け取れる。『沢島忠全仕事 ボンゆっくり落ちやいね』(二〇〇一/ワイズ出版)にある沢島の証言によれば、松浦健郎の脚本にまったく納得しなかった沢島は三船に、これでは撮れない、と述べた、三船が「書いてください」といったのでホテルにこもって脚本を書いた、という。

三船を筆頭とする俳優のそれぞれの個性が楽しめる一編となった。薩摩の鉄砲隊に射ち殺される沖田総司役の北大路欣也はうってつけの配役であり、芦沢鴨に扮した三國連太郎も適役だった。性格俳優としての持ち味を発揮した。小林桂樹は力演をしているが、土方とはタイプが少し違った。近藤勇役の三船は、三船にしか見えない。出自は百姓の男が最後は武士として死んでいく。エンディングの近藤勇の斬首描写がかなりショッキングな見せ方のために、ここばかりが妙に印象に残る結果となったが、本作の三船は豪快、豪放磊落のなかにも人間としての歩みを実感させる。三船らしい立ち廻りもある。従来の近藤勇のイメージからはやや年齢が高く見えたが、スター映画なのだからそれを気にするのは無粋だろう。沢島は三船について前掲書で次のように述べている。

大きく時代が流れていくなかで、追いつめられていくが、唯ひとつ「誠」っていうものを通した男をやっていこうと思った。豪快さの中に、百姓上がりの男を三船さんは実によくやってくれて。男の哀しみをよく出してくれました。僕は黒澤さんがお撮りになった三船さんも好きですけども、三船さんの近藤勇は、三船プロの中で撮ったシャシンでは一番いいと思ってます。久し振りに本格的な時代劇が撮れました。

また、このようなことも。錦兄とはもちろん中村錦之助のことだ。

テレビの「忠臣蔵」やってくれと言われたんです。あのあとすぐテレビの「大忠臣蔵」に入ったんですよ。僕はテレビはやりませんからって、お断りしました。錦兄と三船さん仲良しでしたから、錦兄の会にはいつも来て下さったし。よく三船さんとは飲みました。あの人、酔っ払うと「グワッテム」と言っておこるんです。でも僕にはそういう事全然なかった。三船さんが僕の脚本でやらしてくれた事が、一番良かった。

製作に稲垣浩が加わり、監督を東映京都時代劇映画の名工・沢島忠にゆだねた本作の興行は予想を下回るものとなった。大スター共演も、物量作戦で押す時代劇映画の大作も、もはや大衆の関心をそれほど買うものではなくなっていた。映画人口は確実に落ち込んでいた。映画興行は凋落の一途をたどっていた。一九四〇年代後期より日本映画界の中央で活躍し、戦後日本映画の歴史を築いてきた三船にもひとつの節目がつけられる時が訪れた。一九六〇年代が終わった。一九七〇年代が開幕する。

第九章 三船敏郎とスター映画大作の時代

——一九七〇年代——

『レッド・サン』撮影時にアラン・ドロンと。ふたりは固い友情に結ばれた。

一　『座頭市と用心棒』(一九七〇：岡本喜八)『幕末』(同：伊藤大輔)『待ち伏せ』(同：稲垣浩)『激動の昭和史　軍閥』(同：堀川弘通)

一九七〇年代を迎えると日本映画界は大きな変容を来たした。観客減少に歯止めが利かなかった。三船敏郎も否応なく大きな節目の時代に突入する。三船プロダクション制作によるテレビ時代劇映画『五人の野武士』(一九六八、六九)などのテレビ分野の仕事にたずさわる一方、健康問題もあって映画の出演本数は減っていた。自社(三船プロダクション)ものにほぼ集中していた。そうしたなか、勝新太郎と共演する岡本喜八監督作『座頭市と用心棒』(一九七〇／勝プロダクション)が生まれてきた。

一九六〇年代の日本映画界を席捲した大映京都の名物シリーズ「座頭市」映画の第二十作目にあたるこの映画は、大映の看板スターである勝新太郎と戦後日本映画最大のスターのひとりである三船敏郎、すなわち座頭市と用心棒、日本映画界が誇る二大キャラクターが相対するという、日本映画ファンならば必ずや一度は夢想したに違いない〈夢の対決〉を実現させた。一九七〇年代初期を代表する話題作と述べても大げさとはならない。

カラー、シネマスコープ仕様で上映時間一一六分、大映配給の本作は、一九七〇(昭和四十五)年一月十五日、大映系映画館で公開された。マキノ雅弘が江波杏子、津川雅彦、成田三樹夫たちで撮った『女組長』(大映東京)との二本立てだった。A面はもちろん『座頭市と用心棒』である。

製作は勝新太郎と西岡弘善、監督は岡本喜八、原作はいつものように子母沢寛となっているが、吉田哲郎のオリジナル脚本だ。岡本も共同脚本として名を連ねた。吉田が主導を取り、岡本が細かな修正をほどこしていった。撮影は大ベテランの宮川一夫、美術は大映京都時代劇のシンボルでもあった西岡善信、音楽は「座頭市」シリーズでは欠かせない伊福部昭、録音は林土太郎、照明は中岡源権という布陣である。当然ながら大映京都の色合いが相当に濃いスタッフ編成であり、岡本としては、大映京都に単身乗り込んだ、という感覚だったろう。勝新太郎、三船敏郎、若尾文子、米倉斉加年、滝沢修、岸田森、神山繁、細川俊之など、重厚なキャストが揃えられた。

座頭市(勝新太郎)は三年ぶりに蓮華沢の里に立ち寄る。里を支配する小仏の政五郎(米倉斉加年)は、用心棒の佐々大作(三船敏郎)に百両で市殺しを依頼する。市と対峙した佐々は彼がただの按摩でないことを知る。ふたりは再度の勝負を約束し、市の昔馴染みである梅乃(若尾文子)が女将の居酒屋で酒を酌み交わす。兇状持ちの市は牢屋に入れられる。財力で里に君臨する生糸問屋の烏帽子屋弥助(滝沢修)が市を助けた。政五郎は佐々に市殺しを再度頼む。佐々は二百両を要求する。弥助は莫大な量の金の延べ棒を隠していた。政五郎たちは金の在りかを探していた。流れ者、実は金を得ようとやってきた公儀隠密の九頭竜(岸田森)が烏帽子屋に草鞋を脱ぐ。彼は短筒の名人だ。市は佐々と組み、金を探す。弥助の息子・後藤三右衛門(細川俊之)が江戸から大目付の目を逃れて戻った。小仏一家と烏帽子屋の大喧嘩が始まる。三右衛門が佐々を襲撃するが、手元を誤り、弥助に傷を負わせる。這いながらも金粉の山にたどり着こうとする弥助だが、九頭竜の短筒の前に倒れる。彼も金が目当てだった。九頭竜は佐々の命も狙う。佐々をかばおうとして梅乃が九頭竜に撃たれる。佐々は九頭竜を倒す。深傷を負った梅乃の手当てをした佐々は市と対峙する。両雄は刀を交えるが、なかなか勝負がつかない。梅乃の命が助かった。市と佐々、向かい合ったふたりはやがて背を向け、歩き出す。

誰もが黒澤明の映画から誕生したとみるに相違ない用心棒・三船と座頭市・勝が刀を交える。この一点を強調する戦略によって製作中より華やかな話題を提供した。「勝が構えた！三船が抜いた！ついに実現した地上最大のチャンバラ！」。これも少しもオーバーではない。

座頭市と用心棒【東宝DVD名作セレクション】TDV-28027D

この線で押しに押し、座頭市映画中、最大のヒット作となった。東宝の岡本喜八が大映京都のアイコンである「座頭市」映画を撮る。これも映画ファンをあおった。勝と三船の決闘。座頭市と用心棒の激突。映画の観客動員が減少しているとはいえ、これはさすがにインパクトがあった。大勢の人々が上映館に押し寄せた。スター映画の極致でもあった。

ところが、それが波紋を呼ぶ。東宝が題名を問題視した。いうまでもなく、〈用心棒〉である。〈用心棒〉と聞けば誰もが三船敏郎を連想する。黒澤明監督作『用心棒』(一九六一／黒澤プロダクション、東宝)における桑畑三十郎、『椿三十郎』(一九六二／同)における椿三十郎はそれほどまでに浸透していた。その用心棒が座頭市と対決する。それを前面に押した題名は東宝の神経を逆撫でするに十分なインパクトがあった。東宝のいわば専売特許ともみなされる〈用心棒〉が大映系上映館にかかるのだ。東宝系の館主、営業部が憤るのも無理はなかった。三船もまさか〈用心棒〉が使われるとは思っていなかった。ちょうど自社(三船プロダクション)の『新選組』(一九七〇／監督:沢島忠)が二番館、三番館で上映される時期に大映系の映画館で『座頭市と用心棒』が大々的に公開される。『新選組』の興行の足を引っ張るのは間違いなかった。三船は平身低頭だったという。

しかしながら、実際のところ、勝と三船が身構えるポスターなどを眺めながら両者の対決模様を想像するまでが楽しい映画だった。完成作は空虚なムードがどんよりと漂うものとなっていた。結局は勝新太郎と三船敏郎の対決、座頭市と用心棒の剣戟ですべてが始まり、終わる「座頭市」映画であることは誰もがわかっており、その成り行きに観る者の意識が集中したが、これも誰もが予想した通り、痛み分け、引き分けに落ち着いた。勝負はつかなかった。この結末にほとんどの観客は肩透かしの気分、虚しい想いを味わい、溜息をついた。

映画マニアはやはり、岡本の「座頭市」映画がどのようなものになるのか、三船が出演することでいかなる空気がもたらされるか、に興趣が湧く。たしかに喜八映画らしいリズム、ダイナミズム、トーンはそこかしこから感じ取れる。岡本時代劇映画の芳香も少しは匂い立っている。彼が撮る時代劇映画は殺伐とした空気感が大きな特徴だった。その雰囲気もある。三船の出演は、「座頭市」映画に三船プロダクション制作によるテレビ時代劇映画の要素が加わった印象を覚えさせた。「座頭市」は大映京都の伝統と歴史が滲みついたものだ。そこがいい。スタッフの多くが大映京都の人材とはいっても、外部から監督が入ってくれれば、それまでとは異なる空気が俄然濃くなる。加えて、三船はどう見ても東宝カラーに染まった大スター、ミスター東宝であり、ミスター日本映画だ。ゆえにファンが親しむ「座頭市」映画の世界には馴染みきれなかった。三船の出演、岡本の演出が「座頭市」映画の質を変化させてしまった。「座頭市」シリーズの番外篇といった色合いばかりが強くなった。

しかし、勝が手塩にかけて育ててきた「座頭市」映画に三船が出たことは、勝にとっては快哉に値するものだった。三船の出演について、後年、「浪漫工房」第八号「国際スター三船敏郎 その偉大なる愛」内でこのように語っている。

東宝は、なかなか三船さんを出してくれないんだよね。三船さんに「出てください」とお願いすると、三船さんは「出てやろう」という態度の人ではないんだ。「出させて貰います」という姿勢。それは本当にうれしく心地良かった。こちらも迎える側として、三船さんの扱いには非常に気を遣った。戦国時代に武将を迎える時の心配りはこんな心で迎えたと思う。

『座頭市と用心棒』の公開から一ヶ月後、三船も出演者のひとりとなった新たなスター映画大作が公開される。一九七〇年二月十四日から東京の有楽座で先行ロードショー公開され、同月二十八日から全国東宝系邦画上映館で「社長」シリーズ第三十三作目にして最終作、松林宗恵監督作『続 社長学ABC』(東宝)との二本立てで封切られた、伊藤大輔監督作『幕末』(中村プロダクション)である。カラー、シネマスコープ、上映時間は一二〇分。本作は時代劇映画の巨匠、時代劇の父ともいわれる伊藤大輔の遺作として知られている。

『座頭市と用心棒』『幕末』『待ち伏せ』『激動の昭和史 軍閥』

伊藤大輔は晩年、舞台演劇の演出もしていた。映画分野で名コンビを組んできた中村錦之助とも作品を重ねていた。『幕末』は伊藤演出、錦之助主演の舞台劇、司馬遼太郎原作の『竜馬がゆく』を自ら映画化したものだ。薩摩と長州、両藩の連合と勢力拡大に尽力し、新たな未来を夢見て大政奉還を進言した坂本竜馬が藩吏につけ狙われ、暗殺されるまでを描く。この映画はまた、三船敏郎と伊藤大輔の唯一の顔合わせ作ともなった。この点でも目を惹く。

幕末【東宝DVD名作セレクション】
TDV-25112D

製作は小川衿一郎。司馬遼太郎の原作を伊藤大輔が脚色、演出した。撮影は山田一夫、美術は伊藤寿一、音楽は佐藤勝、録音は野津裕男、照明は中山治雄。出演は中村錦之助、三船敏郎、仲代達矢、吉永小百合、小林桂樹、仲谷昇、中村賀津雄、神山繁といった面々である。

幕末。雨の日、泥酔した土佐藩の上士・山田広衛（山形勲）が、下士の中平（片山明彦）から傘と足駄を借りて履いた町人（大辻伺郎）と事情を説明する中平を斬殺した。士分以外に足駄を履いてはならないのだ。憤激した中平の弟（古谷一行）は山田を槍で突き殺した。中平の弟は自刃した。この一件で坂本竜馬（中村錦之助）は土佐藩に嫌気がさす。昨今は上士たちが幅を利かせており、下士の武智半平太（仲谷昇）を中心とする土佐勤王党との対立が激化している。小競り合いも多い。竜馬は土佐藩を脱藩し、江戸へ向かった。開国派の幕臣・勝海舟（神山繁）と面会した竜馬は、勝の広い視野と学識に感銘を受ける。勝に弟子入りした竜馬は海洋技術を学ぶ。竜馬は長崎に行き、貿易商社の亀山社中を興す。饅頭屋出身の近藤長次郎（中村賀津雄）が勤王党同志にその出自を追及され、殺された。竜馬は失望する。潜伏先の寺田屋にやってきた伏見奉行衆を竜馬は倒した。薩摩藩の西郷吉之助（小林桂樹）に匿われた竜馬は、寺田屋の娘、おりょう（吉永小百合）と結ばれる。竜馬は対立する薩摩と長州を同盟させようと画策する。竜馬の熱き想いを知った西郷は薩長同盟を締結する。後藤象二郎（三船敏郎）の相談に乗った竜馬は大政奉還を提案する。やがて徳川幕府は終焉を迎える。国事に明け暮れた竜馬が京都の近江屋で中岡慎太郎（仲代達矢）とくつろいでいるとき、黒覆面の暗殺団が襲撃してくる。竜馬と中岡は殺された。
「日本中が燃える！ 浪士も幕府も藩もミカドも百年を若者に賭けた」「日本中が燃える！ 徳川かミカドか百年を賭ける男たち！」「日本中が燃えあがる 運命を握る若者たち」などとポスターには踊っているが、日本の未来を切り拓こうと大志を抱く若者たちの熱情が描かれるのはたしかなのだが、錦之助、三船、仲代、小林など、日本映画界の重鎮俳優たちを多く並べるスター映画としての性格が前面に出た。だから相当に薹《とう》が立った若者たちだ。坂本竜馬に強く共感する錦之助が製作の主導を取った。中村プロダクションの社長として今、この映画を作るべきだ。そう考えたのだろう。

　この映画は伊藤大輔が最晩年に撮ったもので、結果的に彼の遺作となった。枯れた感覚などはなく、剣戟描写などはかなりの過激度を持ち、アナーキーに展開する。カット割りが細かく、ときに無音にし、スローモーション映像も採り入れる。まるで若手映画作家のごとき熱気があった。近江屋事件でのクライマックスは本作最大の見ものとなるが、致命傷を負ったはずの竜馬と中岡がなかなか絶命に至らずに、竜馬の錦之助、中岡の仲代、それぞれがたっぷりと見せどころを作るという舞台劇風演出が採られる。ふたりとも大仰な芝居を存分に見せる。中岡は血だらけになって息も絶え絶えの竜馬を慮《おもんぱか》り、己も瀕死の重傷を負っているのに二階の窓から声を振り絞って竜馬の窮状を訴える。だが、もう力が入らない。己の身体を支えられずに落ちてしまう。いったんは瓦の屋根をよじ登るが、力が尽きて再び落ちる。竜馬の名を叫びながら。そして声は途絶える。近江屋の室内の竜馬は座ったままの状態で腕を垂れ下げ、動かない。ところが、顔を振り上げると背後の炬燵《こたつ》にもたれ、身を反らせるかのような格好をして絶命する。画面は暗くなる。ふたりとも大見得を切って死んでいく。

　舞台劇を観ているようだった。錦之助、仲代の台詞回しもいかにもだった。死の美学。死の陶酔。侍の果て地。悲壮このうえない最期に観客はしばしば言葉を失う。あまりに大げさ、あまりに殺伐、あまりに滑稽。そうしたものが受け容れられる空気感がこの時代にはどんよりと漂っていた。伊藤大輔も、錦之助も今を生きる人だった。映画は時代を映す。伊藤もまたこの現代を生きる映画作家だった。それを実感させる本作の終幕である。

錦之助、仲代をはじめとしてオールスター・キャストと呼ぶべき配役が採られたが、三船の立ち居振る舞いはさすがに堂に入っていた。錦之助と三船の対峙場面。ふたりは己の感情をときに表に出し、ときに隠し、表情、目の演技で会話をし、駆け引きをし、腹の探り合いをする。静かに進行するふたりのぶつかり合いは緊迫感を引き出した。

吉永小百合の清楚な色気が作品に艶を注いだ。彼女が伊藤大輔の映画に出演していたことを意外に思う向きもあるかもしれない。

『幕末』の封切りからおよそ一ヶ月後の一九七〇年三月二十一日、三船プロダクション製作、稲垣浩演出による時代劇映画大作『待ち伏せ』(カラー、シネマスコープ、一一七分)が登場する。一九七〇年に入り、三船が出演するスター映画三本が連続的に公開された。驚くべきハイペースだ。

『待ち伏せ』は三船敏郎、勝新太郎、石原裕次郎、中村錦之助、浅丘ルリ子という五大スターの共演を実現させた。これには大スター共演にすっかり慣れていたファンも目の色を変えたことだろう。「続いて一人また一人　峠に湧いた凄い奴！　幕府の罠か？　だれを斬るのか殺気が走る！」「続いて一人、また一人…三州峠に凄い奴！　誰が斬るのか、斬られるのか――でっかい獲物の匂いがする！」。宣伝文句も思わず力が入る。

監督は時代劇映画の大ベテラン、三船の恩師のひとりである名匠・稲垣浩に任された。大ヒット興行となった同じ稲垣監督作『風林火山』(一九六九／三船プロダクション)再び、という思惑が製作側にあったのは指摘するまでもない。

製作は三船敏郎と西川善男。藤木弓、小国英雄、高岩肇、宮川一郎による脚本を稲垣浩が演出した。撮影は山田一夫、美術は植田寛、音楽は佐藤勝、録音は市川正道、照明は佐藤幸次郎が担当した。三船敏郎、石原裕次郎、勝新太郎、中村錦之助、浅丘ルリ子、北川美佳、有島一郎、土屋嘉男などが出演した。

浪人の鎬刀三郎（三船敏郎）は〈からす〉と呼ばれる老人（市川中車）に小判百枚で雇われ、三州峠で何事かを待つ。三郎は途中、夫の伊太八（土屋嘉男）に虐待されるおくに（浅丘ルリ子）を助ける。彼女は茶屋を営む徳兵衛（有島一郎）とお雪（北川美佳）に雇われる。納屋には医者くずれの玄哲（勝新太郎）がいた。盗賊の辰（山崎竜之介）を捕らえて負傷した同心の伊吹兵馬（中村錦之助）、兵馬に無実の罪を着せられたヤクザ者の弥太郎（石原裕次郎）も茶屋に居座る。辰の仲間が現れる。辰は密書の運び屋として利用されていた。法華の権次（戸上城太郎）が茶屋の人々、おくにを追ってきた伊太八も皆殺しにしようとする。そこに玄哲が姿を見せる。彼は三州峠を通過する、さる藩の御用金強奪計画の主犯だった。玄哲も〈からす〉に動かされていることを三郎は知る。玄哲はかつて江戸城の御殿医だったが、水野忠邦に利用され、追放された。以来、水野から汚い仕事を任されるようになった。地方の小藩を取りつぶして領地を我が物にしようという水野の策謀であり、三郎はその片棒を担がされたのだ。行列が到着する。そのとき、三郎に玄哲暗殺の命令が下る。すべてを玄哲の仕業にしてしまおう、とする水野の罠だ。弥太郎が役人を連れて駆けつけ、真実を知った玄哲は谷に身を投げた。三郎も捕らえられそうになったが、兵馬に助けられる。目的を達して姿を消そうとした水野一味を三郎は斬り捨てる。

待ち伏せ【東宝 DVD 名作セレクション】
TDV-25108D

峠の茶屋が舞台となる。ある命を受けた浪人を筆頭に、わけありの不可思議な人々が次々と集まってくる。いったい何者なのか。なにゆえにここに来たのか。各登場人物が抱える背景を進行とともに明らかにしていきながら、彼らは共闘するのか、対立するのか、殺し合うのか、各自の思惑、駆け引き、打算などが渦巻くなか、描かれる。などというと綿密な心理描写がほどこされた映画なのかと思いがちだが、大スター五人を扱うので各人に見せ場を用意しなければならない。三船、勝、裕次郎、錦之助、浅丘、それぞれのファンが上映館に来る。そのために各人の個性、持ち味は活かしている。といっても、五人も重要人物がいるので各自の人物像を深くは掘り下げられない。脚本家の苦労が想像できる。このあたりは本作の欠点でもある。

それでも日本映画界を背負う大スター五人の顔合わせはやはり圧巻だ。俳優たちのいくつものからみ、それぞれが見どころを作る。なかでも三船と勝の共演は日本映画ファンには堪えられないものがあった。〈世紀の対決〉を実現させた『座頭市と用心棒』のあとではあったが、浪人姿の三船の立ち姿は威厳に満ちており、一方の、本人の奔放な人間味、キャラクターをそのまま重ねたと思わせるオーラをほとばしらせる勝の対峙は迫力があった。性格の悪い男を楽しげに演じる錦之助、ヤクザではありながらもともとの人のよさを隠せない裕次郎、女のドロドロとした情念をかもし出す浅丘、おのおのキャラクターを発揮した。脇役も充実している。幕府老中配下の〈からす〉役の市川中車（八代目）は稲垣監督作の東宝時代劇映画大作『忠臣蔵 花の巻・雪の巻』（一九六二）では吉良上野介役を憎々しく好演したが、ここでは不気味でつかみどころのない人物を自然な形で演じ、強い印象を残した。

『待ち伏せ』は大スター共演がまずは打ち出される作品だった。脚本をもっと練り込み、スターの扱いに配慮しすぎることなく、稲垣時代劇映画の粋を集め、その集大成的なものをめざしていたら、今現在とは異なる位置づけに据えられたかもしれない。幾人もの手で脚本を書き上げたからなのか、登場人物の行動が理解しにくく、都合のよいところばかりが目立った。

この時代、日本映画界の凋落は歯止めが効かない状態だった。そのなか、三船は三船プロダクション製作による大作映画を送り出し続けた。日本映画をもう一度隆盛させたい、日本映画黄金期を復活させたい、日本映画の底力を見せつけて映画は面白い、楽しい、テレビでは味わえないものと、もう一度大衆に認識してほしい、といった想いとともに。『待ち伏せ』もそうした三船の情熱から生まれた。かつて〈五社協定〉という名のもとに俳優の動向を厳しく管理していた日本映画界もこの頃は様相が変化していた。三船プロダクションや石原プロモーション、勝プロダクションなどスター・プロダクションがいくつも設立され、五社協定の土台が大きく揺らいでいた。三船敏郎、勝新太郎、石原裕次郎、中村錦之助、浅丘ルリ子という東宝、大映、日活、東映、四大映画会社の看板スターが一堂に揃うという、夢のような顔合わせを現実のものとした映画を三船プロダクションが製作したのもそうした背景があった。

宣伝もそうした方向を大々的にうたったのだが、大衆の反応は思いのほか鈍かった。三船、勝、裕次郎、錦之助、プロダクションを抱える彼らが共同戦線を張った、スター・プロダクションの力を保持することを主目的に置いた〈談合〉映画といった趣旨の性格が指摘され、映画マスコミの印象もよくなかった。失敗作との声も多く上がった。興行もそれほどは振るわなかった。本作は稲垣と三船の最後の顔合わせ作となり、稲垣の遺作となった。だからラストの三船の大剣戟はある意味、ふたりの最後のコラボレーションにふさわしいものとも映った。

『待ち伏せ』の仕上がり具合と興行的失敗は、東宝の時代劇映画大作、稲垣の映画監督人生、三船のスター時代にひとつの区切りをつけた。本作、三船が代表作の一本と公言していた『風林火山』も含み、一九六〇年代中期以降の両者の顔合わせ作には稲垣の衰え、稲垣映画術の衰退を感じさせることも若干ながらあった。

三船にとって稲垣浩は俳優活動における恩人といえる監督だった。時代劇映画、活劇映画、人間ドラマ映画、三船が出演し、稲垣が演出した全二十本の作品は、戦後日本映画の一時代を築いた。

一九五八(昭和三十三)年の最盛期は十一億人に達した映画人口は、一九六二(昭和三十七)年にはおよそ半分となり、一九六九(昭和四十四)年にはついに三億人に落ち込む。大作映画が目に見えて減り、低予算映画が占める割合も増えた。各映画会社の看板を背負ってきた大物監督たちが大手を離れ、独立映画プロダクションに参加するケースも珍しくなくなった。一九六二年に誕生した日本アートシアター・ギルド(ATG)と独立映画プロダクションが提携する事例も多くなった。そうなると大手では作れない、嚙み応えのある、社会に影響を与えるような野心作、問題作が世に出てくる。大島渚、羽仁進、岡本喜八たちが旺盛な創作意欲を発揮する。だが、こうした作品は集客が難しい。一般大衆に娯楽を提供するものでもない。映画作家の自己満足の次元で終わる作品も少なくなかった。ただし、映画興行に新風を吹き込んだことは間違いない。

『待ち伏せ』に続き、三船敏郎、石原裕次郎、浅丘ルリ子が出演する、石原プロモーション製作の『ある兵士の賭け』（一九七〇／監督：キース・エリック・バート。共同監督：千野皓司、白井伸明）が松竹映配の配給で一九七〇年六月六日に初日を迎えた。カラー、シネマスコープ仕様で上映時間は一三六分というなかなかの大作である。東京は東急・松竹系洋画ロードショー館の渋谷パンテオン、新宿ミラノ座、松竹セントラルで上映された。

ある兵士の賭け
PCBP-52989

戦争の罪悪、贖罪をテーマに据えた人間ドラマ映画で、児童養護施設の建設に情熱を傾ける元アメリカ軍兵士とフリーカメラマン（石原裕次郎）の国境を超えた物語がつづられる。製作は奥田喜久丸、製作総指揮は石原裕次郎と中井景、原案はジェームス三木、脚本はヴィンセント・フォートレー、猪又憲吾による。出演は石原裕次郎、浅丘ルリ子、デール・ロバートソン、フランク・シナトラ・Jrなど。

「赤・青・黄・白―ヘルメットの青春にあえてこの映画をおくる！」「その日、許せざる暴虐を私は見た……日米ヤング・パワーが手をつないで描く衝撃の戦争ドラマ」などとうたわれたが、さほど話題にはならなかった。三船は舞台が別府に移ってから顔を出してくる。大分合同新聞編集局長役だった。

その二ヶ月後、東宝「8・15」シリーズの一作で堀川弘通が監督をつとめ、三船が出演した『激動の昭和史　軍閥』（カラー、シネマスコープ、一三三分）が登場する。岡本喜八監督作『日本のいちばん長い日』（一九六七）を含めれば同シリーズの第四弾にあたる。一九三六（昭和十一）年の二・二六事件から戦争終結に至る一九四五（昭和二十）年の冬までの途を、東條英機を軸に、政治を掌握していった軍部の実態をあばいていく。そこに大本営の発表に対抗しようとする新聞記者のドラマが組み込まれる。

〈軍人・東條英機〉を本格的に描くという意味では、ほかに類例を見ないような斬新な作品となった。「巨大な組織が育てた一人の独裁者…その野望と狂気が日本を戦争にかり立てた！」「巨大な権力を握り日本を戦争に走らせた恐るべき独裁者と組織！」「昭和23年12月23日A級戦犯東条英機 絞首刑！ この恐るべき独裁者を育てた巨大な組織の正体！」。宣伝文句も東條に絞っている。小林桂樹が東條役を熱演し、その風貌ぶりが大きな話題を撒いた。

藤本眞澄と針生宏が製作を担当し、笠原良三の脚本を堀川弘通が演出した。撮影は山田一夫、美術は阿久根巌と育野重一、音楽は眞鍋理一郎、録音は渡会伸、照明は石井長四郎が担った。出演は小林桂樹を筆頭に、加山雄三、三船敏郎、黒沢年男、山村聰、三橋達也、中谷一郎、藤田進など、「8・15」シリーズで馴染みの重厚な男優たちの名が並ぶ。一九七〇年八月十一日から東京地区は有楽座で先行ロードショーが始まり、九月十二日からは全国の東宝系邦画封切り館で石田勝心監督、なべおさみ主演の『ひらヒラ社員 夕日くん』(東宝)を併映作に従えて上映された。

二・二六事件を契機に軍部が政治に介入し出した。陸軍大臣となった東條英機(小林桂樹)が大きな力を発揮し始める。大東亜共栄圏をめざす日本はドイツ、イタリアと三国同盟を結ぶ。英米との開戦を余儀なくされる。近衛文麿首相(神山繁)、山本五十六(三船敏郎)、米内光政(山村聰)たちは反対の意志を示すが、軍部は開戦にひた走る。東條内閣が成立する。東條も当初は和平の道を模索もするが、やがて開戦に舵を切る。山本五十六指揮による真珠湾攻撃が成功し、日本は一気に主導権をつかもうとするが、ミッドウェー海戦の敗北で劣勢に追い込まれる。ガダルカナル島も悲惨な結果を招く。毎日新聞記者・新井五郎(加山雄三)は海軍報道班員として従軍し、前線の実態を知る。大本営発表とまった

激動の昭和史 軍閥【東宝DVD名作セレクション】
TDV-25185D

く違う。新井は強い衝撃を受け、真実を新聞に書いた。国民の反響は大きかった。軍は激怒する。新井は報道班員の召集免除の慣例を無視しての陸軍策動で徴罰召集される。戦争の劣勢は収まらず、サイパン島も陥落する。東條批判が相次ぎ、東條内閣は辞職に追い込まれる。新井は海軍の尽力で再び報道班員としてフィリピンに向かう。神風特攻隊を前にし、新聞記者としての非力を実感する。本土決戦は間近だ。本土への空襲も始まる。そうした状況下、天皇（中村又五郎）は歴代の首相を呼んで意見を聞くが、東條はまだ日本は勝てるという見解を示した。時は昭和二十年二月を迎えていた。

それまでの発想だったら本作も三船が主役を張ったと考えられる。東條英機に扮しただろう。戦争ものの主人公といえば三船だ。誰もがそう思う。だが、端的にいえば、東條は三船タイプではない。本作に関しては三船を主役に立てなかったのは正解と思われる。小林桂樹に東條を演じさせたのは、東宝の副社長に就いていた森岩雄のアイディアだったという。入念にメイクをほどこせばさらに似るのでは、との声も上がったらしい。結果的に小林桂樹の代表作の一本に数えてもおかしくはないものとなった。

二・二六事件の時世から一九四五年までの戦局を二時間程度の映画で一気に語ろうというのは、どうしても無理がある。だから説明もなく端折ってしまう箇所が目立つのではあるが、肝の部分は押さえていた。実際にあった〈竹槍事件〉をモデルとした、毎日新聞記者の新井五郎（加山雄三）がもたらすドラマが観る者に重くのしかかる。最終盤、フィリピンの前線で新井は神風特攻隊の島垣（黒沢年男）と向き合う。島垣は新井にいう。新聞は最初、内閣を支持していたではないか、敗色濃厚になったからといって急に反戦記事を書くのはどういうことなのか、負けるから戦争をやめるべきだなんて記事を書いているが、勝てるのなら戦争をやっていいのか、貴様に責任はないのか、俺は日本が負けるためになら喜んで死んでやる、日本が勝てばいいと思っていた奴らは皆死刑だ、と。島垣は翌朝、戦闘機で飛び立っていく。それを言葉もなく新井は見送る……。重く深い余韻が鑑賞者を包み込んだ。

三船は山本五十六を演じた。「8・15」シリーズの『連合艦隊司令長官 山本五十六』（一九六八／監督：丸山誠治）

に続いての山本五十六役である。ただし、ドラマの中心には入ってこない人物に山本五十六が置かれたため、今作の三船に見せ場はほとんどない。だが、三船と米内光政を演じる山村聰（山村は『日本のいちばん長い日』でも米内を演じた）の共演、ふたりがひとつの枠に収まっている場面などはまさに東宝戦争映画だった。

二 『レッド・サン』（一九七一：テレンス・ヤング）
『太陽にかける橋 ペーパー・タイガー』（一九七五：ケン・アナキン）
『日本の首領《ドン》 野望篇』（一九七七：中島貞夫）

一九七〇年代初期、三船は映画やテレビ時代劇ドラマ出演のかたわら、三船プロダクション製作、岡田裕介、三船史郎、中野良子出演の『二人だけの朝』（一九七一／監督：松森健）のプロデューサーをつとめたりなどしていた。そのなかでも特記すべきものが、一九七一（昭和四十六）年一月五日から十二月二十八日まで、全五十二話からなるテレビ時代劇ドラマの『大忠臣蔵』（NET、三船プロダクション）である。NHK大河ドラマ『赤穂浪士』（一九六四）を明らかに意識した、テレビ時代劇としてはかつてないほどの大型番組だった。

元禄十四年三月十四日、江戸城殿中松之大廊下において赤穂藩藩主・浅野内匠頭が吉良上野介に斬りかかった。この一件で浅野は即日切腹の儀となり、吉良はおとがめなしとなる。赤穂藩国家老・大石内蔵助を筆頭とする赤穂藩の旧藩士・赤穂浪士四十七名は数々の困難を乗り越え、元禄十五年十二月十四日未明に本所・吉良邸へ討ち入りし、上野介の首級を掲げる。日本人の胸に滲み込む「忠臣蔵」を正攻法に描き上げる。

内容、出来もさることながら、何よりも話題になったのが、スタッフ、キャストの豪華さである。監督は土居通芳、村山三男、西山正輝、古川卓己、丸輝夫がつとめ、脚本は池田一朗、柴英三郎、高岩肇、土居通芳、宮川一郎の共作による。撮影監督は斎藤孝雄、美術監督は植田寛、音楽は冨田勲が書いた。

日本の映画演劇人総出演と称しても決して過言とはならないキャストが揃えられた。大石内蔵助はいうまでもなく三船、吉良上野介は市川中車(のちに二代目市川小太夫に交代)、浅野内匠頭は尾上菊之助という、諸人が納得できる配役が採られた。作品を華やかに飾ったスターたちを順不同で何人かあげてみれば、司葉子、佐久間良子、中村錦之助、勝新太郎、松本幸四郎、丹波哲郎、フランキー堺、渡哲也、島田正吾、辰巳柳太郎、中村翫右衛門、芦田伸介、天知茂、志村喬、伴淳三郎、池内淳子、有島一郎、伊藤雄之助、石坂浩二、山本陽子、田村正和、神山繁、大友柳太朗、山形勲、中丸忠雄、中村伸郎、高橋悦史、寺田農、等々となる。

三船の後期映画作品群は〈五社協定〉の枠を打ち破った大スター共演作、オールスター・キャスト(準オールスター・キャスト)による大作が大きな特徴となったわけだが、この『大忠臣蔵』の前にはすべてがかすんで見えてしまう。これほどの豪華絢爛たる配役は、映画分野、テレビ分野問わずほかに例が思い浮かばず、空前絶後、未曾有という表現に相応する。三船、並びに三船プロダクションの力のほどを見せつけた。それはそれとして、三船の大石内蔵助役は映画作品にはなく、このテレビ版のみとなった。意外に思える。単なるめぐり合わせといえるのだろうが、スクリーンでも三船の大石内蔵助役は見てみたかった。


一九七〇年代初期から中期にかけての三船の活動で注目すべきは外国映画の出演だ。フランス、イタリア、スペイン合作によるテレンス・ヤング監督作『レッド・サン』(一九七一/レ・フィルム・コロナ、オチェアニア・フィルム、プロドゥシネ・バルカザール)やイギリス映画でケン・アナキンが監督した『太陽にかける橋 ペーパー・タイガー』(一九七五/ユアン・ロイド・プロダクション、マクリーン・アンド・カンパニー)、アメリカ映画でジャック・スマイトが監督した『ミッドウェイ』(一九七六/ミリッシュ・コーポレーション、ユニヴァーサル映画)など、複数の外国映画大作で堂々たる姿を世界に披露した。

まずは三船敏郎、チャールズ・ブロンソン、アラン・ドロン、日米仏の大スターが顔を合わせた異色ウエスタン大作『レッド・サン』(原題『Soleil Rouge』)にふれる。カラー、シネマスコープ、上映時間一一二分の作品である。

一九六五年頃だったというが、侍(三船)が登場する西部劇映画の企画を三船プロダクションがパラマウント映画に持ち込んだという。だが、種々の理由から棚上げになった。あまりに荒唐無稽な内容と判断されたようだ。その一方で、面白い、と受け取った映画プロデューサーがいた。西部劇映画の製作を行っていたテッド・リッチモンドである。彼は三船主演の西部劇映画の企画を持ち歩き、フランスの映画プロデューサーのロベール・ドルフマンに売り込んだ。彼は強い関心を持った。ドルフマンによってプロジェクトが本格化した。いくつもの障害を克服し、製作が開始された。

製作はロベール・ドルフマンとテッド・リッチモンド。メガホンはテレンス・ヤングが握った。イギリスのイオン・プロダクション製作の「007」シリーズの第一作、ショーン・コネリー主演の『007/ドクター・ノオ(『007は殺しの番号』)』(一九六二)から初期の007映画の監督をつとめて「007」シリーズを軌道に乗せ、オードリー・ヘップバーンがヒロインを演じた『暗くなるまで待って』(一九六七/アメリカ)、ウィリアム・ホールデン主演の『クリスマス・ツリー』(一九六九/フランス)、チャールズ・ブロンソン主演の『夜の訪問者』(一九七〇/イタリア、フランス)などで日本でも名の知れていた監督だ。出演は三船、ブロンソン、ドロン、演出はテレンス・ヤング、原案はレアード・コーニッグ、脚本はデネ・バート・ペティクラーク、ウィリアム・ロバーツ、ローレンス・ロマンが共同執筆した。撮影はアンリ・アルカン、音楽はモーリス・ジャールなど、一流のスタッフが揃った。

「赤く、赤く─血よりも赤く、アリゾナの太陽が昇った！映画史はじまって以来の大アクションが いま、目もくらむ光芒の中に炸裂する！」

「世界映画界の注目をあびた最高の顔ぶれ！待望のアクション超大作い

レッド・サン
DABA-4152

よいよ登場！　完成迫る！」」。惹句の興奮も理解できる。東和の配給による日本公開は一九七一（昭和四十六）年十一月二十六日。東京地区はテアトル東京でのスーパーシネラマ方式上映でロードショーの火蓋が切られた。

一八七〇年のアメリカ。日本国大使・坂口備前守（中村哲）、武士の黒田重兵衛（三船敏郎）、名室源吾（田中浩）は特別列車で西部を行く。宝刀を大統領に献上するためだ。郵便車の金貨を狙ってリンク（チャールズ・ブロンソン）の強盗団が列車を襲撃する。リンクやゴーシュ（アラン・ドロン）たちは金貨を手に入れる。特別列車に押し入ったゴーシュは宝刀を奪い、抵抗する源吾を射殺した。ボスの座を狙うゴーシュはリンクを殺そうとするが、失敗する。備前守から宝刀奪還を命じられた重兵衛は傷の癒えたリンクを案内役にし、捜索を始める。その過程で奇妙な信頼関係が生まれる。ふたりはサン・ルーカスの町でゴーシュの情婦・クリスティーナ（ウルスラ・アンドレス）とハイアット（アンソニー・ドーソン）を捕らえる。リンクはハイアットに「教会で待つ」と伝え、帰した。逃亡を図ってコマンチ族に襲われたクリスティーナをふたりは助けたが、教会に行くのが遅れる。ゴーシュ一味が待ちかまえていた。ふたりはゴーシュに武器を奪われる。コマンチ族が襲ってくる。彼らは力を合わせてコマンチ族を撃退する。その際に宝刀を取り戻した重兵衛は、金貨の隠し場所を知るまではゴーシュを殺さないというリンクとの約束を忘れてゴーシュに斬りかかる。だが、ゴーシュの銃が一瞬早く火を吹く。重兵衛は絶命する。リンクはゴーシュを倒した。宝刀を日本の使節団に返したリンクは荒野を立ち去る。

脚本を一読したテレンス・ヤングは、新渡戸稲造の『武士道』の海外版を熟読していたこともあり、日本の武士と西部のガンマン、ふたりの国境を超えた男の友情物語をテーマに定めた。日本使節団の武士である三船は、列車強盗団に奪われたアメリカ大統領に献上する宝刀を取り戻そうとする。相棒のアラン・ドロンに裏切られて三船の協力者となった列車強盗団首領のチャールズ・ブロンソンとともに、ふたりは列車が運んでいた金貨を奪った強盗団を追跡する。その過程のなかにブロンソンと三船の交流を押し込んでいく。たがいに反発し合いながらも、両者は徐々に信頼の情を芽生えさせる。相容れない価値観のふたりが反目しつつも、友情らしきものを生じさせていく行程が観客を惹きつける。ゆえに三船とブロンソンのロード・ムービーと見てもいい。

一方、アクション西部劇映画でもある。大多数の観客は日米仏、三大スターの共演のもとに展開する大活劇を期待して上映館に来る。金貨を奪い、自分を殺そうとしたドロンに復讐しようとするブロンソン、宝刀を奪回するためにドロンを追う三船、途中、逃げ出そうとするブロンソンと立ちふさがる三船の駆け引き、盗賊に襲われたメキシコ人一家を救出するためにふたりが力を合わせる活劇など、見せ場がいくつも現れる。襲いかかるコマンチ族に三船、ブロンソン、ドロンが団結して闘う終盤も大きな見どころだ。善玉、悪玉に別れるが、三人とも国を代表する大スターなので悪玉も一方的な描き方はしない。細かな配慮がなされている。

影はかなり薄いのだが、女優陣も記しておきたい。ドロンの情婦に『００７／ドクター・ノオ』の初代ボンド・ガールとして名高いウルスラ・アンドレス、西部の娼婦館の女主人にブレイク・エドワーズの『ピンクの豹』(一九六四／アメリカ)を代表作に持つファッションモデル兼女優のキャプシーヌが配役された。活躍の場には恵まれなかったが、スクリーンを華やかにした。

三船は本作でも、日本を、日本人を扱うにあたって監督以下スタッフたちに種々の注意を与えた。ましてや本作は時代劇映画でもある。次のような具合だ。


「レッド・サン」の時の監督テレンス・ヤングは理解があって、打ち合わせの時から、「俺は日本の時代劇を知らない。お前に全部まかせるから勝手にやれ」と。責任負わされたはいいけど、それがまた大変なことになってね。なぜか列車の中で袴を着たりね(笑)。日本の時代劇のコスチュームを全部紹介してやったんです。「いい。いい。思った通りやれ」。それで全部日本から運んだ。スペインの一番南のアルメリアで撮影したんですが七、八カ月かかりましたね。(「キネマ旬報」一九八四年六月上旬号「インタビュー 日本のスター 三船敏郎の巻 戦後最大の国際スター(後篇)」)

『レッド・サン』『太陽にかける橋 ペーパー・タイガー』『日本の首領 野望篇』

それでも公開後には三船にはさまざまな声が飛んだ。ネガティブな見解、意見のほうが多かった。たしかに欧米人がイメージする侍、武士の型に終始していたように映った。必要以上に武士道を講釈したり、その反面、武士道の美学からは外れるような行動を取ったり、時代考証がずさんだったり。外国映画なのだから仕方ないのだが、日本人が違和感を覚えるような描写がいくつもあった。

それは別として、三船が外国映画の大作に主演級で出演し、チャールズ・ブロンソン、アラン・ドロンと堂々とわたり合った。これはやはり快挙だった。三船も満足したに違いない。

本作の劇場用プログラムに「『レッド・サン』と私」という三船のエッセイ（聞き書きのようなもの）が載っている。多分に社交的要素が入った内容だが、国際色豊かなスタッフが揃った外国映画超大作に主演級で出演できた喜びと誇りが伝わってくる。

撮影はスペインのマドリッドとアルメリアを中心に、今年の1月から半年にわたって行なわれました。ここは、天候がよく、地形にも恵まれ、あらゆるオープン・セットが無数にあり、映画製作に必要なもの全てが揃っている素晴しい所で、ハリウッド映画のほとんどがこのスペインで撮影されているほどです。『アラビアのロレンス』、『ドクトル・ジバコ』、『クレオパトラ』、『パットン大戦車軍団』などの大作も全てこの地で撮られたものです。／映画史始まって以来、西部劇に初めて侍が登場したわけですが、それだけに侍が〝日本人〟として恥かしくない様に正しく描かれなければならないので、企画、脚本の段階から終始、プロデューサー並びに監督とディスカッションが重ねられました。／スタッフはキャメラ・クルーがフランス（撮影監督のアルカンは〝レジオン・ドヌール〟という名誉ある勲章を受賞）、他にメイクアップ・クルーがイタリア、スペシャル・エフェクトがドイツ、監督がイギリス、シナリオ・ライターがアメリカ、大半のクルーがスペインという各国のベテラン、一流の人々によって編成され、俳優もアメリカ、フランス、スペイン、イギリス、スイス、日本と、まさに〝映画のオリンピック〟といえるものです。

三船にとって海外進出映画の代表格となった『レッド・サン』は、海外諸国でもヒットを飛ばした。三船の演技もおおよそは好評だった。

この時期（一九七二年）、『サンドロップス（Sundrops）』という、未完成に終わった作品がある。三船が海外の作品に出演する際に運転手・通訳をつとめていた飛鳥井雅章という人物が演出を担当した、アメリカ西海岸、北カリフォルニアを舞台とした人間ドラマ映画である。三船は牧場主に扮し、子息の三船史郎が演じる若者と交流を深めていく物語だったらしい。具体的な内容については『三船敏郎全映画』に記されている。

このように、海外からのオファーが増えていた。三船が企画を立てることもあった。黒澤明のために考えたものもあったという。一九七六（昭和五十一）年にアメリカの映画誌にそうしたニュースが載った。

一九七五（昭和五十）年、三船は久々に映画に出演した。一九六〇年代初期のオールスター映画『史上最大の作戦』（一九六二／アメリカ）や『素晴らしきヒコーキ野郎』（一九六五／イギリス）『バルジ大作戦』（同／アメリカ）『モンテカルロ・ラリー』（一九六九／イギリス）などで名の通るケン・アナキンが監督した犯罪サスペンス映画『太陽にかける橋 ペーパー・タイガー』（イーストマンカラー、パナビジョン、一〇六分）である。

政情不安な状況下にある東南アジア某国を舞台にし、日本国大使館の息子誘拐事件が描かれる。三船はデヴィッド・ニーヴン、ハーディ・クリューガーと顔を合わせた。製作はイギリスのユアン・ロイド・プロダクションとマクリーン・アンド・カンパニー。プロデューサーはユアン・ロイドがつとめ、ジャック・ディヴィスが原作と脚本を書いた。撮影はジョン・カブレラ、音楽はロイ・バッドが担当した。レイ・コニフ・シンガーズが唄った主題歌「マイ・リトル・フレンズ」は世界的にヒットした。

日本では一九七六（昭和五十一）年五月一日、東宝東和の配給により、東京ではテアトル東京をメイン館にしてロードショー公開された。当然のように三船が前面的に打ち出された。三船主演による外国映画超大作、と

太陽にかける橋 ペーパー・タイガー
PHNE-300142

いった方向の戦略が採られた。三船の顔が中央に持ってこられた日本版ポスターには「それはすばらしい〈男〉の冒険だった！生命を賭けたはじめての旅だった！愛と勇気でつらぬくビッグ・アドベンチャー！」という宣伝文句が踊った。

　イギリス人で片足の不自由なブラッドベリー（デヴィッド・ニーヴン）がクーラゴン空港から日本大使館に向かう。日本国大使（三船敏郎）の長男・弘一（安藤一人）の家庭教師をするためだ。ある夜、宴会が催される。テレビ・プロデューサーのミューラー（ハーディ・クリューガー）はブラッドベリーと知り合い、興味を持つ。突然、宴会場にテロリストが乱入する。狙いは主賓の外務大臣の命だ。恐怖に震えるブラッドベリーの杖が偶然にも狙撃者を邪魔し、暗殺は未遂に終わる。ブラッドベリーは一躍名士になる。自慢げに話す戦場での活躍ぶりもあり、弘一は彼を英雄視する。外務大臣暗殺に失敗したゲリラの首領は弘一とブラットベリーを誘拐し、同志の釈放を政府に要求する。だが、政府は拒絶した。大使は落胆する。ミューラーから虚飾にまみれたブラッドベリーの過去も聞いた。ペテン師とは知らずに自分を尊敬する弘一と交流することで、ブラッドベリーは真実の尊さを知る。ゲリラは弘一に助命の手紙を書かせる。だが、弘一は日本語で拉致された場所を記す。手紙の内容を知ったブラッドベリーは弘一を連れ、脱走する。山中を逃げるふたりをゲリラが追う。ブラッドベリーは銃弾に倒れる。弘一の命も危ない。そのとき、救援隊のヘリコプターがゲリラ一味を一掃する。傷が癒えたブラッドベリーは大使に面会し、謝罪した。しかし、大使は引き続き弘一の家庭教師をブラッドベリーに依頼する。

　プロットは難しいものではない。日本大使のひとり息子が足の不自由な初老の家庭教師とともに反乱軍組織のテロリストに誘拐される。少年はその家庭教師を大戦中の勇士だと信じているが、それは家庭教師が吹聴した作り話を正直に受け取ったからだ。しかし、少年は家庭教師を心から尊敬している。この少年を裏切るわけにはいかない。彼は勇気を奮い立たせ、テロリストに敢然と立ち向かっていく。

原題は『Paper Tiger』。つまりは〈張子の虎〉。虚勢を張る人、見かけ倒し、こけおどしの意味だ。もちろん、デヴィッド・ニーヴンが演じるブラッドベリーを指している。彼は好奇心旺盛な日本人少年に軍隊時代における数々の武勇伝、冒険譚を語って聞かせる。すべてが口から出まかせだ。嘘で塗り固めた英雄が実際に窮地に陥ったとき、命に換えても脅威から守らなければいけないものがあったとき、どのような行動を取るのか。いかなる行動に出るのか。ここが大きな見どころとなる。ブラッドベリーが弘一の信頼を心の支えにし、彼の命を守るために真の英雄になっていく過程が濃やかにつづられる。ブラッドベリーの正体が徐々にわかってきても、弘一はあくまでも彼を尊敬の対象としてあおぐ。それがブラッドベリーの勇気を駆り立てるエネルギーとなる行程もよく描けている。

誘拐された者と誘拐犯の攻防を描くサスペンス映画だが、そうした緊張感を緩和する仕掛けも要所にあり、娯楽映画の方向性は見失わない。エンディングも素直な感動が押し寄せる。己の持ち味をそのまま出すデヴィッド・ニーヴンの好演が何より光る。息子を誘拐される日本国大使に扮した三船も映画を引き締めた。ニーヴンやブラッドベリーの正体をあばこうとしてからんでくるハーディ・クリューガーと並んでも違和感は少しもない。本作の三船は欧米人が日本人に抱くイメージの具現だった。息子を誘拐された父親の苦悩を大仰になることなく表現した。頼もしい父親像を見せた。威厳があり、誠実な人柄も伝わってくる。

本作で描かれる日本人像もそれほどおかしなものはなかった。弘一を演じた安藤一人の自然な演技も映画の魅力のひとつとなった。安藤とニーヴンの掛け合い、やりとりが映画に好感をもたらした。

ここからしばらく三船の映画出演は助演級が続く。『太陽にかける橋 ペーパー・タイガー』公開の二ヶ月後、三船が出演したハリウッド映画が日本にやってきた。チャールトン・ヘストン、ヘンリー・フォンダ、グレン・フォード、ロバート・ミッチャムらと名を並べた、ジャック・スマイト監督作『ミッドウェイ』である。

ミッドウェイ 特別版
GNBF-2740

『Midway』という題名通り、太平洋戦争時のミッドウェー海戦（一九四二年六月四日〜七日）を描く、テクニカラー、パナビジョン、上映時間一三二分の戦争映画大作だ。アメリカ建国二百周年記念作品として製作された。プロデューサーはウォルター・ミリッシュがつとめ、脚本はドナルド・S・サンフォードが書いた。一九七六年七月三日、東宝系洋画ロードショーのメイン館で公開された。

三船はこの映画で連合艦隊司令長官・山本五十六を演じた。日本人俳優は三船のみで、ほかはジェームス繁田、パット・モリタなどの日系俳優が起用された。周りが見慣れない日系人俳優だからなのか、三船がどこか寂しそうで、孤立しているように見えた。貫禄は申し分なかったが。三船は本作でも日本にかかわる描写には細かく意見を出し、〈監修〉ともいえる役割を果たした。自分が出る映画は日本人の多数が観る。ゆえに、日本人として許容できない箇所ははっきりと異議を唱えた。外国映画に日本人として出演する俳優の誇り、気概、責任感だった。

日本では映画そのものよりも、砲撃や爆破シーンにおいて作動する、あたかも座席が振動しているかのような錯覚を覚えさせる特殊な音響装置、センサラウンド方式上映（一九七四年十二月にテアトル東京、有楽座などで公開された、マーク・ロブソン監督のハリウッド映画『大地震』で初めて導入された）に注目が集まった。「『大地震』で衝撃の体験をしたあのセンサラウンド特殊装置が、さらにパワーアップしてあなたを戦場の真っただ中に包み込む!!」「1942年6月世界は動き始めた」「真珠湾、ノルマンディ、〈ミッドウェイ〉」。こうした宣伝コピーと大スター共演による超大作が強調され、日本ではスマッシュ・ヒットとなった。

一九七七（昭和五十二）年は、「母さん、僕のあの帽子、どうしたでしょうね?」の惹句を引っさげて十月八日に鳴り物入りで封切られた、角川春樹が率いる角川春樹事務所製作の佐藤純彌監督作『人間の証明』（イーストマンカラー、ワイド、一二三分）に〈特別出演〉をした。当時、一大旋風を捲き起こしていた角川春樹事務所の第二回製作作品にあたるミステリー映画超大作で、森村誠一の大ベストセラー小説を松山善三が脚色した。吉田達、サイモン・ツェーがプロデューサーとして名を連ねる。出演は岡田茉莉子、松田優作、ジョージ・ケネディ、ジョー山中、ハナ肇、岩城滉一、高沢順子などである。

人間の証明 角川映画 THE BEST
DABA-91103

三船は岡田茉莉子が演じるヒロイン、八杉恭子の夫、岩城滉一が扮する郡恭平の父、国会議員の郡陽平を演じた。出番は少ないが大物ぶりを見せ、観客の脳裏に残る出演となった。なにゆえの特別出演だったのかは明確には示されなかった。おそらくは大きな意味はなかったと思われる。

さらに一九七七年十月二十九日公開、「首領《ドン》一族の血が、日本を戦略する！」と装飾された東映京都作品『日本の首領《ドン》 野望篇』（監督：中島貞夫）に、軍人上がりで現在は関東同盟の理事長かつ松風会会長をつとめる大石剛介役で出演した。同年一月に公開されて大入りを記録した『やくざ戦争 日本の首領《ドン》』（監督：中島貞夫）の続篇にあたり、全国制覇の野望を燃やし、関東に進出してきた中島組に対し、東京の暴力団、松風会会長・大石剛介が右翼の大物、大山規久夫（内田朝雄）を顧問に招いて新たに暴力団連合の関東同盟を結成し、対抗していく物語が描かれる。カラー、ワイド、上映時間一四一分という東映京都のヤクザ映画大作である。企画は俊藤浩滋、日下部五朗、松平乗道、田岡満。飯干晃一の原作を高田宏治が脚色した。出演は佐分利信、松方弘樹、菅原文太、三船敏郎、成田三樹夫、にしきのあきら、岸田今日子、金沢碧など。

日本の首領 野望篇
DUTD-02299

この映画は話題になった。三船が初めて東映京都のヤクザ映画に出たのだから。東映京都撮影所に三船が現れただけで、周りは湧き立ったという。共演者が佐分利信であることもそれに輪をかけた。佐分利は松竹大船の〈顔〉だった。戦後日本映画を一方は松竹で、一方は東宝で支えてきた稀代の名優が東映京都撮影所で顔を合わせる。東映マークがつくヤクザ映画で共演する。映画ファンには堪えられないことだった。といっても、一九五六（昭和三十一）年の東宝作品『愛情の決算』でふたりは共演をしており、しかもこの映画は佐分利の監督作だった。ふたりは俳優と監督の間柄でもあった。それにふれる記事類は見当たらなかった。

同作の続篇となり、「日本の首領《ドン》」三部作の最終作でもある、一九七八（昭和五十三）年九月九日公開の『日本の首領《ドン》　完結篇』（カラー、ワイド、一三一分）にも三船は同じ役（大石剛介）で登場した。監督は同じく中島貞夫。ほかのメインスタッフ、キャストも前作とほとんど変わらない。政財界の黒幕、大山には片岡千恵蔵が扮した。

三船の東映映画出演は、同社首脳陣の悲願だったという。また、三船にとっても、稲垣浩に監督を任せた『風林火山』のときに佐久間良子を東映から借り受けた際の大川博（当時の東映社長）との約束を果たすものだったのだろう。さらには、自身の映画出演の窓口が増え、三船プロダクションをより表に出せるという側面からも喜ばしいことだったと思われる。「日本の首領《ドン》」二作では出番はそれほどなかったが、さすがとしかいいようのない光彩を放った。

『日本の首領《ドン》　完結篇』では三船、佐分利、片岡千恵蔵の共演という、以前の日本映画界では想像できなかった顔合わせが実現した。まさしく「黒い政権を争う巨頭３人　誰が「最後の首領《ドン》」を名乗るか!?」である。三人が酒席を囲むシーンに思わずうなった観客も多かったのではないか。意外なことに、監督の中島貞夫はすぐには気づかなかったという。「キネマ旬報」一九九八年三月上旬号「巻頭特集　映画の用心棒　追悼：三船敏郎」内「中島貞夫に訊く」でこう語っている。

同じ年に「日本の首領《ドン》・完結篇」も撮りました。このシリーズはやくざ世界の全国制覇を狙う首領に佐分利信さんが扮し、対立する組の親分が三船さん。さらに政財界の黒幕に片岡千恵蔵さんが特別出演。三人が一堂に会すシーンがあったんですが、三人一緒は初めてという事を聞いてびっくりしたんですよ。いよいよ明日撮影の段になり、なかなか寝つかれず、翌朝セット入りしてもステージの中をただウロウロ……。そんな時でした。「監督、どうぞ、お疲れでしょう」といつものように声をかけてくれたのが三船さん。私のディレクターチェアを運んでくれたのですよ。〝世界のミフネ〟が。そしてセット入りする先輩の二人に挨拶。こっちも気分が軽くなり、無事終了。三船さんの相手役に対する気配りは、自分自身の演技への固執でもあったのではないでしょうか。

その前、一九七八年一月二十一日封切りの萬屋錦之介主演、深作欣二監督作『柳生一族の陰謀』(カラー、ワイド、一三〇分)に尾張大納言義直の役で華を添えた。この映画は東映京都が満を持して放つ時代劇映画大作で企画は高岩淡、三村敬三、日下部五朗、松平乗道、脚本は野上龍雄と松田寛夫が手がけた。徳川二代将軍秀忠が江戸城大奥で病死した。時期将軍の座を射留めるのは誰か。どの勢力か。徳川幕府、柳生一族、浪人や朝廷なども加わって種々様々な陰謀が展開する。「我につくも 敵にまわるも 心して決めい！ 12年ぶり！ 巨大な熱気噴き上げて、いま告げる 超豪華時代劇の到来！」など、東映時代劇映画久々の復活、とうたわれた本作は大ヒットとなった。

柳生一族の陰謀
DUTD-02098

東映俳優を中心としているが、映画ファンが目を見開くようなオールスター・キャストが組まれ、三船もそのひとりだった。なかでも千葉真一、松方弘樹の熱演が絶賛された。三船個人の見せ場といったものは特には見当たらない。しかし、萬屋錦之介(中村錦之助)、山田五十鈴、高橋悦史、芦田伸介、丹波哲郎、中谷一郎など、往年の共演者たちと三船が作品をともにしている光景は感慨深いものがあった。三船敏郎健在、日本映画界に三船敏郎あり、を一般大衆にあらためて示した。

『日本の首領《ドン》 野望篇』『日本の首領《ドン》 完結篇』『柳生一族の陰謀』、いずれも三船の存在感はいうにおよばず、三船がこの映画に出ている、三船が出演している、といった箔が何よりも重要となったと思われる。三船が東映の大作に出演した。東映側がいかに三船に恋い焦がれていたかが直線的に伝わってくる三本だった。

三　『犬笛』（一九七八：中島貞夫）『お吟さま』（同：熊井啓）

一九七八年四月一日に東宝系邦画封切り館で公開された三船プロダクション創立十五周年記念映画、製作・三船敏郎、プロデューサー・田中壽一、伊藤満、監督・中島貞夫によるハードボイルド・タッチの犯罪サスペンス映画大作『犬笛』（カラー、スタンダード、一三九分）にも三船は重要な役で出演した。一九七一年の『二人だけの朝』以来、三船プロダクションが七年ぶりに映画を送り出した。殺人事件に偶然かかわってしまった娘を誘拐された父親が犯人をどこまでも追っていくというスケールの大きさは、同じ西村寿行原作で一九七六（昭和五十一）年に大ヒットを記録した佐藤純彌監督作『君よ憤怒の河を渉れ』（永田プロダクション、大映映画）を意識したのはいうまでもない。本作も一九七〇年代後期に日本映画界に沸き起こった超大作映画ブームのなかで生まれてきた一本である。

製作補は守屋徹。西村寿行の原作を菊島隆三、金子武郎が脚色した。撮影は斎藤孝雄、美術は植田寛、音楽は小林亜星、録音は宮永晋、照明は土井直之が担った。菅原文太、北大路欣也、原田芳雄、竹下景子、酒井和歌子、神山繁、山村聡、松下実加などが主なキャストをつとめる。ほかにも戦後日本映画を支えてきた多彩な人々が次々と顔を出す。「お前を探して父はここまで来た　娘よ　犬笛が聞こえたら大声で叫べ！　もういちどこの腕の中で泣いてくれ！」「お前を探してここまで来た！　娘よ　父のいのちの笛が聞こえるか！」も、少々押しつけがましいが、ハードボイルド的ではある。

秋津四郎(菅原文太)の娘・良子(松下実加)が誘拐された。母親の順子(酒井和歌子)は悲嘆のあまり精神に破綻を生じさせる。秋津は勤めを辞め、良子が首にかけた犬笛(ゴールトン・ホイッスル)を手がかりにアイヌ犬のテツと追跡を始める。娘は五千ヘルツの音が聞ける特殊能力を持つ。秋津が犬笛を吹き、それに反応した娘が犬笛を吹き返すとテツが反応し、居所がわかるのでは、と。担当刑事の小西(北大路欣也)の協力のもと、秋津は娘の目撃情報がある地へ向かう。笛を吹いても反応はない。娘はある商社の陰謀に関与した男の殺害現場を目撃した。さらにその男が持つ証拠物の行方を知っているだろう、と大物政治家が雇った秘密組織に誘拐されたのだ。長野から北海道、そして神戸へ。主犯の三枝(原田芳雄)たちの卑劣な罠や幾度の障害にも秋津は屈せず、小西刑事、犯罪組織の手先だった精神科医の規子(竹下景子)の助けもあり、彼はいくつもの危機を脱する。犯人たちは海から海外逃亡を図る。海上保安庁の巡視船は全速力で追跡するが、他国領海内での警察権の行使はできない。領海侵犯となる。秋津の懇願に巡視船の村田船長(三船敏郎)は受けて立つ。海上保安庁の遠藤長官(山村聰)、前川次長(神山繁)の制止を振りきり、秋津と小西を乗せた村田の巡視船は犯人を追って他国領海へと突き進む。事件の全貌が知られるのを恐れた三枝は部下全員を射殺し、自ら命を絶つ。良子は救出された。

監督が中島貞夫、主演が菅原文太、脇役の何人かも東映京都の「実録映画」シリーズでよく見る顔のため、東映映画の匂いが濃厚に漂う。この時代の空気感を発散する俳優たちが味のある演技を見せる。しかし、映画としては印象の薄いものとなった。役者陣は充実していたが、三船プロダクション創立十五周年記念作だからオファーを受けたのか、という程度に受け取れるふしもあった。父親の捜索方法の無謀さ、娘を誘拐した犯人側の説得力のなさなども最後まで払拭できなかった。過剰で嫋々、冗長で大味。菅原文太の角刈りはやはりサラリーマンには見えない。菅原本人もこの役にはどうにも乗りきれなかったようだ。「浪漫工房」第八号「国際スター三船敏郎 その偉大なる愛」でこう吐露している。

三船さんが折角私に白羽の矢を立ててくれたのに、この作品は俳優としての自分も消化不良であり、作品としても今ひとつ三船さんの熱き想いに深く応えてさしあげることが出来なかった、という悔いがあります。今一度撮り直せればと思います。『犬笛』を思い出すたびにそう思われてなりません。／『犬笛』は原作が西村寿行氏で小説としては面白くて波乱万丈のストーリーです。西村さんのマジックのような文章でした。それを映像にするのは非常に難しい。台本で苦労した作品だと監督も言っていました。スケールが大きいほど大変なのです。（中略）作品を撮っている時の製作者としての三船さんは、とても円満な方でした。いつもニコニコして指揮を取っておられましたね。お酒を飲んでも楽しかった。若い頃の武勇伝を安藤昇さんに聞いたことがあります。威勢が良くて一緒に車に乗っていて喧嘩になり、取っ組み合いをしたことがあるそうです。その頃の三船さんはさぞかしだっただろうなぁとエピソードを聞いた時思いました。

三船はクライマックスで海上保安庁の巡視船船長役で現れ、大きな見せ場を作る。海上保安庁の上司、長官による命令を無視し、某商社の商船で娘とともに海外逃亡を図る犯人たちを村田船長は追跡する。彼はこのようなことを秋津たちにいう。わずかな領海侵犯と女の子の命を引き換えにはできない、拿捕は覚悟のうえだ、と。大スター・三船敏郎らしさにあふれていた。このシークエンスは山村聰、神山繁なども顔を出す。かつての東宝作品、たとえば「8・15」シリーズのあの時代の香りが匂い立った。

本作の画面サイズは〈東宝スタンダード・サイズ〉と表記されている。通常のスタンダード・サイズではなく、特殊なスタンダードなのだという。やや横長のスタンダードと理解すればいいのか。大作映画なのになにゆえスタンダードなのか。当時の流れからも逆行する。封切り時、この特殊なスタンダードは映画館で上映できたのだろうか。ビスタサイズにブローアップして上映された可能性もある。中島貞夫が『犬笛』の話題の一環でそれにふれている。前掲「キネマ旬報」一九九八年三月上旬号内での発言だ。

その次が三船プロ創立十五周年記念映画「犬笛」(78)。前作の縁というより、単純に監督要請でした。主演は東映時代からよくコンビを組んでいた菅原文太。当初の予定は渡哲也の名前も出てましたっけね。三船さんは映画の中では船長役で脇に回ったんですが、作品全体としては三船プロ社長でもあるわけで、ゼネラルプロデューサーでした。(中略) 当時の三船プロは撮影所機能を持っていて、オープンセットもありましたが、ちょうどTV時代劇が入っていて、東宝でセットを三つほど組んだのを覚えています。ハードスケジュールでした。その頃では珍しい東宝スタンダードで、シネスコだと費用もかかるのでしょうが、撮影部出身の三船さんには画面両サイドの歪みが嫌だったのでしょう。

『犬笛』は成功とはいえない出来だった。映画マスコミの評価も低く、話題性もとぼしく、興行も振るわなかった。だが、三船はやはり役者だ。戦後日本映画を担ってきたスターだった。次に出演した、熊井啓監督作、宝塚映画製作所作品『お吟さま』(カラー、スタンダード、一五四分)で三船は久しぶりに己の存在感をほとばしらせた。

今東光の直木賞受賞作を依田義賢が脚色したこの映画は、十六世紀末、太閤秀吉の天下統一の時代を背景に、茶道の名匠・千利休の娘であるお吟が秀吉の求愛を拒み、敬虔なキリシタンで妻帯者の戦国武将・高山右近へ純愛を捧げていく物語を描く。初の時代劇映画の演出となった熊井がお吟の悲恋を力強く描き上げる。「いとしければ 奪ってでも……」「利休は命を賭けて 茶道を守り 娘は許されぬ恋を 貫いて散ってゆく」「構想3年！製作費8億！ 壮大なスケールと豪華キャストで描く女性大作！」。威風堂々たる惹句だ。公開は一九七八年六月三日。日比谷映画劇場(東京地区)での先行ロードショーののち、六月二十四日に全国で一般封切りされた。

熊井、依田、今を除いたメインスタッフは次の通り。企画・大和新社株式会社、製作・松本常保、大志万恭子、下条宗夫、撮影・岡崎宏三、美術・木村威夫、音楽・伊福部昭、録音・橋本泰夫、太田六敏、照明・下村一夫。中野良子、志村喬、中村吉右衛門、三船敏郎、原田大二郎、伊藤孝雄、中村敦夫、岡田英次たちが作品を支える。

豊臣秀吉（三船敏郎）の茶頭・千宗易利休（志村喬）の娘・吟（中野良子）は、キリシタン大名の高山右近（中村吉右衛門）を五年ぶりに父の名代で高槻城へ訪ねる。吟は幼馴染みの右近を慕うが、右近には妻がいる。利休は石田三成（伊藤孝雄）から吟の縁談を持ちかけられる。しかし、吟は気乗りしない。高槻から明石にお国替え中の右近に打ち明けるが、あしらわれる。吟は仕方なく太閤茶湯七人衆のひとり、万台屋宗安（原田大二郎）のもとに嫁ぐが、右近への思慕は強まるばかりだ。天正十五年十月、北野の大茶の湯が催される。秀吉は吟に強く惹かれる。右近を陥れ、吟を測女として秀吉に差し出し、と三成と宗安は己の栄達を画策する。吟はキリシタン禁制の布令で身を隠す右近へ身の危急を報せる。九州まで同行を懇願する吟に困惑しつつ、右近は彼女と添い寝をするが、置き去りにした。吟は絶望する。天正十八年晩秋、大坂城に迎えられた吟は、黄金の茶室で秀吉から求愛される。天正十九年一月、秀吉の理不尽な横恋慕に憤った利休は、己の命を賭しても吟を守ろう、と加賀に向かう吟との同行を右近に依頼する。その夜、利休一家は別離の宴を開催するが、千家は秀吉の軍勢に包囲される。白装束に身を包んだ吟は、右近に別れの書状をしたため、離れ座敷へ姿を消す。同年二月、秀吉の命で利休は切腹する。利休を通じて棄教を勧告する秀吉に対し、拒否の態度を取った右近もルソンに追放され、マニラの地で生涯を終える。

今東光の『お吟さま』は以前に映画化されていた。田中絹代が監督し、有馬稲子が吟を演じた同名作（一九六二／文芸プロダクションにんじんくらぶ、松竹）である。本作は『お吟さま』の二度目の映画化作品となる。熊井は自由な生き方を志し、短くてもいい、女として人生をまっとうしたい、という吟の姿を文藝色豊かに、丹精込めてつづっていく。

一方、秀吉は、大陸制覇に野望を抱いて朝鮮を我が物にしようと画策する、粗暴な独裁者として描かれる。映画は吟の波瀾万丈のドラマを追っていくが、秀吉の政策に背いたことで苦境に立たされる千利休一家の悲劇にも焦点が合わされる。と同時に、キリシタン禁令を発し、利休を通じて棄教を勧告する秀吉に対して断固拒否の態度を取ったためにマニラに追放される高山右近の生涯も語られる。秀吉、利休、右近、この三者が、女の自由奔放な生き方を突き進む吟と複雑にからんでいく。

『お吟さま』は、最晩年の三船を語るうえで最も重要な一本のひとつだ。三船は秀吉を演じたが、久方ぶりに三船らしい三船が見られた。俳優・三船敏郎の晩年を映し出すにふさわしい作品となった。もうひとつは千利休に扮した志村喬との共演である。三船のデビュー作となり、谷口千吉の劇映画監督デビュー作となった東宝作品『銀嶺の果て』(一九四七)でふたりは出会いを果たした。以後、黒澤明監督作を中心に五十本ほどの映画で共演した。その最終作が本作なのだ。

終幕近くに三船の秀吉と志村の利休で作る大きな見せ場がある。利休の娘である吟を側室に、という秀吉の要求を頑なに拒み、右近との愛を成就できなかった吟は自ら死を選んだ。秀吉にとって利休は茶の上の師匠にあたる。利休は吟の死へのはなむけに謡曲「高砂」の一節を詠う。吟は死んだ。そして秀吉と利休の息詰まる対決を迎える。

黒装束の利休と秀吉が茶室で対峙する。「吟を死なしめたのは不届き至極、その罪は死に値する」と秀吉は利休を断罪する。秀吉の顔は生気に満ちている。利休はただ押し黙ったまま、秀吉の顔を見つめる。この茶席にふさわしい花を活けてみろ、水屋に花がある、と秀吉はいう。利休は押し黙る。秀吉が再び口を開く。「見事に活けたら、命は助けよう」。利休は落ち着き払った表情をたたえながら立ち上がり、水屋から花を持ち出すと秀吉の背にまわってその前に立つ。一瞬、何かを考えるような素ぶりを見せたのち、手にした花を秀吉の顔めがけて投げつける。堰を切ったように笑い出す。「どのように活けたとて、気に入らぬと仰せられるは必定！」。秀吉が憤激する。「おのれっ。追放じゃ！　死ね死ね死ね！　死ねっ」。秀吉は怒りを撒き散らしながら茶室から出

お吟さま［VHS］
TG-4019

ていく。利休は床の間の前に座り、白椿を手に取る。白椿のクローズアップになる。利休は白椿を凝視する。表情がゆがみ、目から涙が落ち、袖で押さえた口許から嗚咽の声が漏れ、利休は全身でもって哀哭を発する。

澤地久枝著『男ありて　志村喬の世界』では、このシーンの撮影に関してこう書かれている。

「お吟さま」で、三船敏郎の秀吉と志村の利休がはげしくやりあった日、三船はすしを使いに届けさせた。「死ね、死ね、死ねっ」と言いすてて出てゆくシーンをとった日には、志村と角間青年と、二人分の上等な弁当が届けられている。志村が「三船君とは、やりいい」と言ったように、三船敏郎にとっても、志村喬は全身でぶつかってゆけるかけがえのない先輩だったのではないだろうか。志村が慟哭する最後のシーンのとき、三船はスタジオ内にとどまってその演技を見ていたという。黙って姿を消したのは、ものを言えば泣きそうな男の思いからであり、それが心をこめた弁当の差入れになったように思える。

照れ屋の三船らしいエピソードだ。文中の〈角間青年〉とは俳優の角間進のことだ。当時、志村に付き添っていたらしい。

監督の熊井も三船と志村の最後の〈共演〉場面をふりかえっている。熊井が三船と仕事をするのは三船プロダクション、石原プロモーション作品『黒部の太陽』(一九六八)以来のことだった。『毎日ムック　三船敏郎　さいごのサムライ』内「三船さんと私」より。

三船さんと仕事で再会したのは五十三年の「お吟さま」である。志村喬さんに千利休を、三船さんに秀吉を演じていただいた。お二人は「黒部の太陽」以来、十年ぶりの共演だった。しかし役柄が強烈な敵対関係にあったせいか、現場で顔を合わせてもお互いに冗談ひとつ言わず、演技には鬼気迫るものがあった。

／こうした撮影期間中に、三船さんがただ一度だけ志村さんに声をかけたことがあった。小田原攻めの陣中、秀吉が山上宗二を惨殺したあと利休の陣屋を訪れるシーンで、二人ならんで椅子に腰をかけライティングを待っていた時のことである。三船さんは、／「ありがとうございました。また、一緒にやりましょう」／と言った。志村さんは、／「……もし、僕が丈夫であれば」／と答えた。それからまた二人は沈黙した。その頃、志村さんは体調が悪く、三船さんはもう共演など不可能なことを十分に分かっていたが、声をかけずにはいられなかったに違いない。「ありがとうございました」という言葉は、デビュー以来の三船さんの志村さんに対する感謝の気持ちの発露であった。おそらくこの時の会話が、お二人の最後のものとなったのではないかと今にして思う。

三船さんは「銀嶺の果て」で志村喬さんと共演して以来、志村さんの人柄を敬愛し頼りにしていた。志村家を訪れ食事をしたり、夜中に酔って来たことも幾たびかあった。志村さんはそれを面倒がらずに、いつも温かく迎えていた。しかし時には「三船!……」と一喝することもあり、そんなとき三船さんは何も言わずに帰っていった。三船さんは人には志村さんのことを親しく「志村のおじちゃん」と呼んでいたが、志村さんの前では「あのう……」としか言わず、そんなところが夫人には「可愛い」と思えた。

さらにもうひとつ付け加えたい。音楽担当が伊福部昭だったことだ。三船と志村の初共演作『銀嶺の果て』は伊福部にとっても映画音楽デビュー作品だった。その伊福部が三船と志村の最後の顔合わせ作の音楽担当者であり、ふたりの最後の共演を音楽で飾ったのである。

三船と志村の緊張感に満ちたクライマックス、白椿のクローズアップ・カットから、激情に涙をあふれさせる志村(利休)のアップカット、慟哭する志村をとらえる映像に伊福部は感情を爆発させるかのごとき楽曲をあてた。伊福部は『銀嶺の果て』の音楽録音の際、映画中盤に設置された山小屋の登山客・本田(河野秋武)と春坊(若山セツ子)が雪山スキーに興じるシークエンスに付す音楽をめぐって谷口と激しく対立した。ドラマツルギー、物語進行、状況展開、冷厳な冬山の姿をとらえた映像にかんがみ、コールアングレのソロを立てた寒々しく寂しげな、涼々とした楽曲を構想した伊福部、一方、陽気で楽しげな味わいになる「スケーターズ・ワルツ」調の音楽をシンプルにイメージしていた谷口、それぞれが己の考えを主張し、譲らなかった。そのため、録音作業はその段階で打ち切られた。激論の末、脚本担当者の黒澤明の仲介もあって伊福部の案が採用されたのだが、同作完成披露試写のあとの打ち上げの際、その一件を知った出演者の小杉義男が伊福部を叱責した。新人のくせに監督に逆らうとはとんでもない、生意気だぞ、というわけである。小杉の一喝をそばで聞いていた志村喬が伊福部をそっと励ました。めげるな、己の信念に従って仕事をせよ、と。伊福部と志村にはそうしたエピソードがあった。ゆえに伊福部は自分を激励してくれた志村に心からの謝意を捧げたのだ。

赤穂城断絶
DSTD-02195

もちろん、デビューをともにした三船への想いもあったのはいわずもがなだ。『銀嶺の果て』と『お吟さま』のあいだに凝縮される、およそ三十年にわたる三者の歴史、道程、時間。両作が鮮やかに結ばれた。

『お吟さま』以後の三船は助演者の立場で幾本かの映画に出演する。すべてが三船出演映画として詳述に値する、というわけでもない。先に記した『日本の首領《ドン》 完結篇』、大ヒットを記録した『柳生一族の陰謀』の第二弾的位置づけのもと、再び萬屋錦之介主演で製作され、一九七八年十月二十八日に公開された、深作欣二演出による東映京都作品『赤穂城断絶』(カラー、ワイド、一五九分)では土屋主悦役でスクリーンに登場した。

いうまでもなく「忠臣蔵」の映画化作品だが、いかにも日本人好みの「忠臣蔵」ではなく、当時の東映京都らしい実録風の造りになっていた。任侠映画ではなく、実録映画。そうした受け取り方が妥当であり、相応する。企画は高岩淡、日下部五朗、本田達男、三村敬三の面々で高田宏治が原作と脚本を担当した。

一九七八年十二月二十三日に封切られた東映、俳優座映画放送製作の山内鉄也監督作『水戸黄門』（カラー、シネマスコープ、八八分）にも三船は出演した。一九六九（昭和四十四）年にTBS系列、「ナショナル劇場」枠で放送が始まった国民的人気時代劇ドラマ『水戸黄門』（C・A・L）の映画版である。加賀百万石をめぐって次席家老たちが企てを進めていくが、水戸黄門一行がその前に立ちはだかる。企画は高岩淡、製作は西村俊一、郡進剛、森誠一、神先頌尚、企画・原案・脚本は葉村彰子という布陣が採られ、出演は東野英治郎、里見浩太朗、大和田伸也、中谷一郎など、主要スタッフ、キャストはテレビ版と変わらない。三船は加賀百万石前田家城代家老の奥村作左衛門役で物語の要《かなめ》を担った。

一九七九（昭和五十四）年七月十四日に公開された、角川春樹製作、大林宣彦監督、古谷一行主演のパロディ映画『金田一耕助の冒険』（角川春樹事務所）では十一代目・金田一耕助役で顔を見せた。原作は横溝正史、斎藤耕一と中野顕彰が脚本を書いた。カラー、ワイド、一一三分になる本作に三船がなにゆえ出演したのか。古谷が金田一を演じるテレビ版「横溝正史シリーズⅠ・Ⅱ」の制作の一部を三船プロダクションが毎日放送、映像京都とともに行っており、この映画も三船プロダクションが製作を請け負っていたからだ。木村大作が撮影担当者だったことは、今ではやや不思議に思える。等々力警部役の三橋達也と羽織袴の金田一衣装に身を包んだ三船の共演シーンは、長年、三船出演映画、東宝映画を観続けてきたファンの感慨を誘ったに違いない。

金田一耕助の冒険
KABD-142

同年十二月一日公開の東京12チャンネル開局十五周年記念映画で松尾昭点がメガホンを握った、東京12チャンネル製作による『隠密同心 大江戸捜査網』（カラー、ワイド、八六分）に松平定信役で出演した。製作総指揮を国保徳丸、プロデューサーを元村武、小川清澄、内藤三郎が担い、脚本は小川英と胡桃哲が共同で執筆した。主演はもちろん松方弘樹で周り

隠密同心 大江戸捜査網
KIBF-3144

を瑳川哲朗、土田早苗、かたせ梨乃たちが固めた。鳴上鉄心の芦田伸介との顔合わせが日本映画マニアの胸を騒がせた。この映画では三船の東宝入社に深くかかわり、その後、映画衰退期に三船プロダクションに招かれた山田一夫がキャメラを担いだ。

一九七九年はジェフ・ブリッジス、ジョン・ヒューストンが主演した、アメリカのレナード・J・ゴールドバーグ＝ロバート・スターリング・プロダクション製作のアメリカ映画『ウィンター・キル（Winter Kill）』（監督：ウィリアム・リチャート）にも出演した。ケネディ大統領暗殺事件にシチュエーションを得たサスペンス映画である。製作総指揮はレオナルド・J・ゴールドバーグとロバート・スターリング、製作はフレッド・C・カルーソ、リチャード・コンドンの原作を監督のウィリアム・リチャートが自ら脚色した。カラー、シネマスコープ仕様で上映時間は九六分となる。ほかにアンソニー・パーキンスやイーライ・ウォラックなども出ている。三船は実業家に雇われた執事役だった。本作は日本では劇場未公開に終わったが、のちに『大統領の堕ちた日』という邦題で流通した。

映画製作プロダクション、芸能プロダクションとして、映画分野に限らず、テレビ分野でも一九六〇年代後期からめざましい業績を上げてきた三船プロダクションはこの年（一九七九年）、内紛騒動に見舞われ、ふたつに分裂する事態となった。同社の映画プロデューサーの田中壽一が半ば強引に独立し、三船プロダクションに所属する大勢の俳優を引き連れて田中プロモーションを設立したのである。

大統領の堕ちた日
DABA-91458

第十章
三船敏郎と映画俳優人生の閉幕
――一九八〇年代～一九九〇年代――

“SAMURAI MIFUNE”の風格がほとばしる。この侍姿で世界を席捲した。
© 三船プロダクション

一九八〇年代が開幕する。俳優・三船敏郎の一九八〇年代はハリウッド映画への出演から始まった。日本では一九八〇(昭和五十五)年三月八日に全国ロードショー公開された、スティーヴン・スピルバーグ監督作のコメディ映画大作『1941』(一九七九/A・チーム・プロダクション)に司令官ミタムラ(Commander Mitamura)役で出演した。

一　『1941』(一九七九：スティーヴン・スピルバーグ)『制覇』(一九八二：中島貞夫)

ハリウッド映画『JAWS/ジョーズ』(一九七五/アメリカ)『未知との遭遇』(一九七七/同)で世界的ヒットメイカーとなったスピルバーグが三船を出演者のひとりに起用した、メトロカラー、パナビジョン、上映時間一一八分になる本作は、日本海軍の潜水艦が一九四二(昭和十七)年二月、サンタバーバラ沖に浮上し、アメリカ本土に向けて魚雷数発を発射したという実話、日本軍の攻撃に対する恐怖が引き起こしたという〈ロサンゼルスの戦い〉などをもととした戦争コメディ映画だ。一九四一年のアメリカ、ロサンゼルス。日本軍の真珠湾攻撃におののく住民と軍人たちの一日をコミカルに、ドタバタ劇風に描く。

製作はバズ・フェイシャンズ。ロバート・ゼメキス、ボブ・ゲイル、ジョン・ミリアスが原案を練り、ゼメキスとゲイルが脚本を書いた(ミリアスは製作総指揮、ゲイルとゼメキスは製作も担当)。撮影はウィリアム・A・フレイカー、美術はディーン・エドワード・ミズナー、音楽はジョン・ウィリアムズ。これらがメインスタッフにあたり、ダン・エイクロイド、ネッド・ビーティ、ジョン・ベルーシ、ロレイン・ゲイリー、マーレイ・ハミルトン、三船敏郎たちが画面をにぎわせる。日本版ポスターに踊った惹句も「ワッ！なんだ！なんだ！この映画はいったいなんだ！」「くるぞ！くるぞ！世紀の大パニック・コメディ『ジョーズ』『未知との遭遇』の監督スピルバーグがまたどでかい仕掛けをたくらんだ！」といった具合である。

一九四一年十二月十三日の朝七時。北カリフォルニア海岸に日本海軍の潜水艦が浮上する。羅針盤の故障によって進路を見失い、カリフォルニア沖に紛れ込んでしまったのだ。艦長のミタムラ（三船敏郎）は、ハリウッドに近いことを知り、ハリウッドを攻撃すればアメリカ人の戦闘意欲を喪失できる、と考える。彼は作戦に懐疑的なドイツ士官（クリストファー・リー）を罵る。日本軍襲撃の情報はカリフォルニア住民にまたたく間に浸透し、クリスマスの準備と重なって街は大騒ぎとなる。そうしたなか、軍人のダンスクラブ会場ではコンテストが開催される。陸軍伍長のシタースキー（トリート・ウィリアムス）を中心にハリウッド大通りにまで拡がる大乱戦が勃発する。アメリカ人同士が争ってはいけない、とトゥリー軍曹（ダン・エイクロイド）が戦車で来る。P-40トマホークの飛行士、ワイルド・ビル・ケルソー（ジョン・ベルーシ）が日本軍と間違えて米軍機を追う。サンタモニカの遊園地のゴンドラから敵機を迎え撃とうとするクロード（マーレイ・ハミルトン）は、誤ってP-40を攻撃してしまう。P-40はハリウッド大通りに不時着する。サンタモニカの丘に家を持つ民間人で娘のベティ（ダイアン・ケイ）の父であるダグラス（ネッド・ビーティ）は、陸軍の高射砲を庭に置かせるなど協力的だ。しかし、自宅の近くに日本海軍の潜水艦が現れるなど、騒ぎは収集がつかなくなる。日本軍はサンタモニカ遊園地をハリウッドと誤認し、攻撃を開始する。ロサンゼルスに空襲警報が鳴り始める。

本作はコメディ映画だ。俳優がそれぞれにスラップスティック演技を見せていくという喜劇スタイルではなく、映画自体をドタバタさせている。進行にともなって見せ場が次々と現れる。映画の始まりから終わりまで、すべてが見どころといっても大きな間違いとはならない。巨額の製作費が注ぎ込まれた大作であることも疑いない。一方、興行は失敗した。時代の寵児、スピルバーグにも批判が寄せられた。ただ騒がしい、空虚でまとまりのないコメディ大作であることは否定できなかった。スピルバーグ自身も本作をふりかえり、失敗作だった、と認めている。といっても、彼のフィルモグラフィーを顧みる際、ひとつの節目に置かれることもまたたしかである。

1941
GNBF-2714

二百三高地
DUTD-02311

出演オファーを受けた三船は打ち合わせのためにハリウッドにおもむいた。日本海軍軍人役の俳優は日本語が理解できない日系人ばかり、日本人俳優は三船と清水宏だけだと知り、驚いたという。潜水艦内のセットもずさんそのものだった。帰国した三船は日本海軍にまつわる膨大な資料を持参して再びハリウッドにわたった。撮影はすでに始まっていたが、俳優たちの指導、衣裳、セットに対して細かな注文を出した。日本軍人に見えるように敬礼の仕方から身のこなしまで、徹底的に教え込んだ。スピルバーグからの希望でもあった。また、こまめにセット内、スタジオ内をチェックしてまわった。小道具にも気を配った。この映画は日本人も多く観る。だから自分がその点は責任を持たなくてはいけない。いくらハリウッドのコメディ映画でも日本軍人らしく、本物らしく。戦争映画で長年主役を張ってきた三船だからこそのこだわりだった。

戦争映画が続く。一九八〇年八月二日に封切られた、東映東京作品、舛田利雄監督作『二百三高地』（カラー、ワイド、一八五分）は、この時代としては珍しい、オールスター級の配役が採られた戦争映画大作として大きな話題を呼び、大ヒット興行を展開した。「２０３を撃て。攻めて攻めて、攻め抜く明治の青春。あの雄叫びは、乃木作戦か。児玉作戦か。」「山も哭いた。海も哭いた。戦いの丘を駈ける明治の賦」という宣伝文句も実に勇ましい。企画は幸田清、天尾完次、太田浩児、瀬戸恒雄。脚本は笠原和夫による。

昔を懐かしむ高齢者、なまなましさがまだまだ残る太平洋戦争ではなくて時代劇感覚にひたれる日露戦争ゆえに純粋に娯楽映画として受け取れる年配者、今どき珍しい戦争映画、大時代風アナクロニズムを楽しもうという若者層などで上映劇場はいっぱいとなった。乃木大将が仲代達矢、児玉源太郎が丹波哲郎、伊藤博文が森繁久彌、金子堅太郎が天知茂などの配役で三船は明治天皇を演じた。

三船の出番は多くなかった。しかし、エンディングでは大きな見せ場がある。乃木が明治天皇に旅順攻囲戦の軍状報告をする。思わず泣き崩れてしまう乃木に対して明治天皇は慰みの声をかける。ここで乃木役の仲代と明治天皇役の三船、ふたりのがっぷり四つの演技が見られる。三船と仲代の道程、両者のドラマを知る者にとっては目に滲みる名場面となった。

一九八〇年はパラマウント・テレビジョン・プロダクション、NBC作品『将軍SHOGUN』（カラー、ビスタ、一二五分）もあった。アメリカのNBCが制作したテレビドラマが日本やヨーロッパでは劇場映画版に編集され、公開された。十七世紀、オランダ船に乗ったイギリス人航海士のジョン・ブラックソーンが江戸時代初期の日本に漂着し、さまざまなドラマを見せる。製作総指揮のジェームズ・クラヴェルの原作をプロデューサーも兼ねるエリック・バーコヴィッチが脚色し、ジェリー・ロンドンが演出にあたった。主役のブラックソーンはリチャード・チェンバレンが演じた。三船は吉井虎長役だった。ほかに日本からは島田陽子、フランキー堺、ダミアン・トーマス、目黒祐樹、金子信雄らが出演した。オーソン・ウェルズがナレーションをつとめているというのも注目点のひとつだろう。日本公開は一九八〇年十一月八日だった。

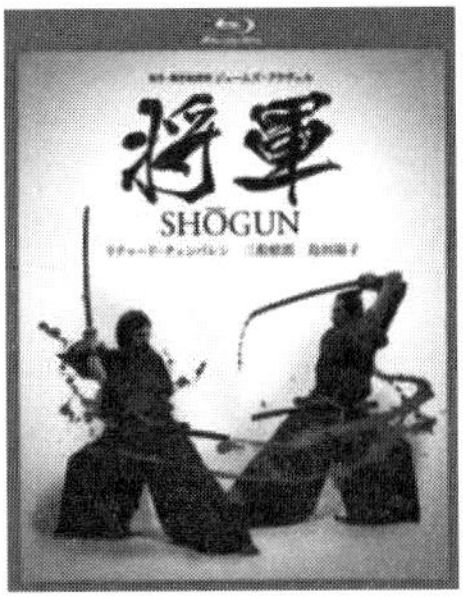

将軍 SHOGUN ブルーレイ BOX（3 枚組）［Blu-ray］ PPWB-102409

この時期、『レッド・サン』で組んだテレンス・ヤングが監督し、ローレンス・オリヴィエ、ジャクリーン・ビセット、ベン・ギャザラ、リチャード・ラウンドトゥリーなどが出演した『インチョン！』（一九八一／ワン・ウェイ・プロダクション、統一教会）にも参加した。朝鮮戦争、そのなかでも国連軍による仁川上陸作戦を描く、デラックスカラー、スコープ、一四〇分の超大作映画である。原題は『Inchon!』。製作をシドニー・ベッカーマンと石井光治、脚本をロビン・ムーアが担当した。三船は元帝国軍人・斉藤を演じた。撮影中に種々のトラブルがあったり、撮影が延々と伸びたり、空前の不評を買ったり、その結果、世界最悪の赤字映画となったり、ということで、世界でも指折りの失敗作としてかえってカルト化されたといういわくつきの作品として知られている。製作総指揮が文鮮明、つまりは製作に世界基督教統一神霊協会がかかわっていることなどもあり、現在では〈幻〉とされている（日本では劇場未公開）。

最後のサムライ
ビクターエンタテインメント（VHS、廃盤）

　一九八〇年代、三船の映画出演はさらに減る。一方で、特別出演やゲスト出演風の位置づけ、または〈三船敏郎〉の名を加えることでの箔づけ、格づけを狙うかのごときオファーも少なくなかった。一九八一（昭和五十六）年に製作され、海外では同年十一月二十日に公開されたという、アメリカとイギリスの合作作品でトム・コタニ（小谷承靖）が監督した、ランキン・バス・プロダクション、トライデント・フィルムズ作品『武士道ブレード』（原題『The Bushido Blade』）もそうした類《たぐい》の一本となる。カラー、パナビジョン、上映時間一〇三分の作品である。

　幕末の世界に複数の外国人が入ってきてさまざまな事件が起きていく。製作はベニー・コルゼンとアーサー・ランキン・Ｊｒ、脚本はウィリアム・オーヴァーガードが執筆した。主演はマシュー・ペリー提督役のリチャード・ブーンがつとめ、日本側出演者の三船敏郎、サニー千葉（千葉真一）、丹波哲郎、マコたちが脇を固めた。三船は江戸幕府特命全権大使・林復斎を演じた。

　一九八二（昭和五十七）年の七月二十三日にアメリカで公開された、ＣＢＳテクニカル・フィルムズ作品、ジョン・フランケンハイマーがメガホンを握った『最後のサムライ　ザ・チャレンジ』（カラー、パナビジョン、一〇八分）にも三船は宮口精二、稲葉義男とともに出演した。はからずも黒澤明の『七人の侍』（一九五四／東宝）の三人が揃ったことになる。原題は『The Challenge』。製作はロン・ベックマン、ロバート・Ｌ・ローゼン、脚本はジョン・セイルズ、リチャード・マックスウェルによる。ほかの共演者はスコット・グレン、中村敦夫、島田正吾、中原早苗などだ。

本作は、日本では長らく未公開（ビデオは発売されていた）となっていたが、二〇一六（平成二十八）年に開催された「カナザワ映画祭２０１６」において、『最後のサムライザ・チャレンジ』という邦題で上映された。白髪・長髪の三船はなかなかのインパクトであり、終盤では見せ場もたっぷりとある。フランケンハイマーの三船への敬意が感じられた。


一九八二年、三船は中島貞夫が監督する、東映京都製作の『制覇』（カラー、ワイド、一四〇分）に主演した。日本最大の広域暴力団の組長が狙撃され、瀕死の重傷を負う。一命は取り止めたが、これを契機に抗争事件が勃発したために大阪府警察の大がかりな壊滅作戦が始まる。以前の東映「実録映画」シリーズとは一線を画す、「日本の首領《ドン》」三部作（一九七七、七八）の姉妹篇に位置づけられるヤクザ映画大作である。

企画・俊藤浩滋、高岩淡、田岡満、プロデューサー・佐藤雅夫、厨子稔雄、福井良春、原作・志茂田景樹、脚本・中島貞夫、西沢裕子、撮影・鈴木達夫、美術・佐野義和、山下謙爾、音楽・山本直純、録音・中山茂二、照明・金子凱美。俳優は準オールスター・キャストとみなしてもいい名が並ぶ。三船敏郎、岡田茉莉子、菅原文太、鶴田浩二、若山富三郎、丹波哲郎、梅宮辰夫、小林旭など。一九八二年十月三十日に公開された。

制覇
DUTD-03127

谷口組三代目の田所正雄（三船敏郎）が狙撃された。谷口組は動揺し、若頭の河上（菅原文太）と若頭補佐の権野（若山富三郎）の争いが表面化する。田所は大友医師（鶴田浩二）の手術で一命を取りとめる。妻のひろ子（岡田茉莉子）、長男の孝（高岡健二）と妻の冬子（秋吉久美子）、長女の悠子（中井貴恵）、次男の範夫（桂小つぶ）たちは安堵する。大阪府警が田所狙撃犯を酒田組下部組織、浪華殉国団の近江（にしきのあきら）だと公にした。谷口組の報復が始まる。田所は病院から退院した。近江が死体となって発見された。酒田組系の者が近江を隠しきれなくなり、殺害したのだ。冬子が孝の友人の口車に乗って偽の契約書に押印したために孝が私文書偽造で逮捕された。責任の重さに耐えきれずに冬子は自殺した。後継者を考える時期が来た、という想いに田所は傾く。河上と権野の抗争が激化し、権野は破門される。孝の会社が脱税容疑で捜査を受けた。悠子は難民救済事業でタイに行くことを決める。彼女の恋人で谷口組撲滅記事を書く新聞記者・小田（名高達郎）も同行する。結婚の許しを請う小田を田所は受け容れる。落語家になりたい、と範夫はいう。河上は実刑判決を受け、権野は引退する。そうしたとき、田所が心臓病で急逝する。誰が四代目になるのか。マスコミは関心を寄せる。ひろ子は河上を四代目に選ぶ。だが、河上は獄中で病死する。ひろ子は自分が組長の代行をつとめることを決意する。

山口組で実際に起こった抗争事件をモデルとしているが、従来の東映ヤクザ映画とは明確な相違点がある。三船が演じる組長の田所、彼の家族模様、ホームドラマが主軸に置かれることだ。田所、岡田茉莉子が扮する田所の妻・ひろ子を中心とした田所一家の家庭劇がしっかりと描かれる。ヤクザの親を持った子供が苦悩しつつも己の人生を切り拓いていくドラマもある。「あの人の言葉を伝えます！　次代を継ぐ者は誰か。野望に揺らぎ、愛に血を流す首領一族の肖像」「《愛《ファミリー》》も無傷のままで、いられない。首領逝く！　列島ゆさぶる巨大な変動戦後最大の危機。どうなる、王位なき大組織の今後　母は、子は!!　宿命背負う首領《ドン》一族の愛と離散　そして、四代目の座を摑むものは誰か!?」という惹句でもそうした方向性は明確に示されている。

東映「実録映画」シリーズのいつもの調子はつかめない。フランシス・フォード・コッポラの『ゴッドファーザー』（一九七二／アメリカ）の影響下にあることは明白であり、三船は和製ドン・ヴィトー・コルレオーネ（マーロン・ブランド）と理解したほうが早い。彼が孫と戯れているときに死を迎えるくだりも似ている。こうした造りのヤクザ映画はのちの五社英雄監督作『極道の妻たち』（一九八六／東映京都）を端緒とする「極道の妻たち」シリーズに発展する。その意味でも本作は東映にとって重要な一作となった。

田所組長に扮した三船は、寡黙だが強靭な意志を持つ組長像を披露する。東映ヤクザ映画では珍しいタイプの組長だ。「日本の首領《ドン》」三部作の佐分利信同様、この分野に新風を吹き込んだ。東宝の象徴である三船敏郎が東映京都のヤクザ映画の主役を張る。暴力団の組長を演じる。これは以前ならまったく考えられないことだった。時代の変化、時の流れを痛感する。三船と鶴田浩二の共演、妻を岡田茉莉子が演じている、なども三船の映画を長年観続けてきた人には押し寄せてくるものがあろう。

本作の岡田茉莉子は抜群の存在感を放った。最初は家庭的な妻として描かれるが、ドラマが進行するにつれて変貌していく。夫が死に、組の後継者に指名した人物が病死し、最終的には自分が組を引き継ごうと心を決める。夫の遺影を背にし、詰めかけた組員たちの前で凛とした、堂々たる姿を見せる。彼女を包み込む女の情念と矜持は圧巻だった。

三船と岡田茉莉子は東宝作品『吹けよ春風』(一九五三／監督：谷口千吉)で共演して以来、本作に至るまで十本以上の作品で顔を合わせてきた。ともにトップスターゆえに恋人関係、夫婦関係を結ぶ役柄が多かった。三船と鶴田浩二は、山本嘉次郎監督作『男性Ｎｏ．１』(一九五五／東宝)で作品をともにしてから松林宗恵監督作『ハワイ・ミッドウェイ大海空戦 太平洋の嵐』(一九六〇／同)に至るまで、鶴田が東宝を離れるまでにおよそ十作品で同社の看板スターとしてたがいにしのぎを削ってきた(三船にはそうした意識はなかったようだが)。本作は日本映画黄金期をそれぞれの道で築いてきた大スターの最後の邂逅の場でもあった。

中島貞夫が本作の撮影時のことを「キネマ旬報」一九九八年三月上旬号「巻頭特集　映画の用心棒 追悼：三船敏郎」内「中島貞夫に訊く」で懐古している。

　思い出すのは「制覇」撮影時のある日、いつもの通り「お疲れでしょう」と引き揚げたのですが、深夜に電話がかかり「飲みに行きましょう」と強引に引っ張り出されました。今となっては懐かしい話です。／その頃のエピソードですが、三船さんはモンゴルを舞台に映画作りをしたかったようで、しきりに「監督、一度モンゴルへ行きませんか？」と。こちらも「行きましょう」と言ったのですが、実現しませんで

人生劇場
DUTD-03337

した。

　中島貞夫は熊井啓とともに俳優・三船敏郎の晩年の時代をみつめ、その生きる姿を映像に刻み込んだ監督だった。『日本の首領《ドン》 野望篇』（一九七七／東映京都）『犬笛』（一九七八／三船プロダクション）『日本の首領《ドン》 完結篇』（同／東映京都）『制覇』、深作欣二、佐藤純彌との共同監督作『人生劇場』（一九八三／東映京都）と、中島は三船と六本の映画を送り出した。深作欣二の『赤穂城断絶』（一九七八／東映京都）もスケジュールの都合で中島が応援監督をしていた。もしも三船が全盛期、若い時代に中島貞夫と出会っていたら名コンビが築かれたことは疑いない。

　三船と東映京都の蜜月はまだ続く。右に記した、一九八三（昭和五十八）年一月二十九日公開作、尾崎士郎の『人生劇場』の実に十二度目の映画化となる『人生劇場』（カラー、ワイド、一三〇分）に主人公・青成瓢吉（永島敏行）の父・青成瓢太郎役で出演した。「女がいて男がいる。男がいて女がいる。」「熱い激情、炎のエロティシズム。いま波立つ大正ロマンにはじまるそれぞれの愛・運命・人生。」「波乱万丈！男と女はドラマチック！」「いつの世にも、いつの時代にも新しい「人生劇場」がある」。一九八〇年代には似つかわしくないと受け取られかねない題材とあって売り方も苦心の様子がうかがわれる。

　「人生劇場」は誰が撮っても、どこが製作しても、原作が大河小説でもあるために大作として作られる事例が多い。本作もそれは変わらず、この時代のオールスター・キャスト風の俳優が揃えられ、深作欣二、中島貞夫、佐藤純彌という東映が誇る三人の匠《たくみ》の共作によって作られたことも話題となった。といっても三人が共同で監督をしたというわけではなく、青春篇を佐藤純彌、愛慾篇を深作欣二、残侠編を中島貞夫が演出したという意味である。企画は高岩淡、佐藤雅夫、豊島泉、斎藤一重、高杉修。脚本は野上龍雄、深作欣二、佐藤純彌が共同執筆した。吉良常には若山富三郎、飛車角には松方弘樹、お袖には松坂慶子、おとよには中井貴恵。数ある「人生劇場」映画のなかでも本作は特に凝った構成はされておらず、大河ドラマのダイジェストとも解釈できる仕上がりだった。三船の出番はほぼ序盤部に集中していた。

二 『日本海大海戦 海ゆかば』（一九八三：舛田利雄）『男はつらいよ 知床慕情』（一九八七：山田洋次）

一九八三年、三船は東映東京の映画にも出演した。六月四日に初日を迎えた舛田利雄監督作『日本海大海戦 海ゆかば』（カラー、ワイド、一二一分）に東郷平八郎役で主演した。

この映画は、日露戦争における連合艦隊の活躍を背景に、戦艦「三笠」の乗員、とりわけ軍楽隊に所属した若者たちの青春群像劇をつづる。東映東京はこの時代、三船が明治天皇役に扮した『二百三高地』、同じく企画・幸田清、天尾完次、太田浩児、瀬戸恒雄、脚本・笠原和夫、監督・舛田利雄による『大日本帝国』（一九八二）と、戦争映画大作シリーズを展開していた。本作はその第三弾かつ最終作となる。『二百三高地』『大日本帝国』『日本海大海戦 海ゆかば』は、〈東映戦争三部作〉と現在では称されている。

日本の首領 野望篇
DUTD-02336

メインスタッフは、企画・幸田清、天尾完次、太田浩児、瀬戸恒雄、脚本・笠原和夫、特撮監督・中野昭慶、美術・北川弘、音楽・伊部晴美、録音・宗方弘好、照明・小林芳雄。三船敏郎、沖田浩之、三原順子、宅麻伸、佐藤浩市、平幹二朗、横内正、ガッツ石松らがメインキャストを担い、仲代達矢がナレーションをつとめる。

明治三十八年。ロシアと日本で大海戦が始まろうとしていた。東郷平八郎(三船敏郎)をはじめ司令部は、ウラジオストクにいるバルチック艦隊が対馬水道を通って日本海を最短で入港するか、太平洋側を通って津軽海峡、あるいは宗谷海峡を横断してくるか、どちらの航路を採るか、と頭を悩ませていた。その頃、連合艦隊旗艦「三笠」の軍楽隊に神田源太郎(沖田浩之)が配属される。軍楽隊は直接の戦闘員でないために軍隊での地位が低い。源太郎の恋人で娼婦のせつ(三原順子)が彼に会いに来た。しかし、このような状況だ。源太郎はせつに冷たく接し、隊に戻る。「三笠」は呉を出て佐世保港に立ち寄り、最後の陸地補給に急ぐ。源太郎の前に再びせつが現れる。彼女はトランペットを握っていた。源太郎はせつに無事の帰還を約束する。訓練は厳しい。軍楽隊員はさらに一水兵としての訓練にも汗を流す。「三笠」の連合艦隊司令部では東郷長官、秋山真之中佐(横内正)たちがバルチック艦隊の進路を予想しかねていた。源太郎は激しい訓練の合間を縫い、東郷長官の甲板巡視の際における、長官への演奏許可を直訴する。東郷長官は演奏許可を与える。軍楽隊員は万感の想いを抱きながらドヴォルザークの楽曲などを奏でた。バルチック艦隊が正面から攻撃を仕掛けてくる、と東郷は決断を下した。激戦が繰り広げられる。やがて凱歌は日本側に上がった。

ロシアは世界最強といわれるバルチック艦隊を日本に向けて出撃させる。日本は東郷平八郎が率いる日本海軍の連合艦隊で迎え撃つ。バルチック艦隊に対抗するために東郷が採った作戦、「三笠」に乗り込んだ源太郎をはじめとする若き兵士たちの熱きドラマが語られる。「敵艦見ゆ！明治の決断迫る世界海戦史上に残る東郷のT字作戦とは何か。その時、海の男たちが挑む大ロマン！」「敵艦見ゆ！Z旗はばたく‼海の中には男の詩がある。」。キャッチコピーはなにやら愛国趣味に富む。

三船はかつて東宝「8・15」シリーズの一本である『日本海大海戦』(一九六九／監督：丸山誠治)で東郷平八郎を熱演した。本作は二度目の東郷役となった。ではあるが、『日本海大海戦』と本作はイコールで結ばれない。三船が映画の看板であることは事実だが、映画の主人公は彼が演じる東郷ではなく、海軍軍楽隊の隊員・神田源太郎だ。前半は彼と娼婦のせつの男女のドラマが描かれる。中盤以降は「三笠」の乗組員、青年兵、軍楽隊の隊員の群像劇に移る。水兵仲間に高利貸しをしている砲員長(佐藤浩市)などにも光があてられる。海戦を見せるだけではない。位の高い軍人にもさして視線は注がれない。あくまで軍楽隊を中心とする。だから音楽要素が多い。「君が代」「軍艦マーチ」はもちろん、アントニン・ドヴォルザークの「家路」やフレデリック・ショパンの「別れの曲」、日本の唱歌としても広く親しまれる「蛍の光」なども流れる。

軍楽隊を主軸に置くからこそ、戦争の実態がかえってなまなましく伝わってくる。状況がリアルに映し出される。日本側の勝利で終わったバルチック艦隊との戦いだが、末端に位置する若者たちの生死を熱く見つめる。従来の娯楽戦争映画にはあまりなかった切り口だ。一九八〇年代に作られる日露戦争の映画の意義は、こうした部分に探し出せよう。

三船は当時、六十代半ば。不自然なメイクをほどこすこともなく、東郷平八郎を演じられる年齢に達していた。その風貌に俳優・三船敏郎の歴史、人間・三船敏郎の年輪を感じさせた。

その後、三船の映画俳優活動は一年に一本といったペースで続いていく。

一九八四(昭和五十九)年は三船プロダクション、松竹富士の共同製作、三船史郎企画、奥山和由製作、藤田敏八演出による青春ヤクザ映画『海燕ジョーの奇跡』(カラー、ワイド、一三三分)に三船は漁師役で出演した。公開は一九八四年四月二十八日。佐木隆三の原作を神波史男、内田栄一、監督の藤田が脚色し、時任三郎、藤谷美和子が主演した。沖縄出身でフィリピン人の血をひく若いヤクザが連合会のボスを射殺し、フィリピンに高飛びする。この地には父親がいるのではないか。逃亡を続けながらも父親捜しを始める彼の前に数々の試練が立ちはだかってくる。みずみずしい感性とスタイリッシュな藤

海燕ジョーの奇跡
DB-5556

聖女伝説
DB-0714

田演出が奏功し、青春映画の佳作となった。子息・三船史郎の企画作品ゆえに三船も特別出演風に顔を出した。

一九八五（昭和六十）年三月二十三日封切り、三船プロダクションが製作協力で参加した松竹富士作品、村川透監督、郷ひろみ主演による『聖女伝説』（カラー、ワイド、一二二分）に三船は出演者としても彩りを添えた。企画・樋口清、製作・奥山和由で脚本は塩田千種による。銀座のクラブを切り盛りする岩下志麻のパトロンで政界の黒幕に扮した。出番は少ないが、映画にアクセントをつけている。

一九八六（昭和六十一）年は、吉永小百合、八代亜紀、風間杜夫が主な出演者となった東映東京作品『玄海つれづれ節』（カラー、ワイド、一三五分）があった。岡田裕介が坂上順、和田徹、飯村雅彦らと企画に名を連ね、吉田兼好の『徒然草』から笠原和夫、下飯坂菊馬、兵頭剛が脚本を練り上げ、出目昌伸がメガホンを握った、吉永小百合の新境地を切り拓こうとした人間ドラマ映画である。公開は一九八六年一月十五日。疾走した夫（岡田裕介）を捜しに九州に向かった彼女に八代亜紀（借金取り立て人）、風間杜夫（同級生のテキヤ）がからんでくる。

映画は基本的にはコメディ・タッチが採られており、さほど重くない。ソープランドに売り飛ばされるなど、それまでの吉永小百合では想像がつかないような役に挑んだが、出来は大味だった。三船は吉永小百合の父の炭坑夫仲間で地元の顔役に扮し、映画に重みと箔を与えた。

一九八七（昭和六十二）年は渡辺プロダクション、フィルム・セレクト、ウアンキ・コーポレーション作品、トニーノ・ヴァレリ監督・脚本、田波靖男、エルネスト・ガスタルディ脚本、吉川晃司主演のハードボイルド映画『シャタラー』（カラー、ビスタ、一〇九分）に出演した。プロデュー

玄海つれづれ節
DUTD-02396

シャタラー
バンダイ・ミュージックエンタテインメント（VHS、廃盤）

サーは熊田朝男、製作総指揮は渡辺晋と、日本とイタリアの合作映画と受け取っていい。監督のトニーノ・ヴァレリはマカロニウエスタンの傑作『怒りの荒野』（一九六七／イタリア、ドイツ）を代表作に持つイタリアの映画監督で、黒澤明の『用心棒』（一九六一／黒澤プロダクション、東宝）を非公式リメイクした『荒野の用心棒』（一九六四／イタリア）では監督のセルジオ・レオーネの監督助手をつとめた。その彼が三船出演映画のメガホンを執る。時間の流れとは面白いものである。

日本とイタリア合弁の自動車会社でマフィアによる連続殺人事件が勃発する。同社に属するレーサー（吉川晃司）がこの事件の渦中に自ら飛び込んでいく。吉川晃司の共演者はアンディー・J・フォレスト、マリナ・スマ、ダリラ・ディ・ラザロなど。三船はこの会社と契約を結んでいる保険会社の調査役だった。一九八七年六月十三日に封切られた。

三船は一九八七（昭和五十九）年、晩年の出演作中の最良作の一本、との声が少なからずあがる作品とめぐり合う。監督・山田洋次、主演・渥美清による「男はつらいよ」シリーズの第三十八作目、松竹映像作品『男はつらいよ 知床慕情』（カラー、シネマスコープ、一〇七分）である。松竹ばかりでなく日本映画の文字通りのシンボルであるこの国民的映画シリーズに戦後日本映画、東宝の象徴である三船が出演したのだ。よって、三船がこの映画の要《かなめ》の人物であり、彼のドラマがこの映画のメインストーリーに置かれるのも当然だった。三船はこのとき六十七歳。三船のフィルモグラフィー、日本映画史に新たな

男はつらいよ 知床慕情
DB-6538

一頁が加えられた

企画は小林俊一、プロデューサーは島津清、深澤宏、原作・脚本・監督は山田洋次、脚本は浅間義隆、撮影は高羽哲夫、美術は出川三男、音楽は山本直純、録音は鈴木功、松本隆司、照明は青木好文。渥美清、倍賞千恵子をはじめとするレギュラー陣（下條正巳、三崎千恵子、前田吟、太宰久雄、佐藤蛾次郎、吉岡秀隆、笠智衆など）のほかに竹下景子、三船敏郎、淡路恵子、すまけい、イッセー尾形、赤塚真人などがメインキャストとなる。初日は一九八七年八月十五日。森崎東が監督し、藤竜也、植木等が主演した『塀の中の懲りない面々』（松竹映像、磯田事務所）との二本立てで全国松竹系邦画上映館で封切られた。

車寅次郎（渥美清）が柴又に帰ると、竜造（下條正巳）が身体を壊して入院していて、とらやは休業中だった。竜造は近々退院するが、寅次郎に働く気は少しもない。嫌気が差したつね（三崎千恵子）を梅太郎（太宰久雄）が慰める。旅に出る寅次郎をさくら（倍賞千恵子）が送る。さくらは寅次郎を諭した。北海道の知床。寅次郎は獣医の上野順吉（三船敏郎）と知り合い、彼の家に居候する。順吉は居酒屋の女将・悦子（淡路恵子）に惚れているが、口に出せない。煮えきらない順吉の態度に寅次郎はいらだつ。順吉の娘・りん子（竹下景子）が東京から戻った。寅次郎は彼女に好意を抱く。りん子が離婚して帰ってきたので順吉は憤るが、寅次郎が仲介に入る。居酒屋を閉じて田舎の新潟に帰ることをした、と悦子が寅次郎に打ち明ける。順吉とは何もない、という。寅次郎が知床の人々とバーベキューをする近くで順吉はひとりで酒を飲んでいた。悦子のことを寅次郎は順吉に告げる。順吉は即座に反対する。悦子を失いたくないのだ。寅次郎の導きで順吉は不器用ながらも悦子に愛を告白する。悦子は受け容れる。ふたりは結ばれた。りん子が寅次郎に声をかける。胸をときめかせる寅次郎に彼女は礼をいう。順吉の仲間（すまけい）にりん子の件でからかわれた寅次郎は激怒し、東京へ帰った。りん子が柴又に来る。江戸川の花火大会だ。その頃、寅次郎は長良川で商売をしていた。

口下手な初老の獣医師・上野順吉を三船が好演する。昔ながらの男らしさ、男の潔さの美学がこびりついている頑固者だ。三船はこの歳に達したからこそにじみ出せるペーソス、コミカル味をまぶしながら順吉像を作り上げた。男のプライド、つまらないこだわり、一方的な理念などが邪魔をして己の想いを素直に伝えられない順吉が寅次郎の恋の手ほどきを受け、初々しい男子学生のようにオドオドと恋の告白をするクライマックスは、三船のこの歳だからこその新たな一面を披露した。相手役・淡路恵子の表情で心のなかを表すかのような受けの芝居も自然だった。黄昏のなか、淡路が三船へいったんは別れを告げるくだりは哀切感に包まれる。老いらくの恋というのは意外と描きづらいものと思えるが、このシークエンスはどっしりとした重みがあった。両者の人生の年輪に想いを馳せさせた。あまたの観客は本作の三船に親近感を抱いたのではないか。どこにでもいそうな初老の男。こういう三船は案外と珍しい。

このように、三船が演じる上野順吉が恋慕う女へ劇的な愛の告白をするまでの流れを、北海道の豊かな自然、空気、周りの人々の人情、年上の男に恋のコーチをする寅次郎の奮戦を織り込みながら山田洋次は映画を進めていく。この時期の「男はつらいよ」シリーズは、マンネリズム、レギュラー出演陣の高齢化などの課題に直面し、寅次郎のキャラクターを最大限に活かす人情喜劇映画の路線からは、ややもすれば逸れる傾向にあったが、本作は物語の軸がしっかりと張られていた。爽快感をたたえていた。

三船は、淡路恵子のデビュー作である黒澤明監督作『野良犬』（一九四九／新東宝、映画芸術協会）で彼女の共演者をつとめた。本作は淡路の二十一年ぶりの女優復帰作であり、三船は彼女のいわばふたつの映画デビュー作の相手役を演じたのである。「キネマ旬報」一九九八年三月上旬号「巻頭特集　映画の用心棒 追悼：三船敏郎」内「淡路恵子に訊く」で淡路はこう述べている。

「野良犬」の時は、本当に演技の事は何も知らなかったんです。正直、三船さんも〝優しいおじさん〟という印象でした。それが「男はつらいよ 知床慕情」の時は、お互いにほのかな想いを持っていながら、口に出して言えない男女を演じたのですから。何十年も経って、こういう間柄の役をやるなんて、面白いなって思いましたね。ご自分のプロダクションを作られたり、国際スターとして多くのパーティーに出席されるようになられてましたが、やはり三船さんは「知床慕情」で演じた獣医みたいな方だと思います。私にとって二十一年振りの復帰作でしたけれど、山田洋次組という昔ながらのスタッフがいて、気心の知れた渥美清さんがいてくださったので、何か自然に「私のいる場所に帰ってきたわ」という気になれました。

りん子役の竹下景子が本作の寅次郎のマドンナだ。「男はつらいよ」シリーズ、二度目の出演だった。すまけいをはじめとする脇役たちも個性を発揮し、映画の要所を締める。三船と淡路のドラマが主軸に置かれても〈寅さん映画〉であることに変わりはない。肝心の寅次郎の恋の行方が気になる。だが、「勇気を出して言え！今言わなかったらな、おじさん、一生死ぬまで言えないぞ」と順吉を発奮させ、「よし、言ってやる。言ってやるぞ！」と受けた順吉を「よし、いけぇー」などと送り出す寅次郎だが、りん子には何も意思表示できずに退いていく。寅次郎なりの男の美学。男の矜持。これでなくては観客は満足しない。これぞ〈寅さん映画〉、と多くの受け手が思ったことだろう。

ところで、次のようなシーンがある。寅次郎が順吉の家で酒を酔い、箸を指揮棒のように操りながら歌を口ずさむ。「じいさん 酒飲んで 酔っ払って 死んじゃったばあさん それ見て びっくらして 死んじゃった」。三船が初めて黒澤明の映画に出演した『酔いどれ天使』（一九四八／東宝）において、酔いどれ医師の真田（志村喬）が居間で酒を飲みながら唄う「じいさん 酒飲んで 酔っ払って 転んだ ばあさん それ見て びっくりして……」と同じ歌が披露された。

この歌は、ドイツのフリードリッヒ・フォン・フロトー作曲のオペラ『マルタ』の第一幕第四場で歌唱される「農民たちの合唱」をオリジナルとし、戦前、榎本健一（エノケン）が浅草オペラ時代に替え歌として唄い、巷《ちまた》で流行したものだ。一九四〇（昭和十五）年に封切られたエノケン主演の東宝映画作品『エノケンのざんぎり金太』（監督：山本嘉次郎）でも効果的に使われていたという。

その歌が『酔いどれ天使』のなかで志村喬によって唄われた。それほど大衆に親しまれていた、と考えられる。およそ四十年後、寅次郎、つまりは渥美清がその歌を順吉、すなわち三船の前で唄った。これは偶然、たまたまだったのだろうか。一九五〇年代に浅草で修行していた渥美が三船を迎えるので自分の意思で持ってきたのか。『酔いどれ天使』と三船の関係(山本嘉次郎もまた三船の恩人のひとりだ)を知る山田による演出なのか。または、製作側の一種の遊びだったのか。さまざまな憶測がもたげてくる。

山田洋次が『毎日ムック　三船敏郎 さいごのサムライ』に「三船さんと渥美さん」というエッセイを寄せた。本作についても言及している。

寅さんシリーズ三十八作で渥美、三船の顔合わせをようやく実現できることになり、日本が世界に誇るこの大スターを大勢のスタッフとともに松竹撮影所に迎えた日の興奮をぼくは昨日のことのように想いだす。／渥美さんもそうだったが、スターによくあるような、大勢のお供をぞろぞろ連れて歩くというようなことを三船さんはしない。いつも一人で、誰よりも早くスタジオに現れた。出番が遅いときにスタッフが気を使って部屋でお待ちくださいというようなことを言っても三船さんはここで待ちます、と動こうとしなかった。薄暗いセットの片隅で無駄口一つきくことなく黙って何時間も出番を待ち続けていた三船さんの姿を今想いだすとなぜか涙が出そうになる。／映画は集団で作り上げる芸術であり、年若い照明助手も小道具さんも主役の俳優も肩を並べて共に歩く仲間たちなのだということを、骨の髄までしみこむように知っていた人だったのだ。

〈寅さん映画〉に三船敏郎が出る。日本映画界はこのような状況になっていた。三船は本作で第三十回(一九八七年度)ブルーリボン賞助演男優賞を受賞した。第十六回(一九六五年度)の主演男優賞(黒澤明監督作『赤ひげ』)以来、およそ二十年ぶりのブルーリボン賞の栄誉だった。

竹取物語【東宝 DVD 名作セレクション】
TDV-25393D

一九八七年九月二十六日初日の東宝映画、フジテレビジョン作品、市川崑監督作『竹取物語』（カラー、ビスタ、一二一分）にも三船は主演した。この東宝創立五十五周年記念映画は製作の田中友幸の念願の企画だった。ＳＦ色を意識的に盛り込んでいるために特技監督・中野昭慶による特撮描写もそこかしこにちりばめられる。「かぐや姫は、宇宙からやって来た！」「人間の真ごころ 忘れません…」なども映画の方向性をはっきりと示している。脚本は市川崑、菊島隆三、石上三登志、日高真也が共同で書いた。三船の役は竹取の造。田吉女役の若尾文子の夫役だった。かぐや姫（加耶）は沢口靖子、大伴の大納言は中井貴一が演じた。

大映の看板女優・若尾文子と三船の、これも以前では考えられなかった共演は、一九七〇（昭和四十五）年の岡本喜八監督作『座頭市と用心棒』（勝プロダクション）で実現していた。同作では勝新太郎と三船の対決に話題が集中したためにそれほど目立たず、本作は二度目ということで新鮮味がさしてなかった。映画会社の枠を超えた数々のスターとの共演も華やかなニュースを振り撒いた三船だったが、若尾文子とのコンビはあまり光があたらなかった。

意外なことに、この『竹取物語』は三船と市川崑の唯一の顔合わせ作だった。『東北の神武《ずんむ》たち』（一九五七／東宝）で市川は三船の起用を考えていたが、実現しなかった。この点だけでも特筆しておきたい一本である。

三　『千利休 本覺坊遺文』（一九八九：熊井啓）『深い河』（一九九五：同）

一九八九年（昭和六十四）年一月七日午前六時三十三分、昭和天皇が吹上御所で崩御し、昭和が幕を閉じた。

その翌日の一月八日から元号が平成となった。このときの三船の胸中はいかばかりだったか。戦後日本の映画芸術、映画文化の向上に全精力を注ぎ込んできた三船にとり、〈昭和〉とは何だったのだろうか。昭和の終焉に何を思ったのだろうか。やはり戦争のことだったか。

平成という新たな時代が始まったこの年、平成元年、三船は小林旭が初監督に挑む『春来る鬼』（アナック）に出演した。一九六三（昭和三十八）年に毎日新聞社から刊行された須知徳平著の同名小説（第一回吉川英治賞受賞作）に惚れ込んだ小林旭が映画化を夢み、長年にわたって企画を練り続けていたものだという。製作総指揮・監督は小林旭、脚本は菊島隆三が書いた。カラー、ビスタ、上映時間一三七分になる同作は一九八九年四月十五日に公開された。

はるか昔の日本、身分違いなのに愛し合った、北日本の漁村・北の浜の青年漁師（松田勝）とその恋人（若山幸子）が駆け落ちをし、ある島の〈鬼の岬〉に漂着する。よそ者を忌み嫌う岬の長老たちは青年にさまざまな試練を与える。それらを克服したら村はふたりを受け容れるというのだ。

「黒潮と親潮の 噛むところ 冒険ロマンの ルーツがあった」「愛しか見えない」では何もわからないが、伝奇色の濃い民話風物語が語られる。三船は岬の陰にある村の長老、くっくねの爺に扮した。白髪混じりの長髪、髭が人物造形の小さくない部分を作るなど、ジョン・フランケンハイマーの『最後のサムライ ザ・チャレンジ』の三船を髣髴させるキャラクターだった。

春来る鬼
松竹（VHS、廃盤）

この時世の三船の役柄はほとんどが老人だった。どれほどの大スター、名優であっても寄る年波には勝てない。三船は六十歳代後半。老け込むにはまだ早いが、俳優だからそのような役が急増するのは当然でもあった。谷口千吉の劇映画監督デビュー作『銀嶺の果て』（一九四七／東宝）で初めて銀幕に躍り出たのは二十七歳の頃だ。生気にあふれた青年だった。あれからおよそ四十年が経過した。それだけ年齢を重ねてきた。主役を張ることはなくなった。重い役、要《かなめ》の役ではあるが、脇役に配置されるようになった。これも俳優・三船敏郎の道程、演技に生きた男の歴史であることにはなんら変わりはない。

ところが、同年（一九八九年）、これぞ三船、最晩年最良の一本、と断言したくなる作品が生まれる。熊井啓監督作、千利休歿後四百年記念映画『千利休 本覺坊遺文』（カラー、ヨーロッパビスタ、一〇七分）である。西友が製作したこの映画は一九八九年十月七日に東宝系邦画上映館で封切られた。千利休はなぜ死ななければならなかったのか。彼は死ぬときにどのような心境を抱いていたのか。秀吉はなにゆえ利休を死に追いやったのか――。この謎に正面から迫っていく。

井上靖の『本覺坊遺文』を依田義賢が脚色し、熊井啓が演出した。メインスタッフは、製作総指揮・高丘李昭、製作・山口一信、製作補・大場正弘、撮影・栃沢正夫、美術・木村威夫、音楽・松村禎三、録音・久保田幸雄、照明・岩木保夫。奥田瑛二、三船敏郎、萬屋錦之介、加藤剛、芦田伸介、上條恒彦、内藤武敏、東野英治郎たちがメインキャストをつとめる。

千利休（三船敏郎）が太閤秀吉（芦田伸介）の命で切腹してから二十七年が経った。利休の愛弟子、本覺坊（奥田瑛二）は自分の心のなかにいる師と会話する生活を送っている。ある日、本覺坊は、利休がなぜ秀吉の憤激を買って死んだのか、その真相を追求する織田信長の弟・織田有楽斎（萬屋錦之介）と会い、心の平穏を覚える。一年後、本覺坊は有楽斎に、利休の晩年、山崎の妙喜庵で開催された真夜中の茶会についての話をする。会には秀吉、のちに小田原落城で秀吉に謀反を起こして切腹した山上宗二（上條恒彦）が来たが、もうひとりは判明しなかった。一年が経過する。有楽斎は残る客のひとりが利休の弟子の古田織部（加藤剛）だとの結論を導く。織部も大坂夏の陣で豊臣方に内通したひとりであり、利休、山上宗二とともに自刃した。三人はたがいに死を誓い合っていたという。有楽斎は自決もできず、茶の湯の精神をまっとうすることもできず、己に対して忸怩たる想いを抱く。有楽斎は病に倒れる。それでも利休の最期の心境を知りたいと願っている。本覺坊は夢に見た利休と秀吉の最期の茶事の光景を有楽斎に語り始める。秀吉は、一時の激情で下した利休に対する切腹の命を取り消したらしい。しかし、茶人としての矜持を堅守するため、利休は自ら死を選んだのだという。有楽斎は死の床で切腹を演じる。幻の刀で腹を斬ったかのような錯覚を覚えつつ、息絶える。本覺坊は有楽斎を看取った。

利休の愛弟子・本覺坊は、師の死から二十七年目のある日、その死の真相を知りたい、と織田有楽斎からいわれる。利休の行動を語り始める本覺坊。そこから回想パートに入っていく。現在と過去が絶妙なバランスで同居していく。そのドラマツルギーの強靭さは目をみはらされる。人間の尊厳、生きる姿が浮き上がる。監督の熊井は依田の高尚な脚本の旨味を最大限に引き出す。映画は監督と脚本家の対話であり、格闘の記録でもある。それを実感させる。栃沢正夫のキャメラも作品の格を上げた。織部が舟で去っていく利休を見送るシーンでは種々の色をさりげなく採り入れるなど、ベテランの技が主張を発揮した。

千利休の死。本覺坊と有楽斎はその答えを探り出そうとする。本覚坊の回想を手がかりとし、この疑問が解消されていく。戦国乱世における茶の湯の本質に根ざすものだった。茶の湯は武将の死へのはなむけだ。死地へ向かう武将が自らの死に対峙するのと同じく、茶の湯の道におもむく茶人も対峙する。利休は自らそれを実践し、秀吉に茶人の心構えを示した。ふたりはこうした結論を導く。利休、彼の高弟たちは自決した。有楽斎もまがりなりにも自決の道を選んで果てた。だが、自分はどうすればよいか。本覺坊は死んだ利休の幻影を追いかけていき、ここで映画は終わる。

溝口健二監督作『浪華悲歌』（一九三六／第一映画社）『祇園の姉妹』（同）『西鶴一代女』（一九五二／児玉プロダクション、新東宝）『雨月物語』（一九五三／大映京都）『近松物語』（一九五四／同）など、溝口映画を支えた名脚本家として広く知られる依田義賢の業《わざ》が何より光を放つ。本作はその依田の遺作となったが、最終作にふさわしい作品に仕上がった。第四十六回ヴェネツィア国際映画祭では銀獅子賞を獲得した。

三船は、本来は千利休のタイプではないだろう。本作でも武士のような威厳を漂わせている。秀吉と正面から対峙してもまったく見劣りなどせず、対等にわたり合う。その姿は崇高だった。言い方を換えれば、こうした利休は三船でしか作れなかったかもしれない。三船のその貫禄たるや、その賢者たるや今まで見たことないほどのものだったといってもいい。俳優・三船敏郎の年輪に想いを馳せさせた。利休は最後まで毅然としている。秀吉に対しても己の意志を曲げない。貫く。利休のスケールの大きさが伝わってくる。三船は尊敬すべき利休を作り上げた。

千利休は、同じく熊井啓監督作の『お吟さま』(一九七八／宝塚映画製作所)では志村喬が演じた。三船は秀吉に扮し、志村の利休を死に追いやった。十年後、利休の役を今度は三船が演じた。師であり、父のような、兄のような存在だった志村のあとに続く。さぞかし感慨深かっただろう。

熊井が『アサヒグラフ［増刊］追悼「三船敏郎」男』に寄せたエッセイ「名優・三船敏郎の気迫」のなかでふりかえっている。

八九年の『千利休 本覺坊遺文』は、三船さんの最後の主演映画である。この映画で三船さんは千利休を演じた。利休と秀吉(芦田伸介氏)が対決するシーンを撮りながら、私は三船さんの演技が微妙に変化しているのに気づいた。落ち着きぶりといい、間のとり方といい以前とは明らかに違うのだ。三船さんは『お吟さま』で志村さんと対決した当時のことを思い浮かべながら役づくりをしたのではなかろうか。そして「また、一緒に……」と言った日のことも思い描いていたかもしれない。三船さんは利休を演じながら、自分のなかの志村さんと共演していたに違いないと思った。／この作品はベネチア国際映画祭に出品され受賞したが、ベネチアは三船さんにとって『羅生門』以来の故郷のような場所だ。三船さんは大勢の映画人から温かく尊敬をこめて迎えられ、その演技は絶賛され幸せそうだった。

萬屋錦之介(中村錦之助)は本作が最後の映画出演となった。終盤などは彼の演技が見せ場を作る。錦之介の

千利休 本覺坊遺文
DABA-4533

役者としての存在証明を見せつけた。三船との共演も本作で終わった。テレビ映画作品の『大忠臣蔵』(一九七一／NET、三船プロダクション)もあったが、映画分野では一九六八年公開の山内鉄也監督作『祇園祭』(日本映画復興協会)から本作まで、八作でふたりは作品をともにした。『千利休 本覺坊遺文』がその歴史に幕を閉じた。

ここから何本かは〈顔出し〉と称しても許されると思われる作品が続く。特に詳述すべきものはないといっていいかもしれない。一九八九年十月七日に公開されたエイジェント21、東芝映像ソフト、三井物産石油製作の『cfガール』(カラー、ワイド、九八分)は、コマーシャル業界を舞台に据え、CFディレクターと女たちのドラマを見せる喜多嶋隆の原作小説を映画化したものだ。監督は橋下以蔵で中本博通と共同で脚本も書いた。三船は本作が映画デビューとなった高岡早紀の祖父役だった。主演が世良公則というのが、今では時代を感じさせる。

一九九一(平成三)年は、蔵原惟繕が久々にメガホンを握った、東京宝映テレビ、フジテレビジョン、製作の『ストロベリーロード』(カラー、ビスタ、一一七分)で三船の姿が見られた。主演は松平健、石橋保などだが、三木のり平、マコなどの懐かしい俳優たちも出ている。製作総指揮は貝山知弘と堀口壽、大宅壮一ノンフィクション賞を受賞した石川好の原作を山田信夫が脚色した。一九六〇年代のアメリカ、カリフォルニアの大農場。ある日本人兄弟が広大な地でいちごの栽培に己の人生をかける。三船は寡黙な老人役だった。一九九一年四月二十七日に公開された。

ストロベリーロード［VHS］
PCVC-30116

シャドウ・オブ・ウルフ
[VHS]
PCVTB-30248

三船は熊井啓監督作『深い河』（一九九五／「深い河」製作委員会、仕事）で俳優人生の幕を下ろした。『ストロベリーロード』から同作に至るまでのあいだに三本の映画に三船は出演した。いずれも外国資本が入る作品であり、国際スター・三船敏郎いまだ健在、を映画界、映画ファンに教えるものだった。

まずはショー・コスギが製作・原案・主演の三役を果たした、アメリカ、イギリス、日本合作映画『兜KABUTO』（一九九一／監督：ゴードン・ヘスラー）が東宝東和の配給によって一九九一年四月二十七日に公開された。奇しくも『ストロベリーロード』と同日公開となった。カラー、パナビジョン、上映時間一〇六分の作品でショー・コスギ・コーポレーション、マエダ・プロダクション、サンヨー・ファイナンス、ショー・プロダクションと、製作には複数がかかわっている。製作総指揮として土屋宏、林俊明の名も見える。原案・脚本をネルソン・ギディングが担当した。

ショー・コスギの息子であるケイン・コスギが徳川頼宗、ショー・コスギがその家臣である前田大五郎を演じるというファンタジックな時代劇映画だ。日本とスペインを舞台とする。三船は徳川家康を演じた。ほかに淀君役の高田美和、清川虹子なども出ている。かつてのテレビドラマ作品『将軍SHOGUN』の影響下にあることは明白で、ショー・コスギの脳裏にはフランス、イタリア、スペイン合作の『レッド・サン』（一九七一／監督：テレンス・ヤング）もあったのかもしれない。日本、サムライのシンボルである三船の出演はショー・コスギにとっては夢の実現だったのではないか。ただし、「ハリウッド超大型アドベンチャー」という売りはあまりに大仰すぎた。

次に、ジャック・ドルフマンが監督したカナダ、フランス合作映画『シャドウ・オブ・ウルフ（Shadow Of The Wolf）』（一九九二／ビジョン・インターナショナル、トランスフィルム、フィルムA2、エッフェル・プロダクション）が来る。ツンドラ地帯を居住地とする先住民族、いわゆるエスキモー(イヌイット)を題材に据えた〈北極アドベンチャー・ロマン映画〉である。カラー、スコープ、上映時間は一〇八分。製作はクロード・レジェ。イヴ・テリオーの原作をルディ・ワーリッツアーとエヴァン・ジョーンズが脚色した。ドルフマンの軽妙な語り口が物語をより娯楽色豊かに仕立てた、という批評が出た。

三船はルー・ダイアモンド・フィリップスが演じる主人公・アガグクの父親、エスキモーの族長・クルマクに扮した。ほかにアガグクと彼の恋人・イギユク(ジェニファー・テイリー)に深くからんでくるアメリカ人のヘンダーソン役でドナルド・サザーランドも出ている。三船が出演することを知ったサザーランドは、一も二もなくオファーを受けたという。三船は彼の憧れのスターだったのだ。本作は日本では劇場未公開に終わったが、二年後の一九九五(平成七)年に東京で開催された東京国際ファンタスティック映画祭で上映された。

一九九四(平成六)年はアメリカと日本の合作映画でカヨ・マタノ・ハッタが脚本・監督をつとめた『ピクチャー・ブライド』(セシール・フィルム、ミラマックス・インターナショナル、サンヨー・ファイナンス、サウザンド・クレインズ・フィルムワークス)があった。カラー、ビスタ、九八分の本作のアメリカ公開は一九九五年。日本配給は日本ビクターが担い、一九九六(平成八)年六月八日に封切られた。

ピクチャーブライド
(Picture Bride)
JVBF-47032

一九二〇、三〇年代のアメリカ。悲惨な生活環境下、過酷な労働条件下に置かれた日系人のドラマが描かれる。監督のカヨ・マタノ・ハッタ自身が日系三世であり、脚本を妹のマリ・マタノ・ハッタと共作した。製作はリサ・オノデラとダイアン・メイ・リン・マーク。主演は工藤夕貴、タムリン・トミタ、アキラ・タカヤマなどだ。一九九五年度のサンダンス映画祭では観客賞を受賞している。

映画は、両親を失ったリヨ(工藤夕貴)がハワイで農業に勤しむ男(アキラ・タカヤマ）に写真だけの見合いで嫁ぐことから物語は始まる。二十世紀の初め、写真の普及がアジアの見合い結婚を変えた、相手に会うこともなく家族や仲人が写真一枚で遠方や海外にいる相手との縁談を決めた、一九〇七年から二四年にかけて日本、韓国の若い女性二万人以上が花嫁となるためにハワイへわたった、彼女たちは〈ピクチャーブライド〉と呼ばれた、この映画は彼女たちの物語である、といったスーパーが冒頭に現れる。映画は〈写真結婚〉をした（させられた）女性の悲劇を正攻法に追っていく。

三船は無声映画の弁士役だった。特に精彩を発揮するわけではないが、やはり三船が画面に現れると空気は変わる。三船のオーラが映画を一段高尚なものとした。本作には往年の東宝女優・杉葉子も脇役で出演した。一九四七（昭和二十二）年の第二期東宝ニューフェイスで東宝に採用され、今井正監督作『青い山脈』『続 青い山脈』（一九四九／藤本プロダクション、東宝）で寺沢新子を演じ、一躍スターダムに駆け上がった往年の青春スターだ。伸びやかなその脚に熱い視線を注いだファンも当時は多かったろう。三船とは成瀬巳喜男監督作『石中先生行状記』（一九五〇／藤本プロダクション）で初めて作品をともにし、山本嘉次郎監督作『東京の休日』（一九五八／東宝）まで、幾本かで共演した。本作でおよそ三十五年ぶりに同じ映画に出演することになった。日本映画愛好家の少なからずの人が感慨無量の想いを噛み締めたと思われる。

一九九五（平成七）年六月二十四日。映画俳優・三船敏郎、戦後日本映画の象徴・三船敏郎の最後の映画作品が封切られる。熊井啓監督作、インドの大河・ガンジスを舞台とした文藝ドラマ映画『深い河』（カラー、ヨーロッパビスタ、一三〇分）である。製作は「深い河」製作委員会、仕事。一九九四年に毎日芸術賞を受賞した遠藤周作の晩年の大作を原作に据える。熊井啓が脚色・演出し、愛と悪と魂の救済をテーマに堂々と掲げた。インド政府の協力により、日本映画として初めてインドでの長期ロケーションを行った。

企画・正岡道一、製作総指揮・今井康次、松永英、製作・佐藤正之、プロデューサー・香西謙二、北川義浩、神成文雄、撮影・栃沢正夫、美術・木村威夫、音楽・松村禎三、録音・久保田幸雄、照明・島田忠昭。俳優陣

は奥田瑛二、秋吉久美子、井川比佐志、沼田曜一、沖田浩之、三船敏郎、杉本哲太、香川京子などである。

インド、ベナレスに向かう観光バス。磯部（井川比佐志）の妻（香川京子）は、「必ず生まれ変わるから私を探して」と告げて死んだ。磯部は前世を日本で過ごしたという少女がここにいると知り、バスに乗っている。美津子（秋吉久美子）は大学時代、カトリック信者の大津（奥田瑛二）を誘惑した。彼に信仰を放棄させ、もてあそび、捨てた。時が経った。結婚して渡仏した美津子はリヨンの教会で神学生の大津と再会する。大津はその後、神の声を聞いて信仰に戻っていた。大津はインドへわたった。結婚に失敗した美津子は彼を求めてインドに来る。木口（沼田曜二）は戦時中、沼地から救い出してくれた塚田（三船敏郎）に再会した。塚田は酒に溺れ、性格も変わっていた。戦後、手榴弾で自殺した戦友の家族が訪れてから塚田は酒に取り憑かれた。塚田は生きるためにその男の肉を口にしていたのだ。彼の家族を見たことで塚田は酒に逃げるようになった。木口は彼の妻（菅井きん）からそう聞く。塚田は死んだ。それで木口はインドを訪れた。美津子は川岸に日本人の神父がいると聞き、現場に行く。大津をみつけられなかった美津子だが、町で彼に声をかけられる。ヒンドゥー教徒と暮らしているという。美津子はガンジス河で沐浴をし、心の安らぎを覚える。カメラマンの三條（沖田浩之）が葬儀の写真を撮った。大津はそれをやめさせようとして階段から転倒し、死んだ。美津子はインドに残る。

「それぞれが〈愛〉を、〈生きる意味〉を求めて〝自分探し〟の旅を始めた。」「それぞれが、愛を求め人生の意味を求めて」とうたわれたように、映画は複数の人のおのおの視点で進んでいく。学生時代の苦い思い出を抱く美津子は己の心を満たす〈何か〉を探すために、そして以前にもてあそんだカトリック信者の大津を捜しに。木口は戦友・塚田が戦中に体験した凄絶な出来事を慰藉し、その後、悔恨の人生を送った彼の魂を鎮魂するために。磯部は病死した妻が転生した少女が存在すると信じ、その少女を追い求めて。プロカメラマンになるために妻

深い河［VHS］
PCVP-32490

〈白井真木〉と一緒に参加した三條という男も強い想いをたずさえてインドの地を訪れた。

そのなか、美津子と大津のドラマが軸に置かれる。美津子は終盤、ガンジス河に全身を浸ける。すべてを流し、清め、慰める河の水を浴びる。美津子にとってのこの〈深い河〉は何だったのか。大津に、木口に、磯部に、三條にとってインドの地とは何を意味したのか。ここに来ることで何が解決され、ガンジスの水に身をひたすことで何が救われるのか。償えるのか。どのように解釈するかで本作の印象は大きく変わってくる。

映画はいくつかの、決定的ともいえる疑問が最後まで晴れないために、成功作といいきることはできない。人間の生と死。人間にとって宗教とは何か。〈神〉という存在は人間にとっていかなる意味を持つのか。それらを遠藤周作の原作は真摯にとらえようとした。一方、そうしたテーマを映画に移し替えると、安易な、通り一遍のものと化した感触も生まれた。小説と映画。近いようで遠い。その宿命的な距離感をあらためて実感させた。

本作はまた、三船敏郎の遺作として日本映画史に刻印された。撮影時、三船は七十四歳。体調はすこぶる悪かったという。それでも、長年にわたって堪え難い呵責に苦しんできた人生を威厳に満ちたその風貌の奥に封じ込んだ老人を、身体ごと表現するような演技を見せた。圧倒的な存在感を示した。

熊井は『アサヒグラフ［増刊］追悼「三船敏郎」男』内「名優・三船敏郎の気迫」にこう書いている。


九五年の『深い河』は三船さんの最後の出演映画である。役はインパール戦の「白骨街道」で、餓死しかけている戦友を救うために、自殺した兵士の肉を食ってしまった男。彼はその罪の意識に苛《さいな》まれながら戦後を生きのびてきた。いわば戦争に参加した日本人の良心を象徴する重い役といえる。／そのころの三船さんの体調は最悪だった。ステージへ入っても、意識が朦朧《もうろう》となる時もあった。しかし、キャメラの前に座りライトが輝きだすと、いつもの精悍な気迫が甦ってきた。／数日が過ぎて最後の撮影の時が近づいた。九四年九月十一日のことである。私はひそかに、これが三船さんの映画人生のラストショットになるのではないかと思った。リハーサルを終了し、撮影準備が全て整っても、私はなかなか「用意、スタート」と声をかけられなかった。

一方、『毎日ムック　三船敏郎 さいごのサムライ』内「三船さんと私」ではこのように。

「深い河」の撮影の際、テスト中に三船さんは朦朧《もうろう》とすることもあって、第三者たちには奇妙に見えたに違いないが、私には本番の演技に何の違和感もなかった。いやそればかりか、以前よりもいっそう研ぎ澄まされたものを感じた。あのときの三船さんだから表現できた、元兵士の慚愧にたえない心情、にがにがしさ、むなしさ、そのすべてをキャメラがとらえたのだ。

三船は本作からおよそ二年後の一九九七(平成九)年十二月二十四日午後九時二十八分、多臓器不全のため、東京都三鷹市の杏林大学医学部付属病院にて逝去した。享年七十七。

三船が遺した映画作品は『銀嶺の果て』から『深い河』まで、『三船敏郎全映画』が発見した『映画スター訪問記』『花の進軍《スタア》』も含めて百五十二本(一九七二年に撮影されたという『サンドロップス』は未完成なので含まない)を数える。内訳は、一九四〇年代が七本、五〇年代が六十二本、六〇年代が四十一本、七〇年代が十九本、八〇年代が十八本、九〇年代が五本である。これが〈三船敏郎の映画史〉となる。ほかにテレビ映画作品もあるが、三船はやはり映画俳優、映画スターといった形容が最も似合う。『銀嶺の果て』で誕生した戦後最大、不世出の映画俳優はこれらの作品群を遺して銀幕《スクリーン》のはるか向こうへ旅立っていった。三船敏郎、銀幕の果てへ――。彼はそこで永遠に生き続ける。

「潮」一九六五年二月号に掲載された「〝サムライ根性〟と人は言う」で次のようなくだりがある。恩師・黒澤明、映画監督・黒澤明について語っている。ちょうど黒澤・三船コンビの最後の作品となった『赤ひげ』(一九六五/黒澤プロダクション、東宝)が放たれたのちの発言だ。それと同時に、俳優として、プロデューサーとして、一九四〇年代後期から一九九〇年代に至るまでの日本映画界を背負ってきた三船敏郎、彼自身の映画に向ける思いの丈がほとばしったような発言とも解釈できる。ゆえにこの三船の言葉でもって、本書を締めくくりたい。

黒沢さんは寡作の監督である。一年に一本が黒沢さんのペース。おかげでわたしもじっくりと仕事に打ちこむことができた。感謝している。/黒沢さんはリハーサルを徹底的にやるタイプ。自分が納得しない限りカメラを回さない。そのかわり、カメラが回りはじめるとどんな妥協も許さない。きびしいのである。芸術家肩というか、職業意識というか、そんなものがいつもピンと張っている感じである。(中略)映画監督に「作家」という名称が許されるなら、黒沢さんは数少ないその「作家」の一人である。というよりは、最右翼の「作家」だとわたしはみている。黒沢さんは自分の映画の脚本はほとんど自分たちのグループといっしょに書く。しかも必ずなにか一つの社会的なテーマを取り上げる。脚本ができあがってから、いろいろ外部から妨害さることもあるが、そんな夾《きょう》雑物を敢然とはねのけ、妥協しないところが黒沢脚本の真骨頂である。勇気があるのだ。つねに社会主義《ママ》がその底に流れているからだ。/黒沢さんはチーム・ワークを重視する。だから、脚本を書く場合でも発想の段階から役者の持っているイメージをつねに頭のなかに描いてから筆を進める。時代劇にしてもある役者をモデルにして行く。小さな動きでもその役者を頭のなかで動かし、想像しながら書いて行くといわれている。/たとえば「椿三十郎」だが、脚本を書く前にわたしという役者のイメージを思い浮かべて書いたようである。/黒沢さんはこういうものをやりたい、こういう人物を登場させたいと思うと、まず理想の役者を頭のなかに描く。しかも一本の映画が完成しないとつぎのものには手を出さない。といって、やりたいものを持ってないわけではない。何本もしまっておいて、つぎにはこれ、そのあとはあれといったふうにちゃんと用意している。／脚本を書きはじめる段になると、役者だけでなく、カメラマンや大道具、小道具のスタッフ、あるいはスクリプターにまで集まってもらい、こんどはこんなものをやってみたいと話してくれる。みんなが納得しないものはやらない主義である。関係者の呼吸が合っておれば必ずよい作品が生まれる。黒沢さんが心がけているのは〝完全な映画を作る場〟ということではないだろうか。／わたしが撮影に入る前、セリフを全部おぼえていくのは、こうした黒沢イズムのなかに溶け込もうとする気持ちもあった。／他の人たちがわたしに向かって「あんたは根性がある」などといってくれるが、わたし自身は根性には程遠いものだと思っている。／根性でなければなになのか。職業意識である。／とてもわたしはひょんなことから役者の世界へ飛び込んだ。人間は自分に与えられた職業を通じて世の中のために少しでも尽くさなければならない。それが人間の義務である。だから、わたしは役者という職業に徹しようと努力しているだけである。

あとがき

私が初めて映画館のスクリーンで三船敏郎を仰ぎ見たのは、岡本喜八監督の東宝作品『日本のいちばん長い日』においてだった。一九六七(昭和四十二)年の夏のことだ。親に連れられ、最寄りの渋谷東宝で同作に接したのである。

なにゆえ『日本のいちばん長い日』だったのか。これが記憶にない。子供の時分だった私は当然のことながら特撮怪獣映画しか視野に入っておらず、『日本のいちばん長い日』の前の封切り作である『キングコングの逆襲』(監督:本多猪四郎、特技監督:円谷英二)の二度目の鑑賞と一方的に信じ込んで(あるいは、親もそのように勘違いをして、だったか)渋谷東宝に入ったような気もどこかする。同作がもう上映終了ということは知っていたと思う。しかしながら、私の眼前のスクリーンに拡がったのは、異様な緊迫感に包まれた、記録映画のような、ニュース映画のような、暗く、陰湿な白黒映画だった。その違いは相当にショッキングなものだった。こればかり憶えている。

やはり、『キングコングの逆襲』を観るつもりで行った映画館のスクリーンに映し出された『日本のいちばん長い日』は、子供には苛烈だった。終盤の三船敏郎(阿南惟幾陸軍大臣)の割腹シーンは案の定、強烈このうえなく、恐怖感とともに私の脳裏にこびりついた。今でもこの場面を接するとあのときの感覚がなまなましくよみがえる。

しかし、その一方で、特撮怪獣映画以外の映画を観るという行為は、思いきり背伸びをしたというか、大人の世界を覗き込むかのごとき快感を味わったようだ。これがきっかけとなり、『日本のいちばん長い日』の一年後、『怪獣総進撃』(一九六八/監督:本多猪四郎、特技監督:有川貞昌)に馳せ参じた際に予告篇で知った『連合艦隊司令長官 山本五十六』(監督:丸山誠治)を観に行った。特撮怪獣映画以外で自分の意思のもとに映画館に行った日本映画は同作が初めてだったのではないか。

その後、東宝の「8・15」シリーズは友人と一緒に必ず行くようになった。『日本海大海戦』(一九六九／監督：丸山誠治)『激動の昭和史 軍閥』(一九七〇／監督：堀川弘通)『激動の昭和史 沖縄決戦』(一九七一／監督：岡本喜八)。上記二作に三船は出演していた。三船敏郎という人が東宝の戦争映画に欠かせない俳優であり、日本映画界を代表するスターであることが、まだほとんど映画知識のない身にもなんとなく実感できた。

中学時代になるとSF特撮怪獣映画からは足が遠のいていき(こうしたものは小学校で卒業しなくては、といった意識が当時の同年代の人間には大なり小なりあった)、ほかのジャンルの映画を観るようになった。殺伐とした、奇妙に血なまぐさい東宝時代劇映画の数本に夢中になったりした。中学高学年、高校時代はそうした日本映画からもやや離れるようになり、アメリカ映画、フランス映画、イタリア映画など外国映画を主体に映画鑑賞を楽しむようになった。三船がチャールズ・ブロンソン、アラン・ドロンと共演したフランス、イタリア、スペイン合作映画『レッド・サン』(一九七一／監督：テレンス・ヤング)の公開時には、日本にも外国映画スターと対等にわたり合える俳優がいる、それが三船敏郎なのだ、とそれとなく認識した。アメリカ映画『グラン・プリ』(一九六六／監督：ジョン・フランケンハイマー)『太平洋の地獄』(一九六八／監督：ジョン・ブアマン)、熊井啓監督作『黒部の太陽』(同／三船プロダクション、石原プロモーション)、稲垣浩監督作『風林火山』(一九六九／三船プロダクション)などが巷《ちまた》で話題になっていたことを漠然と思い出しもした。

一九七四(昭和四十九)年、東宝の映画・演劇興行の拠点である日本劇場の向かいにたたずむニュー東宝シネマ2で黒澤明監督作『生きる』(一九五二／東宝)がリバイバル公開された。この時代は外国作品を中心に映画にふれていたこともあり、『赤ひげ』(一九六五／黒澤プロダクション、東宝)『どですかでん』(一九七〇／四騎の会)などの存在を知っていたのではあったが、黒澤明の映画を観るのは『生きる』が初めてだった。衝撃を受けた。心底感銘した。これを契機に黒澤作品を追い始め、翌一九七五(昭和五十)年九月二十日よりテアトル東京でリバイバル上映された『七人の侍』(一九五四／東宝)を観たことが決定打となり、以降、黒澤明や岡本喜八、谷口千吉、稲垣浩をはじめとした監督たちの東宝作品を核とし、日本映画全般を鑑賞の対象に据えるようになった。

それらの映画群を彩る出演者の中央に位置する俳優が、やはり三船敏郎だった。彼があまたの作品で主役を張っていた。だから必然的に三船の映画を多く観るようになった。再公開、名画座上映、企画上映、オールナイト興行の特集上映など、三船の映画を観てまわった。スクリーンにはいつも三船がいた。三船敏郎は東宝のシンボルであり、日本映画の顔だった。戦後最大の映画俳優のひとり、日本の映画俳優のトップに君臨する人、それが三船敏郎だった。三船に対しての特別な想いが私のなかに生じてくるのは自然の成り行きだった。いつか三船の業績をふりかえりたい。三船の映画をもう一度顧みたい。映画俳優・三船敏郎の足跡を確認したい。本書『三船敏郎の映画史』は、そうした私の個人的な想いの集積物である。

本書が生まれた背景として、ササイデザインの笹井隆男さんとの出会いをまずはあげたい。一九九〇年代初期、東宝株式会社映像事業部で黒澤明監督作品のビデオソフトが「THE ART OF AKIRA KUROSAWA」と銘打って発売された。その記念パンフレットであり、一九九一(平成三)年十一月二日から日比谷映画(旧・千代田劇場)で『七人の侍』がリバイバル上映された際は改訂がほどこされたうえで劇場用パンフレットとして発売されたものに私は執筆者のひとりとして参加したが、その依頼主が笹井さんだった。また、制作スタッフの一員として参加したレーザーディスク版「THE ART OF AKIRA KUROSAWA」では各作品のチャプター設定にかかわり、その後のＤＶＤ版でも笹井さん陣頭指揮のもと、仕事をさせていただいた。その他、東宝ビデオ関連、映画演劇文化協会主宰のウェブサイト「キネマ写真館」の記事も複数執筆した。つまりは、笹井さんとの交流があったがゆえに黒澤作品や三船作品に長らくふれることができた。そうした経験が本書に結びついた。

笹井さんは二〇一七(平成二十九)年十月、東京・渋谷の東急百貨店渋谷本店で開催された「世界のミフネと呼ばれた男～三船敏郎映画デビュー70周年記念展」を制作された。その展覧会会場で笹井さんとお目にかかった私は、まだまだ漠然としていた本書の相談に乗っていただいた。笹井さんとお話しすることで視界が開かれ、本書は具体的に動き出した。笹井さんには本書執筆にあたってのアドバイスを頂戴し、三船プロダクションへの仲介の労も取っていただき、さらには本書の装幀を担当していただいた。笹井さんには心よりの御礼を申し上げます。

序文として、三船敏郎とともに一九五〇年代後期からの東宝はもちろん、日本映画界、日本演劇界、日本ショービジネス界を背負ってこられた宝田明さんが三船敏郎との思い出をつづる「三船敏郎はひとりしかいない、ひとりでいい」を寄せてくださった。宝田さんが三船敏郎のことをここまで語っておられるもの、書かれているものはほかにないだろう。宝田さんの随想を頂戴できたことだけでも本書の存在意義はあるのではないか、などと自負している。宝田明さんには衷心よりの感謝を捧げます。宝田企画の木暮恵子さんにも大変にお世話をいただきました。

株式会社三船プロダクションの三船暁美さん、三船力也さんには本書刊行のご許可をいただいたばかりでなく、監修もしていただいた。三船プロダクションの両氏のお力添えを得られたことは何よりのエネルギーとなった。まことにありがとうございます。

作家・編集者の中川右介さんには編集を担当していただいた。『伊福部昭と戦後日本映画』(二〇一四/アルファベータブックス)『岡本喜八の全映画』(二〇一五/同)『ゴジラ映画音楽ヒストリア 1954〜2016』(二〇一六/同)に続いてのご縁である。中川さんにはいつも的確なご教示をいただいている。本書の推移も見守ってくださった。また、株式会社アルファベータブックス代表取締役の春日俊一さんにも大変なご苦労をおかけした。本書は同社における私の著書五冊目、同社の「20世紀の芸術と文学」シリーズでは三冊目となる。

映画にたずさわる世界中の人々、映画ファン共有の誇りであり、正真正銘の不世出の大スターである三船敏郎さんに本書を捧げたい。

二〇一九年三月　　小林　淳

付章　三船敏郎映画作品リスト

愛車「MG-TD」と。敗戦時から高度成長時代へ、映画人として生き抜いた。

© 三船プロダクション

●銀嶺の果て
製作／田中友幸　監督／谷口千吉　脚本／黒澤明　撮影／瀬川順一　美術／川島泰三　音楽／伊福部昭　録音／亀山正二　照明／平田光治　共演／志村喬、小杉義男、河野秋武、若山セツ子　白黒　スタンダード　八九分［新版］　東宝　一九四七年八月五日

●新馬鹿時代 前篇
製作／本木荘二郎　監督／山本嘉次郎　脚本／小国英雄　撮影／伊藤武夫、浦島進　美術／松山崇　音楽／古関裕而　録音／三上長七郎、小沼渡　照明／伊藤一男、島百味　共演／古川緑波、榎本健一、高田稔、三益愛子　白黒　スタンダード　七七分　東宝、エノケン劇団、ロッパ一座　一九四七年十月十二日

●新馬鹿時代 后篇
製作／本木荘二郎　監督／山本嘉次郎　脚本／小国英雄　撮影／伊藤武夫、浦島進　美術／松山崇　音楽／古関裕而　録音／三上長七郎、小沼渡　照明／伊藤一男、島百味　共演／古川緑波、榎本健一、高田稔、三益愛子　白黒　スタンダード　八八分　東宝、エノケン劇団、ロッパ一座　一九四七年十月二十六日

●酔いどれ天使
製作／本木荘二郎　監督・脚本／黒澤明　脚本／植草圭之助、撮影／伊藤武夫　美術／松山崇　音楽／早坂文雄　録音／小沼渡　照明／吉沢欣三　共演／志村喬、山本礼三郎、木暮実千代、中北千枝子　白黒　スタンダード　九八分　東宝　一九四八年四月二十六日

●静かなる決闘
企画／本木荘二郎、市川久夫　監督・脚本／黒澤明　原作／菊田一夫　脚本／谷口千吉　撮影／相坂操一　美術／今井高一　音楽／伊福部昭　録音／長谷川光雄　照明／柴田恒吉　共演／三條美紀、志村喬、千石規子、植村謙二郎　白黒　スタンダード　九五分　大映東京　一九四九年三月十三日

●ジャコ萬と鉄
製作／田中友幸　監督・脚本／谷口千吉　原作／梶野悳三　脚本／黒澤明　撮影／瀬川順一　美術／北辰雄　音楽／伊福部昭　録音／藤好昌生　照明／若月荒夫　共演／月形龍之介、浜田百合子、進藤英太郎、久我美子　白黒　スタンダード　九一分　東宝、49年プロダクション　一九四九年七月十一日

●野良犬
製作／本木荘二郎　監督・脚本／黒澤明　脚本／菊島隆三　撮影／中井朝一　美術／松山崇　音楽／早坂文雄　録音／矢野口文雄　照明／石井長四郎　共演／志村喬、淡路恵子、木村功、河村黎吉　白黒　スタンダード　一二二分　新東宝、映画芸術協会　一九四九年十月十七日

●石中先生行状記（「第三話・千草ぐるまの巻」）
製作／藤本眞澄　監督／成瀬巳喜男　原作／石坂洋次郎　脚本／八木隆一郎　撮影／鈴木博　美術／中古智　音楽／服部正　録音／中井喜八郎　照明／平岡岩治　共演／若山セツ子、中北千枝子、柳谷寛、小島洋々　白黒　スタンダード　九六分　藤本プロダクション　一九五〇年一月二十二日

●映画スター訪問記（『三船敏郎全映画』収録「三船敏郎フィルモグラフィ」より）
製作／星野和平　出演／原節子、木暮美千代、高峰三枝子、佐分利信　白黒　スタンダード　映画芸術研究所　一九五〇年一月十日

●脱獄

製作／本木荘二郎　監督・脚本／山本嘉次郎　撮影／中井朝一　美術／松山崇　音楽／服部正　録音／岡崎三千雄　照明／守屋惣一　共演／高峰三枝子、小沢栄、三島雅夫、三好栄子　白黒　スタンダード　一〇三分　太泉映画、映画芸術協会　一九五〇年三月五日

●醜聞（スキャンダル）

企画／本木荘二郎　製作／小出孝　監督・脚本／黒澤明　脚本／菊島隆三　撮影／生方敏夫　美術／浜田辰雄　音楽／早坂文雄　録音／大村三吉　照明／加藤正夫　共演／山口淑子、志村喬、桂木洋子、千石規子　白黒　スタンダード　一〇四分　松竹大船　一九五〇年四月三十日

●婚約指輪（エンゲージ・リング）

製作・監督・脚本／木下惠介　製作／桑田良太郎　撮影／楠田浩之　美術／森幹男　音楽／木下忠司　録音／大野久男　照明／豊島良三　共演／田中絹代、宇野重吉、薄田研二、吉川満子　白黒　スタンダード　九六分　松竹大船、田中絹代プロダクション　一九五〇年七月二日

●羅生門

企画／本木荘二郎　製作／箕浦甚吾　監督・脚本／黒澤明　原作／芥川龍之介　脚本／橋本忍　撮影／宮川一夫　美術／松山崇　音楽／早坂文雄　録音／大谷巌　照明／岡本健一　共演／森雅之、京マチ子、志村喬、千秋実　白黒　スタンダード　八八分　大映京都　一九五〇年八月二十六日

●愛と憎しみの彼方へ

製作／田中友幸　監督・脚本／谷口千吉　原作／寒川光太郎　脚本／黒澤明　撮影／玉井正夫　美術／北辰雄　音楽／伊福部昭　録音／藤好昌生　照明／岸田九一郎　共演／水戸光子、池部良、志村喬、小沢栄　白黒　スタンダード　一〇七分　映画芸術協会　一九五一年一月十一日

●悲歌（エレジー）

製作／本木荘二郎　企画／星野和平　監督・脚本／山本嘉次郎　原作・脚本／小国英雄　撮影／中井朝一　美術／松山崇　音楽／渡辺浦人　録音／宮崎正信　照明／岸田九一郎　共演／上原謙、高峰三枝子、志村喬、小杉義男　白黒　スタンダード　一〇九分　東宝、映画芸術協会　一九五一年二月二十二日

●白痴

企画／本木荘二郎　製作／小出孝　監督・脚本／黒澤明　原作／フョードル・ミハイロヴィチ・ドフトエフスキー　脚本／久板栄二郎　撮影／生方敏夫　美術／松山崇　音楽／早坂文雄　録音／妹尾芳三郎　照明／田村晃雄　共演／森雅之、原節子、志村喬、東山千栄子　白黒　スタンダード　一六六分　松竹大船　一九五一年五月二十三日

●海賊船

製作／本木荘二郎　監督／稲垣浩　脚本／小国英雄　撮影／鈴木博　美術／安倍輝明　音楽／深井史郎　録音／亀山正二　照明／森茂　共演／浅茅しのぶ、大谷友右衛門、田崎潤、富田仲次郎　白黒　スタンダード　一一一分　東宝　一九五一年七月十三日

●花の進軍《スタア》（『三船敏郎全映画』収録「三船敏郎フィルモグラフィ」より）

企画／金平軍之助　構成／小林恒夫　出演／高峰秀子、高峰三枝子、山村聰、原節子　白黒　スタンダード　四四分　東映　一九五一年七月二十七日

●戦後派お化け大会(特別出演)
製作／金子正且　監督／佐伯清　原作／石坂洋次郎　脚本／井手俊郎、井上梅次　撮影／横山実　美術／下河原友雄一　音楽／黛敏郎　録音／根岸寿夫　照明／石井長四郎　出演／宮田重雄、伊藤雄之助、藤原釜足、清川玉枝　白黒　スタンダード　一〇二分　新東宝、藤本プロダクション　一九五一年八月三日

●完結 佐々木小次郎 巌流島決闘
企画／伊藤基彦　製作／宮城鎮治　監督／稲垣浩　原作・脚本／村上元三　脚本／松浦健郎、藤木弓　撮影／飯村正　美術／北猛夫　音楽／深井史郎　録音／宮崎正信　照明／岸田九一郎　共演／大谷友右衛門、浜田百合子、山根寿子、徳大寺伸　東宝　白黒　スタンダード　九八分　一九五一年十月二十六日

●馬喰一代
製作主任／斎藤晃一　監督・脚本／木村恵吾　原作／中山正男　脚本／成澤昌茂　撮影／峰重義　美術／柴田篤二　音楽／早坂文雄　録音／西井憲一　照明／安藤真之助　共演／京マチ子、伊庭耀夫、市川春代、光岡龍三郎　白黒　スタンダード　一一三分　大映東京　一九五一年十二月七日

●女ごころ誰か知る
製作／本木荘二郎　監督・脚本／山本嘉次郎　原作／北條誠　脚本／八住利雄　撮影／中井朝一　音楽／渡辺浦人　録音／下永尚　照明／森茂　共演／高峰三枝子、池部良、香川京子、飯田蝶子　白黒　スタンダード　八〇分　東宝　一九五一年十二月二十一日

●荒木又右ヱ門 決闘鍵屋の辻
製作／本木荘二郎　監督／森一生　脚本／黒澤明　撮影／山崎一雄　美術／松山崇　音楽／西梧郎　録音／宮崎正信　照明／岸田九一郎　共演／浜田百合子、志村喬、片山明彦、加東大介　白黒　スタンダード　八一分　東宝　一九五二年一月三日

●霧笛
製作／田中友幸　監督／谷口千吉　原作／大佛次郎　脚本／八住利雄　撮影／玉井正夫　美術／松山崇　音楽／飯田信夫　録音／保坂有明　照明／西川鶴三　共演／山口淑子、ボッブ・ブース、志村喬、村上冬樹　白黒　スタンダード　九九分　東宝　一九五二年三月五日

●西鶴一代女
製作／児井英生　監督／溝口健二　原作／井原西鶴　脚本／依田義賢　撮影／平野好美　美術／水谷浩　音楽／斎藤一郎　録音／神谷正和　照明／藤林甲　共演／田中絹代、宇野重吉、菅井一郎、進藤英太郎　白黒　スタンダード　一四八分　児井プロダクション、新東宝　一九五二年四月十七日

●金の卵 Golden Girl(賛助出演)
製作／藤本眞澄　監督／千葉泰樹　脚本／井手俊郎　撮影／横山実　美術／河東安英　音楽／古関裕而　録音／宮崎正信　照明／石井長四郎　出演／島崎雪子、岡田茉莉子、香川京子、小林桂樹　白黒　スタンダード　一〇七分　東宝　一九五二年五月十四日

●戦国無頼
製作／田中友幸　監督・脚本／稲垣浩　原作／井上靖　脚本／黒澤明　撮影／飯村正　美術／北猛夫　音楽／團伊玖磨　録音／亀山正二　照明／西川鶴三　共演／三國連太郎、市川段四郎、山口淑子、浅茅しのぶ　白黒　スタンダード　一三五分　東宝　一九五二年五月二十二日

●東京の恋人

製作／藤本眞澄、熊谷久虎　監督／千葉泰樹　脚本／井手俊郎、吉田二三夫　撮影／飯村正　美術／北猛夫、浜上兵衛　音楽／飯田信夫　録音／宮崎正信　照明／大沼正喜　共演／原節子、杉葉子、森繁久彌、藤間紫　白黒　スタンダード　九七分　東宝　一九五二年七月十五日

●激流

製作／田中友幸　監督・脚本／谷口千吉　脚本／西亀元貞　撮影／山田一夫　美術／北辰雄　音楽／伊福部昭　録音／保坂有明　照明／西川鶴三　共演／久慈あさみ、島崎雪子、若山セツ子、田代百合子　白黒　スタンダード　九六分　東宝　一九五二年十月二十三日

●港へ来た男

製作／田中友幸　監督・脚本／本多猪四郎　原作／梶野悳三　脚本／成澤昌茂　撮影／完倉泰一　美術／北猛夫　音楽／斎藤一郎　録音／藤好昌生　照明／森茂　共演／久慈あさみ、志村喬、小泉博、田代百合子　白黒　スタンダード　八八分　東宝　一九五二年十一月二十七日

●吹けよ春風

製作／田中友幸　監督・脚本／谷口千吉　脚本／黒澤明　撮影／飯村正　美術／小川一男　音楽／芥川也寸志　録音／三上長七郎　照明／森茂　共演／岡田茉莉子、小泉博、青山京子、越路吹雪　白黒　スタンダード　八三分　東宝　一九五三年一月十五日

●抱擁

製作／田中友幸　監督／マキノ雅弘　原案／八住利雄　脚本／西亀元貞、梅田晴夫　撮影／飯村正　美術／小川一男　音楽／芥川也寸志　録音／保坂有明　照明／西川鶴三　共演／山口淑子、志村喬、小泉博、平田昭彦　白黒　スタンダード　八七分　東宝　一九五三年三月十一日

●ひまわり娘

製作／藤本眞澄　監督／千葉泰樹　原作／源氏鶏太　脚本／長谷川公之　撮影／山田一夫　美術／河東安英　音楽／黛敏郎　録音／小沼渡　照明／大沼正喜　共演／有馬稲子、伊豆肇、本庄マユリ、清水将夫　白黒　スタンダード　八七分　東宝　一九五三年三月二十六日

●太平洋の鷲

製作／本木荘二郎　監督／本多猪四郎　脚本／橋本忍　撮影／山田一夫　美術監督／北猛夫　美術／阿久根巌　音楽／古関裕而　録音／宮崎正信　照明／大沼正喜　共演／大河内傳次郎、二本柳寛、清水将夫、三國連太郎　白黒　スタンダード　一一九分　東宝　一九五三年十月二十一日

●七人の侍

製作／本木荘二郎　監督・脚本／黒澤明　脚本／橋本忍、小国英雄　撮影／中井朝一　美術／松山崇　音楽／早坂文雄　録音／矢野口文雄　照明／森茂　共演／志村喬、稲葉義男、宮口精二、木村功　白黒　スタンダード　二〇七分　東宝　一九五四年四月二十六日

●宮本武蔵

製作／滝村和男　監督・脚本／稲垣浩　原作／吉川英治　劇化／北條秀司　脚本／若尾徳平　撮影／安本淳　美術／伊藤熹朔、園真　音楽／團伊玖磨　録音／三上長七郎　照明／森茂　共演／三國連太郎、尾上九朗右衛門、八千草薫、水戸光子　イーストマンカラー　スタンダード　九四分　東宝　一九五四年九月二十六日

●潮騒（特別出演）
製作／田中友幸　監督・脚本／谷口千吉　原作／三島由紀夫　脚本／中村真一郎　撮影／完倉泰一　美術／松山崇　音楽／黛敏郎　録音／保坂有明　照明／石川緑郎　出演／久保明、青山京子、上田吉二郎、太刀川洋一　白黒　スタンダード　九六分　東宝　一九五四年十月二十日

●密輸船
製作／本木荘二郎　監督／杉江敏男　原案／高野龍雄　脚本／小国英雄、宮田輝明　撮影／飯村正　美術／村木与四郎　音楽／早坂文雄　録音／小沼渡　照明／猪原一郎　共演／久慈あさみ、北川町子、ボッブ・ブース、佐々木孝丸　白黒　スタンダード　一一四分　東宝　一九五四年十一月三十日

●男性NO．1
製作／本木荘二郎　監督／山本嘉次郎　原案／菊島隆三　脚本／井手雅人　撮影／山田一夫　美術／阿久根巌　音楽／團伊玖磨　録音／三上長七郎　照明／西川鶴三　共演／鶴田浩二、岡田茉莉子、越路吹雪、藤木悠　白黒　スタンダード　九六分　東宝　一九五五年一月三日

●天下泰平
製作／堀江史朗　監督／杉江敏男　原作／源氏鶏太　脚本／八田尚之　撮影／完倉泰一　美術／村木与四郎　音楽／飯田信夫　録音／小沼渡　照明／猪原一郎　共演／久慈あさみ、佐野周二、笠智衆、宝田明　白黒　スタンダード　九三分、東宝　一九五五年一月二十九日

●続　天下泰平
製作／堀江史朗　監督／杉江敏男　原作／源氏鶏太　脚本／西嶋大、瀧野敏　撮影／完倉泰一　美術／村木与四郎　音楽／飯田信夫　録音／小沼渡　照明／猪原一郎　共演／久慈あさみ、寿美花代、笠智衆、宝田明　白黒　スタンダード　七九分、東宝　一九五五年二月二十日

●男ありて
製作／渾大防五郎　監督／丸山誠治　脚本／菊島隆三　撮影／玉井正夫　美術／小川一男　音楽／斎藤一郎　録音／保坂有明　照明／石井長四郎　共演／志村喬、岡田茉莉子、夏川静江、藤木悠　白黒　スタンダード　一〇九分　東宝　一九五五年五月十日

●続　宮本武蔵　一乗寺の決斗
製作／滝村和男　監督・脚本／稲垣浩　原作／吉川英治　劇化／北條秀司　脚本／若尾徳平　撮影／安本淳　美術／園真　音楽／團伊玖磨　録音／三上長七郎　照明／森茂　共演／鶴田浩二、岡田茉莉子、八千草薫、木暮実千代　イーストマンカラー　スタンダード　一〇三分　東宝　一九五五年七月十二日

●生きものの記録
製作／本木荘二郎　監督・脚本／黒澤明　脚本／橋本忍、小国英雄　撮影／中井朝一　美術／村木与四郎　音楽／早坂文雄　録音／矢野口文雄　照明／岸田九一郎　共演／志村喬、千秋実、三好栄子、東郷晴子　白黒　スタンダード　一〇三分　東宝　一九五五年十一月二十二日

●宮本武蔵　完結篇　決闘巌流島
製作／滝村和男　監督・脚本／稲垣浩、原作／吉川英治　劇化／北條秀司　脚本／若尾徳平　撮影／山田一男　美術／園真　音楽／團伊玖磨　録音／宮崎正信　照明／西川鶴三　共演／鶴田浩二、八千草薫、岡田茉莉子、瑳峨三智子　イーストマンカラー　スタンダード　一〇四分　東宝　一九五六年一月一日

●**黒帯三国志**

製作／田中友幸　監督・脚本／谷口千吉　原作／下村明　脚本／松浦健郎、山崎巌　撮影／飯村正　美術／北猛夫、村木与四郎　音楽／伊福部昭　録音／西川善男　照明／猪原一郎　共演／佐分利信、小堀明男、香川京子、岡田茉莉子　白黒　スタンダード　九四分　東宝　一九五六年一月二十九日

●**暗黒街**

製作／本木荘二郎　監督／山本嘉次郎　原案／菊島隆三　脚本／若尾徳平　撮影／遠藤精一　美術／阿久根巌　音楽／團伊玖磨　録音／藤縄正一　照明／西川鶴三　共演／鶴田浩二、青山京子、根岸明美、小泉博　白黒　スタンダード　九八分　東宝　一九五六年二月二十六日

●**愛情の決算**

製作／藤本眞澄、宇佐美仁　監督／佐分利信　原作／今日出海　脚本／井手俊郎　撮影／山田一夫　美術／北猛夫、清水喜代志　音楽／團伊玖磨　録音／宮崎正信　照明／石井長四郎　共演／原節子、佐分利信、小林桂樹、八千草薫　白黒　スタンダード　一一二分　東宝　一九五六年三月二十八日

●**妻の心**

製作／藤本眞澄、金子正且　監督／成瀬巳喜男　脚本／井手俊郎　撮影／玉井正夫　美術／中古智　音楽／斎藤一郎　録音／藤好昌生　照明／石井長四郎　共演／高峰秀子、小林桂樹、杉葉子、千秋実　白黒　スタンダード　九八分　東宝　一九五六年五月三日

●**ならず者**

製作／田中友幸　監督／青柳信雄　原作／佐々木武観　脚本／木村武、中田晴久　撮影／遠藤精一　美術／北猛夫、阿久根巌　音楽／佐藤勝　録音／西川善男　照明／西川鶴三　共演／岡田茉莉子、志村喬、太刀川洋一、白川由美　白黒　スタンダード　九一分　東宝　一九五六年五月十日

●**囚人船**

製作／堀江史朗　監督・脚本／稲垣浩　原作／菊田一夫　脚本／村田武雄　撮影／飯村正　美術／北猛夫　音楽／仁木他喜雄　録音／西川善男　照明／安倍輝明　共演／岡田茉莉子、小泉博、田崎潤、稲葉義男　白黒　スタンダード　一〇六分　東宝　一九五六年八月八日

●**蜘蛛巣城**

製作／本木荘二郎　製作・監督・脚本／黒澤明　原作／ウィリアム・シェイクスピア　脚本／橋本忍、菊島隆二　撮影／中井朝一　美術／村木与四郎　音楽／佐藤勝　録音／矢野口文雄　照明／岸田九一郎　共演／山田五十鈴、千秋実、志村喬、久保明　白黒　スタンダード　一一〇分　東宝　一九五七年一月十五日

●**嵐の中の男**

製作／田中友幸　監督・脚本／谷口千吉　脚本／松浦健郎　撮影／山田一夫　美術／河東安英　音楽／渡辺浦人　録音／小沼渡　照明／西川鶴三　共演／香川京子、小堀明男、田崎潤、根岸明美　白黒　スタンダード　九六分　東宝　一九五七年二月五日

●**この二人に幸あれ**

製作／堀江史朗　監督／本多猪四郎　脚本／松山善三　撮影／小泉一　美術／北辰雄　音楽／中田喜直　録音／保坂有明　照明／横井総一　共演／小泉博、白川由美、津島恵子、志村喬　白黒　スタンダード　九四分　東宝　一九五七年二月十九日

●柳生武芸帳
製作／田中友幸 監督・脚本／稲垣浩 原作／五味康祐 脚本／木村武 撮影／飯村正 美術／北猛夫、植田寛 音楽／伊福部昭 録音／西川善男 照明／猪原一郎 共演／鶴田浩二、久我美子、香川京子、岡田茉莉子 アグファカラー スタンダード 一〇六分 東宝 一九五七年四月二十三日

●危険な英雄（特別出演）
製作／金子正且 監督／鈴木英夫 脚本／須川栄三 脚色／長谷川公之 撮影／中井朝一 美術／浜上兵衛 音楽／芥川也寸志 録音／藤縄正一 照明／猪原一郎 出演／石原慎太郎、司葉子、志村喬、仲代達矢 白黒 スタンダード 九一分 東宝 一九五七年七月三十日

●どん底
製作・監督・脚本／黒澤明 原作／マクシム・ゴーリキー 脚本／小国英雄 撮影／山崎一雄 美術／村木与四郎 音楽／佐藤勝 録音／矢野口文雄 照明／森茂 共演／山田五十鈴、香川京子、中村鴈治郎、上田吉二郎 白黒 スタンダード 一二五分 東宝 一九五七年九月十七日

●下町―ダウンタウン―
製作／藤本真澄 監督／千葉泰樹 原作／林芙美子 脚本／笠原良三、吉田精弥 撮影／西垣六郎 美術／中古智 音楽／伊福部昭 録音／小沼渡 照明／金子光男 共演／山田五十鈴、亀谷雅敬、淡路恵子、田中春男 白黒 スタンダード 五八分 東宝 一九五七年十一月五日

●柳生武芸帳 双龍秘劔
製作／田中友幸 監督・脚本／稲垣浩 原作／五味康祐 脚本／若尾徳平 撮影／中井朝一 美術／北猛夫、植田寛 音楽／伊福部昭 録音／藤好昌生 照明／石井長四郎 共演／鶴田浩二、乙羽信子、岡田茉莉子、久我美子 アグファカラー シネマスコープ（東宝スコープ） 一〇五分 東宝 一九五八年一月三日

●東京の休日
製作／堀江史朗 監督・脚本／山本嘉次郎 脚本／井手俊郎 撮影／山崎市雄 美術／浜上兵衛 音楽／松井八郎 録音／三上長七郎 照明／西川鶴三 出演／山口淑子、宝田明、司葉子、上原謙 東宝イーストマンカラー シネマスコープ（東宝スコープ） 八七分 一九五八年四月十五日

●無法松の一生
製作／田中友幸 監督・脚本／稲垣浩 原作／岩下俊作 脚本／伊丹万作 撮影／山田一夫 美術／植田寛 音楽／團伊玖磨 録音／西川善男 照明／猪原一郎 共演／高峰秀子、芥川比呂志、飯田蝶子、笠智衆 アグファカラー シネマスコープ（東宝スコープ） 一〇四分 東宝 一九五八年四月二十二日

●弥次㐂多道中記（賛助出演）
製作／藤本真澄、山本紫朗 監督／千葉泰樹 原作／十返舎一九 脚本／笠原良三 撮影／西垣六郎 美術／北猛夫 音楽／古関裕而 録音／藤縄正一 照明／横井総一 出演／徳川夢声、加東大介、小林桂樹、乙羽信子 アグファカラー シネマスコープ（東宝スコープ） 一一二分 東宝 一九五八年四月二十九日

●結婚のすべて（特別出演）
製作／金子正且 監督／岡本喜八 脚本／白坂依志夫 撮影／中井朝一 美術／阿久根巌 音楽／馬渡誠一 録音／上原正直 照明／高島利雄 出演／雪村いづみ、新珠三千代、三橋達也、山田真二 白黒 スタンダード 八四分 東宝 一九五八年五月二十六日

●隠し砦の三悪人
製作／藤本眞澄　製作・監督・脚本／黒澤明　脚本／菊島隆三、小国英雄、橋本忍　撮影／山崎市雄　美術／村木与四郎　音楽／佐藤勝　録音／矢野口文雄　照明／猪原一郎　共演／上原美佐、千秋実、藤原釜足、藤田進　白黒　シネマスコープ（東宝スコープ）　一二六分　東宝　一九五八年十二月二十八日

●暗黒街の顔役
製作／田中友幸　監督／岡本喜八　脚本／西亀元貞、関沢新一　撮影／中井朝一　美術／阿久根巌　音楽／伊福部昭　録音／刀根紀雄　照明／森茂　共演／鶴田浩二、宝田明、白川由美、河津清三郎　カラー　シネマスコープ（東宝スコープ）　一〇二分　東宝　一九五九年一月十五日

●或る剣豪の生涯
製作／田中友幸　監督・脚本／稲垣浩　原作／エドモン・ロスタン　撮影／山田一夫　美術／伊藤熹朔　音楽／伊福部昭　録音／西川善男　照明／小島正七　共演／宝田明、司葉子、河津清三郎、淡路恵子　カラー　シネマスコープ（東宝スコープ）　一一一分　東宝　一九五九年四月二十八日

●戦国群盗伝
製作／藤本眞澄、西野一夫　監督／杉江敏男　原作／三好十郎　脚本／山中貞雄、黒澤明　撮影／鈴木斌　美術／北猛夫　音楽／團伊玖磨　録音／保坂有明　照明／西岡鶴三　共演／鶴田浩二、司葉子、上原美佐、平田昭彦　カラー　シネマスコープ（東宝スコープ）　一一五分　東宝　一九五九年八月九日

●独立愚連隊
製作／田中友幸　監督・脚本／岡本喜八　撮影／逢沢譲　美術／阿久根巌　音楽／佐藤勝　録音／渡会伸　照明／西川鶴三　共演／佐藤允、雪村いづみ、夏木陽介、上原美佐　白黒　シネマスコープ（東宝スコープ）　一〇八分　東宝　一九五九年十月六日

●日本誕生
製作／藤本眞澄、田中友幸　監督／稲垣浩　特技監督／円谷英二　脚本／八住利雄、菊島隆三　撮影／山田一夫　美術／伊藤熹朔、植田寛　音楽／伊福部昭　録音／西川善男　照明／小島正七　共演／司葉子、原節子、鶴田浩二、田中絹代　カラー　シネマスコープ（東宝スコープ）　一八一分　東宝　一九五九年十一月一日

●暗黒街の対決
製作／田中友幸　監督／岡本喜八　原作／大藪春彦　脚本／関沢新一　撮影／山田一夫　美術／阿久根巌　音楽／佐藤勝　録音／渡会伸、下永尚　照明／西川鶴三　共演／鶴田浩二、司葉子、夏木陽介、佐藤允　カラー　シネマスコープ（東宝スコープ）　九五分　東宝　一九六〇年一月三日

●国定忠治
製作／藤本眞澄　監督／谷口千吉　脚本／新藤兼人　撮影／西垣六郎　美術／北猛夫　音楽／佐藤勝　録音／小沼渡　照明／石井長四郎　共演／新珠三千代、加東大介、藤木悠、夏木陽介　カラー　シネマスコープ（東宝スコープ）一〇一分　東宝　一九六〇年三月二十九日

●ハワイ・ミッドウェイ大海空戦 太平洋の嵐
製作／田中友幸　監督／松林宗恵　特技監督／円谷英二　脚本／橋本忍、国弘威雄　撮影／山田一夫　美術／北猛夫、清水喜代志　音楽／團伊玖磨　録音／西川善男　照明／小島正七　共演／夏木陽介、佐藤允、上原美佐、鶴田浩二　カラー　シネマスコープ（東宝スコープ）　一一八分　東宝　一九六〇年四月二十六日

●男対男

製作／田中友幸　監督／谷口千吉　脚本／池田一朗、小川英　撮影／西垣六郎　美術／村木与四郎　音楽／佐藤勝　録音／藤縄正一　照明／西川鶴三　共演／池部良、加山雄三、白川由美、星由里子　カラー　シネマスコープ（東宝スコープ）　九〇分　東宝　一九六〇年八月十四日

●悪い奴ほどよく眠る

製作／田中友幸　製作・監督・脚本／黒澤明　脚本／小国英雄、久板栄二郎、菊島隆三、橋本忍　撮影／逢沢譲　美術／村木与四郎　音楽／佐藤勝　録音／矢野口文雄、下永尚　照明／猪原一郎　共演／森雅之、香川京子、加藤武、三橋達也　白黒　シネマスコープ（東宝スコープ）　一五〇分　黒澤プロダクション、東宝　一九六〇年九月十五日

●サラリーマン忠臣蔵

製作／藤本眞澄　監督／杉江敏男　原案／井原康男　脚本／笠原良三　撮影／完倉泰一　美術／村木与四郎　音楽／神津善行　録音／三上長七郎　照明／金子光男　共演／森繁久彌、小林桂樹、加東大介、東野英治郎　カラー　シネマスコープ（東宝スコープ）　一〇〇分　東宝　一九六〇年十二月二十五日

●大坂城物語

製作／田中友幸　監督・脚本／稲垣浩　原作／村上元三　脚本／木村武　撮影／山田一夫　美術／植田寛　音楽／伊福部昭　録音／西川善男、宮崎正信　照明／小島正七　共演／香川京子、星由里子、久我美子、山田五十鈴　カラー　シネマスコープ（東宝スコープ）　九五分　東宝　一九六一年一月三日

●続 サラリーマン忠臣蔵

製作／藤本眞澄　監督／杉江敏男　原案／井原康男　脚本／笠原良三　撮影／完倉泰一　美術／村木与四郎　音楽／神津善行　録音／三上長七郎　照明／金子光男　共演／森繁久彌、小林桂樹、加東大介、東野英治郎　カラー　シネマスコープ（東宝スコープ）　一〇九分　東宝　一九六一年二月二十五日

●用心棒

製作／田中友幸、菊島隆三　監督・脚本／黒澤明　脚本／菊島隆三　撮影／宮川一夫　美術／村木与四郎　音楽／佐藤勝　録音／三上長七郎、下永尚　照明／石井長四郎　共演／東野英治郎、河津清三郎、山田五十鈴、山茶花究　白黒　シネマスコープ（東宝スコープ）　一一〇分　黒澤プロダクション、東宝　一九六一年四月二十五日

●ゲンと不動明王

製作・監督／稲垣浩　特技監督／円谷英二　原作／宮口しづゑ　脚本／井手俊郎、松山善三　撮影／山田一夫　美術／竹中和雄　音楽／團伊玖磨　録音／西川善男　照明／小島正七　共演／千秋実、小柳徹、坂部尚子、乙羽信子　白黒　シネマスコープ（東宝スコープ）　一〇二分　東宝　一九六一年九月十七日

●価値ある男(Animas Trujano)

製作・監督・脚本／イスマエル・ロドリゲス　原作／ロハリオ・バルリガ・リバス　脚本／ビセンテ・オローナ　撮影／ガブリエル・フィゲロア　美術／エドワード・フィッツジェラルド　音楽／ラウル・ラヴィスタ　共演／コルンバ・ロドリゲス、フロール・シルベストレ　ティティナ・ロマイ・ドロテア、ペピト・ロマイ・ペドロ　白黒　シネマスコープ　一一〇分　イスマエル・ロドリゲス・プロダクション　一九六一年十一月三日（日本公開）

●椿三十郎

製作／田中友幸、菊島隆三　監督・脚本／黒澤明　原作／山本周五郎　脚本／菊島隆三、小国英雄　撮影／小泉福造、斎藤孝雄　美術／村木与四郎　音楽／佐藤勝　録音／小沼渡　照明／猪原一郎　共演／仲代達矢、加山雄三、小林桂樹、団令子　白黒　シネマスコープ（東宝スコープ）　九五分　黒澤プロダクション、東宝　一九六二年一月一日

●どぶろくの辰

製作／田中友幸　監督／稲垣浩　原作／中江良夫　脚本／井手雅人、八住利雄　撮影／山田一夫　美術／植田寛　音楽／石井歓　録音／西川善男　照明／小島正七　共演／三橋達也、淡島千景、池内淳子、有島一郎　カラー　シネマスコープ（東宝スコープ）　一一五分　東宝　一九六二年四月二十九日

●続 社長洋行記（特別出演）

製作／藤本眞澄　監督／杉江敏男　脚本／笠原良三　撮影／完倉泰一　美術／村木与四郎　音楽／神津善行　録音／刀根紀雄、下永尚　照明／山口偉治　出演／森繁久彌、小林桂樹、加東大介、尤敏　カラー　シネマスコープ（東宝スコープ）　九〇分　東宝　一九六二年六月一日

●忠臣蔵 花の巻・雪の巻

製作／藤本眞澄、田中友幸　監督／稲垣浩　脚本／八住利雄　撮影／山田一夫　美術／伊藤熹朔、植田寛　音楽／伊福部昭　録音／西川善男、下永尚　照明／小島正七　共演／松本幸四郎、加山雄三、司葉子、市川中車　カラー　シネマスコープ（東宝スコープ）　二〇七分　東宝　一九六二年十一月三日

●太平洋の翼

製作／田中友幸、田実泰良　監督／松林宗恵　特技監督／円谷英二　脚本／須崎勝彌　撮影／鈴木斌　美術／北猛夫　音楽／團伊玖磨　録音／渡会伸　照明／石井長四郎　共演／加山雄三、夏木陽介、佐藤允、池部良　カラー　シネマスコープ（東宝スコープ）　一〇一分　東宝　一九六三年一月三日

●天国と地獄

製作／田中友幸、菊島隆三　監督・脚本／黒澤明　原作／エド・マクベイン　脚本／小国英雄、菊島隆三、久板栄二郎　撮影／中井朝一、斎藤孝雄　美術／村木与四郎　音楽／佐藤勝　録音／矢野口文雄　照明／森弘充　共演／仲代達矢、香川京子、山崎努、三橋達也　白黒（一部カラー）　シネマスコープ（東宝スコープ）　一四三分　黒澤プロダクション、東宝　一九六三年三月一日

●五十万人の遺産

製作／藤本眞澄、田中友幸　監督／三船敏郎　脚本／菊島隆三　撮影／斎藤孝雄　美術／村木与四郎　音楽／佐藤勝　録音／矢野口文雄　照明／森弘充　共演／三橋達也、仲代達矢、山崎努、星由里子　白黒　シネマスコープ（東宝スコープ）　九八分　三船プロダクション、宝塚映画　一九六三年四月二十八日

●大盗賊

製作／田中友幸、角田健一郎　監督／谷口千吉　構成／八住利雄　脚本／木村武、関沢新一　撮影／斎藤孝雄　美術／北猛夫　音楽／佐藤勝　録音／渡会伸　照明／隠田紀一　共演／佐藤允、有島一郎、水野久美、浜美枝　イーストマンカラー　シネマスコープ（東宝スコープ）　九七分　東宝　一九六三年十月二十六日

●士魂魔道 大龍巻

製作／田中友幸　監督・脚本／稲垣浩　原作／南條範夫　脚本／木

村武　撮影／山田一夫　美術／植田寛　音楽／石井歓　録音／西川善男　照明／小西康夫　共演／市川染五郎、夏木陽介、佐藤允、星由里子　カラー　シネマスコープ（東宝スコープ）　一〇六分　宝塚映画　一九六四年一月三日

●侍

製作／田中友幸、三輪禮二　監督／岡本喜八　原作／郡司次郎正　脚本／橋本忍　撮影／村井博　美術／阿久根巌　音楽／佐藤勝　録音／西川善男　照明／西川鶴三　共演／小林桂樹、新珠三千代、伊藤雄之助、松本幸四郎　白黒　シネマスコープ（東宝スコープ）　一二二分　三船プロダクション、東宝　一九六五年一月三日

●赤ひげ

製作／田中友幸、菊島隆三　監督・脚本／黒澤明　原作／山本周五郎　脚本／井手雅人、小国英雄、菊島隆三　撮影／中井朝一、斎藤孝雄　美術／村木与四郎　音楽／佐藤勝　録音／渡会伸　照明／森弘允　共演／加山雄三、土屋嘉男、山崎努、団令子　白黒　シネマスコープ（東宝スコープ）　一八五分　黒澤プロダクション、東宝　一九六五年四月三日

●姿三四郎

製作／黒澤明、田中友幸　監督／内川清一郎　原作／富田常雄　脚本／黒澤明　撮影／小泉福造　美術／水谷浩一　音楽／佐藤勝　録音／鷲海暁次　照明／下村一夫　共演／加山雄三、山崎努、岡田英次、九重佑三子　白黒　シネマスコープ（東宝スコープ）　一五八分　宝塚映画、黒澤プロダクション　一九六五年五月二十九日

●太平洋奇跡の作戦 キスカ

製作／田中友幸、田実泰良　監督／丸山誠治　特技監督／円谷英二　脚本／須崎勝彌　撮影／西垣六郎　美術／北猛夫　音楽／團伊玖磨　録音／西川善男　照明／西川鶴三　共演／山村聡、佐藤允、中丸忠雄、久保明　白黒　シネマスコープ（東宝スコープ）　一〇四分　東宝　一九六五年六月十九日

●血と砂

製作／田中友幸　監督・脚本／岡本喜八　原作／伊藤桂一　脚本／佐治乾　撮影／西垣六郎　美術／阿久根巌　音楽／佐藤勝　録音／西川善男　照明／西川鶴三　共演／団令子、仲代達矢、佐藤允、伊藤雄之助　白黒　シネマスコープ（東宝スコープ）　一三二分　三船プロダクション、東宝　一九六五年九月十八日

●暴れ豪右衛門

製作／田中友幸　監督・脚本／稲垣浩　原作／ニコライ・ゴーゴリ　脚本／井手雅人　撮影／山田一夫　美術／植田寛　音楽／石井歓　録音／西川善男　照明／大野晨一　共演／佐藤允、田村亮、星由里子、加東大介　白黒　シネマスコープ（東宝スコープ）　一〇〇分　東宝　一九六六年一月十五日

●大菩薩峠

製作／藤本眞澄、佐藤正之、南里金春　監督／岡本喜八　原作／中里介山　脚本／橋本忍　撮影／村井博　美術／松山崇　音楽／佐藤勝　録音／渡会伸　照明／西川鶴三　共演／仲代達矢、新珠三千代、内藤洋子、加山雄三　白黒　シネマスコープ（東宝スコープ）　一二〇分　宝塚映画、東宝　一九六六年二月二十五日

●奇巌城の冒険

製作／田中友幸　監督／谷口千吉　脚本／馬渕薫　撮影／山田一夫　美術／植田寛　音楽／伊福部昭　録音／西川善男　照明／森弘充　共演／三橋達也、中丸忠雄、白川由美、佐藤允　イーストマンカラー　シネマスコープ（東宝スコープ）　一〇三分　三船プロダクショ

ン、東宝　一九六六年四月二十八日

●怒涛一万浬

製作／田中友幸、武中孝一　監督・脚本／福田純　脚本／小川英、関沢新一　撮影／斎藤孝雄　美術／植田寛　音楽／佐藤勝　録音／西川善男　照明／森弘充　共演／三橋達也、田村亮、中丸忠雄、佐藤允　白黒　シネマスコープ(東宝スコープ)　一〇一分　三船プロダクション　一九六六年七月十三日

●グラン・プリ(Grand Prix)

製作／エドワード・ルイス　製作総指揮／カーク・ダグラス、ジェームズ・ガーナー　監督・製作総指揮／ジョン・フランケンハイマー　原案・脚本／ロバート・アラン・アーサー　撮影／ライオネル・リンドン　美術／リチャード・シルバード　音楽／モーリス・ジャール　録音／フランクリン・ミルトン　共演／ジェームズ・ガーナー、イヴ・モンタン、エヴァ・マリー・セイント、ブライアン・ベッド・フォード　メトロカラー　スーパーパナビジョン70　一七八分　ダグラス・ルイス・プロダクション、JFP、チェロキー・プロダクション　MGM　一九六七年二月一日(日本公開)

●上意討ち―拝領妻始末―

製作／田中友幸　監督／小林正樹　原作／滝口康彦　脚本／橋本忍　撮影／山田一夫　美術／村木与四郎　音楽／武満徹　録音／奥山重之助　照明／小西康夫　共演／司葉子、仲代達矢、加藤剛、神山繁　白黒　シネマスコープ　一二八分　三船プロダクション、東宝　一九六七年五月二十七日

●日本のいちばん長い日

製作／藤本眞澄、田中友幸　監督／岡本喜八　原作／大宅壮一［半藤一利］　脚本／橋本忍　撮影／村井博　美術／阿久根巌　音楽／佐藤勝　録音／渡会伸　照明／西川鶴三　共演／黒沢年男、高橋悦史、中丸忠雄、山村聰　白黒　シネマスコープ(東宝スコープ)　一五八分　東宝　一九六七年八月三日

●黒部の太陽

企画／中井景　監督・脚本／熊井啓　原作／木本正次　脚本／井手雅人　撮影／金宇満司　美術／山崎正夫、小林正義、山下宏　音楽／黛敏郎　録音／安田哲男　照明／平田光治　共演／石原裕次郎、滝沢修、高峰三枝子、佐野周二　カラー　シネマスコープ　一九六分　三船プロダクション、石原プロモーション　一九六八年二月十七日

●連合艦隊司令長官 山本五十六

製作／田中友幸　監督・脚本／丸山誠治　特技監督／円谷英二　脚本／須崎勝彌　撮影／山田一夫　美術／北猛夫　音楽／佐藤勝　録音／西川善男　照明／平野清久　共演／松本幸四郎、森雅之、加山雄三、黒沢年男　カラー　シネマスコープ　一二八分　東宝　一九六八年八月十四日

●祇園祭

製作／小川衿一郎、久保圭之介、浮田洋一、遠藤嘉一、茨常則、中岡清、加藤彰朗、鈴木一成　監督／山内鉄也　原作／西口克己　脚本／鈴木尚之、清水邦夫　撮影／川崎新太郎　美術／井川徳道　音楽／佐藤勝　録音／野津裕男　照明／中山治雄　共演／中村錦之助、岩下志麻、佐藤オリエ、瀧花久子　カラー　シネマスコープ　一六八分　日本映画復興協会　一九六八年十一月二十三日

●太平洋の地獄(Hell in the Pacific)

製作／ルーベン・バーコヴィッチ　製作総指揮／ヘンリー・G・サバースタイン、セリッグ・J・セリッグマン　監督／ジョン・ブ

アマン　製作・脚本／アレクサンダー・ジェイコブス、エリック・バーコヴィッチ　撮影／コンラッド・L・ホール　美術／リチャード・シルバード　音楽／ラロ・シフリン　録音／フランクリン・ミルトン　共演リー・マーヴィン　テクニカラー　パナビジョン　一〇四分　セルマー・プロダクション　一九六八年十二月二十一日（日本公開）

●風林火山
製作／三船敏郎、田中友幸、西川善男　製作・監督／稲垣浩　原作／井上靖　脚本／橋本忍、国弘威雄　撮影／山田一夫　美術／植田寛　音楽／佐藤勝　録音／西川善男　照明／小西康夫　共演／中村錦之助、石原裕次郎、佐久間良子、月形龍之介　カラー　シネマスコープ　一六五分　三船プロダクション　一九六九年二月一日

●栄光への5000キロ
製作／石原裕次郎、中井景、栄田清一郎　エクゼクティブ・プロデューサー／銭谷功　企画／栄田清一郎　監督・企画／蔵原惟繕　原作／笠原剛三　脚本／山田信夫　撮影／金宇満司　美術／横尾嘉良　音楽／黛敏郎　録音／紅谷愃一　照明／椎葉昇　共演／石原裕次郎、浅丘ルリ子、エマニュエル・リヴァ、仲代達矢　カラー　シネマスコープ　一七五分　石原プロモーション　一九六九年七月十五日

●日本海大海戦
製作／田中友幸　監督・脚本／丸山誠治　特技監督／円谷英二　脚本／八住利雄　撮影／村井博　美術／北猛夫　音楽／佐藤勝　録音／吉岡昇　照明／高島利雄　共演／加山雄三、仲代達矢、松本幸四郎、笠智衆　カラー　シネマスコープ　一二七分　東宝　一九六九年八月一日

●赤毛
製作／三船敏郎、西川善男　監督・脚本／岡本喜八　脚本／廣澤榮　撮影／斎藤孝雄　美術／植田寛　音楽／佐藤勝　録音／市川正道　照明／佐藤幸郎　共演／岩下志麻、高橋悦史、寺田農、乙羽信子　カラー　シネマスコープ　一〇六分　三船プロダクション　一九六九年十月十日

●新選組
製作／三船敏郎、西川善男、稲垣浩　監督／沢島忠　脚本／松浦健郎　撮影／山田一夫　美術／植田寛　音楽／佐藤勝　録音／市川正道　照明／佐藤幸郎　共演／小林桂樹、三國連太郎、北大路欣也、田村高廣　カラー　シネマスコープ　一二一分　三船プロダクション　一九六九年十二月五日

●座頭市と用心棒
製作／勝新太郎、西岡弘善　監督・脚本／岡本喜八　原作／子母沢寛　脚本／吉田哲郎　撮影／宮川一夫　美術／西岡善信　音楽／伊福部昭　録音／林土太郎　照明／中岡源権　共演／勝新太郎、若尾文子、米倉斉加年、滝沢修　カラー　シネマスコープ　一一六分　勝プロダクション　一九七〇年一月十五日

●幕末
製作／小川衿一郎　監督・脚本／伊藤大輔　原作／司馬遼太郎　撮影／山田一夫　美術／伊藤寿一　音楽／佐藤勝　録音／野津裕男　照明／中山治雄　共演／中村錦之助、仲代達矢、吉永小百合、小林桂樹　カラー　シネマスコープ　一二〇分　中村プロダクション　一九七〇年二月十四日

●待ち伏せ
製作／三船敏郎、西川善男　監督／稲垣浩　脚本／藤木弓、小国英

雄、高岩肇、宮川一郎　撮影／山田一夫　美術／植田寛　音楽／佐藤勝　録音／市川正道　照明／佐藤幸次郎　共演／石原裕次郎、勝新太郎、中村錦之助、浅丘ルリ子　カラー　シネマスコープ　一一七分　三船プロダクション　一九七〇年三月二十一日

●ある兵士の賭け

製作／奥田喜久丸、製作総指揮／石原裕次郎、中井景　監督／キース・エリック・バート　共同監督／千野皓司、白井伸明　原案／ジェームス三木　脚本／ヴィンセント・フォートレー、猪又憲吾　撮影／金宇満司、奥村祐治、西山東男　美術／松井敏行　音楽／山本直純　録音／坂田徹　照明／椎葉昇　共演／石原裕次郎、浅丘ルリ子、デール・ロバートソン、フランク・シナトラ・Jr　カラー　シネマスコープ　一三六分　石原プロモーション　一九七〇年六月六日

●激動の昭和史 軍閥

製作／藤本眞澄、針生宏　監督／堀川弘通　脚本／笠原良三　撮影／山田一夫　美術／阿久根巌、育野重一　音楽／眞鍋理一郎　録音／渡会伸　照明／石井長四郎　共演／小林桂樹、加山雄三、黒沢年男、山村聰　カラー　シネマスコープ　東宝　一三三分　一九七〇年八月十一日

●レッド・サン(Soleil Rouge)

製作／ロベール・ドルフマン、テッド・リッチモンド　監督／テレンス・ヤング　原案／レアード・コーニッグ　脚本／デネ・バート・ペティクラーク、ウィリアム・ロバーツ、ローレンス・ロマン　撮影／アンリ・アルカン　美術／ポール・アポテケール　音楽／モーリス・ジャール　共演／チャールズ・ブロンソン、アラン・ドロン、ウルスラ・アンドレス、キャプシーヌ　カラー　シネマスコープ　一一二分　レ・フィルム・コロナ、オチェアニア・フィルム、プロドゥシネ・バルカザール　一九七一年十一月二十六日(日本公開)

●太陽にかける橋 ペーパー・タイガー(Paper Tiger)

製作／ユアン・ロイド　監督／ケン・アナキン　原作・脚本／ジャック・デイヴィス　撮影／ジョン・カブレラ　美術／ハーバード・スミス　音楽／ロイ・バッド　共演／デヴィッド・ニーヴン、安藤一人、ハーディ・クリューガー、アイリーン・ツー　イーストマンカラー　パナビジョン　一〇六分　ユアン・ワイド・プロダクション、マクリーン・アンド・カンパニー　一九七六年五月一日(日本公開)

●ミッドウェイ(Midway)

製作／ウォルター・ミリッシュ　監督／ジャック・スマイト　脚本／ドナルド・S・サンフォード　撮影／ハリー・ストラドリング・Jr　美術／ウォルター・タイラー　音楽／ジョン・ウィリアムズ　共演／チャールトン・ヘストン、ヘンリー・フォンダ、グレン・フォード、ロバート・ミッチャム　テクニカラー　パナビジョン　一三二分　ミリッシュ・コーポレーション、ユニヴァーサル映画　一九七六年七月三日(日本公開)

●人間の証明(特別出演)

製作／角川春樹　プロデューサー／吉田達、サイモン・ツェー　監督／佐藤純彌　原作／森村誠一　脚本／松山善三　撮影／姫田真佐久　美術／中村修一郎　音楽／大野雄二　録音／紅谷愃一　照明／熊谷秀夫　出演／岡田茉莉子、松田優作、ジョージ・ケネディ、ジョー山中　イーストマンカラー　ワイド　一三二分　角川春樹事務所　一九七七年十月八日

●**日本の首領《ドン》 野望篇**
企画／俊藤浩滋、日下部五朗、松平乗道、田岡満　監督／中島貞夫　原作／飯干晃一　脚本／高田宏治　撮影／増田敏雄　美術／佐野義和　音楽／黛敏郎　録音／中山茂二　照明／増田悦章　共演／佐分利信、松方弘樹、菅原文太、成田三樹夫　カラー　ワイド　一四一分　東映京都　一九七七年十月二十九日

●**柳生一族の陰謀**
企画／高岩淡、三村敬三、日下部五朗、松平乗道　監督／深作欣二　脚本／野上龍雄、松田寛夫　撮影／中島徹　美術／井川徳道　音楽／津島利章　録音／溝口正義　照明／北口光三郎　共演／萬屋錦之介、千葉真一、松方弘樹、西郷輝彦　カラー　ワイド　一三〇分　東映京都　一九七八年一月二十一日

●**犬笛**
製作／三船敏郎　プロデューサー／田中壽一、伊藤満　製作補／守屋徹　監督／中島貞夫　原作／西村寿行　脚本／菊島隆三、金子武郎　撮影／斎藤孝雄　美術／植田寛　音楽／小林亜星　録音／宮永晋　照明／土井直之　共演／菅原文太、北大路欣也、原田芳雄、竹下景子　カラー　スタンダード　一三九分　三船プロダクション　一九七八年四月一日

●**お吟さま**
企画／大和新社株式会社　製作／松本常保、大志万恭子、下条宗夫　監督／熊井啓　原作／今東光　脚本／依田義賢　撮影／岡崎宏三　美術／木村威夫　音楽／伊福部昭　録音／橋本泰夫、太田六敏　照明／下村一夫　共演／中野良子、志村喬、中村吉右衛門、原田大二郎　カラー　スタンダード　一五四分　宝塚映画製作所　一九七八年六月三日

●**日本の首領《ドン》 完結篇**
企画／俊藤浩滋、日下部五朗、松平乗道、田岡満　監督／中島貞夫　原作／飯干晃一　脚本／高田宏治　撮影／増田敏雄　美術／井川徳道　音楽／黛敏郎　録音／荒川輝彦　照明／増田悦章　共演／佐分利信、片岡千恵蔵、菅原文太、高橋悦史　カラー　ワイド　一三一分　東映京都　一九七八年九月九日

●**赤穂城断絶**
企画／高岩淡、日下部五朗、本田達男、三村敬三　監督／深作欣二　原作・脚本／高田宏治　撮影／宮嶋義勇、仲沢半次郎　美術／井川徳道　音楽／津島利章　録音／荒川輝彦　照明／中山治雄　共演／萬屋錦之介、松方弘樹、千葉真一、金子信雄　カラー　ワイド　一五九分　東映京都　一九七八年十月二十八日

●**水戸黄門**
企画／高岩淡　製作／西村俊一、郡進剛、森誠一、神先頌尚　監督／山内鉄也　企画・原案・脚本／葉村彰子　撮影／増田敏雄　美術／佐野義和　音楽／木下忠司　録音／溝口正義　照明／増田悦章　共演／東野英治郎、里見浩太朗、大和田伸也、中谷一郎　カラー　シネマスコープ　八八分　東映、俳優座映画放送　一九七八年十二月二十三日

●**大統領の堕ちた日(Winter Kill)**
製作／フレッド・C・カルーソ　製作総指揮／レオナルド・J・ゴールドバーグ、ロバート・スターリング　監督・脚本／ウィリアム・リチャート　原作／リチャード・コンドン　撮影／ヴィルモス・ジグモンド　美術／ロバート・ボイル　音楽／モーリス・ジャール　共演／ジェフ・ブリッジス、ジョン・ヒューストン、アンソニー・パーキンス、イーライ・ウォラック　カラー　パナビジョン　九六分　レナード・J・ゴールドバーグ＝ロバート・ス

ターリング・プロダクション　一九七九年五月(アメリカ公開)

●金田一耕助の冒険

製作／角川春樹　プロデューサー／元村武　監督／大林宣彦　原作／横溝正史　脚本／斎藤耕一、中野顕彰　ダイアローグ・ライター／つかこうへい　撮影／木村大作　美術／薩谷和夫　音楽／小林克己　録音／宮永晋　照明／小島真二　共演／古谷一行、田中邦衛、仲谷昇、吉田日出子　カラー　ワイド　一一三分　角川春樹事務所　一九七九年七月十四日

●隠密同心 大江戸捜査網

製作総指揮／国保徳丸　プロデューサー／元村武、小川清澄、内藤三郎　監督／松尾昭典　脚本／小川英、胡桃哲　撮影／山田一夫　美術／川島泰三　音楽／玉木宏樹　録音／片桐登司美　照明／嶋田宣代士　共演／松方弘樹、瑳川哲朗、土田早苗、かたせ梨乃　カラー　ワイド　八六分　東京12チャンネル　一九七九年十二月一日

●1941

製作／バズ・フェイシャンズ　製作総指揮・原作／ジョン・ミリアス　製作補／ジャネット・ヒーリー、マイケル・カーン　監督／スティーヴン・スピルバーグ　原案・脚本／ボブ・ゲイル、ロバート・ゼメキス　撮影／ウィリアム・A・フレイカー　美術／ディーン・エドワード・ミズナー　音楽／ジョン・ウィリアムズ　共演／ダン・エイクロイド、ネッド・ビーティ、ジョン・ベルーシ、ロレイン・ゲイリー　メトロカラー　パナビジョン　一一八分　A・チーム・プロダクション　一九八〇年三月八日(日本公開)

●二百三高地

企画／幸田清、天尾完次、太田浩児、瀬戸恒雄　監督／舛田利雄　脚本／笠原和夫　撮影／飯村雅彦　美術／北川弘　音楽／山本直純　録音／宗方弘好　照明／梅谷茂　共演／仲代達矢、丹波哲郎、森繁久彌、天知茂　カラー　ワイド　一八五分　東映東京　一九八〇年八月二日

●将軍 SHOGUN

製作／エリック・バーコヴィッチ　製作総指揮・原作／ジェームズ・クラヴェル　製作補／ベン・チャップマン、ケリー・フェルサム　監督／ジェリー・ロンドン　撮影／アンドリュー・ラズロ　美術／ジョセフ・ジェニングス　音楽／モーリス・ジャール　共演／リチャード・チェンバレン、島田陽子、フランキー堺、ダミアン・トーマス　カラー　ビスタ　一二五分　パラマウント・テレビジョン・プロダクション、NBC　一九八〇年十一月八日

●インチョン！(Inchon!)

製作／シドニー・ベッカーマン、石井光治　製作総指揮／文鮮明　監督／テレンス・ヤング　脚本／ロビン・ムーア　撮影／ブルース・サーティース　美術／ピエール・ルイジ・バジル、育野重一　音楽／ジェリー・ゴールドスミス　共演／ローレンス・オリヴィエ、ベン・ギャザラ、ジャクリーン・ビセット、リチャード・ラウンドトゥリー　デラックスカラー　スコープ　一四〇分　ワン・ウェイ・プロダクション、統一教会　一九八一年五月四日(アメリカ公開)

●武士道ブレード(The Bushido Blade)

製作／ベニー・コルゼン、アーサー・ランキン・Jr　製作総指揮／ジュールズ・ベイス　監督／トム・コタニ(小谷承靖)　脚本／ウィリアム・オーヴァーガード　撮影／ジョージ・ウエダ(上田正治)　音楽／モーリー・ローズ　共演／リチャード・ブーン、サニー千葉、丹波哲郎、マコ　カラー　パナビジョン　一〇三分　ランキン・バス・プロダクション、トライデント・フィルムズ　一九

八一年十一月二十日(アメリカ公開)

●最後のサムライ ザ・チャレンジ(The Challenge)

製作／ロン・ベックマン、ロバート・L・ローゼン　製作総指揮／ライル・ポンチャー　監督／ジョン・フランケンハイマー　脚本／ジョン・セイルズ、リチャード・マックスウェル　撮影／岡崎宏三　音楽／ジェリー・ゴールドスミス　照明／下村一夫　共演／スコット・グレン、中村敦夫、ドア・ケイ・ベンズ、クライド草津　カラー　パナビジョン　一〇八分　CBSテクニカル・フィルムズ　一九八二年七月二十三日(アメリカ公開)

●制覇

企画／俊藤浩滋、高岩淡、田岡満　プロデューサー／佐藤雅夫、厨子稔雄、福井良春　監督・脚本／中島貞夫　原作／志茂田景樹　脚本／西沢裕子　撮影／鈴木達夫　美術／佐野義和、山下謙爾　音楽／山本直純　録音／中山茂二　照明／金子凱美　共演／岡田茉莉子、菅原文太、鶴田浩二、若山富三郎　カラー　ワイド　一四〇分　東映京都　一九八二年十月三十日。

●人生劇場

企画／高岩淡、佐藤雅夫、豊島泉、斎藤一重、高杉修　監督／深作欣二、佐藤純彌、中島貞夫　原作／尾崎士郎　脚本／野上龍雄、深作欣二、佐藤純彌　撮影／安藤庄平、並木宏之、北坂清　美術／佐野義和、井川徳道　音楽／甲斐正人　録音／平井清重、荒川輝彦　照明／中山治雄、海地栄、金子凱美　共演／永島敏行、松坂慶子、松方弘樹、若山富三郎　カラー　ワイド　一三〇分　東映京都　一九八三年一月二十九日

●日本海大海戦 海ゆかば

企画／幸田清、天尾完次、太田浩児、瀬戸恒雄　監督／舛田利雄　特撮監督／中野昭慶　脚本／笠原和夫　美術／北川弘　音楽／伊部晴美　録音／宗方弘好　照明／小林芳雄　共演／沖田浩之、三原順子、宅麻伸、佐藤浩市　カラー　ワイド　一三一分　東映東京　一九八三年六月四日

●海燕ジョーの奇跡

企画／三船史郎　製作／奥山和由　プロデューサー／鍋島壽夫　プロデューサー補／真鍋和己　監督・脚本／藤田敏八　原作／佐木隆三　脚本／神波史男、内田栄一　撮影／鈴木達夫　美術／望月正照　音楽／宇崎竜童　録音／紅谷愃一　照明／熊谷秀夫　共演／時任三郎、藤谷美和子、清水健太郎、原田芳雄　カラー　ワイド　一三三分　三船プロダクション、松竹富士　一九八四年四月二十八日

●聖女伝説

企画／樋口清　製作／奥山和由　プロデューサー／鍋島壽夫　監督／村川透　脚本／塩田千種　撮影／長沼六男　美術／重田重盛　音楽／フランシス・レイ　録音／紅谷愃一　照明／佐藤幸郎　共演／郷ひろみ、小野みゆき、岩城滉一、岩下志麻　カラー　ワイド　一二二分　松竹富士　一九八五年三月二十三日

●玄海つれづれ節

企画／岡田裕介、坂上順、和田徹、飯村雅彦　監督／出目昌伸　原作／吉田兼好　脚本／笠原和夫、下飯坂菊馬、兵頭剛　撮影／飯村雅彦　美術／中村洲志　音楽／星勝　録音／林紘一　照明／川崎保之丞　共演／吉永小百合、八代亜紀、風間杜夫、草笛光子　カラー　ワイド　一三五分　東映東京　一九八六年一月十五日

●シャタラー

プロデューサー／熊田朝男　製作総指揮／渡辺晋　製作補／フランチェスコ・マリティーノ・デ・カルレス　企画協力／藤井浩明　監

督・脚本／トニーノ・ヴァレリ　脚本／田波靖男、エルネスト・ガスタルディ　撮影／ジュリオ・アルボニコ　美術／ステファノ・オルトラーニ　音楽／トット・テイラー　照明／ジュリオ・アルボニコ　共演／吉川晃司、アンディー・J・フォレスト、マリナ・スマ、ダリラ・ディ・ラザロ　カラー　ビスタ　一〇九分　渡辺プロダクション、フィルム・セレクト、ウアンキ・コーポレーション　一九八七年六月十三日

●男はつらいよ 知床慕情

企画／小林俊一　プロデューサー／島津清、深澤宏　原作・脚本・監督／山田洋次　脚本／浅間義隆　撮影／高羽哲夫　美術／出川三男　音楽／山本直純　録音／鈴木功、松本隆司　照明／青木好文　共演／渥美清、倍賞千恵子、竹下景子、淡路恵子　カラー　シネマスコープ　一〇七分　松竹映像　一九八七年八月十五日

●竹取物語

製作／田中友幸、羽佐間重彰　企画／三ツ井康　プロデューサー／角谷優、藤井浩明、新坂純一　監督・脚本／市川崑　特技監督／中野昭慶　脚本／菊島隆三、石上三登志、日高真也　撮影／小林節雄　美術／村木忍　音楽／谷川賢作　録音／斉藤禎一　照明／下村一夫　共演／沢口靖子、中井貴一、若尾文子、石坂浩二　カラー　ビスタ　一二一分　東宝映画、フジテレビジョン　一九八七年九月二十六日

●春来る鬼

製作総指揮・監督／小林旭　プロデューサー／井上和男　原作／須知徳平　脚本／菊島隆三　撮影／鈴木義勝　美術／村木与四郎、藤原和彦　音楽／佐藤勝　録音／橋本文雄、宮本久幸　照明／大西美津男　共演／松田勝、若山幸子、滝田栄、津島恵子　カラー　ビスタ　一三七分　アナック　一九八九年四月十五日

●千利休 本覺坊遺文

製作総指揮／高丘季昭　製作／山口一信　製作補／大場正弘　監督／熊井啓　原作／井上靖　脚本／依田義賢　撮影／栃沢正夫　美術／木村威夫　音楽／松村禎三　録音／久保田幸雄　照明／岩木保夫　共演／奥田瑛二、萬屋錦之介、加藤剛、芦田伸介　カラー　ヨーロッパビスタ　一〇七分　西友　一九八九年十月七日

●cfガール

企画／垣田律子、藤家和正　製作／松橋邦芳、斉藤佳雄、太田一夫　プロデューサー／藤田光男、岸本一男　監督・脚本／橋本以蔵　原作／喜多嶋隆　脚本／中本博通　撮影／柳島克己　美術／望月正照　音楽／世良公則、羽田一郎　録音／本田孜　照明／安河内央之　出演／世良公則、高岡早紀、中村久美、岡田眞澄　カラー　ワイド　九八分　エイジェント21、東芝映像ソフト、三井物産石油　一九八九年十月七日

●ストロベリーロード

製作総指揮／貝山知弘、堀口壽　製作／香山新二郎　企画／村上光一　プロデューサー／三村順一、河井真也　監督／蔵原惟繕　原作／石川好　脚本／山田信夫　撮影監督／加藤雄大　美術／蔵原和彦、ジーン・エイベル　音楽監督／フレッド・カーリン　録音／紅谷愃一　照明／ビル・シュワルツ　共演／松平健、石橋保、桜田淳子、マコ　カラー　ビスタ　一一七分　東京宝映テレビ、フジテレビジョン　一九九一年四月二十七日

●兜KABUTO

製作総指揮／土屋宏、林俊明　製作・原作／ショー・コスギ　監督／ゴードン・ヘスラー　原作・脚本／ネルソン・ギディング　撮影／ジョン・J・コナー　音楽／ジョン・スコット　共演／ショー・コスギ、ケイン・コスギ、高田美和、クリストファー・リー　カラー　パナビジョン　一〇六分　ショー・コスギ・コーポレーショ

ン、マエダ・プロダクション、サンヨー・ファイナンス、ショー・プロダクション　一九九一年四月二十七日(日本公開)

●シャドウ・オブ・ウルフ(Shadow of the Wolf)

製作総指揮／チャールズ・スマイリー　製作／クロード・レジェ　監督／ジャック・ドルフマン　原作／イヴ・テリオー　脚本／ルディ・ワーリッツアー、エヴァン・ジョーンズ　撮影／ビリー・ウィリアムズ　美術／ウルフ・クローガー　音楽／モーリス・ジャール　共演／ルー・ダイアモンド・フィリップス、ジェニファー・ティリー、ドナルド・サザーランド、ニコラス・キャンベル　カラー　スコープ　一〇八分　ビジョン・インターナショナル、トランスフィルム、フィルムA2、エッフェル・プロダクション　一九九三年三月五日(アメリカ公開)

●ピクチャーブライド

製作／リサ・オノデラ　ダイアン・メイ・リン・マーク　監督・脚本／カヨ・マタノ・ハッタ　脚本／マリ・マタノ・ハッタ　撮影／クラウディオ・ローシャ　美術／ポール・ガンチェオン　音楽／マーク・アドラー　共演／工藤夕貴、アキラ・タカヤマ、タムリン・トミタ、杉葉子　カラー　ビスタ　九八分　セシール・フィルム、ミラマックス・インターナショナル、サンヨー・ファイナンス、サウザンド・クレインズ・フィルムワークス　一九九六年六月八日(日本公開)

●深い河

企画／正岡道一　製作総指揮／今井康次、松永英　製作／佐藤正之　プロデューサー／香西謙二、北川義浩、神成文雄、監督・脚本／熊井啓　原作／遠藤周作　撮影／栃沢正夫　美術／木村威夫　音楽／松村禎三　録音／久保田幸雄　照明／島田忠昭　共演／奥田瑛二、秋吉久美子、井川比佐志、沼田曜一　カラー　ヨーロッパビスタ　一三〇分　「深い河」製作委員会、仕事　一九九五年六月二十四日

［作成：小林淳　協力：笹井隆男］

参考文献(順不同)

『日本映画発達史』（田中純一郎／中央公論社）
『日本映画史』（佐藤忠男／岩波書店）
『[講座] 日本映画』（岩波書店）
『日本映画作品全集』（キネマ旬報社）
『日本映画300』（佐藤忠男／朝日新聞社）
『日本映画名作全史 戦後編』（猪俣勝人／社会思想社）
『日本映画俳優全史 男優編』（猪俣勝人、田山力哉／社会思想社）
『日本映画作家全史』（猪俣勝人、田山力哉／社会思想社）
『ぴあシネマクラブ 日本映画編2003―2004』（ぴあ）
『全集 黒澤明』（岩波書店）
『蝦蟇の油―自伝のようなもの』（黒澤明／岩波書店）
『悪魔のように細心に！ 天使のように大胆に！』（黒澤明／東宝株式会社）
『世界の映画作家3 黒沢明』（キネマ旬報社）
『黒澤明集成I～III』（キネマ旬報社）
『黒澤明監督作品 解説書合本』（東宝株式会社映像事業部）
『黒澤明全作品集―「姿三四郎」から「影武者」まで―』（東宝株式会社出版事業室）
『黒澤明の世界』（毎日ムック／毎日新聞社）
『赤ひげ〈二人の日本人 黒沢明と三船敏郎〉』（別冊キネマ旬報／キネマ旬報社）
『黒澤明監督作品 製作の現場』（東宝株式会社映像事業部）
『黒澤明 夢のあしあと』（黒澤明研究会／共同通信社）
『黒澤明と三船敏郎』（スチュアート・ガルブレイス四世著／亜紀書房）
『黒澤明 天才の苦悩と創造』（キネマ旬報社）
『もう一度 天気待ち―監督・黒澤明とともに』（野上照代／草思社）
『三船敏郎全映画』（石熊勝己＋映画秘宝編集部／洋泉社）
『三船敏郎 さいごのサムライ』（毎日ムック／毎日新聞社）
『追悼「三船敏郎」男』（アサヒグラフ［増刊］／朝日新聞社）
『映画を愛した二人 黒澤明 三船敏郎』（報知新聞社）
『東宝砧撮影所物語 三船敏郎の時代』（高瀬昌弘／東宝株式会社）
『浪漫工房』第八号「国際スター三船敏郎 その偉大なる愛」（創作工房）
『私の藝界遍歴』（森岩雄／青蛙房）
『東宝行進曲 私の撮影所宣伝部50年』（斎藤忠夫／平凡社）
『東宝／映画ポスターギャラリー』（東宝株式会社）
『黒部の太陽 ミフネと裕次郎』（熊井啓／新潮社）
『男ありて 志村喬の世界』（澤地久枝／文藝春秋）
『カツドウヤ紳士録』（山本嘉次郎／大日本雄弁会講談社）
『ひげとちょんまげ』（稲垣浩／毎日新聞社）
『複眼の映像 私と黒澤明』（橋本忍／文藝春秋）
『Ｋｉｈａｃｈｉ フォービートのアルチザン』（東宝株式会社出版事業室）
『300／40その画・音・人』（佐藤勝／キネマ旬報社）
『沢島忠全仕事 ボンゆっくり落ちやいね』（沢島忠／ワイズ出版）
『三船敏郎、この10本』（高田雅彦／白桃書房）
『成城映画散歩』（高田雅彦／白桃書房）
『松竹と東宝 興行をビジネスにした男たち』（中川右介／光文社）
『１９６８年』（中川右介／朝日新聞出版）
「キネマ旬報」「近代映画」「潮」「映画芸術」「ノーサイド」「映画の友」「映画ファン」「明星」「スクリーン」「潮」「東宝映画」、各作品劇場用パンフレット

ゴジラ映画音楽ヒストリア

ISBN978-4-86598-019-6（16·08）

1954-2016

小林 淳 著

伊福部昭、佐藤勝、宮内國郎、眞鍋理一郎、小六禮次郎、すぎやまこういち、服部隆之、大島ミチル、大谷幸、キース・エマーソン、鷺巣詩郎……11人の作曲家たちの、ゴジラとの格闘の歴史。音楽に着目したゴジラ映画通史。
最新作『シン・ゴジラ』までの全作品ガイド＆映画音楽論。

四六判並製　定価2500円＋税

岡本喜八の全映画

ISBN978-4-86598-004-2（15·10）

小林 淳 著

『大誘拐RAINBOW KIDS』では日本アカデミー賞最優秀監督賞を受賞。『暗黒街の顔役』『独立愚連隊』『日本のいちばん長い日』『殺人狂時代』『肉弾』『ジャズ大名』『大誘拐』など代表作は多数。テンポが良く、受け手が見て〈おもしろい〉〈楽しい〉映画を重視し、戦争をテーマにした社会派でありながらも、娯楽・エンタテインメントとしての映画をどこまでも追究した、稀有な監督の39作品全てを網羅。各作品ごとに詳細なデータや見どころを紹介する。　四六判並製　定価2000円＋税

本多猪四郎の映画史

ISBN978-4-86598-003-5（15·09）

小林 淳 著

助監督時代から初期～晩年までの46作品、また黒澤明氏との交流まで、豊富な資料とともに、巨匠・本多猪四郎の業績を体系的に網羅！「特撮怪獣映画の巨匠」として数々の日本映画を手がけた監督・本多猪四郎は、その作品の中で常に時代を意識し、社会に対する鋭い問いをなげかけてきた。本書では、普段あまりスポットの当たらない本多の人間ドラマを題材とした作品にも焦点を当て、初期から晩年まで、体系的に彼の作品を読み解いていく。　A5判上製　定価4800円＋税

伊福部昭と戦後日本映画

ISBN978-4-87198-585-7（14·07）

小林 淳 著

「ゴジラ」をはじめとする特撮映画の音楽で知られる作曲家・伊福部昭。しかし、伊福部が関わったのは特撮映画だけではない。東宝、東映、大映、松竹、日活、そして独立プロと、映画界を横断し、黒澤明、市川崑、三隅研次、今井正、熊井啓、新藤兼人、吉村公三郎、本多猪四郎、三船敏郎、勝新太郎、中村錦之助、市川雷蔵、石原裕次郎ら、巨匠・名優たちとともに、映画作りに参画した、戦後最大の映画人のひとりだった。伊福部研究の第一人者が書き下ろす、伊福部昭を通して見る、戦後映画史。　A5判上製　定価3800円＋税

実相寺昭雄 才気の伽藍

ISBN978-4-86598-018-9（16·12）

鬼才映画監督の生涯と作品

樋口尚文 著

『ウルトラマン』『帝都物語』『オーケストラがやってきた』…テレビ映画、映画、クラッシック音楽などさまざまな分野で多彩な活動を展開した実相寺昭雄。実相寺と交流のあった気鋭の評論家が、作品を論じつつ、その生涯と作品を、寺院の伽藍に見立てて描く。初めて公開される日記、絵コンテ、スナップなど秘蔵図版多数収録。没後10年、生誕80周年記念出版!!

A5判上製　定価2500円＋税

小林 淳（こばやし あつし）
映画関連著述家。1958（昭和33）年、東京都出身。
主に日本映画、外国映画、映像音楽にかかわる著述・評論活動を行う。
【主な編著書】『伊福部昭の映画音楽』（1998：ワイズ出版）『日本映画音楽の巨星たち』Ⅰ〜Ⅲ（2002：同）／『伊福部昭 音楽と映像の交響』上・下（2004、2005：同）／『佐藤勝 銀幕の交響楽（シンフォニー）』（2007：同）／『伊福部昭綴る―伊福部昭 論文・随筆集―』（2013：ワイズ出版）／『伊福部昭語る―伊福部昭 映画音楽回顧録―』（2014：同）／『伊福部昭綴るⅡ―伊福部昭 論文・随筆集―』（2016：同）『作曲家 渡辺宙明』（2017：同）／『ゴジラの音楽―伊福部昭、佐藤勝、宮内國郎、眞鍋理一郎の響きとその時代』（2010：作品社）／『伊福部昭と戦後日本映画』（2014：アルファベータブックス）／『本多猪四郎の映画史』（2015：同）／『岡本喜八の全映画』（同）／『ゴジラ映画音楽ヒストリア 1954―2016』（2016：同）／『日本の音楽家を知るシリーズ「伊福部昭」』（2017：ヤマハミュージックメディア）

叢書・20世紀の芸術と文学
三船敏郎《みふねとしろう》の映画史《えいがし》

発行日 2019年4月10日 初版第1刷

著 者 小林 淳

監 修 株式会社三船プロダクション
編 集 中川右介
発行人 春日俊一
発行所 株式会社アルファベータブックス
〒102-0072 東京都千代田区飯田橋2-14-5 定谷ビル
Tel 03-3239-1850 Fax 03-3239-1851
website http://ab-books.hondana.jp/
e-mail alpha-beta@ab-books.co.jp
印 刷 株式会社エーヴィスシステムズ
製 本 株式会社難波製本

装 幀 ササイデザイン

ISBN 978-4-86598-063-9 C0374

人名索引

映画名は三船出演作品のみ記した。

三船敏郎

あ

い

う

え

お

か

き

く

け

こ

さ

し

す

せ・そ

た

ち

つ

て

と

な

に

ぬ・ね・の

は

ひ

ふ

へ

ほ

ま

み

む

め・も

や

ゆ・よ

ら

り

る・れ・ろ

わ